5訂 消防昇任試験 1000題

消防昇任試験問題研究会 編

近 代 消 防 社 刊

はじめに

本書は、昇任試験合格を目指して、日夜勉学に励んでいる消防職員の方々の一助になればと消防昇任試験問題研究会がまとめた問題集です。

本書の模擬問題は択一方式を中心に、主として消防士長および消防司令補の受験を目指している方々を対象として作成しており、内容も、消防組織、予防行政、消防活動、防災・震災対策及び行政関係法規の５つに大分類し、さらに20項目に分けて体系的に学習できるように登載しております。

さて、皆様が今まで受験した数々の試験は、一定の基準の知識・能力を有していれば合格（修了・卒業）しましたが。今回受験しようとしている昇任（昇格）試験は、一定の合格ラインという基準はありません。受験者同士にその知識・能力を試験によって競争させ、適任者を選び出すための試験です。受験者はこれらのことを十分認識し、初任科教育の時に使った教科書や、法令集、今まで購入した書籍等の資料を数多く持っていることと思いますが、いま一度、本書の問題と併せ手元の資料をフル活用しながら基礎知識の補修、実力養成を図っていただくとともに、試験には特有の落とし穴がありますので、出題された問題の意図を正確に素早く読みとれることができるように、解説を付してありますので、解答のコツが身につくよう準備してください。

なお、本書には、皆さまの消防本部の市町村・消防組合等の条例、規則、規程などの試験問題はありません。これらの出題についても先輩方に教えていただき準備してください。

また、消防本部によっては、単記記述式若しくは空欄を埋める方式の問題が多く出題されている場合は、「空欄補充・短答式　消防昇任試験例題集」を参考に準備してください。

本書の利用によって、晴れて昇任の道が開かれんことを切に祈ります。

令和５年７月

消防昇任試験問題研究会

凡　例

1　本書の内容は令和５年４月１日施行の法令に準拠しています。

2　本書の解説の中では、法令の名称を次のように略記している場合があります。
・消防組織法　〔組織法〕
・消　防　法　〔消法〕
・消防法施行令　〔消令〕
・消防法施行令別表第１　〔令別表第１〕
・消防法施行規則　〔消則〕
・危険物の規制に関する政令　〔危政令〕
・危険物の規則に関する規則　〔危規則〕
・危険物の規制に関する技術上の基準に関する細目を定める告示　〔危告示〕
・消防庁告示　〔消告〕
・石油コンビナート等災害防止法　〔石コン法〕
・災害対策基本法　〔災対法〕
・火災予防条例（例）　〔条例〕
・建築基準法　〔建基法〕
・建築基準法施行令　〔建基令〕
・地方自治法　〔自治法〕
・地方公務員法　〔地公法〕
・武力攻撃事態等及び存立危機事態における我が国の平和と独立並びに国及び国民の安全確保に関する法律　〔事態対処法〕
・武力事態等における国民の保護のための措置に関する法律　〔国民保護法〕

3　法令の略記について
消防法第３条第１項第一号　→　消法３条１項一号

目　　次

はじめに
凡　例

第１章　消防組織

第１　消防組織法関係…… 5

第２章　予防行政

第１　消防法関係…… 23
第２　消防用設備等関係…… 51
第３　防災関係…… 97
第４　建築基準法関係…… 101
第５　危険物規制関係…… 111
第６　火災予防条例（例）関係…… 145

第３章　消防活動

第１　警防活動関係…… 157
第２　救急活動関係…… 217
第３　救助活動関係…… 243
第４　機械器具関係…… 267
第５　消防無線関係…… 284

第４章　防災・災害対策

第１　防災・震災対策関係…… 293
第２　国民保護法関係…… 309
第３　石油コンビナート防災関係…… 315
第４　原子力災害関係…… 323

第５章　行政関係法規

第１　憲法関係…… 335
第２　地方自治法関係…… 349
第３　地方公務員法関係…… 367
第４　その他行政法関係…… 382
◆試験問題解答…… 398

第１章

消防組織

第１　消防組織法関係

第１　消防組織法関係

問１　**消防組織法第１条に規定する用語に関する記述として、誤っているものはどれか。**

⑴　「水火災又は地震等の災害」とは、水害、火災、地震のほか、これらに類する暴風、豪雪、津波、山くずれその他の災害をいう。

⑵　「国民」とは、国籍法により日本国籍を有する者をいい、外国人は除外する。

⑶　「消防」とは、消防の組織及び作用を総称しており、消防の組織とは、消防庁のみならず都道府県や市町村の消防機関を含む。

⑷　「施設及び人員」とは、消防庁、都道府県、市町村のそれぞれの施設や職員を指す。

⑸　「災害を防除」とは、災害の発生前に災害の直接的な原因を除去することをいう。

答

解説　「国民」とは、国籍法により日本国籍を有するものをいう。しかし、ここでは外国人を除外する意味はなく、また直接的には自然人を対象とするが、法人を排除するものでない。

問２　**消防組織法第１条に関する記述として、誤っているものはどれか。**

⑴　「消防の任務」の対象は、災害対策基本法の対象よりも広く、水害、豪雪、地震等を含むが、テロ災害やＮＢＣ災害は、対象とされていない。

⑵　本条にいう施設及び人員は、公的消防機関に係るものを指し、会社その他の自衛消防組織に係るものを含まない。

⑶　「火災」とは、人の意図に反して発生し若しくは拡大し、又は放火により発生した消火の必要がある燃焼現象で、これを消火するために消火施設又はこれと同程度の効果のあるものを利用を必要とするもの、又は人の意図に反して発生若しくは拡大した爆発現象をいう。

⑷　「災害を防除し」とは、災害の発生前に災害の原因を除去することをいう。

⑸　「被害を軽減する」とは、災害による国民の生命、身体及び財産に対する被害が現実に発生した場合に、その被害の拡大を防止し、縮小することをいう。

答

解説　⑴は、前段は正しいが、テロ災害やＮＢＣ災害についても対象とされているので、後段は誤り。

問３　**市町村の消防に関する責任の記述として、誤っているものはどれか。**

(1)　領海における船舶火災についても、市町村のみが消防の責任を有している。

(2)　鉱山内における火災については、実際上鉱山保安行政で対処しているが、消防機関の任務でもあり、災害救助法が発動され、又は当該市町村に災害対策本部が設置されるような大災害である場合等には消防機関も消防活動を行うこととなる。

(3)　航空機事故に関する消火及び救助については、その空港島を管理する空港事務所が自衛消防としての立場からまずこれに当たるが、これにより当該飛行場をその区域内に有する市町村が消防の責任を免除されるわけではなく、互いに協力し合わなければならない。

(4)　大使館や領事館等の国際法上の特権を有する施設の場合、不可侵権や治外法権の関係から、同意がない限り立ち入りはできず、市町村の消防事務の執行についてもこのような制限がある。

(5)　合衆国軍隊の管理する施設及び区域については、市町村の消防責任は潜在化することになり、市町村の消防機関が消防法上の各種の権限を行使することはない。

答

解説　領海における船舶火災については、市町村及び海上保安庁の両者がそれぞれ消防の責任を有している（昭和 42. 1 .30 消防庁総務課長回答）。

問４　**市町村の消防に要する費用に関する記述のうち、誤っているものはどれか。**

(1)　市町村の消防責任を果たすために必要な一切の費用は、当該市町村が負担しなければならない。

(2)　消防団に要する費用については市町村の消防に要する費用に含まれるが、消防本部を置かない市町村における消防の事務に従事する一般職の職員に係る費用は含まれない。

(3)　会社等の自衛消防隊に係る費用については、市町村の消防に要する費用に含まない。

(4)　緊急消防援助隊に係る編成・整備の計画に基づき整備される施設については、国が補助するものとされている。

(5)　失火者に重大な過失や故意があった場合でも、失火者に対し、消火活動に伴う費用等を請求することはできない。

答

解説　(2)は、後段が誤り。消防の事務に従事する一般職の職員に係る費用も市町村の消防に要する費用に含まれると解されるため、当該市町村が負担しなければならない。

問５　**市町村の消防に要する費用に関する記述のうち、誤っているものはどれか。**

(1)「市町村の消防に要する費用」とは、市町村が第６条で定める消防責任を果たすために必要な一切の費用のことである。

(2)「市町村の消防に要する費用」の具体例としては、市町村の消防施設の設置管理、消防本部、消防署及び消防団の維持運営、消防本部を置かない市町村における消防の事務に従事する職員に係る費用がある。
(3) 「費用」には、市町村の機関でない会社の自衛消防隊に関する費用も含む。
(4) 「負担する」とは、経費の財源について最終的な拠出の責めを負うことであり、単なる支払いとは異なる。
(5) 火災の場合、失火者に重大な過失や故意があったとしても、市町村は、その消火活動に伴う費用や損害について、失火者に対し、事務管理に基づく費用償還や損害賠償を請求することはできない。

答

解説 「費用」には、市町村の機関でない会社の自衛消防隊に関する費用は含まない。

問６　市町村の消防機関に関する記述のうち、誤っているものはどれか。
(1) 市町村は、当該市町村の区域における消防を十分に果たすべき責任を有する。
(2) 市町村の消防は、条例に従い、市町村長がこれを管理する。
(3) 消防団の組織は、市町村の規則で定める。
(4) 消防本部及び消防署の組織は市町村長の承認を得て、消防長が定める。
(5) 消防団の設置、名称及び区域は、条例で定める。

答

解説 消防本部の組織は、市町村の規則で定める（組織法10条）。

問７　消防機関及び組織に関する記述のうち、正しくないものはどれか。
(1) 消防本部及び消防署の設置、位置及び名称並びに消防署の管轄区域は、条例で定める。
(2) 消防本部及び消防署の組織は市町村の規則で定める。
(3) 消防長は、市町村長が任命する。
(4) 消防長以外の消防職員は、市町村長の承認を得て消防長が任命する。
(5) 消防長及び消防署長は、条例で定める資格を有する者でなければならない。

答

解説 消防署の組織は市町村長の承認を得て消防長が定める（組織法10条２項）。

問８　消防組織法上、条例又は規則に委任されている事項に関する記述のうち、誤っているものはどれか。
(1) 消防長及び消防署長の資格は、市町村の条例で定める。
(2) 消防署の管轄区域は、市町村の条例で定める。
(3) 消防吏員の階級及び階級ごとの定員は、市町村の規則で定める。

(4)　消防団の名称は、市町村の条例で定める。
(5)　都道府県の航空消防隊の設置については、都道府県の規則で定める。

答

解説　(1)は、従来政令で定められていた消防長及び消防署長の任命資格が、平成 26 年度から市町村の条例で定めることとされたので、正しい（組織法 15 条２項）。

(3)は、階級については、国の定める基準に従い、市町村の規則で定めることとされているが、階級ごとの定員を規則で定めることは、法定されていないから、誤り（組織法 16 条２項）。

問９　**消防組織法に規定する消防機関についての記述のうち、誤っているものはどれか。**

(1)　消防署の管轄区域は、条例で定める。
(2)　消防署の組織は、市町村の規則で定める。
(3)　消防職員の定員は、臨時又は非常勤の職を除き、条例で定める。
(4)　消防長は、市町村長が任命する。
(5)　消防署長は、消防署の事務を統括し、所属の消防職員を指揮監督する。

答

解説　(2)は、市町村長の承認を得て消防長が定めるとされているので、誤り（組織法 10 条２項参照）。

問 10　**消防職員等に関する記述のうち、正しいものはどれか。**

(1)　消防職員の定員は、臨時職員や非常勤職員も含め、条例で定める。
(2)　消防職員の定員は、臨時職員や非常勤職員も含め、規則で定める。
(3)　消防署長は、市町村長の指揮監督を受け、消防署の事務を統括する。
(4)　消防署長に任命される者の要件について、法令上特段定めはない。
(5)　消防長及び消防署長に任命される者は、条例に定める資格を有する者でなければならない。

答

解説　(1)、(2)は、消防職員の定数は、条例で定める。臨時又は非常勤の職については、この限りでないとされている（組織法 11 条２項）。

(3)) は、消防長の指揮監督を受けとされている（組織法 13 条２項）。

(4)は、市町村の条例で定める資格を有する者でなければならないとされている（組織法 15 条２項）。

問 11　**消防職員に関する記述のうち、誤っているものはどれか。**

(1)　消防職員は、上司の指揮監督を受けて消防事務に従事するが、この「上司」には、階級が上位であっても当該職員に対して職務上の指揮監督権を有しない者は含まれないと解される。

(2)　消防職員の身分取扱いに関しては、消防組織法に規定するものを除き、地方公務員法が包括的に適用される。

(3)　消防吏員が従事する消防事務とその他の職員が従事する消防事務には、法令上明確に差がある。

(4)　消防職員は、地方自治法ではなく消防組織法に基づき設置されるものであって、その定数条例の根拠も消防組織法である。

(5)　消防長以外の消防吏員の任命権者は消防長であるが、その他の職員については、市町村長が任命権者である。

答

解説　(3)は、消防吏員は、火災予防上の措置命令（消法３条）や消防警戒区域の設定（同 28 条）など特別の権限が与えられており、法令上も、実際の業務上も明確に事務分担されているので、正しい。

(5)は、消防職員は、消防吏員もその他の職員も市町村長の承認を得て、消防長が任命するので、誤り（組織法 15 条）。

問 12　**消防吏員の階級に関する記述のうち、誤っているものはどれか。**

(1)　消防吏員の階級に関する事項は、消防庁の定める基準に従い、市町村の規則で定めることとされている。

(2)　消防吏員数が 100 人以上の消防本部においては、消防士の階級を消防副士長及び消防士の階級に区分することができる。

(3)　消防長と同じ階級を有する消防吏員を同一の消防本部内に置くことは、原則として認められない。

(4)　消防司監の階級を用いることができる者は、地方自治法第 252 条の 19 第１項に定める指定都市若しくは指定都市の加入する組合又は市町村の消防の広域化により管轄人口 70 万以上となった消防本部の消防長である。

(5)　市町村は、その規則により定めた階級について、適任者がいなければ必ずしも全ての階級に消防吏員を配置しなくても良い。

答

解説　(2)は、消防吏員数は関係なく、特に必要があると認めるときは、どの消防本部においても消防士の階級を消防副士長及び消防士の階級に区分することができるので、誤り。

(3)は、正しい。消防長の職務に鑑み、明確な指揮命令系統を維持するため、消防長と同じ階級の者を同一本部内に置くべきではない。ただし、市町村の消防の広域化の際は、例外が認められる場合もある（組織法平成 18 年法律第 64 号附則第２条参照）。

問 13　消防職員に関する記述のうち、誤っているものはどれか。

(1)　消防職員は、上司の指揮監督を受け、消防事務に従事する。
(2)　消防長以外の消防職員は、市町村長の承認を得て消防長が任命する。
(3)　消防職員の定員は、条例で定める。
(4)　消防職員に関する任用、給与、分限及び懲戒に関しては、消防組織法で定めるものを除くほか、地方公務員法の定めるところによる。
(5)　消防職員の服務に関する事項は、市町村の規則で定める。

答

解説　(5)は、消防職員に関する任用、給与、分限及び懲戒、服務その他身分取扱いに関しては、消防組織法に定めるものを除くほか、地方公務員法の定めるところによるとされているので、誤り（組織法 16 条１項）。

問 14　消防団に関する記述のうち、誤っているものはどれか。

(1)　消防団の設置、名称及び区域は、条例で定める。
(2)　消防本部を置く市町村においては、消防団は、消防長又は消防署長の管轄の下に行動するものとする。。
(3)　消防団長は、消防団の事務を統括し、所属の消防団員を指揮監督する。
(4)　消防長及び消防団長は、条例で定める資格を有する者でなければならない。
(5)　消防団員は、上司の指揮監督を受け、消防事務に従事する。

答

解説　消防長は、条例で定める資格を有する者でなければならないが、消防団長については特に定めがないので、誤り（組織法 15 条２項）。

問 15　消防団に関する記述のうち、誤っているものを選べ。

(1)　消防団と消防本部又は消防署との間に上下関係はないから、消防団は、消防本部を置く市町村においても、消防長又は消防署長の所轄の下に行動することはないものとされている。
(2)　消防団に分団を設置する場合、分団の名称、区域等は、各市町村の規則で定めることとされている。
(3)　非常勤の消防団員は地方公務員法の適用を受けず、その身分関係については、消防組織法に特別の定めがある場合を除き、各市町村の条例で定めることとされている。
(4)　消防団長は、消防団の推薦に基づき、市町村長が任命することとされている。
(5)　消防本部を置かない市町村において、市町村長が消防対象物の立入検査を行わせ、又は火災原因調査のための立入検査を行わせることができるとされているのは、消防団員にあっては、常勤の者に限られる。

答
解説　(1)は、消防本部を置く市町村においては、消防団は、消防長又は消防署長所轄の下に行動するものとされているから、誤り（組織法18条3項）。

問16　消防団に関する記述として、誤っているものを選べ。
(1)　消防団員の定員は、条例で定める。
(2)　消防団長は、消防団の推薦に基づき市町村長が任命する。
(3)　非常勤の消防団員に関する任用、給与、分限及び懲戒、服務その他身分取扱いに関しては、消防組織法に定めるものを除き、地方公務員法で定める。
(4)　消防団員の階級並びに訓練、礼式及び服制に関する事項は、消防庁の定める基準に従い、市町村の規則で定める。
(5)　消防団の設置、名称及び区域は、条例で定める。

答
解説　(3)は、地方公務員法ではなく条例で定めるが、正しい（組織法23条1項）。

問17　消防団長及び消防団員に関する記述として、誤っているものを選べ。
(1)　消防団長は、消防団の推薦に基づき市町村長が任命する。
(2)　市町村長が消防団の推薦に基づかないで一方的に任命しても、その任命行為は無効である。
(3)　消防団長の推薦の方法については、法に明文の規定はなく、消防団としての意思が決定される方法であればいかなる方法でも差し支えない。
(4)　消防団長以外の消防団員は、市町村長の承認を得て消防団長が任命する。
(5)　消防団長として任命しても、改めて消防団員として任命することが必要である。

答
解説　消防団長として任命されれば、その任命行為により団員たる身分も同時に取得するので、改めて消防団員に任命しなくてもよいと解される（昭和26年国家消防本部総務課長回答）。

問18　「消防職員委員会の組織及び運営の基準」（平成8年消防庁告示第5号）に関する記述として、誤っているものを選べ。
(1)　消防長は、消防職員から提出された意見を取りまとめて委員会に提出する者（以下「意見取りまとめ者」という。）を消防職員の推薦に基づき指名する。
(2)　意見取りまとめ者の任期は、2年とする。
(3)　意見取りまとめ者は、取りまとめた意見を委員会に提出する際に、委員会に対し当該意見に関する補足説明を行い、又は委員会制度の目的の達成に資するよう当該制度の運用に関し意見を述べることができる。
(4)　委員会の会議は、毎年度の後半に1回開催することを常例とするとともに、必要に応じ、開催するものとされている。
(5)　委員会は、意見を提出した消防職員及び意見取りまとめ者に対し、当該意見の委員会での審議の結果及び当該結果に至った理由を通知するとともに、消防職員全員に対し、委員会の消防長に対する意見を含めた審議の概要を周知する。

答

解説　委員会の会議は、毎年度の前半に１回開催することを常例とするとともに、必要に応じ、開催するものとされている（消防職員委員会の組織及び運営の基準７条１項）。

問 19　**消防職員委員会に関する記述のうち、誤っているものはどれか。**

(1)　委員会の審議事項は、勤務条件に関するものだけでなく、消防の用に供する設備、機械器具その他の施設に関することも対象である。
(2)　消防長は、委員長だけでなく、委員になることもできない。
(3)　消防職員委員会は毎年に１回に限り開催されるものである。
(4)　意見取りまとめ者は、取りまとめた意見を委員会に提出する際に、委員会に対し当該意見に関する補足説明を行うことができるとされている。
(5)　委員の定数は、消防本部及び消防署の組織の規模等の実情に応じて増減するが、原則として20人を超えないものとされている。

答

解説　(3)は、委員会の会議は、毎年度の前半に１回開催することを常例とすることとされているが、１回に限るものではなく、必要に応じ、開催するべきであるとされているから、誤り（消防職員委員会の組織及び運営の基準７条１項）。

問 20　**消防団員に対する公務災害補償に関する記述のうち、誤っているものはどれか。**

(1)　非常勤消防団員に対する公務災害補償の内容は、市町村の条例で定められるが、政令で定める基準に従わなければならない。
(2)　市町村は、公務により死亡した消防団員の遺族に対しても、その福祉に関して必要な事業を行うように努めなければならない。
(3)　市町村は、公務上の災害を受けた消防団員だけでなく、消防法等の規定に基づき消防業務に協力した者が損害を受けた場合にも当該損害を補償しなければならない。
(4)　第三者によって引き起こされた災害において負傷した消防団員が損害賠償を受けた場合、その価額の限度において、市町村は、公務災害補償の責を免れる。
(5)　市町村長又は消防団長の命令に基づく任務であれば、全て当該市町村における公務災害補償の対象となる。

答

解説　(4)　正しい。第三者によって引き起こされた災害において負傷した消防団員に対し、市町村が補償した場合、損害を受けた消防団員が当該第三者に対して有する損害賠償の請求権を取得する（非常勤消防団員等に係る損害補償の基準を定める政令18条）。

(5) 誤り。例えば、災害による被害の軽減のためとは認められない除雪作業や、火災鎮圧から半年経った家屋の取り壊し作業等については、消防の務とは解しがたく、必ずしも公務災害補償の対象になるとは限らない。

問21　非常勤消防団員の退職報償金に関する記述として、誤っているものはどれか。

(1) 市町村は、非常勤消防団員が退職した場合においては、条例で定めるところにより、その者（死亡による退職の場合は、その者の遺族）に退職報償金を支給しなければならない。

(2) 市町村は、消防団員退職報償金の支給の実施のため、消防団員等公務災害補償等共済基金又は指定法人との間に消防団員退職報償金支給責任共済契約を締結するものとされている。

(3) 市町村の廃置分合があった場合において、当該廃置分合によって新たに設置された市町村は、当該廃置分合の日から起算して1年以内に基金又は指定法人との間に契約を締結するものとされている。

(4) 市町村の消防団員退職報償金支給責任共済契約に係る掛け金の額は、各年度について、19,200円に前年度の10月1日現在における市町村の非常勤消防団員の条例定員を乗じて得た額とする。

(5) 現在のところ指定法人制度を利用して消防団員退職報償金支給責任共済事業を実施している法人はない。

答

解説　廃置分合の日から起算して2月以内に契約を締結するものとされている（消防団員等公務災害補償等責任共済等に関する法律施行令11条1項）。

問22　特別区の消防に関する記述のうち、誤っているものはどれか。

(1) 消防組織法上、市町村長が消防を管理することが原則とされているが、同法第26条において、都知事が都全域の消防を管理することとされている。

(2) 消防長は、都知事が任命する。

(3) 消防長以外の消防職員は、都知事の承認を得て消防長が任命する。

(4) 特別区の存する区域における消防については、その区域を一つの市とみなして、市町村の消防に関する規定が準用される。

(5) 現在、消防総監の階級を用いることができる者は、東京消防庁の消防長のみである。

答

解説　(1) 都知事が管理する区域は、消防組織法上、特別区の存する区域とされており、都全域ではない。しかしながら、都内の市町村の多くは、消防の事務を東京都に委託しているため、東京消防庁がほぼ都全域の消防事務を処理している（組織法26条及び27条1項）。

(5) 消防吏員の階級の基準（昭和37年消告6号）において、消防総監を用いることができる者は、特別区の消防長とされている。

問23　消防組織法の規定に関する記述のうち、誤っているものはどれか。

(1)　都道府県は、市町村の消防が十分に行われるよう、市町村の消防の相互応援に関する計画の作成の指導に関する事務をつかさどる。
(2)　都道府県は、その区域内の市町村の長の要請に応じ、航空機を用いて、当該市町村の消防を支援することができる。
(3)　市町村は、消防に関し相互に応援する義務を負う。
(4)　市町村長は、消防の相互応援に関して協定をすることができる。
(5)　消防庁及び地方公共団体は、消防事務のために警察通信施設を使用することができる。

答

解説　(3)は、消防に関し相互に応援するように努めなければならないので、誤り（組織法39条（市町村の消防の相互の応援））。

問24　市町村の消防の相互応援に関する記述のうち、誤っているものはどれか。

(1)　消防機関の職員がその属する市町村以外の市町村の消防の応援のため出動した場合、当該職員は、応援を受けた市町村の長の指揮下に行動することとなる。
(2)　応援に要する経費については、応援を受けた側が負担するのが原則である。
(3)　相互応援の内容は、災害発生時の対応のみならず、火災原因調査等、広く消防に関することをその内容とすることができる。
(4)　相互応援協定の締結の主体は、消防長ではなく、市町村長である。
(5)　都道府県は消防機関を有していないため、市町村との間で消防の相互応援協定を締結することはできない。

答

解説　(5)は、都道府県が救急業務を行う場合、消法35条の11準用の規定により都道府県と市町村の間についても、組織法39条が適用されるのでので、誤り。

問25　市町村の消防の相互応援に関する記述のうち、誤っているものはどれか。

(1)　消防団は、その管轄の区域外であっても消防長又は消防署長の命令がある場合には、その区域外においても行動することができる。
(2)　市町村は、必要に応じ、消防に関し相互に応援するように努力する義務がある。
(3)　相互応援協定の締結の主体は、市町村長である。
(4)　消防機関の職員が消防の応援のため出動した場合、当該職員は、応援を受けた市町村の長の指揮の下において行動することとなる。
(5)　相互応援については、災害発生時の現場対応に関することに限る。

答

解説　(5)は、相互応援の内容は特段規定されておらず、火災原因調査などの広く消防に関することをその内容とすることができるので、誤り（組織法39条）。

問26　**消防と警察の相互協力に関する記述のうち、誤っているものはどれか。**

(1)　消防及び警察は、国民の生命、身体及び財産の保護のために相互に協力をしなければならないと明文で規定されている。

(2)　消防が警察を応援する場合、消防職員は警察権を行使できない。

(3)　警察が消防を応援する場合、あらかじめ協定を結んでいない限り、消防職員は警察を指揮することはできない。

(4)　消防と警察の応援協定に基づいて消防が警察を応援した際に負傷した場合、当該消防が所属する市町村において公務災害補償の措置を行わなければならない。

(5)　消防庁及び地方公共団体は、消防事務のため、平常時であっても警察通信施設を使用することができる。

答

解説　(3)は、警察が消防を応援する場合、災害区域内の消防に関係のある警察の指揮は、消防が行うこととされているので、誤り（組織法42条２項）。

問27　**非常事態における都道府県知事の指示に関する記述であるが、誤っているものはどれか。**

(1)　都道府県知事は、市町村長に対して、予めされた協定の実施に関し、必要な指示をすることができる。

(2)　都道府県知事は、市町村の消防長に対して、予めされた協定の実施に関し、必要な指示をすることができる。

(3)　都道府県知事は、水防法に規定する水防管理者に対して、予めされた協定の実施に関し、必要な指示をすることができる。

(4)　都道府県知事は、市町村長に対して、災害防御の措置に関し、必要な措置を要求することができる。

(5)　都道府県知事は、市町村の消防長に対して、災害防御の措置に関し、必要な指示をすることができる。

答

解説　都道府県知事は、市町村長に対して、災害防御の措置に関し、「必要な措置を要求」ではなく、「必要な指示を」することができるであるから、誤り（組織法43条）。

問 28　**消防組織法に規定する広域応援についての記述として、誤っているものはどれか。**

(1)　都道府県は、その区域内の市町村の長の要請に応じ、航空機を用いて、当該市町村の消防を支援することができる。

(2)　一定の大規模・特殊災害時に特別の必要があると認められるときは、消防庁長官は、他の都道府県知事又は市町村長に対し、緊急消防援助隊の出動に必要な措置を指示することができる。

(3)　消防機関の職員がその属する市町村以外の市町村の消防の応援のため出動した場合においては、当該職員は、その属する市町村の長の指揮の下に行動しなければならない。

(4)　消防庁長官の指示を受けて出動した緊急消防援助隊の活動により増加し、又は新たに必要となる消防に要する費用のうち当該緊急消防援助隊の隊員の特殊勤務手当及び時間外勤務手当その他の政令で定める経費は、政令で定めるところにより、国が負担する。

(5)　都道府県知事は、市町村長に対して、災害の防御の措置に関し、必要な指示をすることができる。

答

解説　(3)は、消防機関の職員がその属する市町村以外の市町村の消防の応援のため出動した場合においては、当該職員は、応援を受けた市町村の長の指揮の下に行動するとされているので、誤り（組織法47条1項）。

問 29　**緊急消防隊が消防の応援等のため出動したとき設置される消防応援活動調整本部の本部員について、誤っているものはどれか。**

(1)　当該都道府県の知事がその部内の職員のうちから任命する者をもって充てる。

(2)　当該都道府県の区域内の市町村の置く消防本部のうち都道府県知事が指定するものの長又はその指名する職員をもって充てる。

(3)　当該都道府県の区域内の災害発生市町村の長の指名する職員をもって充てる。

(4)　当該都道府県の区域内の災害発生市町村の消防団長又はその指名する団員をもって充てる。

(5)　当該都道府県の区域内の災害発生市町村に出動した緊急消防援助隊の隊員のうちから都道府県知事が任命する者をもって充てる。

答

解説　(4)の、消防団長又はその指名する団員は規定されていないので、誤り（組織法44条の2・5項）。

問 30　**緊急消防援助隊に係る国有財産等の無償使用に関する記述のうち、誤っているものはどれか。**

(1)　緊急消防援助隊の活動に必要な物品や財産について、単独の地方公共団体が整備・保有することが費用対効果の面から非効率なものを国が無償で使用させるために規定したものである。

(2)　無償使用の相手方は、緊急消防援助隊として活動する人員の属する都道府県又は市町村とされている。
(3)　無償使用が想定される国有財産としては、建物、土地及びヘリコプターがある。
(4)　使用者の責に帰すべき理由により、無償使用の対象となった財産等が損傷したとしても、消防活動に使用していた場合は、使用者は弁償等の義務を負わない。
(5)　平成15年度の制度創設以来、消防庁では、無償使用制度を活用し、緊急消防援助隊の部隊活動に必要な装備等の一部を配備している。

答

解説　(4)は、使用者の責に帰すべき理由によって財産が損傷した場合、使用者の負担において補てん、修理又は弁償させなければならないと規定されているので、誤り（平成16年総務省令47号）。

問31　**消防学校等に関する記述のうち、誤っているものはどれか。**

(1)　都道府県は、財政上の事情その他特別の事情のある場合を除くほか、単独に、消防職員及び消防団員の教育訓練を行うために消防学校を設置しなければならない。
(2)　地方自治法第252条の19第１項の指定都市は、単独に又は都道府県と共同して、消防職員及び消防団員の教育訓練を行うために消防学校を設置することができる。
(3)　消防学校を設置する指定都市以外の市及び町村は、消防職員及び消防団員の訓練を行うために訓練機関を設置することができる。
(4)　消防学校の教育訓練については、消防庁が定める基準を確保するように努めなければならない。
(5)　消防学校の教育訓練の基準によれば、消防団員に対する教育訓練を消防学校で十分実施できがたい場合は、消防学校の教員を教育訓練実施場所に派遣して、教育訓練を行わせることができる。

答

解説　都道府県は、財政上の事情その他特別の事情のある場合を除くほか、単独に又は共同して、消防職員及び消防団員の教育訓練を行うために消防学校を設置しなければならない（組織法51条１項）。

問32　**消防職員等の教育訓練に関する次の記述のうち、誤っているものはどれか。**

(1)　都道府県は、単独又は共同で、消防学校を設置すべきことが義務づけられているが、特段の事情がある場合は、この限りではない。
(2)　都道府県の消防学校の施設及び運営に要する経費は、当該都道府県が負担するものとされており、普通交付税において措置されている。
(3)　指定都市以外の市及び町村が設置する訓練機関が実施する教育訓練については、各都道府県において定める基準を確保するよう努めなければならないこととされている。

(4)　消防学校において、民間の自衛消防隊員等に対して教育訓練を行うことは差し支えない。
(5)　自主的な防災組織の構成員に対する教育訓練の機会の付与は、国及び地方公共団体の努力義務にとどめられている。

答

解説　(3)　都道府県及び指定都市が設置する消防学校については、消防庁が定める基準を確保するように努めなければならない（組織法51条４項）とされているが、それ以外の訓練機関が行う教育訓練については、特段基準は定められていないので、誤り。

(5)　組織法52条において、消防職員及び消防団員に対する教育訓練の機会の付与は義務とされているが、自主的な防災組織に対しては努力義務とされているので、正しい。

問 33　**「消防力の整備指針」に関する記述のうち、誤っているものはどれか。**

(1)　消防力の整備指針は、消防組織法第37条に基づき制定されている。
(2)　「市街地」の定義によれば、２以上の準市街地が相互に近接している区域であって、その区域内の人口が１万人以上であれば「市街地」に含まれる。
(3)　消防本部及び署所に相互連絡のため、通信装置を設置するものとする。
(4)　市街地に該当しない地域にも、地域の実情に応じて当該地域に署所を設置することができる。
(5)　都道府県は、原則として、単独に又は共同して、消防職員及び消防団員の教育訓練を行うために消防学校を設置しなければならない。

答

解説　消防本部及び署所に相互連絡のため設置するのは、消防専用電話装置である（消防力の整備指針22条）。

問 34　**「消防力の整備指針」に関する記述のうち、誤っているものはどれか。**

(1)　一部事務組合や広域連合で消防事務を実施する場合には、当該広域行政の単位で消防力の整備指針を算定する。
(2)　事務の委託により、消防事務を実施する場合には、委託先及び受託先の双方において、消防力の整備指針を算定する必要がある。
(3)　市街地の消防署所数の算定は、人口を元に算定することとなっている。
(4)　救急自動車の算定にあっては、管轄面積を元に算定することとなっている。
(5)　消防本部における職員の総数の算定には、庶務の処理等に必要な人員も含まれる。

答

解説　消防力の整備指針第15条によると、救急自動車の算定については、人口を元に算定することとなっている。

問35　**消防職員の責務、職務能力に関する記述として、誤っているものはどれか。**

(1)　消防力の整備指針においては、消防署長は、消防に関する知識及び技能の修得のための訓練を受けるとともに、広範で高い識見等を有することにより、その統括する消防署の有する消防力を十分に発揮させるよう努めるものとするとされている。

(2)　消防力の整備指針においては、警防要員は、水火災又は地震等の災害の防御等に関する知識及び技術を有し、災害現場における警防活動等を的確に行うことができる能力を備えるべきとされている。

(3)　消防力の整備指針においては、予防要員は、防火査察（火災の調査を含む。）及び防火管理、危険物、消防用設備等その他の火災の予防に関する知識及び技術を有し、火災の予防に関する業務等を的確に行うことができる能力を備えるべきとされている。

(4)　消防力の整備指針においては、救急隊の隊員は、救急医学に関する知識並びに傷病者の観察、応急措置等に関する知識及び技術を有し、傷病者の搬送等の活動を的確に行うことができる能力を備えるべきとされている。

(5)　消防力の整備指針においては、救助隊の隊員は、救助資機材等の取扱い及び各種災害における救助技術に関する知識及び技術を有し、人命救助等の活動を的確に行うことができる能力を備えるべきとされている。

答

解説　設問の記述は、消防長の責務に関する記述であり、消防力の整備指針においては消防署長の責務等については特段の規定はない（消防力の整備指針27条及び28条参照）。

第2章

予防行政

第1　消防法関係
第2　消防用設備等関係
第3　防　炎　関　係
第4　建築基準法関係
第5　危険物規制関係
第6　火災予防条例（例）関係

第１　消防法関係

問１　消防法の目的についての記述のうち、誤っているものはどれか。

⑴　火災とは、特に規定された定義はなく社会的通念を指す。

⑵　予防し、警戒しとは、火災発生以前における火災に対する消極行為のうち、予防は、抽象的、一般的な火災危険に通常の消極行為である。警戒は、具体的、特別的な火災危険に対する非常の消極行為である。

⑶　鎮圧とは、火災発生後の発生した火災に対する消極行為である。

⑷　火災又は地震等の災害とは、特に定義がないが、災害の概念は災害対策基本法に定義されているが、消防の対象としての災害は、歴史的経過から社会と住民の要請から判断しさらに広く、比較的小規模な事故等も含まれる。

⑸　被害を軽減とは、発生した場合において、その拡大の防止及び縮小を図ることをいうが、被害の発生にきわめて密接する事前の現象に対する応急処置も、包含される。

答

解説　火災報告取扱要領において定義されており、火災予防あるいは火災原因調査との関連において、消防法にいう火災の範囲はこれを指すものと解されている。

問２　消防法において定義されている用語のうち、誤っているものはどれか。

⑴　危険物　　法別表第１の品名欄に掲げる物品で、同表に定める区分に応じ同表の性質欄に掲げる性状を有するもの

⑵　医療機関　　救急病院等を定める省令（昭和39年厚生省令第８号）で定められている。

⑶　関係のある場所　　消防対象物のある場所をいう。

⑷　関係者　　防火対象物又は消防対象物の所有者、管理者または占有者をいう。

⑸　地下街　　地下の工作物内に設けられた店舗、事務所その他これらに類する施設で、連続して地下道に面して設けられたものと当該地下道とを合わせたものをいう。

答

解説　関係のある場所とは、防火対象物又は消防対象物のある場所をいう（消法２条５項）。

問３　消防法において定義されている用語のうち、誤っているものはどれか。

(1)　消防隊　　消防器具を装備した消防吏員若しくは消防団員の一隊又は都道府県の航空消防隊
(2)　地下街　　地下の工作物内に設けられた店舗、事務所その他これらに類する施設で、連続して地下道に面して設けられたものと当該地下道を合わせたもの
(3)　高層建築物　　高さ 31 m を超える建築物
(4)　防火対象物　　山林又は舟車、舟きょ若しくはふ頭に繋留された船舶、建築物その他の工作物又は物件
(5)　舟　車　　船舶安全法第２条第１項の規定を適用しない船舶、端舟、はしけ、被曳舟その他の舟及び車輌

答

解説　(4)は、消防対象物の定義（消法２条２項及び３項）。

問４　消防法第３条第１項の規定により、命ずることができないものはどれか。

(1)　たき火を行う場合の消火準備
(2)　残火、取灰又は火の粉の始末
(3)　危険物の除去
(4)　物件（燃焼のおそれのある物件を除く。）の整理
(5)　みだりに存置された物件（燃焼のおそれのあるの物件を除く。）の除去

答

解説　「放置され、又はみだりに存置された物件」とされているので、誤り（消法３条１項四号）。

問５　屋外における措置命令等に関する記述のうち、正しいものはどれか。

(1)　命令権者は、消防長（消防本部を置かない市町村は、市町村長）消防署長その他の消防吏員である。
(2)　消防吏員以外の消防職員（事務職員及び技術職員）も、命令権者である。
(3)　命令の形式は、文書のみしか認められない。
(4)　放置された物件の除去命令を履行しなかった場合でも、代執行を行うことができない。
(5)　消火の準備を命ずれば十分であるたき火について、禁止命令をすることができる。

答

解説　命令の形式は、口頭又は文書どちらによるか別段の規定はない。命令に従わない場合で、行政代執行法に定める要件を満たす場合は、代執行が可能である。警察比例の原則により、その目的を達成するため必要である場合に限り、しかも最小限度に行わなければならない。命令権は、消防吏員以外の消防職員にはない。

問６　屋外における火災予防のための措置に関する記述のうち、誤っているものはどれか。

(1)　建物の外壁工事で火の粉を発する行為は、火災予防上の危険性又は消防活動上の支障によって命令の対象となる。
(2)　たき火の行為者が消火準備等の火災予防上必要な措置を講じない場合は、命令の対象となる。
(3)　煙突から火の粉が吹き出て極めて危険な状態である場合は、当該煙突の掃除若しくは修理を命じることができる。
(4)　「消火、避難その他の消防活動に支障になる」場合とは、公設消防の活動に支障になる場合に限る。
(5)　「火を使用する設備若しくは器具の使用」で対象となるものは物件に限る。

答

解説　消火、避難その他の消防活動に支障になる場合とは、一般をいい、必ずしも公設消防の活動に支障になる場合に限られない。

問７　屋外における火災の予防又は消防活動の障害除去のための措置命令等において、行政代執行法の定めるところに従い、当該消防職員又は第三者にその措置をとらせることができる要件に、適さないものはどれか。

(1)　措置を履行しないとき。
(2)　履行しても十分でないとき。
(3)　措置の履行について期限が付されている場合にあっては履行しても当該期限までに完了する見込みがないとき。
(4)　措置を履行しても報告がないとき。

答

解説　報告がないときは規定されていない（消法３条４項）。

問８　物件の所有者等が確知できず消防職員に物件の除去をさせる場合、消防法第３条第２項の規定（屋外における火災予防又は消防活動の障害除去のための措置命令関係）による場合と消防法第５条の３第２項の規定（防火対象物における火災の予防又は消防活動の障害除去のための措置命令関係）による場合とで、異なる事項どれか。

(1)　物件の除去を命ずるのは、消防長又は消防署長である。
(2)　除去に要した費用を負担するのは、物件の所有者、管理者又は占有者で権原を有するものである。
(3)　除去する場合は、相当の期限を定めて、必要な事項をあらかじめ公告しなければならない。
(4)　除去した物件は、保管しなければならない。

(5)　受命者は、所有者、管理者又は占有者で権原を有するもの。

答

解説　消法３条２項には、公告の規定は定められていない（消法３条２項、同５条の３・２項及び３項参照）。

問９　**消防職員の立入検査における措置に関する記述のうち、誤っているものはどれか。**

(1)　関係のある場所に立ち入る場合には証票を必ず携帯すること。
(2)　関係のある場所に立ち入る場合には証票を必ず示すこと。
(3)　関係のある場所に立ち入る場合には関係者の業務を配慮し妨害しないこと。
(4)　位置、構造、設備及び管理の状況を検査すること。
(5)　関係者の秘密をみだりに他に漏らさないこと。

答

解説　関係のある者から証票提示の請求があった場合には示さなければならない（消法４条２項）。

問10　**資料提出命令、報告の徴収及び消防職員の立入検査に関する記述のうち、誤っているものはどれか。**

(1)　消防職員は、関係のある場所に立ち入る場合においては、関係者の業務をみだりに妨害してはならない。
(2)「資料の提出を命じ」とは、一般に資料提出命令と言っているものであり、火災予防上必要な書類や図面を提出するよう口頭又は文書により命令するものである。
(3)「報告を求め」とは、一般に報告徴収と言っているものであり、火災予防上必要な事項について文書等を作成し、提出するよう要求するものである。
(4)　消防職員は、関係のある場所に立ち入る場合においては、市町村長の定める証票を携帯し、必ず関係のある者にこれを示さなければならない。
(5)「個人の住居」とは共同住宅の居室も含まれる。

答

解説　関係のある者の請求があるときはが、正しい（消法４条２項）。

問11　**消防職員の立入検査に関する記述のうち、正しいものはどれか。**

(1)　立入検査を実施する場合は、消防長又は消防署長の定める証票を携帯し、関係者から請求があるときは、証票を示さなければならない。
(2)　立入検査を実施する場合は、関係者の業務をみだりに妨害してはならない。
(3)　立入検査は、日出から日没までの時間帯又は営業時間内の時間帯に行わなければならない。

(4)　立入検査を実施する場合は、関係者に必ず事前通告しなければならない。
(5)　立入検査の対象は、防火対象物である。

答
解説　(1)は、市町村長の定める証票が正しい。(3)、(4)の規定は消防法の改正で撤廃された規定。(5)は、消防対象物が正しい（消法４条）。

問 12　**資料提出命令、報告の徴収及び立入検査に関する記述のうち、誤っているものはどれか。**

(1)　消防長又は消防署長は、火災予防のために必要があるときは、関係者に対して資料の提出を命じ、若しくは報告を求めることができる。
(2)　権限の発動要件は、「火災予防のために必要があるとき」であり、個別的、具体的な火災危険性の存在がなくてもよい。
(3)　質問の相手方は「関係のある者」であり、所有者、管理者若しくは占有者に限られる。
(4)　立入検査の対象となる場所は、あらゆる仕事場、工場若しくは公衆の出入する場所その他の関係のある場所であり、個人の住居も含まれる。
(5)　消防対象物の位置、構造、設備及び管理の状況を検査させることができる。

答
解説　関係のある者とは、関係者又はその代理人、使用人その他の従業員等が含まれると解されている（消法４条）。

問 13　**消防職員及び消防団員の立入検査の記述について、誤っているものはどれか。**

1　消防職員は、関係のある場所に立ち入って知り得た関係者の秘密をみだりに他に漏らしてはならない。
2　消防長又は消防署長は、火災予防のために特に必要があるときは、いつでも当該管轄区域内の消防団員に立入及び検査又は質問をさせることができる。
3　消防職員は、関係のある場所に立ち入る場合において、市町村長の定める証票を携帯し、関係のあるもの者の請求があるときは、これを示さなければならない。
4　消防職員は、火災予防のために必要があるときは関係のある場所に立ち入ることができる。
5　個人の住居は、関係者の承諾を得た場合は、立ち入ることができる。

答
解説　消防団員は、消防対象物及び期日又は期間を指定し立入及び検査又は質問をさせることができるが、正しい（消法４条の２）。

問 14　**消防法第５条（防火対象物の火災予防措置命令）に関する記述のうち、誤っているものはどれか。**

(1)　屋外において火災の予防に危険であると認める場合は、消防法第５条による命令要件には該当しない。

(2)　命ぜられた者がその措置を履行しないときは、行政代執行の対象となりうる。

(3)　命令は、防火対象物の位置、構造、設備又は管理の状況について、火災の予防に危険であると認める場合は、当該防火対象物の改修は命ずることができるが、除去は命ずることができない。

(4)　命令権者は、消防長又は消防署長である。

(5)　命令は、特に緊急の必要があると認める場合においては、関係者及び工事の請負人又は現場管理者に対して行うことができる。

答

解説　改修、移転、除去、工事の停止又は中止その他必要な措置をなすべきことを命ずることができる（消法５条）。

問 15　**防火対象物の位置、構造、設備又は管理の状況について、火災の予防上必要があると認める場合等により、防火対象物に対して改修、移転等の措置を命ずる場合、命令権者となり得る者として誤っているものはどれか。**

(1)　消防署長　　(2)　消防長

(3)　消防団長　　(4)　消防吏員

(5)　消防本部を置かない市町村の長

答

解説　条文には「消防長又は消防署長」とあるが、法第３条の読替えにより市町村長も該当する（消法５条１項、参考：消法３条）。

問 16　**消防法第５条に規定する防火対象物の火災予防措置命令の対象者として、誤っているものはどれか。**

(1)　権原を有する所有者

(2)　工事の請負人

(3)　特に緊急の必要がある場合における関係者

(4)　特に緊急の必要がある場合における現場管理者

(5)　権原を有する占有者

答

解説　(2)　関係者、工事請負人及び現場管理者は、特に緊急の必要があると認める場合に限られている（消法５条）。

問 17　**消防法第５条第１項に規定される必要な措置で、誤っているものはどれか。**

(1)　改　修　　(2)　工事の禁止
(3)　移　転　　(4)　工事の停止
(5)　除　去

答
解説　改修、移転、除去、工事の停止又は中止その他必要な措置（消法５条１項）。

問 18　**消防法第５条の２に規定する防火対象物の使用の禁止、停止又は制限の命令について、正しいものはどれか。**

(1)　消防法第３条により必要な措置を命ぜられたにもかかわらず、その措置が十分でない場合に本条に基づく命令を行うことができる。
(2)　消防吏員又は消防職員は、本条の命令を行うことができる。
(3)　命令は、防火対象物の所有者、管理者又は占有者のいずれにも行うことができる。
(4)　消防本部を置かない市町村においては市町村長が命令する。
(5)　消防法第５条により必要な措置が命ぜられ、履行されても当該期限までに完了する見込みがないため、引き続き、火災の予防に危険である場合に本条に基づく命令を行うことができない。

答
解説　(1)　消防法３条には、措置命令は入っていない。(2)　命令権者は消防長又は消防署長である。(3)　権原を有する関係者。(5)消防法５条１項により必要な措置を命ぜられたが履行されない等の場合は、本条による命令ができる（消法５条の２）。

問 19　**防火対象物の使用禁止、停止又は制限を命ずることができる条件として、誤っているものはどれか。**

※「防火対象物の位置、構造、設備又は管理の状況について、火災の予防に危険であると認め」

(1)　改修を命じたが、履行されず、引き続き、消火、避難その他の消防活動に支障と認める場合
(2)　改修の命令によっては、火災の予防の危険を除去することができないと認める場合
(3)　改修を命じたが、履行されず、行政代執行法の定めるところに従い、改修の措置をとる必要があると認める場合
(4)　改修を命じたが、履行したものの十分でなく、引き続き、火災が発生したならば人命に危険であると認める場合
(5)　期限を定めて改修を命じたが、当期限内に完了する見込みがないため、引き続き、火災の予

防に危険であると認める場合

答

解説　行政代執行は、防火対象物の使用禁止、停止又は制限を命ずることができる条件ではない（消法５条及び５条の２）。

問 20　**消防法第５条の３第１項に基づき命ずることが、できる措置はどれか。**

(1)　火を使用する器具の使用（物件に限る）その他これらに類する行為の禁止
(2)　放置された物件の除去
(3)　防火対象物の除去
(4)　防火対象物の使用の停止
(5)　みだりに存置された物件の整理

答

解説　防火対象物において、消防法第３条第１項各号に掲げる必要な措置と規定されている（消法３条１項、第５条の３・１項）。

問 21　**消防法第５条の３第１項の規定による命令を、行えない者は誰か。**

(1)　消防長
(2)　消防団長
(3)　消防署長
(4)　消防吏員
(5)　消防職員

答

解説　消防長、消防署長その他の消防吏員と規定されており、消防吏員以外の消防職員には命令権はない（消法第５条の３・１項参照）。

問 22　**消防法第５条の３に規定に基づき、必要な措置をとるべきことを命ずることができないときに消防職員に措置をとらせる場合について、誤っているものはどれか。**

(1)　期限を定め、その措置を行うべき旨をあらかじめ公告しなければならない。
(2)　期限までにその措置を行わないときは、消防職員がその措置を行うべき旨をあらかじめ公告しなければならない。
(3)　緊急の必要があると認める場合においては公告しなくてもよい。
(4)　措置をとった場合において、除去した物件について保管の必要はない。
(5)　それらの者の負担において、消防職員に、当該物件の除去をさせることができる。

答

解説　(4)　物件を除去させたときは当該物件を保管しなければならないとされている（消法５条

の３・２項及び３項)。

問 23　**消防法第５条の３第１項の命令を行った場合の不服申立について、誤っているものはどれか。**

(1)　不服申立ての種類は異議申立てである。
(2)　不服申立ての起点日は命令を受けた日の翌日である。
(3)　消防吏員による命令であった場合、不服申立ての相手は市町村長である。
(4)　不服申立ての期間は 30 日である。
(5)　命令を受けた日とは、郵送によって命令書が発送された場合は、その到達日である。

答
解説　不服申立ての種類は審査請求である。

問 24　**消防法第６条第２項の規定による補償に関する記述として、正しいものはどれか。**

(1)　補償に要する費用を負担するのは、命令を発動した消防長又は消防署長である。
(2)　第６条第２項の規定による命令を取り消す旨の判決があった場合には、その命令によって生じた損失を、補償しなくてはならない。
(3)　消防法又はその他の法令の違反がない状態で消防法第５条第１項の命令を受けて損失が生じた場合は、補償しなくてはならない。
(4)　第５条の２第１項の命令を取り消す旨の判決があった場合には、その命令によって生じた損失を補償しなくてはならない。

答
解説　消防法第６条第２項による補償は、行政処分が違法であることが前提になっていることから、行政法学上損害賠償にあたる（消法６条２項及び４項)。

問 25　**消防同意に関する記述のうち、誤っているものはどれか。**

(1)　消防同意を行う者は、消防長又は消防署長であり、消防本部を置かない市町村においては、市町村長である。
(2)　消防同意の期間は、建築基準法第６条第１項第四号又は同第 87 条の２に係る確認の場合にあっては、同意を求められた日から３日以内、その他の確認等の場合にあっては７日以内である。
(3)　消防同意は、消防機関が防火の専門家としての立場から建築主に対して行うものであり、建築物の新築等の計画の段階で防火の観点からチェックし、予防行政の目的を達成しようとするものである。
(4)　消防同意の要件は、建築物の計画が法律又はこれに基づく命令若しくは条例の規定で建築物の防火に関するものに違反していないことである。

(5)　消防同意の時期は、建築物の工事着工前、つまり、建築物の計画の段階である。

答

解説　消防同意は、新築等の申請者に対してなされるのでなく、建築主事、特定行政庁、都道府県知事等の行政庁、その委任を受けた者又は指定確認機関に対してなされるものであり、「同意」は行政機関の相互の内部行為であるため行政処分ではない。

問 26　**消防法第７条に基づき消防同意の必要が、ない住宅は次のうちどれか。**

(1)　長　屋
(2)　共同住宅
(3)　防火地域及び準防火地域以外の区域内における一戸建て住宅
(4)　一戸建て住宅で住宅の用途以外の用途の床面積が 60 m^2のもの

答

解説　消防法第７条のただし書により、消防同意が全ての建物に必要ではなく、長屋、共同住宅等を除く、防火地域及び準防火地域以外の区域内の住宅は、消防長等へ通知のみでよいものとしている（消法７条１項、消令１条）。

問 27　**消防法第７条「建築許可等についての消防長又は消防署長の同意」に記述されている、権限を有する行政庁の説明で、正しいものを選べ。**

(1)　建築主事を置く市町村については、市町村の長若しくは都道府県知事
(2)　建築主事を置かない市町村については、市町村の長
(3)　指定都市においては、長、若しくは都道府県知事
(4)　指定都市においては、長
(5)　特別区においては、都道府県知事

答

解説　行政庁とは、建築主事を置く市町村の区域については当該市町村の長をいい、その他の市町村の区域については都道府県知事をいう（建基法４条）。

問 28　**防火管理者を定めなければならない防火対象物で、ないものはどれか。**

(1)　収容人数が 50 人の特別養護老人ホーム
(2)　収容人数が 30 人のホテル
(3)　収容人数が 10 人の診療所
(4)　収容人数が 70 人の図書館
(5)　収容人数が 30 人の劇場

答

解説　診療所（令別表(6)項イ）は、収容人数 30 人以上のものが対象（消令１条の２・３項）。

問 29　**防火管理者を定めなければならない防火対象物として、誤っているものはどれか。**

(1)　延べ面積が 1,000㎡以上の小売店舗で、収容人員 30 人以上のもの

(2)　消防法施行令別表第１(6)項ロ、⒃項イ及び（16 の２）項にかかげる防火対象物（同表⒃項イ及び（16 の２）項にかかげる防火対象物にあっては、同表(6)項ロに掲げる防火対象物の用途に供される部分が存するものに限る。）で当該防火対象物に出入りし、勤務し、又は居住するものの数が 10 人以上のもの。

(3)　新築で工事中の延べ面積が５万m² 以上である建築物で収容人員が 50 人以上のもの

(4)　建造中の旅客船（船舶安全法第８条に規定する旅客船をいう。）で収容人員が 50 人以上で、かつ、甲板数が 11 以上のもののうち、総務省令で定めるもの。

(5)　消防法施行令別表第１(9)項ロに掲げる防火対象物で、収容人員が 30 人以上のもの。

答

解説　(9)項ロは、収容人員 50 人以上（消令１条の２及び消則１条の３）。

問 30　**防火管理者を定めなければならない防火対象物の管理について権原を有する者が、当該防火管理者に行わせなければならないとして定められている事項に、該当しないものはどれか。**

(1)　消防計画の作成

(2)　消防の用に供する設備、消防用水又は消火活動上必要な施設の点検及び整備

(3)　消防用設備等の設置

(4)　火気の使用又は取扱いに関する監督

(5)　避難又は防火上必要な構造及び設備の維持管理

答

解説　消防用設備等の設置については、防火対象物の関係者の義務である（消法８条）。

問 31　**防火管理者の職務に関する記述のうち、防火管理者の職務でないものはどれか。**

(1)　火気の使用又は取扱いに関する監督

(2)　収容人員の管理

(3)　消防計画の作成

(4)　消防法第８条の２の２に規定する防火対象物点検資格者による点検結果の報告

(5)　消火訓練及び避難訓練を実施する際の消防機関への通報

答

解説　防火対象物点検資格者による点検結果の報告をするのは、管理について権原を有する者である（消法８条、同８条の２の２）。

問 32　**「防火管理者の責務」として、誤っているものはいくつあるか。**

①　防火管理に係る消防計画を作成しなければならない。

②　火元責任者を選任し、防火管理上必要な教育を実施しなければならない。

③　防火管理に係る消防計画に基づいて、消火、通報及び避難の訓練を定期的に実施しなければならない。

④　防火管理上必要な業務を行うときは、必要に応じて防火対象物点検資格者に指示を求め、誠実にその職務を遂行しなければならない。

⑤　防火管理者は、消防の用に供する設備、消防用水若しくは消火活動上必要な施設の点検及び整備に関すること。

(1)　なし　　(2)　１つ　　(3)　２つ
(4)　３つ　　(5)　４つ

答

解説　②は、火元責任者その他の防火管理の業務に従事する者に対して、必要な指示を与えなければならない。④は、当該防火対象物の管理について権原を有する者が、正しい（消令３条の２）。

問 33　**防火管理者が消防計画で定めるべき事項に関する記述のうち、誤っているものはどれか。**

(1)　防火対象物についての火災予防上の自主検査に関すること。

(2)　消防用設備等又は特殊消防設備等の点検及び整備に関すること。

(3)　危険物の取扱い作業の基準に関すること。

(4)　防火管理上必要な教育に関すること。

(5)　消火、通報及び避難の訓練その他防火管理上必要な訓練の定期的な実施に関すること。

答

解説　(3)は、特定の危険物製造所等の予防規程に定めるべき事項である（危則 60 条の２、消則３条１項一号）。

問 34　**同一敷地内に防火対象物が２以上ある場合の防火管理者選任に関する記述のうち、正しいものはどれか。**

(1)　管理権原者が同一である防火対象物が２以上ある場合は、一の防火対象物とみなす。

(2)　管理権原者が同一である防火対象物が２以上ある場合は、棟ごとに一の防火対象物とみなす。

(3)　管理権原者が同一である防火対象物が２以上ある場合、棟ごとの延べ面積を合算した値が

1,000 m^2 以上のときに限り、一つの防火対象物とみなす。

(4)　管理権原者が同一である防火対象物が2以上ある場合は、防火対象物の延べ面積が 2,000 m^2 未満に限り、一の防火対象物とみなす。

(5)　防火対象物が2以上ある場合は、すべて一の防火対象物とみなす。

答

解説　消令2条に「同一敷地内に管理について権原を有する者が同一の者である令別表第1に掲げる防火対象物が2以上あるときは、それらの防火対象物は、消法8条1項の規定の適用については、一の防火対象物とみなす。」と定めている。

問 35　**防火管理に関する指導として、正しくないものはどれか。**

(1)　大規模地震対策特別措置法により地震防災対策強化地域として指定された地域に所在する防火対象物の防火管理者に対し、大規模な地震に係る防災訓練の実施について、消防計画に定めるよう指導した。

(2)　消令別表第1(3)項ロに該当する防火対象物の防火管理者に対し、消火訓練及び避難訓練を年1回以上実施するよう指導した。

(3)　管理について権原が分かれている防火対象物の防火管理者に対し、消防計画に、当該防火対象物の当該権限の範囲を定めるよう指導した。

(4)　消令別表第1(6)項ロに該当する防火対象物の防火管理者に対し、消火訓練及び避難訓練を実施する場合は、あらかじめ、その旨を消防機関に通報するよう指導した。

答

解説　令別表第1(1)項から(4)項まで、(5)項イ、(6)項、(9)項イ、(16)項イ及び(16の2)項に該当する防火対象物の防火管理者は、消火訓練及び避難訓練を年2回以上実施しなければならない(消則3条10項参照)。

問 36　**管理的又は監督的な地位にある者のいずれもが防火管理上必要な業務を適切に遂行することができないと消防長又は消防署長が認めることにより、外部の者から防火管理者を選任することができる防火対象物として、適当でないものはどれか。**

(1)　収容人員が 100 人の共同住宅

(2)　その管理について権原が分かれている防火対象物の部分で、収容人員が 20 人の遊技場

(3)　その管理について権原が分かれている防火対象物の部分で、収容人員が 50 人の事務所

(4)　不動産特定共同事業契約（不動産特定共同事業法第2条第3項に規定する不動産特定共同事業契約）に係る不動産に該当する防火対象物

(5)　複数の防火対象物について権原を有する者が同一である防火対象物で、収容人員が 30 人のファーストフード店

答

解説　⑴消令３条２項、⑵消則２条の２・１項二号ロ、⑶収容人員が 50 人未満のもの（消則２条の２・１項二号ハ）、⑷消則２条の２・１項三号、⑸消則２条の２・１項一号参照。

問 37　**消防法で防火管理者の責務として定められている事項について、誤っているものはどれか。**

⑴　防火対象物についての防火管理に係る消防計画を作成し、所轄消防長又は消防署長に届け出なければならない。

⑵　消防の用に供する設備の点検及び整備は、防火管理者が実施する防火管理上必要な業務には含まれない。

⑶　防火管理上必要な業務を行うときは、必要に応じて防火対象物の管理について権限を有する者の指示を求め、誠実にその職務を遂行する必要がある。

⑷　火気の使用若しくは取扱いに関する監督を行うときは、火元責任者その他の防火管理の業務に従事するものに対し、必要な指示を与えなければならない。

(5)　防火管理に係る消防計画に基づいて、消火、通報及び避難の訓練を行わなければならない。

答

解説　消防用設備等の点検及び整備は、防火管理者の責務となっている（消令３条の２・２項）。

問 38　**防火管理者が作成する消防計画に掲げるべき事項として、誤っているものどれか。**

⑴　自衛消防の組織に関すること。

⑵　消防用設備等又は特殊消防用設備等の点検及び整備に関すること。

⑶　防火壁、内装その他の防火上の構造の点検及び整備に関すること。

⑷　定員の遵守その他収容人員の適正化に関すること。

(5)　防火管理上必要な教育に関すること。

答

解説　防火壁、内装その他の防火上の構造の維持管理に関することである（消則３条１項）。

問 39　**統括防火管理者の選任が必要な防火対象物について、誤っているものはどれか。**

⑴　高層建築物（高さが 31 m を超えるもの）

⑵　消防法施行令別表第１（16 の３）項に掲げる防火対象物

⑶　消防法施行令別表第１⑹項ロに掲げる防火対象物のうち、地階を除く階数が３以上で、かつ、収容人員が 10 人以上のもの

⑷　消防法施行令別表第１⒃項イにかかげる防火対象物のうち、地階を除く階数が３以上で、かつ、収容人員が 30 人以上のもの

⑸　消防法施行令別表第１⒂項に掲げる防火対象物のうち、地階を除く階数が５以上で、かつ収

容人員が50人以上のもの

答

解説　非特定用途防火対象物で統括防火管理が必要なものは、令別表第1⒃項ロの防火対象物（消令3条の3）。

問40　**防火対象物で、その管理について権原が分かれているもののうち、統括防火管理者を定める、義務がないものはどれか。**

(1)　遊技場とカラオケボックスからなる複合用途防火対象物のうち、地階を除く階数が3で、かつ、収容人員が30人のもの
(2)　老人短期入所施設と養護老人ホームからなる防火対象物のうち、地階を除く階数が2で、かつ、収容人員が50人のもの
(3)　事務所と共同住宅からなる複合用途防火対象物のうち、地階を除く階数が5で、かつ、収容人員が50人のもの
(4)　事務所の用途に供される高層建築物
(5)　準地下街

答

解説　(2)は、特定用途防火対象物は、地階を除く階数が3以上で、選任義務が生じる（消法8条の2、消令3条の3）。

問41　**統括防火管理者の責務に関する記述のうち、誤っているものはどれか。**

(1)　統括防火管理者は、当該防火対象物の全体についての防火管理に係る消防計画を作成し、市町村長に届け出なければならない。
(2)　統括防火管理者は、消火、通報及び避難の訓練の実施を行わなければならない。
(3)　統括防火管理者は、防火対象物の全体についての防火管理上必要な業務を行うときは、必要に応じて当該防火対象物の管理について権原を有する者の指示を求め、誠実にその職務を遂行しなければならない。
(4)　統括防火管理者は、廊下、階段、避難口その他の避難上必要な施設の管理を行わなければならない。
(5)　防火対象物の全体について、防火管理上必要な業務を行わなければならない。

答

解説　(1)は、消防長又は消防署長なので、誤り（消令4条の2）。

問 42　**防火対象物の全体についての防火管理に係る消防計画に定める事項として、誤っているものはどれか。**

(1)　防火対象物全体にわたる消防計画の作成並びにその計画に基づく消火、通報及び避難の訓練の実施に関すること。

(2)　廊下、階段、避難口、安全区画、防煙区画その他避難施設の維持管理及びその案内に関すること。

(3)　定員の厳守その収容人員の適正化に関すること。

(4)　火災の際の消防隊に対する当該防火対象物の構造その他必要な情報の提供及び消防隊の誘導に関すること。

(5)　火災、地震その他災害が発生した場合における消火活動、通報連絡及び誘導避難に関すること。

答

解説　(3)は、防火管理に係る消防計画に定める事項なので、誤り（消則第４条）。

問 43　**防火対象物の定期点検及び報告が、義務付けられる対象物はどれか。**

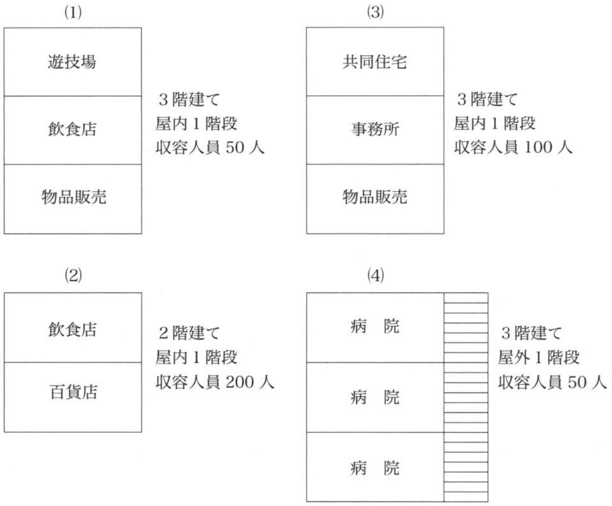

答

解説　点検及び報告義務のある防火対象物は、令別表第１(1)項から(4)項まで、(5)項イ、(6)項、(9)項イ、(16)項イ及び（16 の２）項に掲げる防火対象物であって、収容人員が 300 人以上のもの又は３階以上に消令別表第１(1)項から(4)項まで、(5)項イ、(6)項又は(9)項イに掲げる防火対象物の用途に供される部分が存するもので、屋内一階段のものである（消令４条の２の２）。

問 44　防火対象物の点検及び報告に関する記述のうち、誤っているものはどれか。

(1)　防火管理の義務がない場合、当該点検及び報告の義務はない。
(2)　収容人員 300 人以上の令別表第 1 ⒃項イの建物のうち、⒂項に掲げる部分にあっては点検の義務はない。
(3)　点検は 1 年に 1 回行わなければならない。
(4)　点検の結果、基準に適合していると認められた防火対象物には、表示を付すことができる。
(5)　点検の結果を消防長又は消防署長に報告しなければならない。

答

解説　(2)の収容人員 300 人以上の場合、点検義務は防火対象物全体に発生する (消令 4 条の 2 の 2)。

問 45　防火対象物のうち火災の予防上必要な事項についての点検を、要しない防火対象物はどれか。

(1)　地下街で収容人員が 300 人以上のもの。
(2)　博物館で収容人員が 500 人以上のもの。
(3)　収容人員が 30 人以上の特定複合用途で、診療室が地階に存し、当該部分から地上に通じる直通階段が 1 のもの。
(4)　事務所と物販店が入居する特定複合用途で、物販店に供される部分の収容人員が 50 人、事務所の用途に供される部分の収容人員が 250 人のもの。
(5)　飲食店と共同住宅が入居する防火対象物で、飲食店に供される部分の収容人員が 100 人、事務所の用途に供される部分の収容人員が 200 人で、飲食店に供される部分と共同住宅に供される部分とが、消令第 8 条に定める構造により区画されているもの。

答

解説　火災予防上必要な事項等について点検を要する防火対象物は、令別表第 1 (1)項から(4)項まで、(5)項イ、(6)項、(9)項イ、⒃項イ及び（16 の 2) 項に掲げる防火対象物で収容人員が 300 人以上のもの及び(1)項から(4)項まで、(5)項イ、(6)項、(9)項イに掲げる防火対象物の用途に供される部分が避難階以外の階に存する防火対象物で、当該避難階以外の階から避難階又は地上に直通する階段が 2 以上設けられていないもの（消令 4 条の 2 の 2)。

問 46　防火対象物の定期点検の点検基準と、ならないものはどれか。

(1)　消防法第 17 条の 3 の 2 の規定に基づき、消防用設備等の設置に関する届出がされ、検査を受けていること。
(2)　消防用設備等又は特殊消防用設備等が、消防庁長官の定めるところにより、消防法第 17 条第 1 項及び第 3 項、第 17 条の 2 の 5 並びに第 17 条の 3 並びにこれらに基づく命令の規定に従つて設置し、及び維持されていること。
(3) 防火管理者の選任又は解任の届出がされていること。
(4) 避難上必要な施設及び防火戸が適切に管理すること。
(5) 消防計画に基づき、防火管理業務が適正に執行されていること。

答

解説　消防用設備等又は特殊消防用設備等については、消防庁長官の定めるところ（平成14年消告12号）により設置されていなければならないとされており、機能面に係る維持管理等については、消法17条の３の３で点検することとされている。

問47　**防火対象物の点検の表示に記載する事項について、誤っているものはどれか。**
(1) 防火管理者の氏名
(2) 点検を行った防火対象物点検資格者の氏名及び免状の交付番号
(3) 点検を要する防火対象物の権原を有する者の氏名
(4) 点検を行った日から起算して１年後の年月日

答

解説　消法８条の２の２・２項に規定する表示に記載する事項は、消則４条の２の７・３項に規定されており、点検を行った日及び上記(2)～(4)までの事項を記載することと規定されている。

問48　**防火対象物の点検及び報告の特例認定の要件について、誤っているのはどれか。**
(1) 消火訓練及び避難訓練を年２回以上実施し、あらかじめ消防機関に通報していること。
(2) 防火管理者の選任及び消防計画の作成の届出がされていること。
(3) 管理を開始してから、３年以上経過していること。
(4) 過去５年以内に消防法令違反をしたことによる命令を受けていないこと。
(5) 過去３年以内に防火対象物の点検基準に適合していないと認められたことがないこと。

答

解説　(4)は、「過去５年以内」ではなく「過去３年以内」が正しい（消法８条の２の３）。

問49　**消防法に規定されている避難上必要な施設等の管理について、正しいものはどれか。**
(1) 対象は令別表第１の防火対象物すべてである。
(2) 避難上必要な施設について避難上の支障になる物件が放置、又はみだりに存置されないよう管理しなければならないのは管理について権原を有する者である。
(3) 防火戸についてその閉鎖の支障になる物件が放置、又はみだりに存置されないよう管理しなければならないのは防火管理者である。

(4)　本条に基づく避難施設又は防火戸の管理義務違反には罰則が適用される。
(5)　段ボール箱等を一時的に、存置する場合であれば避難に支障があるとはいえない。

答
解説　(1)は、(18)項から(20)項は除外されている（消令４条の２の３）。
(3)は、防火管理者ではなく管理について権原を有する者。
(4)は、消法８条の２の４の違反そのものに罰則は設けられていない。

問 50　**消防法の規定により、自衛消防組織を置いた場合に消防長又は消防署長に届け出なければならない事項として、誤っているものはどれか。**
(1)　自衛消防組織設置防火対象物の管理について権原を有する者の氏名及び住所
(2)　自衛消防組織の内部組織の編成及び自衛消防要員の氏名
(3)　統括管理者の氏名及び住所
(4)　自衛消防組織に備え付けられている資機材
(5)　自衛消防組織設置対象物の所在地、名称、用途、延べ面積及び階数

答
解説　(2)は、自衛消防要員の配置が、正しい（消則４条の２の15・１項四号）。

問 51　**消防法で定める自衛消防組織の業務について、おおむね２人以上の要員をおかなければならないとされている業務で、誤っているものはどれか。**
(1)　在館者が避難する際の誘導に関する業務
(2)　在館者の救出及び救護に関する業務
(3)　火災の初期の段階における消火活動に関する業務
(4)　火災が発生地区へ直行し、防火シャッター、防火戸等の閉鎖する延焼拡大防止に関する業務
(5)　情報の収集及び伝達並びに消防用設備等その他の設備の監視に関する業務

答
解説　(4)に関する業務は定められていない（消則４条の２の11）。

問 52　**防火対象物のうち自衛消防組織の設置を、要しない防火対象物はどれか。**
なお、下記の防火対象物は、防火管理者の選任が必要な防火対象物であるもの。
(1)　令別表第１(8)項　地上３階建て、延べ面積４万m^2
(2)　令別表第１(4)項　地上11階建て、延べ面積１万５千m^2
(3)　令別表第１(12)項　地上６階建て、延べ面積２万m^2
(4)　令別表第１(16)項イ　地上15階建て、11階及び12階の(4)項に供する部分の床面積合計１万５千m^2

(5)　令別表第１（16の２)項　延べ面積３千m^2

答

解説　地階を除く階数が４以下の防火対象物は、延べ面積が５万m^2以上のものが設置対象（消令４条２の４）。

問 53　**防火対象物のうち防災管理者の選任が必要となるものとして、正しいものはどれか。ただし、設問中の防火対象物には特段の記載が無い限り、地階が存在しないものとする。**

(1)　５階建て、延べ面積１万m^2の駐車場
(2)　４階建て、延べ面積３万m^2の百貨店
(3)　11 階建て、延べ面積１万m^2の令別表第１⒂項に該当する事業所
(4)　15 階建て、延べ面積６万m^2の共同住宅
(5)　地上４階、地下１階建て、延べ面積３万m^2（地階 5,000 m^2）の劇場

答

解説　防災管理を要する防火対象物は、用途、階数と延べ面積よって定められている。なお、階数と延べ面積の関係は、４階以下は５万m^2以上、５階以上 10 階以下は２万m^2以上、11 階以上は１万m^2以上となっている（消令４条の２の４）。

問 54　**建築物その他の工作物の防災管理について、誤っているものはどれか。**

(1)　防災管理を要する建築物その他の工作物の管理権原者は、防災管理者を定めなければならない。
(2)　防災管理者は、防災管理に係る消防計画を作成しなければならない。
(3)　防災管理者は、防災管理に係る消防計画に基づき、避難の訓練を年２回以上実施しなければならない。
(4)　防災管理を要する建築物その他の工作物の管理権原者は、収容人員が 300 人未満の場合は、防災管理点検及び報告を実施しなくてもよい。
(5)　防災管理を要する建築物その他の工作物の管理権原者は、防災管理者に、防災管理者の行うべき防火管理上必要な業務を行わせなければならない。

答

解説　防災管理に係る消防計画に基づく避難訓練は、年１回以上実施しなければならない。

防災管理点検及び報告は、収容人員に関係なく、防災管理を要する建築物その他の工作物の管理権原者は実施しなければならない。

（消法 36 条、消令４条の２の４、同 46 条、同 48 条、消則 51 条の８）。

問 55　防災管理対象物の点検基準について、誤っているものはどれか。

(1)　防災管理に係る消防計画の届出及び防災管理者の選任（解任）届出されていること。
(2)　自衛消防組織の設置を要する防火対象物にあっては、自衛消防設置の届出がされていること。
(3)　防災管理に係る消防計画に基づき、地震による被害の軽減に関する事項が適切に行われていること。
(4)　防災管理を要する防火対象物で、その管理について権原が分かれているものにあっては、消防庁長官が定める事項が適切に行われていること。
(5)　避難上必要な施設及び防火戸について、適切に管理されていること。

答

解説　地震による被害の軽減に関する事項だけではなく、消防庁長官が定める事項「防災管理対象物の点検基準に係る事項を定める件」（平成 20 年消告 22 号）が適切に行われていることが、正しい（消則 51 条の 14）。

問 56　防災管理対象物の点検基準に定められている、地震による被害軽減に関する事項のうち、誤っているものはどれか。

(1)　地震発生時における建築物その他の工作物及び建築物その他の工作物に存する者等の被害の想定及び当該想定される被害に対する対策に関する事項
(2)　建築物その他の工作物についての地震による被害軽減のため耐震診断及び当該耐震診断に基づく措置に関する事項
(3)　地震による被害の軽減のために必要な設備及び資機材の点検並びに整備並びに当該点検の結果に基づく処置に関する事項
(4)　地震発生時における家具、じゅう器その他の建築物その他の工作物に備え付けられた物品の落下、転倒及び移動の防止のための措置に関する事項
(5)　地震発生時における通報連絡、避難誘導、救出、救護その他地震による被害の軽減のための応急措置に関する事項

答

解説　耐震診断ではなく、自主検査が正しい。「防災管理対象物の点検基準に係る事項を定める件」（平成 20 年消告 22 号）参照。

問 57　消防法第 25 条に定める応急消火義務者として、妥当でないものを選べ。

(1)　当該防火対象物の関係者
(2)　火災を発生させた者
(3)　延焼のおそれのある消防対象物の関係者、居住者又は勤務者
(4)　火災の発生に直接関係がある者

⑸　火災が発生した消防対象物の居住者又は勤務者

答

解説　消則47条では、消法25条3項で定める情報提供を求めることができる者について規定しており、応急消火義務者及び「延焼のおそれのある消防対象物の関係者、居住者又は勤務者」とされている。よって、⑶は「情報提供を求めることができる者」に該当する。

問58　**火災現場において消火、人命救助等に関し必要な情報の提供を求めたが、相手として適当でないものはどれか。**

⑴　火災があった当該消防対象物の関係者
⑵　延焼のおそれのある消防対象物の関係者
⑶　火災の現場附近にいる者
⑷　火災を発生させた者
⑸　住居者又は勤務者

答

解説　(3) は、情報の提供を求めることができる者には、該当しない（消則47条及び同46条）。

問59　**消防法で定める消防信号についての記述のうち、正しいものはどれか。**

⑴　消防信号の種類には、火災信号、山林火災信号、火災警報信号、演習召集信号及び火災予防週間信号がある。
⑵　火災信号の方法は、近火、出場、応援、報知、鎮火の各信号がある。
⑶　山林火災信号も火災信号と同じ方法である。
⑷　火災警報信号に吹き流しや旗による方法は含まれない。
⑸　消防信号に類似する信号でも、あらかじめ届け出れば使用できる。

答

解説　消防信号に類似する信号は消防業務あるいは消防法上の義務の遂行以外にあっては何人も使用できないとともに、消防信号は、火災、山林火災、火災警報、演習召集の4種類があり、それぞれの信号方法は異なり、火災警戒信号では旗、吹き流しなどの信号方法を併せて用いることもできる（消則34条）。

問60　**消防法で定める火災警報についての記述のうち、誤っているのはどれか。**

⑴　気象庁長官等は、気象の状況が火災予防上危険であると認めるときは、その地を管轄する都道府県知事に、その状況を直ちに通報しなければならない。
⑵　火災警報の発令権者は市町村長である。
⑶　都道府県知事から通報をうけた市町村長は火災警報を発令しなければならない。

(4)　火災警報の発令は消防信号によって周知される。
(5)　火災警報発令中、その市町村の区域内に存する者は火気の使用制限を受ける。

答

解説　火災警報発令の要否は、市町村長の判断に委ねられている（消法22条）。

問61　**火災警戒区域と消防警戒区域の設定権者として、ともに正しいのはどれか。**

	火災警戒区域の設定権者	消防警戒区域の設定権者
(1)	消防長	消防吏員でない消防職員
(2)	消防署長	消防団員
(3)	消防団長	消防団長
(4)	消防団員	消防署長
(5)	消防吏員ではない消防職員	消防長

答

解説　火災警戒区域を設定するかどうかの判断は、まだ火災にならない段階でなされるため、高度の技術的な経験と慎重さが求められるため、設定権者は消防長又は消防署長となっている。

これに対して、消防警戒区域は、火災現場において消防活動を遺憾なく行い。さらに、火災原因調査を十分に行うため一定時間、区域を定めて関係者以外の者の立入若しくは制限し、又はそれらの者を当該区域から退去させるために設定されるので、設定権者は消防吏員又は消防団員となっている（消法23条の2、同27条）。

問62　**消防法に定められている火災現場での記述として、誤っているものはどれか。**

(1)　火災の現場においては、消防吏員又は消防団員は、消防警戒区域を設定して、命令で定める以外の者に対してその区域からの退去を命じ、又はその区域への出入りを禁止し若しくは制限することができる。
(2)　消防吏員又は消防団員が火災の現場にいないとき又は消防吏員又は消防団員の要求があったときは、市町村長は、(1)の消防吏員又は消防団員の職権を行うことができる。
(3)　火災現場の上席消防員の指揮により消防警戒区域を設定する場合には、現場に在る警察官は、これに援助を与える義務がある。
(4)　消防吏員又は消防団員は、消火若しくは延焼の防止又は人命の救助のために必要があるときは、火災が発生せんとし、又は発生した消防対象物及びこれらのものの在る土地を使用し、処分し又はその使用を制限することができる。
(5)　消防吏員又は消防団員は緊急の必要があるときは、火災の現場附近に在る者を消火若しくは延焼の防止又は人命の救助その他の消防作業に従事させることができる。

答

解説　消防吏員又は消防団員が火災の現場にいないとき又は消防吏員又は消防団員の要求があったときは、警察官は、消法 28 条１項に規定する消防吏員又は消防団員の職権を行うことができる（消法 28 条２項）。

問 63　**水火以外の災害への準用についての記述のうち、誤っているものはどれか。**

(1)　豪雨の場合には、消防法第 22 条の火災の警報が準用される。
(2)　有毒ガスの漏えいを発見した者には、通報の義務がある。
(3)　水火については、消防法第 25 条の協力義務は準用されない。
(4)　山崩れの場合には、火災警戒区域の設定が準用できる。
(5)　爆発事故の場合には、消防法第 30 条の緊急水利の規定が準用されない。

答

解説　山崩れの場合には、消防警戒区域の設定が準用される。

問 64　**ガス、火薬又は危険物の漏えい、飛散、流出等の事故が発生した場合に設定する火災警戒区域に関する記述のうち、正しいものはどれか。**

(1)　現場最高指揮者は、火災警戒区域を設定することができない。
(2)　消防長又は消防署長は、火災警戒区域内への出入りを禁止することができる。
(3)　消防長又は消防署長は、火災が発生しているときに限り、火災警戒区域を設定することができる。
(4)　消防長又は消防署長は、火災警戒区域内にいるものに退去を命令することはできない。
(5)　警察署長は、火災警戒区域を設定することができない。

答

解説　火災警戒区域を設定して、その区域内におれる火気使用の禁止、又は区域からの退去を命じ、若しくは出入りの禁止、制限をすることができる（消法 23 条の２）。

問 65　**消防法の規定に関する記述のうち、誤っているものはどれか。**

(1)　火災の現場においては、消防吏員又は消防団員は、当該消防対象物の関係者その他命令で定める者に対して、当該消防対象物の構造、救助を要する者の存否その他消火若しくは延焼の防止又は人命の救助のため必要な事項につき情報の提供を求めることができる。
(2)　火災を発見した者は、遅滞なくこれを消防署又は市町村長の指定した場所に通報しなければならない。
(3)　火災が発生したときは、当該消防対象物の関係者その他政令で定める者は、消防隊が火災の現場に到着するまで消火若しくは延焼の防止又は人命の救助を行わなければならない。
(4)　(3)の場合において、火災の現場附近に在る者は、(3)の者の行う消火若しくは延焼の防止又は人命の救助に協力しなければならない。

(5) 消防車は、火災の現場に出動するとき及び訓練のため特に必要がある場合においては、サイレンを用いなければならない。

答

解説 (5) 消法26条3項は、消防車は、火災の現場に出動するとき及び訓練のため特に必要がある場合において一般に公告したときに限り、サイレンを用いることができるよう定めたものである。

問66 **消防法の規定に関する記述のうち、誤っているものはどれか。**

(1) 消防車が火災の現場に赴くときは、車馬及び歩行者はこれに道路を譲らなければならない。

(2) 交差点又はその附近において、緊急自動車である消防自動車が接近してきたときは、緊急自動車以外の車両は、交差点を避け、かつ、道路の左側に寄って一時停止しなければならない。

(3) 消防車は、火災の現場に出動するとき及び訓練のため特に必要がある場合において一般に公告したときに限り、サイレンを用いることができる。

(4) 消防車は、消防署等に引き返す途中その他の場合には、鐘又は警笛を用い、一般交通規則に従わなければならない。

(5) 消防隊は、火災の現場に到着するためには、一般交通の用に供しない通路を通行することができる。

答

解説　消防隊は、火災の現場に到着するために緊急の必要があるときは、一般交通の用に供しない通路若しくは公共の用に供しない空地及び水面を通行することができる（消法27条）。

問67 **設定された消防警戒区域に出入り、できない者はどれか。**

(1) 新聞記者及び報道カメラマン

(2) 区域内の建物の居住者

(3) ガス事業者

(4) 区域内の建物所有者の友人

(5) 区域内の事務所の勤務者

答

解説　区域内に出入りできる者は、関係者、居住者及びその親族でこれらに対して救援しようとする者と規定されている（消則48条）。

問68 **消火活動中の緊急措置に関する記述として、誤っているものはどれか。**

(1) 消防吏員又は消防団員は緊急の必要があるときは、火災の現場附近に在る者を消火若しくは延焼の防止又は人命の救助その他の消防作業に従事させることができる。

(2)　市町村長若しくは消防吏員又は消防団員は、消火若しくは延焼の防止又は人命の救助のために必要があるときは、火災が発生せんとし、又は発生した消防対象物及びこれらのものの在る土地を使用し、処分し又はその使用を制限することができる。
(3)　火災現場の上席消防員の指揮により消防警戒区域を設定する場合には、現場にある警察官は、これに援助を与える義務がある。
(4)　火災の現場においては、消防吏員又は消防団員は、消防警戒区域を設定して、命令で定める以外の者に対してその区域からの退去を命じ、又はその区域への出入りを禁止し若しくは制限することができる。
(5)　消防吏員又は消防団員が火災の現場にいないとき又は消防吏員又は消防団員の要求があつたときは、警察官は、(4)の消防吏員又は消防団員の職権を行うことができる。

答

解説　火災が発生せんとし、又は発生した消防対象物等に対する使用権等が認められるのは、消防吏員又は消防団員である（消法29条1項）。

問69　**火災原因調査に関する記述のうち、誤っているものはどれか。**

(1)　消防長又は消防署長は、消火活動と併行して、火災原因等の調査を行わなければならない。
(2)　放火又は放火の疑いのあるときでも、その火災の原因の調査の主たる責任及び権限は、消防長又は消防署長にある。
(3)　消防長又は消防署長は、火災の原因等の調査のため必要があるときは、関係のある者に対して質問すること、及び関係のある官公署に対し、必要な事項の通報を求めることができる。
(4)　火災原因調査の対象となる「火災の原因」とは、出火原因のことをさすものである。
(5)　消防長又は消防署長は、被害調査のため必要があるときは、その指揮監督下にある消防職員に関係のある場所へ立ち入って検査を行わせることができる。

答

解説　調査対象となる「火災原因」とは、単に出火原因にとどまらず、燃焼現象が火災の規模に達するに至った一連の要因を指すものであり、また、火災発生後、拡大又は延焼、死傷者の発生等、これらに至った諸要因についても含まれることとなる。

問70　**火災の調査に関する記述のうち、正しいものはどれか。**

(1)　放火又は放火の疑いがあるときは、その火災の原因の調査の主たる責任及び権限は、警察署長にある。
(2)　消防長又は消防署長は、警察官が放火又は失火の犯罪の被疑者を逮捕したときは、火災の原因の調査のため、警察官の捜査に支障を来さない範囲であれば、いつでもその被疑者に対し質問することができる。
(3)　消防長又は消防署長は、火災のために受けた損害の調査のために必要があるときは、関係のある官公署に対し必要な事項の通報を求めることができる。
(4)　放火又は放火の疑いがあるときは、消防長又は消防署長及び警察署長は、火災の原因及び損害の程度を決定するために火災により破損され又は破壊された財産を調査することができる。
(5)　消火のため受けた損害とは、火災における消防隊による消火行為に付随して生ずる人的物的損害をいう。

答

解説　(1)は、火災の原因の調査の主たる責任及び権限は消防長又は消防署長にある。
(2)は、事件が検察官に送致されるまでの間である。
(4)は、消防長又は消防署長及び関係保険会社の認めた代理者である。

問 71　**一義的に火災による被害財産の調査が、できないものを２つ選べ。**

(1)　消防長
(2)　消防署長
(3)　市町村長
(4)　消防庁長官
(5)　関係保険会社の認めた代理人

答

解説　火災による被害財産の調査をできるのは、消防長又は消防署長及び当該火災に係る関係保険会社（損害を補填する責任がある保険会社）である（消法 33 条）。

問 72　**火災調査にかかる消防長、消防署長の権限について、誤っているものはどれか。**

(1)　火災により破損され又は破壊された財産の調査をすることができる。
(2)　関係者への必要な書類の提出を命じることができる。
(3)　消防職員に関係のある場所に立ち入って、火災によって破壊された財産の状況を調査させることができる。
(4)　警察官が放火の被疑者を逮捕し又は証拠品を押収し、事件が検察官に送致された後は、その被疑者に対し質問をし、証拠品について調査することができる。
(5)　関係のある官公署に対して必要な事項の通報を求めることができる。

答

解説　質問し、証拠品を調査できるのは検察官に送致されるまでである（消法 35 条の２）。

問 73　**消防法上の災害補償規定について、誤っているものはどれか。**

(1)　消防作業等に従事した民間人の損害についても定められている。
(2)　損害の補償義務者は市町村である。
(3)　補償対象者には、消防吏員の要求によって消火作業に従事し損害を受けた者も含まれる。
(4)　応急消火義務者の消火等の作業に協力し損害を受けた者は、補償の対象となる。

(5)　補償は、市町村条例の定めにより行われる。

答

解説　消法36条の３は、火災等の災害が発生した場所で、災害の防除若しくは人命の救助に協力した者及び消防吏員等の要求によってこれらの活動に従事した者の損害を、市町村条例の定めにより補償することを規定している。

問74　消防用施設の濫用を禁止されて、いないものはどれか。

(1)　消火栓
(2)　消火器
(3)　消防の用に供する貯水施設
(4)　消防の用に供する警鐘台
(5)　火災報知器

答

解説　消法18条１項で記しているのは上記の(1)、(3)、(4)、(5)のほか、消防の用に供する望楼の５種類である（消法18条）。

第２　消防用設備等関係

問１　消防法の規定により消防用設備等を設置し、維持する義務を負う者のうち、最も適当なものはどれか。

(1)　令別表第１に掲げる防火対象物の防火管理者
(2)　令別表第１に掲げる防火対象物の関係者
(3)　令別表第１に掲げる防火対象物の所有者
(4)　令別表第１に掲げる防火対象物の管理者
(5)　令別表第１に掲げる防火対象物の占有者

答

解説　消法17条おいて政令で定める防火対象物の関係者と規定されている（消法17条１項、消令６条）。

問２　消防用設備等の種類についての記述のうち消火設備で、ないものはどれか。

(1)　屋内消火栓設備
(2)　ハロゲン化物消火設備
(3)　連結送水管
(4)　動力消防ポンプ設備
(5)　スプリンクラー設備

答

解説　(3)の連結送水管は、「消火活動上必要な施設」である（消令７条）。

問３　消防用設備等の種類についての記述のうち、正しいものはどれか。

(1)　消防機関へ通報する火災報知設備、非常ベル、共同住宅用自動火災報知設備は、警報設備である。
(2)　屋内消火栓設備、スプリンクラー設備、パッケージ型自動消火設備は、消火設備である。
(3)　避難はしご、救助袋、誘導灯は、避難設備である。
(4)　連結送水管、加圧防排煙設備、無線通信補助設備は、消火活動上必要な施設である。
(5)　防火水槽又はこれに代わる貯水池その他の水槽は、消防用水である。

答

解説　共同住宅用自動火災報知設備、パッケージ型自動消火設備、加圧防排煙設備は、必要とされる防火安全性能を有する消防の用に供する設備等になる。また、水槽は簡易消火用具である（消令７条）。

問４　**消防法第 17 条第３項に規定する「特殊消防用設備等」について、誤っているものはどれか。**

(1)　消防法第 17 条第３項の認定を受けようとする者は、あらかじめ日本消防検定協会又は法人であって総務大臣の登録を受けたものが行う性能評価を受けなければならない。

(2)　特殊消防設備等の認定を受ける者とは、各特殊消防用設備等に係る設備の製造者をいう。

(3)　総務大臣は、認定申請のあった特殊消防用設備等が通常の消防用設備等と同等以上の性能を有するかどうかを審査し、当該性能を有していると認められるときは、認定しなければならない。

(4)　総務大臣は、特殊消防用設備等の認定をしようとするときは、その旨を関係消防長又は関係消防署長に通知しなければならない。

(5)　特殊消防用設備等の認定の申請を総務大臣に申請する場合には、特殊消防用設備等大臣認定申請書に設備等設置維持計画及び性能評価結果を記載した書面を添えて総務大臣に申請しなければならない。

答

解説　特殊消防用設備等の認定を受ける者とは、消法第 17 条第１項の防火対象物の関係者（所有者、管理者又は占有者）であり、同項に規定する消防用設備等に代えて、特殊消防用設備等を設置し、及び維持しようとする者をさし、各特殊消防用設備等に係る設備の製造者をいうものではない。

問５　**消防用設備等の設置維持の規定による命令によって、設置することを命ずることができないものはどれか。**

(1)　避難器具　　(2)　スプリンクラー設備

(3)　火炎伝送防止装置　　(4)　自動火災報知設備

(5)　排煙設備

答

解説　(3)は、火災予防条例（例）第３条の４（厨房設備）第２項で、油脂を含む蒸気を発生させるおそれのある厨房設備の天蓋は、排気ダクトへの火炎の伝送を防止する装置（以下「火災伝送防止装置」という。）とされている（消法 17 条、同 17 条の４及び消令７条）。

問６　防火対象物の収容人員の算定において床面積が基準として、用いられないものはどれか。

(1)　テレビスタジオ
(2)　診療所
(3)　劇　場
(4)　飲食店
(5)　ホテル

答

解説　収容人員の算定方法は、事業場が正常な操業状態にある場合を想定して、これを一般化したもので、テレビスタジオでは、従業員数＝収容人員とされている（消則第１条の３参照）。

問７　無窓階に関する記述として、誤っているものはどれか。

(1)　無窓階の判定において、９階の階で開口部に面する通路の幅員が１m以下だったので、当該開口部を、床面積の１/30を超えるか否かの合計算定から除いた。
(2)　11階以上の階において、直径50 cm以上の円が内接できる開口部を２以上有し、当該開口部の面積の合計が、当該階の床面積の１/30を超える階以外の階をいう。
(3)　無窓階の判断において、ある階の開口部が床面から1.2 mを超えていたので、当該開口部を、床面積の１/30を超えるか否かの合計算定から除いた。
(4)　10階以下の階において、直径１m以上の円が内接できる開口部又は、幅及び高さがそれぞれ75 cm以上及び1.2 m以上の開口部を２以上有し、当該開口部及び直径50 cm以上の円が内接できる開口部の面積の合計が、当該階の床面積の１/30を超える階以外の階をいう。

答

解説　11階以上の階においては、直径50 cm以上の円が内接できる開口部を２以上有しなければいけないという規定は特にない（消則第５条の２参照）。

問８　消防法施行令第８条に規定する開口部のない耐火構造の床又は壁の区画を貫通することが、できるものはどれか。

(1)　電気配線
(2)　給水管
(3)　ガス管
(4)　塩化ビニル管
(5)　給油管

答

解説　令８区画を配管が貫通することは、原則として認められないが、必要不可欠な配管であって、当該区画を貫通する配管及び当該貫通部について、開口部のない耐火構造の床又は壁による区画と同等とみなすことができる場合にあっては、当該区画の貫通が認められるものである。貫通できる配管等の詳細については、「令８区画及び共住区画の構造並びに当該区画を貫通する配管等の取扱いについて」（平成７年消防予第53号）参照。

問９　**消防法施行令第８条に関する記述のうち、誤っているものはどれか。**

(1)　消防用設備等の設置単位は、一棟一設置単位であるが、当該消防法施行令第８条は、その例外規定として定められている。

(2)　消防法施行令第８条とは、耐火構造の壁により区画された部分ごとに別の防火対象物とみなし、消防用設備等を設置するものであるが、当該壁に開口部を設けてもよい。

(3)　防火対象物の区画が、消防法施行令第８条の規定に該当したため、全ての種類の消防用設備等について当該区画されたそれぞれの部分ごとに適用した。

(4)　消防法施行令第８条に基づきそれぞれ別の防火対象物とみなすことができるのは、消防用設備等の設置単位に関するものに限られる。

(5)　消防法施行令第８条に基づき区画された部分を、配管が貫通することは、原則認められていない。

答

解説　消令８条の区画は基本的に開口部を有しないもので区画されている必要がある（消令８条）。

問10　**複合用途防火対象物の部分で、消防用設備等設置の適用について、一の防火対象物とみなして適用されない設備はどれか。**

(1)　自動火災報知設備　　(2)　漏電火災警報器

(3)　屋内消火栓設備　　(4)　避難器具

(5)　誘導灯・誘導標識

答

解説　令別表第１⑯項に掲げる防火対象物の部分で、一の防火対象物とみなし適用されるものは、(1)、(2)、(4)、(5)の設備のほか、スプリンクラー設備、ガス漏れ火災警報設備、非常警報設備（消令９条）。

問11　**特定防火対象物の地階で地下街と一体を成す防火対象物とみなし設置の適用を受ける消防用設備のうち、誤っているものはどれか。**

(1)　スプリンクラー設備　　(2)　自動火災報知設備

(3)　ガス漏れ火災警報設備　　(4)　非常警報設備

(5)　無線通信補助設備

答

解説　無線通信補助設備は含まれていない（消令９条の２参照）。

問12　**防火対象物又はその部分に設置する消火器具の設置基準として、誤っているものはどれか。**

(1)　養護老人ホームは、延べ面積にかかわらず設置が必要
(2)　重要文化財は、延べ面積にかかわらず設置が必要
(3)　物品販売店で、延べ面積が 150 m^2 以上のものには設置が必要
(4)　中学校で、延べ面積が 150 m^2 以上のものには設置が必要
(5)　集会場で、延べ面積が 150 m^2 以上のものには設置が必要

答

解説　令別表第1(7)項〔小学校等〕に掲げる防火対象物は、延べ面積が 300 m^2 以上のものに設置が必要（消令 10 条）。

問13　**消火器具に関する技術上の基準のうち、正しいものはどれか。**

(1)　消火器具は床面から1m以下の箇所に設けなければならない。
(2)　粉末消火器は地震による転倒防止措置を設けなければならない。
(3)　消火器には「消火器」又は「消火器具」と表示した標識を設けなければならない。
(4)　二酸化炭素消火器は地階、無窓階以外であれば、設置することができる。
(5)　消火器具とは消火器又は簡易消火用具をいう。

答

解説　(1)は、床面からの高さ 1.5 m以下が正しい（消則第9条参照）。

(2)は、粉末消火器その他転倒により消火剤が漏出するおそれのない消火器にあっては、この限りでない（消則第9条参照）。

(3)「消火器」が正しい（消則第9条参照）。

(4)　換気について有効な開口部の面積が床面積の3分の1以下で、かつ、当該床面積が 20 m^2 以下の地階、無窓階又は居室に、設置してはならない。とされている（消令第 10 条、消則第 11 条参照）。

(5)　正しい（消令第 10 条参照）。

問14　**消火に適応する消火器具と対象物の区分の組み合わせで、誤っているものはどれか。**

(1)　水バケツ又は水槽……危険物第2類（引火性固体）
(2)　霧状の水を放射する消火器……電気設備
(3)　ハロゲン化物を放射する消火器……危険物第3類（禁水性物品）
(4)　泡を放射する消火器……危険物第2類（引火性個体）、建築物その他の工作物
(5)　乾燥砂……指定可燃物（可燃性液体類）

答

解説　ハロゲン化物を放射する消火器は、危険物第３類には適用しないので、誤り（消令 10 条２項及び同別表 2）。

問 15　**防火対象物又はその部分に設置する消火器具の適応性と同一の消防設備等を設置することにより、その有効範囲内の部分において、消火器具の必要能力単位の数値の合計を減少できるが、その消防設備等と減少できる数値の組み合わせとして、誤っているものはどれか。**

(1)　屋内消火栓設備　　　３分の１
(2)　大型消火器　　　　　２分の１
(3)　泡消火設備　　　　　３分の１
(4)　粉末消火設備　　　　２分の１
(5)　スプリンクラー設備　３分の１

答

解説　(4)は、３分の１が正しい（消則７条２項、同８条２項）。

問 16　**消火器具の設置に関する基準として、誤っているものはどれか。**

(1)　消火器には、地震による震動等による転倒を防止するための適当な措置を講じること。ただし、粉末消火器その他転倒により消火剤が漏出するおそれのない消火器にあっては、この限りでない。
(2)　総務省令で定める地階には二酸化炭素を放射する消火器を設置してはならない。
(3)　消火器具は、床面からの高さが 1.2 m以下の箇所に設けること。
(4)　消火器具は通行又は避難に支障がなく、かつ、使用に際して容易に持ち出せる事ができる箇所に設置すること。
(5)　消火器を設置した箇所には「消火器」と表示した標識を見やすい位置に設けること。

答

解説　(3)は、床面からの高さが 1.5 m以下の箇所に設けること（消則９条一号）。

問 17　**屋内消火栓設備の設置を、要しない防火対象物又はその部分はどれか。なお、当該防火対象物は主要構造部が耐火構造で、内装の仕上げを不燃材料でしたものとする。**

(1)　延べ面積が 1,500 m^2 の劇場
(2)　延べ面積が 2,100 m^2 の百貨店
(3)　飲食店で床面積が 450 m^2 の地階
(4)　駐車場で床面積が 600 m^2 の無窓階
(5)　延べ面積が 200m^2 の地下街

答

解説　令別表第１(13)項〔駐車場等〕は、屋内消火栓設備の設置対象になっていない。また、主要構造部を耐火構造として、かつ、室内に面する部分の仕上げを難燃材料でしたものは、数値を３倍とすることができる（消令 11 条参照）。

問 18　**屋内消火栓の設置間隔及び放水圧力について、下表のＡからＤまでの欄に当てはまる語句の組み合わせとして、正しいものはどれか。**

各消火栓の比較表

	設置間隔	放水圧力
１号消火栓 易操作性１号消火栓	25 m以下	B 以上
２号消火栓	15 m以下	C 以上
広範囲型２号消火栓	A 以下	D 以上

	A	B	C	D
(1)	15 m	0.17 MPa	0.25 MPa	0.17 MPa
(2)	15 m	0.25 MPa	0.17 MPa	0.25 MPa
(3)	20 m	0.25 MPa	0.17 MPa	0.17 MPa
(4)	25 m	0.17 MPa	0.25 MPa	0.17 MPa
(5)	25 m	0.17 MPa	0.25 MPa	0.25 MPa

答

解説　広範囲型２号消火栓の設置間隔は 25 m、放水圧力は１号と広範囲２号は 0.17 Mpa、２号は 0.25 Mpa（消令 11 条３項）。

問 19　**屋内消火栓設備についての記述のうち、誤っているものはどれか。**

(1)　屋内消火栓箱には、その表面に「消火栓」と表示すること。

(2)　水源の水位がポンプより低い位置にある加圧送水装置には、呼水装置を設けること。

(3)　屋内消火栓の開閉弁は、床面からの高さが 1.5 m以下の位置に設けること。

(4)　屋内消火栓箱の上部に、取付け面と 10 度以上の角度となる方向に沿つて 15 m離れたところから容易に識別できる赤色の灯火を設けること。

(5)　屋内消火栓設備の非常電源は、非常電源専用受電設備、自家発電設備、蓄電池設備又は燃料電池設備（特定防火対象物で、延べ面積が 1,000 m^2 以上のものにあつては、自家発電設備、蓄電池設備又は燃料電池設備）によるものとすること。

答

解説　屋内消火栓箱の上部に、取付け面と 15 度以上の角度となる方向に沿つて 10 m離れたところから容易に識別できる赤色の灯火を設けること（消則 12 条１項三号ロ）。

問 20　**屋内消火栓設備の設置及び技術上の基準に関する記述で、誤っているものはどれか。**

(1)　屋内消火栓箱の上部に、取付け面と 15 度以上の角度となる方向に沿って 10 m離れたところから容易に識別できる赤色の灯火を設けること。

(2)　非常電源には、非常電源専用受電設備、自家発電設備、蓄電池設備及び燃料電池設備がある。

(3)　加圧送水装置には、呼水装置を設けなければならない。

(4)　屋内消火栓の開閉弁は、床面からの高さが 1.5 m以下の位置又は天井に設けること。ただし、当該開閉弁を天井に設ける場合にあっては、当該開閉弁は自動式のものとすること。

(5)　屋内消火栓箱には、その表面に「消火栓」と表示すること。

答

解説　水源の水位がポンプより低い位置にある加圧送水装置には、呼水装置を設けること（消則 12 条 1 項三の二号）。

問 21　**屋内消火栓設備に附置する非常電源について、正しいものはどれか。**

(1)　特定防火対象物で延べ面積が 1,000 m^2 以上の場合は自家発電設備のみ認められている。

(2)　自家発電設備は屋内消火栓設備を有効に 45 分以上作動できる容量であること。

(3)　非常電源専用受電設備の外部には屋内消火栓設備用である旨を表示すること。

(4)　非常電源専用受電設備は他の電気回路の開閉器又は遮断器によって遮断されないこと。

(5)　キュービクル式の非常電源専用受電設備は必ず消防庁長官の定める基準に適合しなければならない。

答

解説　(1)は、自家発電設備以外に蓄電池設備、燃料電池設備も認められている。(2)は、30 分以上である。(3)は、開閉器である。(5)は、高圧又は特別高圧で受電する場合である（消則 12 条 1 項四号）。

問 22　**屋内消火栓設備のうち広範囲型以外の２号消火栓に関する基準で、誤っているものはどれか。**

(1)　防火対象物の階ごとに、その階の各部分から 1 のホース接続口までの水平距離が 15 m以下となるように設けること。

(2)　消防用ホースの構造は、１人で操作することができるものとして総務省令で定める基準に適合するものとすること。

(3)　水源の水量は、消火栓の設置個数が最も多い階における当該設置個数に 1.2 m^3 を乗じて得た量以上の量となるように設けること。

(4)　消防用ホースの長さは、当該屋内消火栓設備のホース接続口から水平距離 15 mの範囲内の当該階の各部分に有効に放水することができる長さとすること。

(5)　屋内消火栓設備には、非常電源を附置すること。

答

解説　当該設置個数（設置個数が２を超えるときは、２とする。）に 1.2 m^3 を乗じて得た量以上(消令 11 条３項二号イ(4))。

問 23　**スプリンクラー設備を設置すべき防火対象物又はその部分として、誤っているものはどれか。**

(1)　天井の高さが 10 m を超え、かつ、延べ面積が 700 m^2 以上のラック式倉庫
(2)　地下街で、延べ面積が 1,000 m^2 以上のもので、かつ、物品販売業を営む店舗の床面積の合計が 500 m^2 以上のもの
(3)　指定可燃物（可燃性液体類に係るものを除く。）を危険物の規制に関する政令別表第４で定める数量の 750 倍以上貯蔵し、又は取り扱う作業場
(4)　百貨店で、地階を除く階数が 11 以上のもの（総務省令で定める部分を除く。）
(5)　飲食店や物品販売を営む店舗を含む地上４階建ての複合用途防火対象物で、飲食店や物品販売を営む店舗に供される部分（総務省令で定める部分を除く。）の床面積の合計が 3,000 m^2 以上のものの階のうち、当該部分が存する階

答

解説　指定数量の 750 倍ではなく 1,000 倍である（消令 12 条１項八号)。

問 24　**次の施設の内スプリンクラー設備について、設置が必要となる施設について、正しいものはどれか。**

(1)　有料老人ホーム（避難が困難な要介護者を主として入居させるものを除く。）
(2)　老人介護支援センター
(3)　身体障害者福祉センター
(4)　養護老人ホーム
(5)　老人ディサービスセンター

答

解説　関係法令の改正により、令別表第１(6)項ロは、新(6)項ロ及びハに分けられ、新(6)項ロは要介護、障害の程度の重い者を入所させる福祉施設とされ、設置強化が図られた。

問 25　**スプリンクラーヘッドを設置することを要しない部分として、誤っているものはどれか。**

(1)　百貨店の特別避難階段
(2)　発電機等の電気設備が設置されている場所
(3)　人工血液透析室

(4)　老人短期入所施設の廊下
(5)　直接外気に開放されている廊下

答

解説　直接外気に開放されている廊下以外の廊下については、特に規定はない（消則13条３項）。

問26　**スプリンクラー設備のヘッド（放水口）不要部分として、誤っているものはどれか。**

(1)　浴室、便所
(2)　手術室、分娩室
(3)　４m^2以下の押入れ
(4)　電子計算機器室
(5)　直接外気に開放されている廊下

答

解説　(3)については、特に規定はない（消則13条３項各号）。

問27　**スプリンクラー設備の設置基準について、誤っているものはどれか。**

(1)　スプリンクラーを設けなければならない百貨店において、床面から天井までの高さが６ｍを超える部分には、放水型スプリンクラーヘッドを設けなければならない。
(2)　延べ面積が1,000 m^2以上の地下街については、スプリンクラー設備を設けなければならない。
(3)　延べ面積が5,000 m^2のホテルについては、スプリンクラー設備に替えてパッケージ型自動消火設備を設けることができない。
(4)　通信機器室には、スプリンクラーヘッドを設けなくともよい。
(5)　防火対象物の10階で床面積が150 m^2には、スプリンクラー設備を設けなくてよい。

答

解説　パッケージ型自動消火設備の設置及び維持に関する技術上の基準を定める件（平成16年消告13号）第３において、パッケージ自動消火設備を設けることができる防火対象物として、令別表第１(5)項に掲げる防火対象物で、延べ床面積が１万m^2以下のものが規定されている。

問28　**スプリンクラー設備の末端試験弁に関する記述のうち、正しいものはどれか。**

(1)　流水検知装置又は圧力検知装置の設けられる配管の系統ごとに一個ずつ設けること。
(2)　放水圧力が最も高くなると予想される配管の部分に設けること。
(3)　末端試験弁の一次側には試験用放水口を、二次側には圧力計を設けること。
(4)　その直近の見やすい箇所に末端試験弁である旨を表示した表示灯を設けること。
(5)　特定施設水道連結型スプリンクラー設備でその放水圧力及び放水量が測定することができな

いものは、末端試験弁を設けないことができる。

答

解説　(2)は、最も低く、(3)は、一次側に圧力計、二次側に試験用放水口、(4)は、標識、(5)は、測定することができるものである（消則14条1項五号の二）。

問29　**スプリンクラー設備の自動警報装置に関する記述のうち、誤っているものはどれか。**

(1)　自動火災報知設備により警報が発せられる場合は、音響警報装置を設けないことができる。

(2)　発信部には、流水検知装置又は圧力検知装置を用いること。

(3)　流水検知装置にかかる圧力は、当該流水検知装置の最高使用圧力以下とすること。

(4)　スプリンクラーヘッドの開放により警報を発するものとし、補助散水栓の開閉弁の開放により警報を発しないこと。

(5)　一の防火対象物に2以上の受信部が設けられているときは、これらの受信部のある場所相互間で同時に通話することができる設備を設けること。

答

解説　スプリンクラー設備の自動警報装置の基準は、スプリンクラーヘッドの開放又は補助散水栓の開閉弁の開放により警報を発するものとされている（消則14条四号）。

問30　**閉鎖型スプリンクラーヘッドのうち標準型ヘッドに関する記述について、誤っているものはどれか。**

(1)　給排気用ダクトや棚等でその幅又は奥行が1.2 mを超えるものがある場合には、そのダクトや棚等の下面にもスプリンクラーヘッドを設けなければならない。

(2)　スプリンクラーヘッドのデフレクターから下方0.4 m以内で、かつ、水平方向0.3 m以内には、何も設けられ、又は置かれていないこと。

(3)　スプリンクラーヘッドのデフレクターと当該ヘッドの取付け面との距離は、0.3 m以下であること。

(4)　スプリンクラーヘッドは、当該ヘッドの取付け面から0.4 m以上突き出したはり等によって区画された部分ごとに設けなければならない。ただし、当該はり等の相互間の中心距離が1.8 m以下である場合にあっては、この限りでない。

(5)　スプリンクラーヘッドは、当該ヘッドの軸心が当該ヘッドの取付け面に対して直角となるように設けること。

答

解説　デフレクターから下方0.45 m以内が、正しい（消則13条の2・4項一号）。

問 31　**補助散水栓に関する基準で、誤っているものはどれか。**

(1)　補助散水栓の上部には、取付け面と 15 度以上の角度となる方向に沿って 15 m離れたところから容易に識別できる赤色の灯火を設けること。

(2)　補助散水栓の開閉弁を天井に設ける場合にあっては、当該開閉弁は自動式のものとすること。

(3)　防火対象物の階ごとに、その階の各部分から１のホース接続口までの水平距離が 15 m以下となるように設けること。

(4)　補助散水栓箱には、その表面に「消火用散水栓」と表示すること。

(5)　ノズルには、容易に開閉できる装置を設けること。

答

解説　正しくは「水平距離 10 m離れたところ」である（消則 13 条の６・４項三号ロ）。

問 32　**防火対象物又はその部分に設置することができる水噴霧消火設備等の組み合わせのうち、誤っているものはどれか。**

(1)	多量の火気を使用する部分	ハロゲン化物消火設備
(2)	通信機器室	不活性ガス消火設備
(3)	飛行機の格納庫	粉末消火設備
(4)	駐車の用に供される部分	泡消火設備
(5)	自動車の修理に供される部分	水噴霧消火設備

答

解説　自動車の修理又は整備に供される部分には、泡、不活性ガス、ハロゲン化物、粉末の各消火設備が設置できる（消令 13 条１項）。

問 33　**水噴霧消火設備等の設置が必要な防火対象物又はその部分について、正しいものはどれか。**

(1)　ヘリコプターの格納庫で延べ面積 1,000 m^2 のもの

(2)　１階に 300 m^2 の自動車の修理の用に供される部分がある工場

(3)　平屋建て 600 m^2 の駐車場（すべての車両が同時に屋外に出ることができるもの）

(4)　指定数量の 500 倍の指定可燃物を貯蔵する倉庫

(5)　床面積が 150 m^2 の変圧器等の設置がある電気室のある病院

答

解説　格納庫は、面積による要件は規定されていない（消令 13 条１項表）。

問 34　水噴霧消火設備等のうち、消防法令上移動式のものが、ないものはどれか。

(1)　水噴霧消火設備　　(2)　泡消火設備
(3)　不活性ガス消火設備　　(4)　ハロゲン化物消火設備
(5)　粉末消火設備

答

解説　水噴霧消火設備等のうち、移動式の規定がないものは消令 14 条の水噴霧消火設備のみである。

問 35　防火対象物の道路の用に供される部分又は駐車の用に供される部分に設置する水噴霧消火設備に関する基準について、誤っているものはどれか。

(1)　噴霧ヘッドは防護対象物の床面積 1 ㎡につき 20L 毎分以上の水量を標準放射量で放射することができるように設けなければならない。
(2)　駐車の用に供される部分に設ける排水設備は、車両が駐車する場所の床面には、排水溝に向かって 100 分の 1 以上の勾配をつけなければならない。
(3)　消火ピットは、油分離装置付とし、火災危険の少ない場所に設けなければならない。
(4)　道路のように供される部分に設ける排水設備は、道路の中央又は路端には、排水溝を設けること。
(5)　排水溝は、長さ 40 m以内ごとに 1 個の集水管を設け、消火ピットに連絡すること。

答

解説　排水溝に向かって 100 分の 2 以上の勾配をが、正しい（消則 17 条 5 項一号）。

問 36　泡消火設備の設置に関する基準のうち、誤っているものはどれか。

(1)　火災のときに著しく煙が充満するおそれのある場所に設けるものは、固定式のものとすること。
(2)　防護対象物のうち床面からの高さが 5 mを超える場所に設ける高発泡用泡放出口を用いるものは、局所放出方式とすること。
(3)　移動式の泡消火設備に用いる泡消火薬剤は、低発泡のものに限ること。
(4)　移動式の泡放射用器具を格納する箱の上部には赤色の灯火を設けること。
(5)　高発泡用泡放出口を用いる泡消火設備には泡の放出を停止するための装置を設けること。

答

解説　(2)は、局所放出方式ではなく全域放出方式である（消則 18 条 4 項）。

問 37　移動式泡消火設備の設置に関する基準で、誤っているものはどれか。

(1)　ホースの接続口は、すべての防護対象物について、当該防護対象物の各部分から1のホース接続口までの水平距離が15 m以下となるように設けること。

(2)　消防用ホースの長さは、当該泡消火設備のホース接続口からの水平距離が15 mの範囲内の当該防火対象物の各部分に有効に放射することができる長さとすること。

(3)　泡放射用器具を格納する箱は、ホース接続口から3 m以内の距離に設けること。

(4)　駐車の用に供される部分に設けられるものの水源の水量は、2個のノズルを同時に使用した場合に、泡水溶液がノズル1個当たり毎分150 Lの放射量で20分間放射することができる量とすること。

(5)　泡消火設備に用いる泡消火薬剤は、低発泡のものに限る。

答

解説　毎分100 Lの放射量で15分間放射することができる量が、正しい（消令15条、消則18条2項四号）。

問 38　不活性ガス消火設備を設置する場合において、全域放出式、局所放出式、移動式のうち、必ず全域放出式の不活性ガス消火設備を、設置しなければならない場所はどれか。

(1)　通信機械室であって常時人がいる部分

(2)　綿花類を貯蔵・取扱いする場所で、常時人がいない部分

(3)　屋上の道路の用に供される部分

(4)　防火対象物の1階に存する、自動車整備工場の部分

(5)　発電機室

答

解説　通信機械室であっても常時人がいる場合は、移動式でも可能である。また、屋上の道路の用に供される部分は移動式のみ設置可能である（消令13条、消則19条5項一号、一号の二、同6項五号の二）。

問 39　不活性ガス消火設備のうちＩＧ－55消火剤を用いる設備を設置することが、できるのはどれか（いずれも常時人がいない部分とする）。

(1)　多量の火気を取り扱うボイラー室

(2)　ガスタービンを原動力とする発電機が設置される電気室

(3)　指定可燃物を貯蔵し、若しくは取り扱う室

(4)　防護区画の面積が1,200 m^2の通信機器室

(5)　防護区画の体積が2,500 m^3の駐車場

答

解説　(1)から(4)は二酸化炭素に限られる。(5)については、防護区画の体積が 3,000 m³ 以上の場合は、二酸化炭素に限られる（消則 19 条 5 項二号の二表）。

問 40　**不活性ガス消火設備（全域放出方式で二酸化炭素を消火剤とするもの）に関する記述として、誤っているものはどれか。**

(1)　起動装置の放出用スイッチ、引き栓等の作動から貯蔵容器の容器弁又は放出弁の開放までの時間が 30 秒以上となる遅延装置を設けること。

(2)　防護区画の出入口等の見やすい箇所に消火剤が放出された旨を表示する表示灯を設けること。

(3)　音響警報装置は、音声による警報装置とすること。ただし、常時人のいない防火対象物にあっては、この限りでない。

(4)　音響装置は防護区画又は防護対象物にいるすべての者に、消火剤が放射される旨を有効に報知することができるように設けること。

(5)　起動装置は、二酸化炭素を放射する消火設備にあっては手動式とすること。ただし、常時人のいない防火対象物その他手動式が不適当な場所に設けるものは、自動式とすることができる。

答

解説　開放までの時間が 20 秒以上となるが、正しい（消則 19 条 5 項十九号）。

問 41　**ハロゲン化物消火設備に関する記述について、次のうち誤っているものはどれか。**

(1)　局所放出方式のハロゲン化物消火設備に使用する消火剤は、ハロン 2402、ハロン 1211 又はハロン 1301 とすること。

(2)　全域放出方式のハロゲン化物消火設備に用いる加圧用ガス容器は、二酸化炭素が充てんされたものであること。

(3)　移動式のハロゲン化物消火設備に使用する消火剤は、ハロン 2402、ハロン 1211 又はハロン 1301 とすること。

(4)　全域放出方式又は局所放出方式のハロゲン化物消火設備の配管の落差は 50 m以下であること。

(5)　通信機器室には、全域放出方式のハロゲン化物消火設備を設けること。

答

解説　窒素ガスが充てんされたものであること（消則 20 条 4 項六号）。

問 42　**ハロゲン化物消火設備に関する基準で、誤っているものはどれか。**

(1)　移動式のハロゲン化物消火設備のホース接続口は、すべての防護対象物について、当該防護対象物の各部分から一のホース接続口までの水平距離が 25 m以下となるように設けること。

(2)　ホースの長さは、当該ハロゲン化物消火設備のホース接続口からの水平距離が 20 mの範囲内の当該防護対象物の各部分に有効に放射することができる長さとすること。
(3)　ハロゲン化物消火剤容器及び加圧用容器は、点検に便利で、火災の際の延焼のおそれ及び衝撃による損傷のおそれが少なく、かつ、温度の変化が少ない箇所に設けること。
(4)　全域放出方式又は局所放出方式のハロゲン化物消火設備には、非常電源を附置すること。
(5)　指定可燃物を貯蔵し、又は取り扱う防火対象物又はその部分には全域放出方式のハロゲン化消火設備を設けること。

答

解説　ホース接続口までの水平距離が 20 m以下が、正しい（消令 17 条1項六号、同 13 条）。

問 43　粉末消火設備の消火剤の記述として、正しいものはどれか。
(1)　第１種粉末：炭酸水素ナトリウムと尿素との反応物
(2)　第２種粉末：アルカリ金属塩類を主成分とするもの
(3)　第３種粉末：りん酸塩類等を主成分とするもの
(4)　第４種粉末：炭酸水素カリウムを主成分とするもの

答

解説　(1)は、炭酸水素ナトリウムを主成分とする。(2)は、炭酸水素カリウムを主成分とする。(4)は、炭酸水素カリウムと尿素との反応物が、正しい（消則 21 条３項一号）。

問 44　粉末消火設備に関する記述について、誤っているものはどれか。
(1)　必要とされる消火剤量を 30 秒以内に放射できるものでなければならない。
(2)　加圧用又は蓄圧用のガスとして、窒素ガスを用いてはならない。
(3)　配管の落差は 50 m以下でなければならない。
(4)　非常電源は有効に１時間作動できる容量以上としなければならない。
(5)　噴射ヘッドの放射圧力は、0.1 Mpa以上であること。

答

解説　窒素ガス又は二酸化炭素とすることが、正しい（消則 21 条４項六号イ）。

問 45　粉末消火設備の設置に関する基準で、誤っているものはどれか。
(1)　移動式の粉末消火設備のホース接続口は、すべての防護対象物について、当該防護対象物の各部分から一のホースの接続口までの水平距離が 15 m以下となるように設けること。
(2)　移動式の粉末消火設備のホース長さは、当該粉末消火設備のホース接続口から歩行距離が 15 mの範囲内の当該防護対象部分に有効に放射することのできる長さとすこと。
(3)　粉末消火剤容器及び加圧要ガス容器は、点検に便利な場所に設けること。

(4)　全域放出方式または局所放出方式の粉末消火設備には、非常電源を附置すること。
(5)　貯蔵する粉末消火剤の量は、定められたところにより防護対象物の火災を有効に消火することができる量以上の量とすること。

答

解説　移動式の粉末消火設備のホース長さは、当該粉末消火設備のホース接続口から水平距離が15 mの範囲内の当該防護対象部分に有効に放射することのできる長さとすること（消令18条）。

問 46　**屋外消火栓設備の設置及び維持に関する技術上の基準の細目のうち、誤っているものはどれか。**

(1)　屋外消火栓の開閉弁は、地盤面からの高さが1.5 m以下の位置又は地盤面からの深さが0.6 m以内の位置に設けること。
(2)　屋外消火栓設備の放水用器具は、消防庁長官の定める基準に適合するものであること。
(3)　屋外消火栓設備の放水用器具を格納する箱は、屋外消火栓からの歩行距離が５m以内の箇所に設けること。
(4)　加圧送水装置の始動を明示する表示灯は、赤色とし、屋外消火栓箱の内部又はその直近の箇所に設けること。
(5)　屋外消火栓箱には、その表面に「ノズル格納箱」と表示すること。

答

解説　その表面に「ホース格納箱」と表示すること（消則22条四号イ）。

問 47　**防火対象物に設置の屋内消火栓設備等の代替設備として屋外消火栓設備を設置する場合、以下の事項のうち検討すべきものとして、誤っているものはどれか。**

(1)　防火対象物の階数
(2)　包含範囲
(3)　同一敷地に存する防火対象物との距離
(4)　動力消防ポンプの設置の有無
(5)　設置されている避難器具の種類

答

解説　屋外消火栓設備の有効範囲は、１階及び２階の部分、また、建築物が同一敷地内に２以上ある場合は、建築物相互のと壁間の距離で一の建築物とみなすの規定及び動力消防ポンプを設置したときの免除規定がある（消令19条）。

問 48　**屋外消火栓設備の設置に関する基準について、誤っているものはどれか。**

(1)　令別表第1(1)項から(15)項まで、(17)項及び(18)項に掲げる建築物で、延べ面積が、耐火建築物にあっては 9,000 m^2、準耐火建築物にあっては 6,000 m^2、その他の建築物にあっては 3,000 m^2 以上のものについて設置が必要である。

(2)　同一敷地内にある2以上の別表第1(1)項から(15)項まで、(17)項及び(18)項に掲げる建築物（耐火建築物及び準耐火建築物を除く。）で、当該建築物相互の1階の外壁間の中心線からの水平距離が1階にあっては3m以下、2階にあっては5m以下である部分を有するものは、一の建築物とみなす。

(3)　屋外消火栓は、建築物の各部分から一のホース接続口までの水平距離が 40 m以下となるように設ける。

(4)　屋外消火栓のホースの長さは、当該屋外消火栓の接続口から水平距離 40 mの範囲内の当該建築物の各部分に有効に放水することができる長さとする。

(5)　加圧送水装置は、点検に便利で、かつ、火災等の災害による被害を受けるおそれが少ない箇所に設けること。

答

解説　「延べ面積」ではなく、「1階及び2階の床面積の合計」である（消令 19 条）。

問 49　**動力消防ポンプ設備の規格放水量と防火対象物の各部分から一の水源までの水平距離について、正しい組み合わせはどれか**

(1)　規格放水量 0.7 m^3 毎分　150 m以下
(2)　規格放水量 0.6 m^3 毎分　120 m以下
(3)　規格放水量 0.5 m^3 毎分　100 m以下
(4)　規格放水量 0.4 m^3 毎分　50 m以下
(5)　規格放水量 0.3 m^3 毎分　30 m以下

答

解説　規格放水量 0.5 m^3 毎分以上は 100 m以下、0.4 m^3 毎分以上 0.5 m^3 毎分未満は 40 m以下、0.4 m^3 毎分未満は 25 m以下に設ける（消令 20 条4項参照）。

問 50　**動力消防ポンプ設備に関する基準についての記述のうち、誤っているものはどれか。**

(1)　規格放水量が屋内消火栓設備を設置する防火対象物又はその部分に設置するものにあっては 0.2 m^3 毎分以上、屋外消火栓設備を設置する建築物に設置するものにあっては 0.4 m^3 毎分以上であるものとする。

(2)　水源は、防火対象物の各部分から一の水源までの水平距離が、当該動力消防ポンプの規格放水量が 0.5 m^3 毎分以上のものにあっては 100 m以下となるように設けること。

(3)　水源は、その水量が当該動力消防ポンプを使用した場合に規格放水量で 20 分間放水することができる量（その量が 20 m³ 以上となることとなる場合にあっては、20 m³ ）以上の量となるように設けること。

(4)　消防ポンプ自動車又は自動車によって牽引されるものにあっては水源からの水平距離が 1,000 m以内の場所に、その他のものにあっては水源の直近の場所に常置すること。

(5)　消防用ホースの長さは、動力消防ポンプ設備の水源から水平距離が、当該動力消防ポンプの規格放水量が 0.5 m³ 毎分以上のものにあっては 100 mの範囲内の防火対象物の各部分に有効に放水することができる長さとすること。

答

解説　水平距離ではなく、「歩行距離が 1,000 m以内」が正しい（消令 20 条 4 項四号）。

問 51　**防火対象物のうち自動火災報知設備の設置が、義務付けられるものはどれか。**

(1)　令別表第 1 (3)項ロ（飲食店）で、延べ面積が 200 m² のもの。
(2)　令別表第 1 (5)項ロ（寄宿舎）で、延べ面積が 400 m² のもの。
(3)　令別表第 1 (6)項ニ（幼稚園）で、延べ面積が 200 m² のもの。
(4)　令別表第 1 (11)項（神社）で、延べ面積が 700 m² のもの。
(5)　令別表第 1 (6)項ロ（老人短期入所施設等）で、延べ面積が 400 m² のもの。

答

解説　令別表第 1 (6)項ロは面積に関係なく、すべてに設置が義務づけられている（消令 21 条）。

問 52　**防火対象物又はその部分のうち、自動火災報知設備の設置が義務づけられるものとして、誤っているものはどれか。**

(1)　令別表第 1 に掲げる建築物の 11 階以上の階
(2)　令別表第 1 に掲げる防火対象物の 3 階以上の階で、床面積が 300 m² 以上のもの
(3)　令別表第 1 (7)項に掲げる防火対象物で、延べ面積が 500 m² 以上のもの
(4)　令別表第 1 (14)項に掲げる防火対象物で、延べ面積が 500 m² 以上のもの
(5)　令別表第 1 に掲げる防火対象物の通信機器室で、床面積が 300 m² 以上のもの

答

解説　通信機器室は 500 m² 以上で自動火災報知設備の設置が必要となる（消令 21 条 1 項）。

問 53　**自動火災報知設備の煙感知器（光電式分離型感知器を除く。）に関する記述で、誤っているものはどれか。**

(1)　天井が低い居室又は狭い居室にあっては入口付近に設けること。
(2)　天井付近に吸気口のある居室にあっては当該吸気口付近に設けること。
(3)　感知器の下端は、取付け面の下方 0.6 m以内の位置に設けること。

(4)　感知器は、壁又ははりから0.5 m以上離れた位置に設けること。
(5)　感知器は、感知区域ごとに、感知器の種別及び取付け面の高さに応じ定められた床面積につき1個以上の個数を、火災を有効に感知するように設けること。

答

解説　壁又ははりから0.6 m以上離れた位置に設けることとされている（消則23条4項七号）。

問54　**自動火災報知設備の受信機に関する記述で、誤っているのはどれか。**

(1)　操作スイッチは、床面からの高さが0.8 m（いすに座って操作するものにあっては0.6 m）以上1.5 m以下の箇所に設けること。
(2)　受信機の付近に警戒区域一覧図を備えておくこと。（総合操作盤が設置されている場合は除く。）
(3)　常時人のいる防災センター等に設けること。
(4)　感知器、中継器又は発信機の作動と連動して、当該感知器、中継器又は発信機の作動した警戒区域を表示できるものであること。
(5)　配線の一線に地絡が生じたとき、受信機において火災が発生した旨の表示をしないこと。

答

解説　常時人のいることまでは必ずしも要求されない（消則24条参照）。

問55　**防火対象物で自動火災報知設備が設置義務となった場合、廊下及び通路に、煙感知器を設置しなければならないものはどれか。（いずれも平屋建てで、無窓階でないものとする。）**

(1)　学　校　　　(2)　図書館
(3)　工　場　　　(4)　飛行機の格納庫
(5)　倉　庫

答

解説　令別表第1(1)項から(6)項、(9)項、(12)項、(15)項、(16)項イ、(16の2)項及び（16の3)項に掲げる防火対象物の廊下通路には、煙感知器を設けなければならない（消則23条5項二号）。

問56　**自動火災報知設備の警戒区域を2以上の階にわたって設置することができる場所として、誤っているものはどれか。**

(1)　階段および廊下
(2)　エレベーターの昇降路
(3)　リネンシュート
(4)　警戒区域の面積が500 m² 以下であり、かつ、当該警戒区域が2の階にわたる場合
(5)　パイプダクト

答

解説　自動火災報知設備の一の警戒区域は原則として複数の階にまたがって設置してはならないものであるが（消令 21 条２項）、例外を定めた条文が消則 23 条１項である。これによると、警戒区域を複数にわたって設置できる場合は大きく２つに分けられる。一つは階段、エレベーターの昇降路等の竪穴区画に該当する部分、もう一つは面積が 500 m² 以下の部分である。このうち後者は３階層にわたって警戒区域を設定することは認められていない。

設問の場合、廊下は例外規定に認められていないため誤りである。

問 57　**自動火災報知設備の感知器の取り付けが、できる場所はどれか。**

(1)　感知器の取り付け面の高さが 20 m以上である場所

(2)　煙感知器にあっては、腐食性ガスが発生するおそれのある場所

(3)　天井裏で天井と上階の床との間の距離が 0.5 m以上の場所

(4)　熱煙複合式スポット型感知器にあっては、著しく高温となる場所

(5)　炎感知器にあっては、水蒸気が多量に滞留する場所

答

解説　(3)は、0.5 m未満の場所以外の場所である（消則 23 条４項）。

問 58　**自動火災報知設備の非常電源について、誤っているものはどれか。**

(1)　延べ面積が 1,000 m² 以上の特定防火対象物に設ける自動火災報知設備の非常電源にあっては、蓄電池設備によることとされている。

(2)　延べ面積が 1,000 m² 未満の特定防火対象物に設ける自動火災報知設備の非常電源にあっては、非常電源専用受電設備によることができる。

(3)　蓄電池設備の容量は、自動火災報知設備を有効に 20 分間作動することができる容量以上であること。

(4)　非常用電源受電設備は、他の電気回路の開閉器又は遮断機によって遮断されないこと。

(5)　蓄電池設備は、消防庁長官が定める基準に適合するものであること。

答

解説　蓄電池設備の容量は、自動火災報知設備を有効に 10 分間作動することができる容量以上であることとされている（消則 24 条四号）。

問 59　**自動火災報知設備の受信機について、誤っているものはどれか。**

(1)　ＧＰ型２級受信機は、一つの防火対象物に３台まで設置できる。

(2)　受信機は温度や湿度が著しく高い場所に設置してはならない。

(3)　受信機は防災センター等常時人のいる場所に設けて、火災が発生したときに、速やかに必要な措置がとれるようにする。

(4)　ＧＰ型２級１回線受信機は、延べ 350 m^2 以下の防火対象物又は、その部分に限り設置することができる。
(5)　一防火対象物に２以上の受信機を設ける場合は、受信機のある場所相互で同時に通話することができる設備を設けること。

答

解説　一の防火対象物につき３台以上設けないこと（消則 24 条１項二号へ）。

問 60　**自動火災報知設備の地区音響装置に関する基準で、次のうち誤っているものはどれか。**

(1)　Ｐ型２級受信機で接続することができる回線の数が３以下のものを警戒区域内に設ける場合、地区音響装置の設置を要しない。
(2)　感知器の作動と連動して作動するもので、当該設備を設置した防火対象物又はその部分の全域に有効に報知できるように設ける。
(3)　地区音響装置を、カラオケボックスに設ける場合、当該場所において他の警報音又は騒音と明らかに区別して聞き取ることができるように措置を講じる必要がある。
(4)　一の防火対象物に２以上の受信機が設けられている場合、いずれの受信機からも鳴動させることができなければならない。
(5)　各階ごとに、その階の各部分から一の地区音響装置までの水平距離が 25 m以下になるように設ける。

答

解説　Ｐ型２級受信機で接続することができる回線の数が１のものが、正しい（消則 24 条五号）。

問 61　**自動火災報知設備の区分鳴動に関する記述について、誤っているものはどれか。**

(1)　地階を除く階数が５以上で、延べ面積が 3,000 m^2 以上の防火対象物又はその部分が対象となる。
(2)　出火階が２階以上の階の場合は、出火階及びその直上階の警報を発する。
(3)　出火階が１階の場合は出火階、その直上階及び地階を鳴動の警報を発する。
(4)　出火階が地階の場合は出火階、その直上階及びその他の地階に警報を発する。
(5)　新たな火災信号を受信した場合、防火対象物又はその部分の全区域に自動的に警報を発するように措置されていること。

答

解説　3,000 m^2 以上ではなく、3,000 m^2 を超えるが、正しい（消則 24 条五号ハ、五号の二ロ）。

問 62　**ガス漏れ火災警報設備を設置しなければならない防火対象物として、誤っているものはどれか。**

(1)　令別表第１（16の２）項に掲げる防火対象物で、延べ面積が 1,000 m² 以上のもの
(2)　令別表第１(4)項に掲げる防火対象物の地階で、床面積の合計が 500 m² 以上のもの
(3)　令別表第１（16の３）項に掲げる防火対象物のうち、延べ面積が 1,000 m² 以上で、同表(4)項に掲げる防火対象物の用途に供される部分の床面積の合計が 500 m² 以上のもの
(4)　令別表第１(16)項イに掲げる防火対象物の地階のうち、床面積の合計が 1,000 m² 以上で、同表(4)項に掲げる防火対象物の用途に供される部分の床面積の合計が 500 m² 以上のもの
(5)　令別表第１(5)項イに掲げる防火対象物の地階で、床面積の合計が 1,000 m² 以上のもの

答

解説　床面積の合計が 1,000 m² 以上のものが設置対象なので、誤り（消令 21 条の２）。

問 63　**ガス漏れ火災警報設備の基準に関する記述で、誤っているものはどれか。**

(1)　一の警戒区域の面積は、原則として 500 m² 以下とすること。
(2)　検知対象ガスの空気に対する比重が１未満の場合は、検知器の下端は、天井面等の下方 0.3 m以内の位置に設けること。
(3)　検知対象ガスの空気に対する比重が１を超える場合は、検知器の上端は、床面の上方 0.3 m以内の位置に設けること。
(4)　受信機は、その付近に当該受信機の操作上支障となる障害物がないこと。
(5)　ガス漏れ検知器は、天井の室内に面する部分又は壁面の点検に便利な場所に、ガスの性状に応じて設けること。

答

解説　一の警戒面積は、600 m² 以下と規定されている（消令 21 条の２・２項、消則 24 条の２の３及び 24 条の２の４）。

問 64　**ガス漏れ火災警報設備の検知器を設けてはならない場所として、誤っているものはどれか。**

(1)　天井裏で天井と上階の床との間の距離が 0.5 m未満の場所
(2)　ガス燃焼器の廃ガスに触れやすい場所
(3)　換気口の空気の吹き出し口から 1.5 m以内の場所
(4)　出入り口付近で外部の気流がひんぱんに流通する場所
(5)　ガス漏れの発生を有効に検知することができない場所

答

解説　(1)は、自動火災報知設備の感知器を設けられない場所の規定であるので、誤り（消則 23

条４項一号ロ)。(2)~(5)は、正しい（消則 24 条の２の３)。

問 65　**漏電火災警報器を設置しなければならない防火対象物として、正しいものはどれか。**

(1)　令別表第１(5)項及び(9)項に掲げる建築物で、延べ面積が 100 m² 以上のもの
(2)　令別表第１⒀項に掲げる建築物で延べ面積が 1,000 m² 以上のもの
(3)　令別表第１(1)項から(6)項まで、⒂項及び⒃項に掲げる建築物で契約電流容量（同一建築物で契約種別の異なる電気が供給されているものにあっては、そのうちの最大契約電流容量）が 30 Aを超えるもの
(4)　令別表第１⒄項に掲げる建築物
(5)　令別表第１（16の２)項の防火対象物で、延べ面積が 250 m² 以上のもの

答

解説　(1)の令別表第１(5)項及び(9)項に掲げる建築物は、延べ面積 150 m² 以上のものに設置が必要である。

(2)の令別表第１⒀項に掲げる建築物は、設置が必要ない。

(3)の令別表第１(1)項から(6)項まで、⒂項及び⒃項に掲げる建築物については、契約電流容量が 50 Aを超えるものに設置が必要である。

(5)の令別表第１（16の２)項の防火対象物は、延べ面積 300 m² 以上のものに設置が必要である。(消令 22 条１項参照)。

問 66　**漏電火災警報器の基準に関する記述のうち、誤っているものはどれか。**

(1)　検出漏洩電流設定値は、誤報が生じないように当該建築物の警戒電路の状態に応ずる適正な値とすること。
(2)　変流器は、警戒電路の定格電流以上の電流値を有するものを設けること。
(3)　音響装置の音圧及び音色は、他の警報音又は騒音と明らかに区別して聞き取ることができること。
(4)　漏電火災警報器は、建築物の屋外電気配線に係る火災を有効に感知することができるように設置すること。
(5)　変流器は、建築物に電気を供給する屋外の電路又はＢ種接地線で、変流器の点検が容易な位置に堅固に取り付けること。

答

解説　建築物の屋内電気配線に係る火災を有効にが、正しい（消令 22 条２項、消則 24 条の３)。

問 67　**消防機関へ通報する火災報知設備に関する基準についての記述のうち、誤っているものはどれか。**

(1)　信号回路以外の配線の２線に短絡が生じたとき、火災が発生した旨の表示をしないものであること。

(2)　発信機の押ボタンは、床面又は地盤面から１m以上 1.8 m以下の位置に設けること。

(3)　総務省令で定める場所は、消防機関からの歩行距離が 500 m以下である場所とすること。

(4)　開閉器の開閉等により、回路の電圧又は電流に変化が生じたとき、火災が発生した旨の表示をしないものであること。

(5)　火災通報装置は防災センター等に設置しなければならない。

答

解説　0.8 m以上 1.5 m以下が正しい（消則 25 条参照）。

問 68　**消防機関へ通報する火災報知設備について、消防機関へ常時通報することができる電話を設置した場合に、設置しないことができる対象物の用途はどれか。**

(1)　令別表第１(5)項イ

(2)　令別表第１(6)項イ

(3)　令別表第１(6)項ロ

(4)　令別表第１(6)項ニ

(5)　令別表第１(4)項

答

解説　(1)～(3)の用途に供される対象物は、電話による代替を認めていない（消令 23 条３項）。

なお、消防機関から著しく離れた場所及び消防機関からの歩行距離が 500 m以内の場所にある防火対象物にあっては、設置の義務は生じない（消則 25 条１項）。

問 69　**消防機関へ通報する火災報知設備を設置しなければならない防火対象物について、誤っているものはどれか。**

(1)　令別表第１⒂項に掲げる防火対象物で、延べ面積が 1,000 m² 以上のもの。

(2)　令別表第１(4)項に掲げる防火対象物で、延べ面積が 500 m² 以上のもの。

(3)　令別表第１(6)項イ(1)に掲げる防火対象物。

(4)　令別表第１(6)項イ(4)に掲げる防火対象物で、延べ面積が 300 以上m² のもの。

(5)　令別表第１（16の３)項に掲げる防火対象物

答

解説　令別表第１(6)項イ(4)に掲げる防火対象物は、延べ面積が 500 以上m² が設置対象（消令 23 条１項)。

問 70　**防火対象物のうち非常警報設備の設置が、義務付けられる対象物はどれか。なお、当該防火対象物には自動火災報知設備は設置されていないものとする。**

(1)　収容人員 30 人の飲食店
(2)　収容人員 15 人の会議室（無窓階に存するものとする）
(3)　収容人員 30 人の診療所
(4)　収容人員 45 人の美術館
(5)　収容人員 30 人の共同住宅

答

解説　非常警報設備が義務付けられる防火対象物は、令別表第 1 (5)項イ、(6)項イ、(9)項イに掲げるものにあっては収容人員が 20 人以上、その他のものは収容人員が 50 人以上である。なお、地階及び無窓階の収容人員が 20 人以上のものは用途に拘わらず、設置が義務付けられる（消令 24 条２項）。

問 71　**放送設備における音声警報音による放送の機能について、自動火災報知設備の感知器が作動した旨の信号（火災表示をすべき火災情報信号を含む）により起動する場合に関する記述のうち、誤っているものはどれか。**

(1)　自動的に感知器発報放送を行うこと。
(2)　感知器が作動した旨の信号を受信した後、発信機からの信号を受信した場合、自動的に火災放送を行うこと。
(3)　感知器が作動した旨の信号を受信した後、非常電話からの信号を受信した場合、自動的に感知器発報放送を行うこと。
(4)　感知器が作動した旨の信号を受信した後、第 1 報の感知器以外の感知器が作動した旨の信号（火災信号を感知器ごとに区分できる自動火災報知設備に限る。）を受信した場合、自動的に火災放送を行うこと。
(5)　感知器が作動した旨の信号を受信した後、火災が発生した可能性が高い旨の信号を受信した場合、自動的に火災放送を行うこと。

答

解説　非常電話からの信号を受信した場合は、自動的に火災放送を行うこととされている（「非常警報設備の基準」（昭和 48 年消告第６号参照））。

問 72　**非常警報設備の起動装置に関する基準について、誤っているものはどれか。**

(1)　各階ごとに、その階の各部分から 1 の起動装置までの歩行距離が 50 m以下となるように設けること。
(2)　床面からの高さが 0.8 m以上 1.5 m以下の箇所に設けること。
(3)　起動装置の直近の箇所に表示灯を設けること。

(4)　表示灯は、赤色の灯火で、取付け面と 15 度以上の角度となる方向に沿つて７ｍ離れた所から点灯していることが容易に識別できるものであること。
(5)　起動装置は、多数の者の目にふれやすく、かつ、火災に際しすみやかに操作することができる箇所に設けること。

答
解説　７ｍは誤り。正しくは、10ｍである（消令 25 条４項二号及び消則 25 条の２・２項二号の二）。

問 73　**地階を除く階数が５以上で延べ面積が 3,000 m² を超える防火対象物又はその部分の地区音響装置の鳴動のしかたで、誤っているものはどれか。**

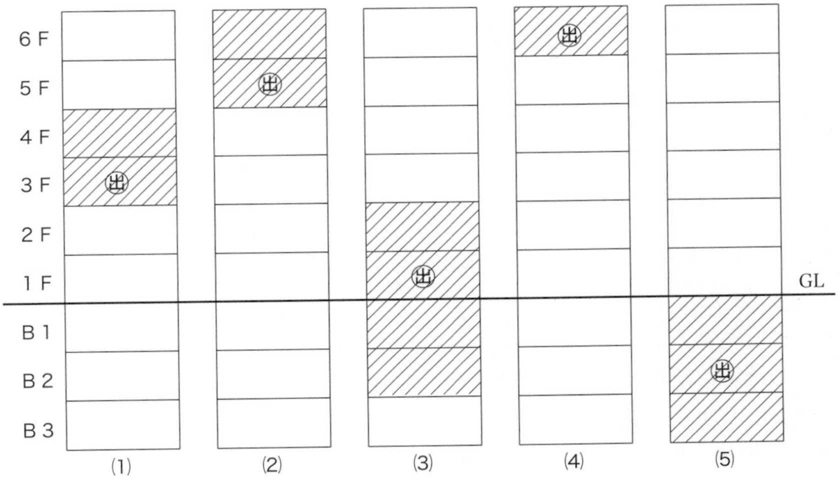

答
解説　１階が火災の場合の地区音響の鳴動は、１階、その直上階、その地階である。

問 74　**非常警報設備の設置及び維持に関する技術上の基準として、誤っているものはどれか。**
(1)　非常ベル又は自動式サイレンの音響装置は、取り付けられた音響装置の中心から１ｍ離れた位置で 95dB 以上であること。
(2)　非常ベル又は自動式サイレンの音響装置を、ダンスホール、カラオケボックス等で、室内又は室外の音響が聞き取りにくい場所に設ける場合にあっては、当該場所において他の警報音又は騒音と明らかに区別して聞き取ることができるように措置されていること。
(3)　音響装置は、各階ごとに、その階の各部分から一の音響装置までの水平距離が 25 ｍ以下となるように設けること。
(4)　非常警報設備の起動装置の直近の箇所に表示灯を設けること。
(5)　地階を除く階数が５以上で延べ面積が 3,000 m² を越える防火対象物は、一斉鳴動のほか区分鳴動できるものとする。

答

解説　１ｍ離れた位置で 90dB 以上であるが、正しい（消則 25 条の２・２項一号イ(イ)）。

問 75　**防火対象物（それぞれ単体用途とする。）に設置する避難器具について、誤っているものはとれか。**

(1)　ホテルの５階に設置する緩降機
(2)　事務所の８階に設置する滑り台
(3)　認知症高齢者グループホームの２階に設置する避難はしご
(4)　カラオケボックスの３階に設置する避難ロープ
(5)　病院の６階に設置する救助袋

答

解説　カラオケボックス（令別表第１(2)項ニ）の３階に設置できるものは、滑り台、避難はしご、救助袋、緩降機、避難橋、避難用タラップである。

問 76　**避難器具のうち、特定一階段等防火対象物又はその部分に設けるものの条件として、誤っているものはどれか。**

(1)　安全かつ容易に避難することができる構造のバルコニー等に設けるもの
(2)　常時、容易かつ確実に使用できる状態で設置されているもの
(3)　避難器具設置等場所がある階のエレベーターホール又は階段室の出入口付近の見やすい箇所に避難器具設置等場所を明示した標識を設ける。
(4)　一動作（開口部を開口する動作又は保安装置を解除する動作を含む。）で、容易かつ確実に使用できるもの
(5)　特定一階段等防火対象物に設置し、又は格納する場所の出入口には、出入口の上部又は直近に、避難器具設置等場所であることが容易に識別でるよう措置を講じること。

答

解説　及び保安装置を解除する動作を除く。が正しい（消則第 27 条第１項参照）。

問 77　**下階に飲食店がある共同住宅の２階に対する避難器具の設置について、正しいものはどれか。**

(1)　収容人員が 30 人以上で避難器具の設置が必要
(2)　収容人員が 20 人以上で避難器具の設置が必要
(3)　収容人員が 10 人以上で避難器具の設置が必要
(4)　避難階又は地上に直通する階段が２以上設けられていなければ、収容人員が 20 人以上で避

難器具の設置が必要

(5)　主要構造部を耐火構造とした建築物であれば、避難器具は設置しないことができる。

答

解説　令別表第1(5)項に掲げる防火対象物の2階以上の階で、下階に令別表第1(1)項から(4)項まで、(9)項、(12)項イ、(13)項イ、(14)項又は(15)項に掲げる防火対象物が存するものは、収容人員10人以上で避難器具を設置することとされている（消令25条1項二号）。

問78　**避難器具の設置に関する基準について、誤っているものはどれか。**

(1)　4階以上の階に避難はしごを設けるときは、金属製の固定はしごを設けなければならない。

(2)　固定はしごの降下口は、直下階の降下口と相互に同一垂直線上にない位置に設けなければならない。

(3)　緩降機のロープの長さは、取付位置から地盤面その他の降着面までの長さとすること。

(4)　すべり台は、防火対象物の柱、床、はりその他構造上堅固な部分又は堅固に補強された部分に取り付けること。

(5)　すべり棒を設置する開口部は、相互に同一垂直線上に設けることができる。

答

解説　3階以下の階に固定はしごを設けるときは、降下口を同一垂直線上に設けることができる。

問79　**避難はしごのうち固定はしごの設置に関する基準で、誤っているものはどれか。**

(1)　防火対象物の柱、床、はりその他構造上堅固な部分又は堅固に補強された部分に取り付けること。

(2)　ボルト締め、埋込み、溶接その他の方法で堅固に取り付けること。

(3)　横さんは、防火対象物から15 cm以上の距離を保有することとなるように設けること。

(4)　降下口の大きさは、直径50 cm以上の円が内接する大きさであること。

(5)　4階以上の階に設ける固定はしごは金属製であること。

答

解説　防火対象物から10 cm以上の距離をが、正しい（消則27条1項四号ハ）。

問80　**避難口誘導灯について設置義務が、生じない防火対象物はどれか。**

(1)　集会場　　(2)　寄宿舎

(3)　幼稚園　　(4)　公衆浴場

(5)　地下街

答

解説　寄宿舎については誘導灯の設置が義務づけられていない（消令26条）。

問81　誘導灯及び誘導標識の設置及び維持に関する技術上の基準について、誤っているものはどれか。

⑴　避難口誘導灯は、避難口である旨を表示した緑色の灯火として、防火対象物又はその部分の避難口に、避難上有効なものとなるように設けること。

⑵　通路誘導灯は、避難の方向を明示した緑色の灯火とし、防火対象物又はその部分の廊下、階段、通路、その他避難上の設備がある場合に、避難上有効なものとなるように設けること。

⑶　客席誘導灯は、客席に、総務省令で定めるところにより計った客席の照度が0.2カンデラ以上となるように設けること。

⑷　誘導灯には、非常用電源を附置すること。

⑸　誘導標識は、避難口である旨又は避難の方向を明示した緑色の標識とし、多数の者の目に触れやすい箇所に、避難上有効なものとなるように設けること。

答

解説　照度は「カンデラ」ではな「ルクス」が正しい（消令26条2項三号）。

問82　誘導灯に用いる非常電源の容量は、原則として20分以上とされているが、一部の防火対象物に用いられる誘導灯には60分間作動ができる容量以上が求められている。60分間以上の容量が求められる防火対象物の要件として、正しいものはどれか。

⑴　令別表第1⑴項から⒃項の防火対象物で、延べ面積5万m^2以上のもの

⑵　令別表第1⑴項から⒃項の防火対象物で地階を除く階数が11以上であり、かつ、延べ面積が3万m^2以上のもの

⑶　令別表第1（16の2）項に掲げる防火対象物で、延べ面積が1万m^2以上のもの

⑷　令別表第1⑽項又は⒃に掲げる防火対象物（同表⒃項に防火対象物にあっては、同表第1⑽項に掲げる防火対象物の用途に供される部分が存するものに限る。）で、消防長又は消防署長が避難上必要があると認めて指定したもの

答

解説　「誘導灯及び誘導標識の基準」（平成11年消告第2号）第3参照。

⑵は、地階を除く階数が「15以上」が正しい。

⑶は、延べ面積が「1,000 m^2以上」が正しい。

⑷は、「で、乗降場が地階にあり、かつ、消防長又は消防署長」が正しい。

問 83　**誘導灯が常時点灯していなくとも良い場合の条件として、必ず満たさなければならないものをすべて選べ。**

(1)　自動火災報知設備の感知器の作動と連動して点灯すること。
(2)　利用形態に応じて点灯するような措置がされていること。
(3)　外光により避難口又は避難の方向が識別できること。
(4)　利用形態により暗さが必要であること。
(5)　主として当該防火対象物の関係者及び関係者に雇用されている者の使用に供すること。

答

解説　(1)かつ(2)の措置がされた、(3)から(5)までの場所（消則 28 条の３・４項）。

問 84　**点滅機能又は音声誘導機能付き誘導灯に関する記述で、誤っているものはどれか。**

(1)　屋内から直接地上に通ずる出入り口又は直通階段の出入り口以外に設けてはならない（附室を有する場合を除く。）。
(2)　収容人員 300 人以上の特定用途防火対象物には必ず設けなければならない。
(3)　自動火災報知設備の感知器の作動と連動して起動すること。
(4)　避難する方向の感知器が作動したときは、その方向に誘導する誘導灯の点滅及び音声誘導が停止すること。
(5)　令別表第１(6)項ロ及びハに掲げる防火対象物のうち視力又は聴力の弱い者が出入りするものでこれらの者の避難経路となる部分

答

解説　誘導灯の点滅機能及び音声誘導機能の付加は任意である（消則 28 条の３及び通知参照）。

問 85　**誘導灯及び誘導標識に関する記述で、誤っているものはどれか。**

(1)　誘導標識の周囲には、誘導標識とまぎらわしい又は誘導標識を遮る広告物、掲示物を設けてはならない。
(2)　非特定用途防火対象物に設置する誘導灯には非常電源は必要ない。
(3)　床面に設ける通路誘導灯は、荷重により破壊されない強度を有するものでなければならない。
(4)　利用形態により特に暗さが必要である場所は、自動火災報知設備の感知器の作動と連動して点灯し、かつ、利用形態に応じて点灯するように措置されている誘導灯の場合は常時点灯の必要はない。
(5)　避難が容易であると認められたもので総務省令で定めたものについては設置しないことができる。

答

解説　誘導灯には、20分間その誘導灯を有効に作動できる容量の蓄電池設備が必要である（消則28条の3）。

問86　**消防用水を設置しなければならない建築物で、誤っているものはどれか。**

(1)　工場　敷地面積が2万m^2　1階及び2階の床面積の合計が準耐火建築物で1万m^2
(2)　店舗　敷地面積が2万m^2　1階及び2階の床面積の合計が耐火建築物で2万m^2
(3)　学校　敷地面積が2万m^2　1階及び2階の床面積の合計が耐火建築物で1万m^2
(4)　事務所　敷地面積が2万m^2　1階及び2階の床面積の合計が準耐火建築物で1万m^2
(5)　旅館　敷地面積が2万m^2　1階及び2階の床面積の合計がその他の建築物で5,000 m^2

答

解説　敷地面積2万m^2以上、かつ、1階及び2階の床面積の合計が耐火建築物にあっては1万5,000 m^2以上のものに設置義務（消令27条1項）。

問87　**消防用水の設置及び維持に関する技術上の基準に関する記述について、誤っているものはどれか。**

(1)　消防用水の吸管を投入する部分の水深は、投入孔から4m以内となるようにすること。
(2)　消防用水は、消防ポンプ自動車が2m以内に接近することができるように設けること。
(3)　防火水槽には、適当の大きさの吸管投入孔を設けること。
(4)　消防用水は、建築物の各部分から一の消防用水までの水平距離が100 m以下となるように設けるとともに、一個の消防用水の有効水量は、20 m^3未満のものであってはならないものとすること。
(5)　消防用水が流水を利用するものであるときは、0.8 m^3毎分の流量を20 m^3の水量に換算する。

答

解説　水深は、所要水量のすべてを有効に吸い上げることができる深さとすることとされている（消令27条3項三号）。

問88　**排煙設備の設置を要する防火対象物又はその部分として、誤っているものはどれか。**

(1)　令別表第1(2)項に掲げる防火対象物の無窓階で、床面積が1,000 m^2以上のもの。
(2)　令別表第1(3)項に掲げる防火対象物の地階又は無窓階で、床面積が1,000 m^2以上のもの。
(3)　令別表第1(4)項に掲げる防火対象物の地階又は無窓階で、床面積が1,000 m^2以上のもの。
(4)　令別表第1(10)項に掲げる防火対象物の地階又は無窓階で、床面積が1,000 m^2以上のもの。
(5)　令別表第1(13)項に掲げる防火対象物の地階又は無窓階で、床面積が1,000 m^2以上のもの。

答

解説　(2)は、設置対象になっていない。なお、原則として排煙設備の設置が必要な防火対象物又はその部分であっても、総務省令（消則29条）で定める部分にあっては、排煙設備を設置しないことができる（消令28条1項）。

問89　**排煙設備に関する基準の記述で、誤っているものはどれか。**

(1)　排煙口は、防煙区画の各部から一の排煙口までの水平距離が30 m以下となるように設けること。

(2)　給気口は特別避難階段等の消火活動の拠点となる防煙区画ごとに1以上設けること。

(3)　手動起動装置の操作部で天井からつり下げて設けるものにあっては床面からの高さが0.8 m以上1.5 m以下となるように設けること。

(4)　手動起動装置の操作部の直近の見やすい場所に排煙設備の起動装置である旨及びその使用方法を表示すること。

(5)　手動起動装置は、一の防煙区画ごとに設けること。

答

解説　天井からつり下げて設けるものは床面からの高さがおおむね1.8 mとなるように設ける。0.8 m以上1.5 m以下は壁面に設けるものの基準である（消則30条）。

問90　**連結散水設備の散水ヘッドを設けることを要しない部分の記述で、誤っているものはどれか。**

(1)　主要構造部を耐火構造とした防火対象物で、耐火構造の壁若しくは床又は自動閉鎖の特定防火設備である防火戸で区画されたエレベーター機械室

(2)　主要構造部を耐火構造とした防火対象物で、耐火構造の壁若しくは床又は自動閉鎖の防火戸で区画された床面積が70 m^{2}以下の部分

(3)　浴室、便所

(4)　発電機室

(5)　リネンシュート、パイプシャフト

答

解説　消則30条の2において、連結散水設備の散水ヘッドを設ける部分を規定している。設問の(2)については床面積が50 m^2 以下であれば散水ヘッドを設けることを要しない部分となる。

問91　**連結散水設備の送水口の設置に関する記述について、誤っているものはどれか。**

(1)　送水口には、その直近の見やすい箇所に連結散水設備の送水口である旨を表示した標識を設けるとともに、送水区域、選択弁及び送水口を明示した系統図を設けること。

(2)　送水口のホース接続口は、双口形のものとすること。ただし、一の送水区域に取り付ける散

水ヘッドの数が４以下のものにあっては、この限りでない。
(3)　送水口のホース接続口は、地盤面からの高さが 0.5 m以上１m以下の箇所に設けること。
(4)　送水口の結合金具は、消防法施行規則第 14 条第１項第６号ロに規定する送水口の結合金具であること。
(5)　選択弁を設ける場合には、送水口の付近に設けること。

答

解説　ホース接続口については、地盤面下の深さ 0.3 m以内に設置することも認められている（消則 30 条の３・１項四号ロ）。

問 92　**連結散水設備を設置する防火対象物で、代替設備を設置したとき当該設備の有効範囲内の部分について連結散水設備を設置しないことができる設備で、誤っているものはどれか。**
(1)　泡消火設備
(2)　不活性ガス消火設備
(3)　送水口を附置したスプリンクラー設備
(4)　消火器
(5)　粉末消火設備

答

解説　消火器は、代替え設備に該当しない（消令 28 条の２・３項）。

問 93　**連結送水管の基準に関する記述のうち、正しいものはどれか。**
(1)　送水口は双口形としなければならない。
(2)　加圧送水装置を設置しなければならない連結送水管は、地階を除く階数が 11 以上の建築物のうち、高さが 70 mを超えるものである。
(3)　加圧送水装置に附置される非常電源は、加圧送水装置を有効に 60 分以上作動できる容量とすること。
(4)　送水口には見やすい箇所に標識を設けるように規定されているが、放水口には標識に関する規定は特に定められていない。
(5)　放水口のホース接続口は床面からの高さが、0.5 m以上１m以下の位置に設けなければならない。

答

解説　(2)　地階を除く階数が 11 以上の建築物には全て加圧送水装置が必要である。高さが 70 mを超える建築物に求められるものは、連結送水管を湿式とする規定である（消則 31 条六号イ）。

(3)　非常電源の容量は、加圧送水装置を有効に２時間以上作動できる容量である（消則 31 条七号）。

(4) 放水口、送水口ともに見やすい箇所に標識を設置しなければならない（消則31条四号）。

問94 **連結送水管を設置する防火対象物について、誤っているものはどれか。**

(1) 令別表第1に掲げる建築物で、地階を除く階数が7階以上のもの
(2) 地階を除く階数が5階以上の令別表第1に掲げる建築物で、延べ面積が6,000 m^2以上のもの
(3) 令別表第1 (16の2)項に掲げる対象物で、延べ面積が1,000 m^2以上のもの
(4) 令別表第1⒄項に掲げる防火対象物
(5) 防火対象物で、道路の用に供される部分を有するもの

答
解説 令別表第1⒄項〔重要文化財等〕は、設置の対象になっていない（消令29条1項）。

問95 **連結送水管の基準に関する記述のうち、誤っているものはどれか。**

(1) 送水口のホース接続口は、連結送水管の立管の数以上の数を設けること。
(2) 放水口のホース接続口は、床面からの高さが0.8 m以上1.5 m以下の位置に設けること。
(3) 送水口のホース接続口は、地盤面からの高さが0.5 m以上1.0 m以下の位置に設けること。
(4) 送水口及び放水口には、見やすい箇所に標識を設けること。
(5) 放水口は、階段室、非常用エレベーターの乗降ロビーその他これらに類する場所で、消防隊が有効に消火活動ができる位置に設けること。

答
解説 床面からの高さが0.5 m以上1.0 m以下の位置が、正しい（消令29条2項、消則31条1項）。

問96 **非常コンセント設備の設置及び維持に関する技術上の基準のうち、誤っているものはどれか。**

(1) 非常コンセントの保護箱には、その表面に「非常コンセント」と表示すること。
(2) 非常コンセントの刃受の接地極には、電気工作物に係る法令の規定による接地工事を施すこと。
(3) 非常コンセント設備は、単相交流100 Vで10 A以上の電気を供給できるものとすること。
(4) 非常コンセントの保護箱の上部に、赤色の灯火を設けること。
(5) 非常コンセント設備には、非常電源を附置すること。

答
解説 (3)は、非常コンセント設備は、単相交流100 Vで15 A以上の電気を供給できるものとす

ること（消令29条の2）。

問97 非常コンセント設備についての記述のうち、誤っているものはどれか。
(1) 令別表第1に掲げる防火対象物で、11階以上のものに設置しなければならない。
(2) 令別表第1（16の2)項に掲げる防火対象物で、延べ面積1,000 m^2以上のものに設置しなければならない。
(3) 非常コンセントは、埋込式の保護箱内に設けること。
(4) 非常コンセント設備には、非常電源を附置すること。
(5) 非常用コンセントは、設置する建築物の11以上の階で、水平距離が30 m以下になるように設ける。

答

解説 水平距離が50 m以下になるように設ける（消令29条の2）。

問98 無線通信補助設備に関する基準について、誤っているのはどれか。
(1) 令別表第1に掲げる防火対象物で地階の床面積の合計が1,000 m^2以上のものに設置義務が生じる。
(2) 点検に便利でかつ、火災等の災害による被害を受けるおそれが少ないように設けること。
(3) 無線機を接続する端子は、地上で消防隊が有効に活動できる場所及び防災センターに設けること。
(4) 無線機を接続する端子は、床面又は地盤面からの高さが0.8 m以上1.5 m以下の位置に設けること。
(5) 無線通信補助設備は、漏洩同軸ケーブル等から構成し、消防隊相互の無線連絡が容易に行われるものとして消防長又は消防署長が指定する周波数帯における電波の伝送又は輻射に適するものでなければならない。

答

解説 令別表第1（16の2)項に掲げる防火対象物で、延べ面積が1,000 m^2以上のものに設置義務が生じる（消令29条の3）。

問99 **消防用設備等の非常電源の容量について、誤っているものはどれか。**
(1) 蓄電池設備によるガス漏れ火災警報設備については、2回線を10分間有効に作動させ、同時にその他の回線を10分間監視状態にすることができる容量以上
(2) 蓄電池設備による自動火災報知設備については、有効に10分間作動することができる容量以上
(3) 蓄電池設備による非常警報設備については、有効に10分間作動することができる容量以上
(4) 自家発電設備による非常警報設備（放送設備）については、有効に30分間以上作動するこ

とができる容量

(5)　自家発電設備による非常コンセント設備については、有効に 30 分間以上作動することができる容量。

答

解説　自家発電設備は非常警報設備の非常電源として規定されていない（消則 25 条の 2・2 項五号、24 条四号）。

問 100　**キュービクル式非常電源専用受電設備の外箱に収納する受電設備、変電設備その他の機器及び配線に関する記述のうち、誤っているものはどれか。**

(1)　機器及び配線は、外箱、フレーム等に堅固に固定されていること。

(2)　試験端子、端子台等の充電部は外箱の底面から 15 cm以上の高さの位置に収納されていること。

(3)　試験端子、端子台等の充電部を除く機器は、屋外用キュービクル式非常電源専用受電の場合は、外箱の底面から５ cm以上の高さの位置に収納されていること。

(4)　配線は、屋内用キュービクル式非常電源専用受電の場合は、外箱の底面から５ cm以上の高さの位置に収納されていること。

(5)　試験端子、端子台等の充電部を除く機器は、屋内用キュービクル式非常電源専用受電の場合は、外箱の底面から５ cm以上の高さの位置に収納されていること。

答

解説　屋外用キュービクル式非常電源専用受電の場合は 10 cm以上である。「キュービクル式非常電源専用受電設備の基準」（昭和 50 年消告第７号）参照。

問 101　**総合操作盤を設置しなければならない防火対象物のうち、誤っているものはどれか。**

(1)　延べ面積５万m^2以上のもの

(2)　延べ面積が 1,000 m^2以上の地下街

(3)　地階を除く階数が 15 以上で、かつ、延べ面積が３万m^2以上のもののうち消防長又は消防署長が火災予防上必要があると認めて指定するもの

(4)　地階を除く階数が 11 以上で、かつ、延べ面積が１万m^2以上のもののうち消防長又は消防署長が火災予防上必要があると認めて指定するもの

(5)　地階を除く階数が５以上で、かつ、延べ面積が２万m^2以上のもののうち消防長又は消防署長が火災予防上必要があると認めて指定するもの

答

解説　「地階を除く階数が 15 以上で、かつ、延べ面積が３万m^2以上のもの」については、消防長又は消防署長の指定したものではなく、すべてが該当となる（消則 12 条１項八号）。

問 102　パッケージ型消火設備（Ⅰ型）の設置に関する基準について、誤っているものはどれか。

(1)　地階・無窓階には設置できない。

(2)　火災のとき煙が著しく充満するおそれのある場所には設置することができない。

(3)　耐火建築物で地階を除く階数が６以下であり、かつ、延べ面積が 3,000 m^2 以下の防火対象物に設置することができる。

(4)　消令別表第１(1)項から(12)項まで、(14)項から(15)項に掲げる防火対象物に設置することができる。

(5)　防護する部分の面積は、850 m^2 以下とすること。

答

解説　令別表第１(14)項に関しては、パッケージ型を設置することができない。用途上、可燃物の量が多くなる可能性が高いことから、パッケージ型消火設備の放射時間、消火能力では足りないおそれがあるためである。

問 103　パッケージ型消火設備の設置に関する記述のうち、誤っているものはどれか。

(1)　消法施行令第 11 条第１項第１号から第３号まで及び第６号に掲げる防火対象物のうち、令別表第１(1)項から(12)項まで若しくは(14)並びに(15)項に掲げる防火対象物にⅠ型又はⅡ型のパッケージ型消火設備を設置することができる。

(2)　Ⅰ型又はⅡ型のパッケージ型消火設備は、設置対象となる防火対象物の規模に応じて、消防庁長官が定める基準に従い、設置する。

(3)　防護する面積は、Ⅰ型にあっては 850 m^2 以下、Ⅱ型にあっては 500 m^2 以下とである。

(4)　防火対象物の階ごとに、その階の各部分から一のホース接続口までの水平距離がⅠ型にあっては 20 m以下、Ⅱ型にあっては 15 m以下となるように設けなければならない。

(5)　地階、無窓階又は火災のとき煙が著しく充満するおそれのある場所には設置することができない。

答

解説　パッケージ型消火設備は令別表第１(14)項に掲げる防火対象物には設置できない（平成 16 年５月消告第 12 号第３参照）。

問 104　パッケージ型自動消火設備の設置及び維持に関する技術上の基準に関する記述のうち、誤っているものはどれか。

(1)　パッケージ型自動消火設備を設置することができる防火対象物は、令別表第１(5)項若しくは(14)項に掲げる防火対象物又は同表(16)項に掲げる防火対象物の同表(5)項若しくは(14)項に掲げる防火対象物の用途に供される部分である。

(2)　パッケージ型自動消火設備の同時放射区域は、防火対象物の壁、床、天井、戸（ふすま、障子その他これらに類するものを除く。）等で区画されている居室等の部分ごとに設定すること。
(3) 防火対象物の壁、床、天井、戸（ふすま、障子その他これらに類するものを除く。）等で区画されている居室等の面積が13 m^2を超えている場合は、同時放射区域を２以上に分割して設定することができる。ただし、この場合において、それぞれの同時放射区域の面積は13 m^2以上になるようにすること。
(4) パッケージ型自動消火設備は、同時放射区域において発生した火災を有効に感知し、かつ、消火できるように設けること。
(5) 同時放射区域を２以上のパッケージ型自動消火設備により防護する場合は、それぞれのパッケージ型自動消火設備を同時に放射できるように作動装置を連動させること。

答

解説　パッケージ型自動消火設備を設置することができる防火対象物の用途は、令別表第1(5)項又は(6)項に掲げるものである。このほか、防火対象物の延べ面積などの要件があることにも留意されたい（パッケージ型自動消火設備の設置及び維持に関する技術上の基準を定める件（平成16年消告第13号）第３及び第４参照）。

問105　**「複合型居住施設における必要とされる防火安全性能を有する消防の用に供する設備等に関する省令」等の適用となる福祉施設等に、該当しないものはどれか。**

(1) 福祉ホーム
(2) 老人ディサービスセンター
(3) 保育所
(4) 有料老人ホーム
(5) 認知症高齢者グループホーム

答

解説　対象となる福祉施設は、有料老人ホーム、福祉ホーム、認知症高齢者グループホーム、及び障害者ケアホーム・グループホームとなっている。これは、共同住宅との組合せにおいて、雑居性等の火災危険要因の増加が少ないものとして、一般住宅とほぼ同様の使用形態のものを対象としているからである。

問106　**特殊消防用設備等に関する記述において、誤っているものはどれか。**

(1) 必要とされる防火安全性能を有する消防の用に供する設備等は、消防法第17条第1項により設置しなければならない消防用設備等（通常用いられる消防用設備等）に代えて設置することができる。
(2) 通常用いられる消防用設備等と同等以上の防火安全性能を有するように設置し、及び維持しなければならない。
(3) 防火安全性能とは、火災の拡大を初期に抑制する性能、火災時に安全に避難することを支援する性能又は消防隊による活動を支援する性能をいう。
(4) 総務大臣が通常用いられる消防用設備等と同等以上の防火安全性能を有していると認めた場合に設置することができる。

答

解説　消防長又は消防署長が認める場合です（消令 29 条の４・１項）。

問 107　**特定共同住宅等に設置される共同住宅用スプリンクラー設備に関する基準について、誤っているものはどれか。**

(1)　スプリンクラーヘッドは標準型ヘッドのうち、感度種別が１種であるものとすること。

(2)　制御弁は、住戸、共用室又は管理人室ごとに床面から高さが 0.8m 以上 1.5m 以下の場所に設けること。

(3)　制御弁はパイプシャフト、パイプダクトその他これらに類するものの中に設けるとともに、その外部から容易に操作することができ、かつ、みだりに閉止できない措置が講じられていること。

(4)　流水検知装置は、湿式のものとし、一次側には圧力計を設けること。

(5)　自動警報装置は、スプリンクラーヘッドの開放により音声警報を発するものとすること。

答

解説　スプリンクラーヘッドは、小区画型ヘッドが、正しい（共同住宅用スプリンクラー設備の設置及び維持に関する技術上の基準（平成 18 年消告第 17 号）。

問 108　**「特定共同住宅等における必要とされる防火安全性能を有する消防の用に供する設備等に関する省令」に規定する特定共同住宅等の構造類型として、誤っているものはどれか。**

(1)　二方向避難型特定共同住宅等

(2)　開放型特定共同住宅等

(3)　二方向避難・開放型特定共同住宅等

(4)　避難安全・開放型特定共同住宅等

(5)　その他の特定共同住宅

答

解説　「必要とされる防火安全性能を有する消防の用に供する設備等」を用いることができる特定共同住宅は、構造類型（「二方向避難型特定共同住宅等」、「開放型特定共同住宅等」、「二方向避難・開放型特定共同住宅等」、「その他の特定共同住宅等」）と階数に応じて規定されている。

問 109　**特殊消防用設備等の設備等設置維持計画に定める事項で、誤っているものはどれか。**

(1)　消防用設備等の維持管理に関すること。

(2)　特殊消防用設備等の性能に関すること。

(3)　消防用設備等の概要に関すること。

(4)　防火対象物の概要に関すること。

(5)　特殊消防用設備等の設置方法に関すること。

答

解説　特殊消防用設備等の維持管理である（特殊消防用設備等の設備等設置維持計画については、消則 31 条の３の２）。

問 110　**消防用設備等のうち消防法第 17 条の２の５第１項の適用が除外されないものとして、誤っているものはどれか。**

(1)　簡易消火用具
(2)　漏電火災警報器
(3)　非常警報設備
(4)　スプリンクラー設備
(5)　誘導灯及び誘導標識

答

解説　スプリンクラー設備は規定されていない（消令 34 条）。

問 111　**消防法第 17 条第１項の消防用設備等の技術上の基準に関する政令若しくはこれに基づく命令又は同条第２項の規定に基づく条例の施行又は適用の際、当該適用が除外される組み合わせで、正しいものはどれか。**

(1)	倉　庫	非常警報設備
(2)	飲食店	漏電火災警報器
(3)	共同住宅	消火器
(4)	映画館	誘導灯
(5)	工　場	自動火災報知設備

答

解説　自動火災報知設備は令別表第１(1)項～(4)項、(5)項イ、(6)項、(9)項イ、(16)項イ、及び(17)項以外の防火対象物は、当該適用が除外されるものである（消令 34 条二号）。

問 112　**既存の防火対象物に対する消防用設備等の遡及について、正しいものはどれか。**

(1)　消火器、避難器具、自動火災報知設備、非常警報設備及び誘導灯は、防火対象物の用途に関わらず既存遡及を受ける消防用設備等である。
(2)　飲食店、ホテル、病院、銭湯、映画スタジオは消防用設備等の種類に関係なく現行基準法令が適用される。
(3)　改正後の基準法令に適合していないが従前の規定に適合している非特定用途防火対象物は改正後の基準法令が適用される。

⑷　延床面積が 1,400 m^2 である防火対象物のうち 750 m^2 の増築工事を行った場合、現行基準法令は適用される。

答

解説　増築又は改築で、現行の基準が適用されるのは、増築又は改築に係る床面積が 1,000 m^2 以上又は基準時における延べ面積の２分の１以上となること（消法 17 条の２の５、消令 34 条及び同 34 条の２）。

問 113　**消防用設備等のうち、防火対象物の用途にかかわらず、常に現行の技術上の基準が適用されるものはどれか。**

⑴　屋内消火栓設備
⑵　スプリンクラー設備
⑶　誘導灯
⑷　排煙設備
⑸　屋外消火栓設備

答

解説　消令 34 条において適用が除外されない消防用設備等が規定されており、誘導灯は防火対象物の用途にかかわらず、常に現行の技術上の基準が適用されることとされている。

問 114　**消防法第 17 条の２の５第２項第２号及び第 17 条の３第２項第２号の政令で定める大規模の修繕及び模様替えについて、正しいものはどれか。**

⑴　防火対象物の主要構造部である床について行う過半の修繕又は模様替え。
⑵　防火対象物の主要構造部である天井について行う過半の修繕又は模様替え。
⑶　防火対象物の主要構造部である壁について行う過半の修繕又は模様替え。
⑷　防火対象物の主要構造部である柱について行う過半の修繕又は模様替え。
⑸　防火対象物の主要構造部である屋根について行う過半の修繕又は模様替え。

答

解説　防火対象物の主要構造である壁について行う過半の修繕又は模様替えとされている（消令 34 条の３）。

問 115　**防火対象物の用途変更に関する記述として、誤っているものはどれか。**

⑴　用途を変更し特定防火対象物としたときは、消防用設備等は変更後の用途の基準に適合させなければならない。
⑵　用途を変更したとき、漏電火災警報器は、変更後の用途の基準に適合させなければならない。
⑶　用途を変更した後に、延べ面積の２分の１以上の増築工事を行ったときは、消防用設備等は変更後の用途の基準に適合させなければならない。

(4)　用途を変更したとき、スプリンクラー設備は、必ず変更後の用途の基準に適合させなければならない。

答

解説　原則として変更前の用途に応じた技術上の基準に適合すれば足りる（消法 17 条の３、消令 34 条及び同 34 条の２）。

問 116　**消防用設備等のうち設置した場合に検査を、受けなければならないものはどれか。**

(1)　非特定用途防火対象物で、延べ面積が 250 m^2 の防火対象物に設置した消火器

(2)　特定用途防火対象物で、延べ面積 700 m^2 の防火対象物に設置した携帯用拡声器

(3)　特定用途に供される部分が４階に存し、当該４階から地上に直通する屋内階段が１つのもので、延べ面積 200 m^2 の防火対象物に設置した避難器具

(4)　消火器具を設置することとされる車両（令別表第１(20)項）に設置した消火器

答

解説　(3)の特定用途防火対象物の場合は、延べ面積に関係なく消防用設備等の設置検査を受けなければならない（消令 35 条）。

問 117　**消防法第 17 条の３の２に規定する消防用設備等又は特殊消防用設備等を設置したときに検査を受けなければならない防火対象物のうち、誤っているものはどれか。**

(1)　特定防火対象物で収容人員 300 人以上のもの。

(2)　特定防火対象物で延べ面積 300 m^2 以上のもの。

(3)　特定防火対象物以外の防火対象物（令別表第１(19)項、(20)項を除く。）で延べ面積 300 m^2 以上のもののうち消防長又は消防署長が指定したもの。

(4)　令別表第１(1)～(4)項、(5)項イ、(6)項、(9)項イに掲げる用途に供される部分が避難階以外の階（１階及び２階を除く。）に存する防火対象物で当該避難階以外の階から避難階又は地上に直通する階段が（屋外階段又は総務省令で定める避難上有効な構造を有する場合は一）二以上設けられていないもの。

答

解説　消令 35 条１項に、消防用設備等又は特殊消防用設備等（簡易消火用具及び非常警報器具を除く。）を設置したときに消防機関の検査を受けなければならない防火対象物が規定されている。「避難階」とは建基令 13 条の３一号に規定する避難階をいう。

問 118　**消防用設備等又は特殊消防用設備等の点検及び報告について、誤っているものはどれか。**

(1)　延べ面積が 1,500 m^2 の物品販売店の関係者は、消防設備士免状又は総務省令で定める資格

を有する者に点検をさせなければならない。
(2)　共同住宅の関係者は、消防用設備等の点検を行った結果を維持台帳に記録するとともに、1年に1回消防長又は消防署長に報告しなければならない。
(3)　消防法施行令別表第1⒇項の防火対象物の消防用設備等については、消防法に定める点検報告を要しない。
(4)　消防用設備等の点検は、種類及び点検内容に応じ、1年以内で消防庁長官が定める期間ごとに行うこと。
(5)　特殊消防用設備等にあっては、設備等設置維持計画に定める点検の結果についての報告の期間ごとに報告しなければならない。

答

解説　(2)の共同住宅の消防用設備等の点検結果は、3年に1回報告することになっている（消則31条の6）。

問119　**消防用設備等の点検及び報告について、誤っているのはどれか。**
(1)　消防用設備等の点検及び報告義務は防火対象物の関係者にある。
(2)　点検の結果については、消防長又は消防署長に報告しなければならない。
(3)　消防法第17条の2に規定する「特定防火対象物」以外の防火対象物については、3年に1回点検を行い、結果を消防長又は消防署長に報告しなければならない。
(4)　防火対象物の関係者は点検の結果を維持台帳に記録しなければならない。
(5)　点検の方法及び点検の結果についての報告書の様式は、消防庁長官が定める。

答

解説　誤り。点検は消防用設備等の種類及び点検内容に応じて、1年以内で消防庁長官が定める期間ごとに行い、報告は消則31条の6・2項に定められた防火対象物の区分に従って行う（消則31条の6・1項及び2項）。

問120　**消防用設備等について点検を、要しない防火対象物は次のうちどれか。**
(1)　令別表第1⒄項に掲げる重要文化財として認定された建造物
(2)　令別表第1⒅項に掲げる延長50m以上のアーケード
(3)　令別表第1⒆項に掲げる市長村長の指定する山林
(4)　令別表第1⒇項に掲げる総務省令で定める舟車
(5)　令別表第1　(16の3)項に掲げる準地下街

答

解説　舟車については、道路運送車両法等関係法令により消防用設備等の点検及び点検結果の報告が義務付けられていることから、二重行政を避けるために点検を要しないこととされている。

問 121　**消防用設備等又は特殊消防用設備等の設置に係る工事のうち消防設備士でなければ、行ってはならない工事はどれか。**

(1)　屋内消火栓設備の配管工事
(2)　自動火災報知設備の電源工事
(3)　連結送水管の設置工事
(4)　スプリンクラー設備の加圧送水装置の設置工事
(5)　水噴霧消火設備の電源工事

答

解説　スプリンクラー設備は、電源、水源及び配管部分を除き、消防設備士でなければ行ってはならない工事とされている（消令 36 条の２）。

問 122　**消防設備士又は消防設備点検資格者が、その免状の種別ごとに行うことができる点検の種別で、誤っているものはどれか。**

(1)	第１種消防設備点検資格者	水噴霧消火設備
(2)	第１類の甲種消防設備士	消防用水
(3)	第４類の乙種消防設備士	排煙設備
(4)	第２種消防設備点検資格者	自動火災報知設備
(5)	第５類の甲種消防設備士	簡易消火用具

答

解説　簡易消家具は規定されていない「消防設備士免状の交付を受けている者又は総務大臣が認める資格を有する者が点検を行うことができる消防用設備等及び特殊消防用設備等の種類」（令和２年消告第 21 号）参照。

問 123　**消防設備士に関する記述のうち、誤っているものはどれか。**

(1)　甲種消防設備士は、政令で定める工事をしようとするときは、その工事に着手しようとする日の 10 日前までに、工事整備対象設備等着工届を消防長又は消防署長に届け出なければならない。
(2)　消防設備士は、都道府県知事が行う工事整備対象設備等の工事又は整備に関する講習を受けなければならない。
(3)　消防設備士が行うことができる工事又は整備の種類は、消防設備士免状の種類に応じて総務省令で定める。
(4)　甲種特類に係る消防設備士試験は、第１類、第４類及び第５類の甲種消防設備士免状の交付を受けている者でなければ受験することができない。
(5)　消防設備士の免状の交付を受けていない者は、消防用設備等又は特殊消防用設備等の設置に係る工事等のうち、政令で定めるものを行ってはならない。

答

解説　甲種特類に係る消防設備士試験は、第１類から第３類までのいずれか、第４類及び第５類の甲種消防設備士免状の交付を受けている者が受験することができる（消則33条の８・２項）。

問124　**検定対象機械器具等として、誤っているものはどれか。**

(1)　緩降機

(2)　開放型スプリンクラーヘッド

(3)　消火器

(4)　金属製避難はしご

(5)　住宅用防災警報器

答

解説　(2)は、検定対象機械器具に該当しない（消令37条）。

問125　**自主表示対象機械器具等の対象として，誤っているものはどれか。**

(1)　漏電火災警報器

(2)　消防用吸管

(3)　エアゾール式簡易消火具

(4)　消火器用消火薬剤

(5)　消防用ホース

答

解説　(4)は、検定対象機械器具に該当する（消令41条及び同37条）。

第３　防炎関係

問１　防火対象物のうち防炎物品を使用しなければならない用途又は部分を全て選べ。

(1)　スーパーマーケット
(2)　複合用途防火対象物における非特定用途部分
(3)　病院、診療所等の職員休憩室（機能的に従属している部分）
(4)　映画スタジオ
(5)　高さが 31 mを超えるマンションにおける 31 m以下の居室内

答

解説　(2)は、複合用途防火対象物の場合は防炎防火対象物に該当する部分に限る（消法８条の３、消令４条の３）。

問２　防火対象物の組み合わせのうち、全てのものに防炎物品の使用が、義務づけられているものを選べ。

(1)　集会所、回転翼航空機の格納庫、工事中の防火対象物
(2)　キャバレー、幼稚園、教会
(3)　飲食店、映画スタジオ、高層建築物
(4)　物販店、ホテル、図書館
(5)　美術館、学校、高層建築物の事務所

答

解説　防炎物品の使用が義務付けられる防火対象物は、高層建築物、地下街（消法８条の３）、令別表第１(1)項から(4)項まで、(5)項イ、(6)項、(9)項イ、(12)項ロ及び（16の3)項並びに工事中の建築物その他の工作物（消令４条の３）である。

問３　次に掲げる組み合わせのうち、防炎規制がかからないものはどれか。

(1)　劇　場	どん帳
(2)　映画スタジオ	大道具用合板
(3)　複合用途防火対象物の店舗	布製のブラインド
(4)　ホテル	じゅうたん等

(5)　複合用途防火対象物の各種学校　　　カーテン

答

解説　複合用途防火対象物においては、防炎防火対象物の用途のいずれかに該当する用途に供される部分に限り、防炎規制がかかる（消令４条の３）。

問４　**防炎規制に関する記述のうち、誤っているものはどれか。**

(1)　旅館で使用する寝具は、防炎物品でなければならない。
(2)　工事中の学校で使用する工事用シートは、防炎物品でなければならない。
(3)　美術館で使用するじゅうたんは、防炎物品である必要はない。
(4)　防火表示のない防炎物品でも、政令で定める基準以上の防炎性能を有しているものがある。
(5)　防炎対象物品は、防炎表示又は指定表示が付されているものでなければ、防炎物品として販売してはならない。

答

解説　寝具は、防炎対象物品に含まれておらず、したがって(1)が誤り、なお、防炎表示がなくても、防炎処理がなされて、基準以上の防炎性能を有している防炎対象物品もあるので、(4)は正しい。

問５　**防炎に関する記述のうち、正しいものを選べ。**

(1)　防炎規制に違反した場合であっても、消防法第５条の措置命令や罰則の適用はない。
(2)　防炎規制を受けるものは、劇場、キャバレー、旅館、病院などの、カーテン、展示用合板、じゅうたん、寝具などである。
(3)　防炎表示は、製品ごとに消防庁長官の認定を受けて行うことができる
(4)　防炎表示では、すべての防炎表示物品について、クリーニング後の再処理方法が記載されている。
(5)　防炎規制を受けている防火対象物については、そのように供するものと知りながら、非防炎物品を販売したものは、罰則の適用を受ける。

答

解説　(2)寝具には適用がない。(3)消防庁長官は、防炎表示を付す者の登録を受けるだけである。(4)クリーニングになじまない製品には、記載がない。(5)このような規定は存在しない。

問６　**防炎対象物品に関する記述のうち、誤っているのはどれか。**

(1)　舞台で使用されるどん帳は、防炎性能を有するものでなければならない。
(2)　テレビスタジオで使用される暗幕は、防炎性能を有するものでなければならない。
(3)　飲食店で使用されるじゅうたんは、防炎性能を有するものでなければならない。

(4)　高さ 30 m を越える共同住宅で使用されるカーテンは、防炎性能を有するものでなければならない。
(5)　老人デイサービスセンターで使用するカーテンは、防炎性能を有するものでなければならない。

答
解説　(4)は、高層建築物なので、30 m ではなく 31 m を超えるが、正しい（消法８条の２及び８条の３）。

問７　**次に掲げるもののうち、防炎対象物品で、ないものはどれか。**
(1)　寝　具　　(2)　暗　幕
(3)　人工芝　　(4)　工事用シート
(5)　ご　ざ

答
解説　寝具は、防炎対象物品に含まれない（消令４条の３・３項及び消則４条の３・２項）。

問８　**次のうち、防炎対象物品に、該当しないものはどれか。**
(1)　展示用合板　　(2)　布製のブラインド
(3)　障子　　(4)　人工芝
(5)　ござ

答
解説　(3)　障子は防炎対象物品に該当しない（消令４条の３、消則４条の３）。

問９　**防炎対象物品に、該当しないものはどれか。**
(1)　人工芝　　(2)　木製ブラインド
(3)　暗幕　　(4)　工事用シート
(5)　じゅうたん（２㎡を超えるもの）

答
解説　木製ブラインドは該当しない（消法８条の３、消令４条の３第３項、消則４条の３）。

問 10　**防炎物品の防炎性能のうち残炎時間について、正しいものはどれか。**
(1)　薄手布　　５秒以内
(2)　厚手布　　10 秒以内

(3)　じゅうたん　15秒以内
(4)　展示用合板　10秒以内
(5)　舞台で使用する大道具用合板　30秒以内

答

解説　残火時間とは、着火後バーナーを取り去ってから炎を上げてから燃え上がる状態がやむまでの経過時間をいう。

問11　**防炎表示に関する記述のうち、誤っているものはどれか。**

(1)　防炎表示は、縫付、ちょう付、下げ札等の方法により、防炎物品ごとに、見やすい箇所に行う。
(2)　防炎表示は、地が白色、「防炎」の文字は赤色である。
(3)　防炎表示を付する者は、所在地を管轄する消防長の登録を受けた者である。
(4)　防炎表示を付する者の登録の基準は、消防庁長官が定める。
(5)　消防法施行規則第4条の4第6項の規定により登録を取り消され、その取り消しの日から2年を経過しない者は、防炎表示を付する者の登録を受けることができない。

答

解説　防炎表示を付する者は消防庁長官の登録を受けた者である。消則第4条の4及び平成12年12月11日消防庁告示第9号参照。

問12　**防炎対象物品に関する記述について、誤っているものはどれか。**

(1)　防炎対象物品又はその材料で防炎性能を有するものには、防炎性能を有する旨の表示を付することができる。
(2)　防炎表示は、縫付、ちょう付、下げ札等の方法により防炎物品ごとに部屋の角や布地の裏面等目立たない部分に行うこと。
(3)　防火対象物の関係者は、当該防火対象物において使用する防炎対象物品について、防炎性能を与える処理をさせ、又は指定表示が附されている生地からカーテン等を作製させたときは、その旨を明らかにしておかなければならない。
(4)　防炎対象物品又はその材料は、防炎性能を有する旨の表示又は指定表示が附されているものでなければ、販売し、又は販売のために陳列してはならない。
(5)　何人も、防炎対象物品又はその材料に、定められた防炎性能の基準により表示を付す場合又は指定表示を付す場合を除くほか表示又はこれと紛らわしい表示を付してはならない。

答

解説　正しくは、「…見やすい箇所に行うこと。」である（消則4条の4・1項三号）。

第４　建築基準法関係

問１　**建築基準法に掲げる用語の定義に関しての記述のうち、誤っているものはどれか。**

(1)「主要構造部」は、壁、柱、床、はり、屋根又は階段をいう。

(2)「床面積」とは、建築物の各階又はその一部で壁その他の区画の中心線で囲まれた部分の水平投影面積による。

(3)「敷地」とは、一の建築物又は用途上不可分の関係にある二以上の建築物のある一団の土地をいう。

(4)　換気設備は、「建築設備」に含まれる。

(5)「建築物」には、建築設備が含まれない。

答

解説　「建築物」に、建築設備は含まれる（建基法２条、建基令１条及び２条）。

問２　**建築基準法第２条に規定する用語の定義に関する事項について、誤っているものはどれか。**

(1)　建築物とは、土地に定着する工作物のうち、屋根及び柱若しくは壁を有するものをいい、これに付属する門若しくは塀も建築物に該当する。

(2)　居室とは、居住、執務、作業、集会、娯楽その他これらに類する目的のために継続的に使用する室をいう。

(3)　主要構造部とは、壁、柱、床、はり、屋根又は階段をいうため、最下階の床も主要構造部に該当する。

(4)　建築とは、建築物を新築し、増築し、改築し、又は移転することをいう。

(5)　延焼のおそれのある部分とは、隣地境界線、道路中心線又は同一敷地の２以上の建築物相互の外壁間の中心線から、１階にあっては３m以下、２階にあっては５m以下の距離にある建築物の部分をいう。

答

解説　建基法２条五号により、建築物の構造上重要でない最下階の床は、主要構造部に該当しない。

問３　**建築基準法第２条「用語の定義」についての記述で、誤っているものはどれか。**

(1) 「建築物」とは、土地に定着する工作物のうち、屋根及び柱若しくは壁を有するものをいい、建築設備を含むものである。

(2) 「特殊建築物」とは、学校（専修学校・各種学校を除く。）、体育館、病院、劇場、観覧場、集会場、展示場、百貨店、市場、ダンスホール、遊技場、公衆浴場、旅館、共同住宅、寄宿舎、下宿、工場、倉庫、自動車車庫、危険物の貯蔵場、畜場、火葬場、汚物処理場、その他これらに類する用途に供する建築物をいう。

(3) 「建築設備」とは、建築物に設ける電気、ガス、給水、排水、換気、暖房、冷房、消火、排煙、若しくは汚物処理の設備又は煙突、昇降機若しくは避雷針をいう。

(4) 居室とは、居住、執務、作業、集会、娯楽、その他これらに類する目的のために継続的に使用する室をいう。

(5) 「主要構造部」とは、壁、柱、床、はり、屋根又は階段をいい、建築物の構造上重要でない間仕切壁、間柱等の部分を除いたものをいう。

答

解説　学校には専修学校・各種学校が含まれる。

問４　**建築基準法施行令第１条の「用語」の定義で、正しいものはどれか。**

(1) 「敷地」　一の建築物又は用途上不可分の関係にある一以上の建築物のある一団の土地をいう。

(2) 「地階」　床が地盤面下にある階で、床面から地盤面までの高さがその階の天井の高さの２分の１以上のものをいう。

(3) 「耐水材料」　れんが、石、人造石、コンクリート、アスファルト、陶磁器、ガラスその他これらに類する耐水性の建築材料をいう。

(4) 「準不燃材料」　建築材料のうち、通常の火災による火熱が加えられた場合に、加熱開始後５分間第 108 条の２各号（建築物の外部の仕上げに用いるものにあっては、同条第１号及び第２号）に掲げる要件を満たしているものとして、国土交通大臣が定めたもの又は国土交通大臣の認定を受けたものをいう。

(5) 「難燃材料」　建築材料のうち、通常の火災による火熱が加えられた場合に、加熱開始後 10 分間第 108 条の２各号（建築物の外部の仕上げに用いるものにあっては、同条第１号及び第２号）に掲げる要件を満たしているものとして、国土交通大臣が定めたもの又は国土交通大臣の認定を受けたものをいう。

答

解説　(1)は、関係にある２以上の建築物、(2)は、天井の高さの３分の１以上、(4)は、加熱開始後 10 分間、(5)は、加熱開始後５分間が、正しい（建基令１条）。

問５　**建築基準法施行令上の面積の算定方法に関する記述のうち、誤っているものはどれか。**

(1)「敷地面積」は、原則として敷地の水平投影面積による。
(2)「建築面積」は、原則として建築物の外壁又はこれに代わる柱の中心線で囲まれた部分の水平投影面積による。
(3)「床面積」は、建築物の各階又はその一部で壁その他の区画の中心線で囲まれた部分の水平投影面積による。
(4)「延べ面積」は、原則として建築物の各階の床面積の合計による。
(5)「築造面積」は、原則として工作物の外壁又はこれに代わる部分の中心線で囲まれた部分の水平投影面積による。

答

解説　建基令２条１項五号において、築造面積は、原則として工作物の水平投影面積によるとされている。なお、設問中「原則として」としているのは、ただし書きなどにより例外規定が設けられているためであるので、詳細については各自で確認されたい（建基令２条）。

問６　**建築基準法施行令第２条の定義について、誤っているものはどれか。**

(1)「階数」とは、昇降機塔、装飾塔、物見塔その他これらに類する建築物の屋上部分又は地階の倉庫、機械室その他これらに類する建築物の部分で、水平投影面積の合計がそれぞれ当該建築物の建築面積の８分の１以下のものは、当該建築物の階数に算入しない。
(2)「建築物の高さ」とは、原則として地盤面からの高さによる。
(3)「地盤面」とは、建築物が周囲の地面と接する位置の最大の高さにおける水平面をいい、その接する一の高低差が３ｍを越える場合においては、その高低差３ｍ以内ごとの平均の高さにおける水平面をいう。
(4)「軒の高さ」とは、地盤面から建築物の小屋組又はこれに代わる横架材を支持する壁、敷桁又は柱上端までの高さによる。

答

解説　地面と接する位置の平均の高さにおける水平面をいいが、正しい（建基令２条２項）。

問７　**掲げる建築主事に関する記述のうち、誤っているものはどれか。**

(1)　政令で指定する人口25万人以上の市は、その長の指揮監督の下に、建築確認に関する事務をつかさどるため、建築主事を置かなければならない。
(2)　市町村は、その長の指揮監督の下に、建築確認に関する事務をつかさどるために、建築主事を置くことができる。
(3)　都道府県は、都道府県知事の指揮監督下に、建築主事を置いた市町村の区域以外における建築確認に関する事務をつかさどらせるために、建築主事を置かなければならない。
(4)　建築主事は、市町村又は都道府県の職員で建築主事の資格検定に合格し登録を受けたもののうちから、それぞれ市町村の長又は県知事が命ずる。
(5)　特定行政庁は、その管轄区域を分けて、その区域を所管する建築主事を置くことはできない。

答

解説　建基法4条9項において、一の特定行政庁の管轄区域に複数の建築主事を置くことができる旨が規定されている。実際にも、政令指定都市で、区ごとに建築主事を置いているところが存在する。

問8　**建築基準法第27条に規定される耐火建築物等としなければならない特殊建築物として、誤っているものはどれか。**

(1)　5階を飲食店の用途に供するもので、当該床面積が15 m^2のもの
(2)　2階及び3階を図書館の用途に供するもの
(3)　倉庫の用途に供するもので、3階の当該床面積の合計が200 m^2のもの
(4)　3階を火葬場の用途に供するもの
(5)　3階を体育館の用途に供するもの

答

解説　耐火建築物等としなければならないものに含まれない（建基法27条、別表第1及び建基令115条の3）。

問9　**建築物のうち、建築基準法上、耐火建築物等以外の建築物とすることができるものはどれか。ただし、地階はないものとし、防火地域及び準防火地域以外に地域、地区は考慮しないものとする。**

(1)　防火地域内の2階建、延べ面積120 m^2の住宅
(2)　防火地域内の3階建、延べ面積80 m^2の事務所
(3)　準防火地域内の2階建、延べ面積300 m^2（客席の床面積200 m^2）の集会場
(4)　準防火地域内の3階建、延べ面積300 m^2の旅館
(5)　準防火地域内の3階建、延べ面積500 m^2の事務所

答

解説　(1)及び(2)は、建基法61条により耐火建築物等にしなくてはならない。
(3)及び(4)は、建基法27条により耐火建築物等にしなくてはならない。
(5)は、建基法27条、建基法62条により耐火建築物等以外にすることができる。

問 10　**耐火構造に必要とされている耐火性能に関する記述のうち、誤っているものはどれか。**

(1)　地上 15 階建ての建築物の 7 階の間仕切壁（耐力壁）は、2 時間耐火の性能を有する必要がある。
(2)　地上 5 階建ての建築物の 3 階の外壁（耐力壁）は、1 時間耐火の性能を有する必要がある。
(3)　地上 10 階建ての建築物の柱は、2 時間耐火の性能を有する必要がある。
(4)　地上 20 階建ての建築物の 2 階の床は、3 時間耐火の性能を有する必要がある。
(5)　屋根は、建築物の階数にかかわらず、30 分耐火の性能を有する必要がある。

答

解説　建基令 107 条 1 項一号において、最上階から数えた階数が 15 以上の階の床は、2 時間以上の耐火性能を有することとされている。

問 11　**建築基準法の準耐火性能に関する技術的基準について、誤っているものはどれか。**

(1)　外壁……45 分間
(2)　柱………30 分間
(3)　床………45 分間
(4)　屋根……45 分間
(5)　階段……30 分間

答

解説　柱は 45 分間、屋根は 30 分間が正しい（建基令 107 条の 2）。

問 12　**建築基準法施行令第 108 条「防火性能に関する技術的基準」に規定される防火構造の概念が、正しく記されているものはどれか。**

(1)　防火構造は、屋内に面する壁の構造を示す用語である。
(2)　防火構造は、床及び屋内に面する壁の構造を示す用語である。
(3)　防火構造は、建築物の外壁及び軒裏の構造を示す用語である。
(4)　防火構造は、建築物の外壁及び屋内に面する壁の構造を示す用語である。
(5)　防火構造は、建築物の外壁の構造のみを示す用語である。

答

解説　防火性能について、外壁及び軒裏となっている（建基令 108 条（防火性能に関する技術的基準））。

問 13　**建築基準法施行令第 109 条（防火戸その他の防火設備）に規定されている防火設備として、正しいものはどれか。**

(1)　特定防火設備
(2)　ドレンチャー
(3)　防熱設備
(4)　防火戸

(5)　防火設備

答

解説　建基令第 109 条、建基法第 2 条第 9 号の 2 ロ及び同法第 64 条の政令で定める防火設備は、防火戸、ドレンチャー、その他火災を遮る設備とする。

問 14　**特定防火設備の構造方法に関する記述のうち、誤っているものはどれか。**

(1)　骨組みを鉄製とし、両面にそれぞれ厚さが 1.0 mm以上の鉄板を張った戸とする。

(2)　鉄材又は鋼材で造られたもので、鉄板又は鋼板の厚さが 1.5 mm以上の戸とする。

(3)　鉄骨コンクリート製又は鉄筋コンクリート製で厚さが 3.5 cm以上の戸とする。

(4)　土蔵造りで厚さが 15 cm以上の防火戸とする。

(5)　防火戸が枠又は他の防火設備と接する部分は、相じゃくりとし、又は定規縁若しくは戸当りを設ける等閉鎖した際にすき間が生じない構造として、かつ、防災設備の取り付け金物は、取付部分が閉鎖した際に露出しないように取り付けなければならない。

答

解説　特定防火設備の構造方法を定める件（平成 12 年建設省告示第 1369 号）において、骨組みを鉄製とし、両面にそれぞれ厚さが 0.5 mm以上の鉄板を張った防火戸とすることと規定されている。

問 15　**防火設備に関する技術上の基準の内容に関して、次のうち正しいものはどれか。**

(1)　特定防火設備は、建築基準法施行令令第 112 条第 1 項に規定する、40 分間炎を遮る性能を有する防火設備である。

(2)　特定防火設備は、建築基準法施行令第 112 条第 1 項に規定する、120 分間炎を遮る性能を有する防火設備である。

(3)　防火設備は、建築基準法第 2 条第 9 号の 2 ロに規定する、30 分間炎を遮る性能を有する防火設備である。

(4)　防火設備は、建築基準法第 2 条第 9 号の 2 ロに規定する、20 分間炎を遮る性能を有する防火設備である。

(5)　防火設備は、特定防火設備に含まれるものである。

答

解説　建基令 109 条、同 109 条の 2 、同 112 条参照。

・建基令 112 条 1 項に規定する特定防火設備は、 1 時間炎を遮る性能を有する防火設備である。

・建基法 2 条九号の二ロに規定する防火設備は、20 分間炎を遮る性能を有する防火設備である。

問16　**建築基準法施行令第112条に規定する防火区画に関する記述で、誤っているものはどれか。**

(1)　耐火建築物で、1,500 m^2を超えるものは、当該床面積の合計1,500 m^2以内ごとに準耐火構造の床若しくは壁又は特定防火設備で区画しなければならない。

(2)　防火区画はスプリンクラー設備を設けた場合は、当該区画の床面積の基準を3倍として扱うことができる。

(3)　防火区画の規定は、耐火建築物と法令で準耐火建築物とすることを義務化されている準耐火建築物では、異なる場合がある。

(4)　防火区画の規定は、劇場や映画館などはやむを得ない場合として規定を適用しないことができる。

(5)　建築物の11階以上の部分で、各階の床面積の合計が100 m^2を越えるものは床面積の合計100 m^2以内ごとに耐火構造の床若しくは壁又は防火設備で区画しなければならない。

答

解説　スプリンクラー設備等を設けた場合2倍として扱うことができる（建基令112条）。

問17　**建築基準法施行令第26条に規定する「階段に代わる傾斜路」について、正しいものはどれか。**

(1)　傾斜路には手すりを設ける必要はない。

(2)　傾斜路の表面は、粗面とし、又はすべりやすい材料で仕上げること。

(3)　傾斜路の勾配は、8分の1を超えないこと。

(4)　傾斜路の高さが2mを超えるものは、踊場を設けなければならない。

(5)　傾斜路の両側（手すりが設けられた側を除く。）には、側壁又はこれに代わるものをも受けなければならない。

答

解説　建基令26条において「階段に代わる傾斜路」について規定されており、当該規定において階段の規定（同23条から同25条）を準用（けあげ及び踏面に関する部分を除く。）することとされている（建基令23条から26条）。

問18　**避難階又は地上に通ずる2以上の直通階段を要するものとして、誤っているものはどれか。**

(1)　各階400 m^2の事務所ビルの5階で、300 m^2を事務室の用途に供するもの

(2)　各階100 m^2の旅館の5階で、宿泊室の用途に供するもの

(3)　各階1,000 m^2の物品販売店舗の2階で、過半を売場の用途に供するもの

(4)　各階100 m^2の診療所の2階で、過半を病室の用途に供するもの

(5)　劇場、映画館などの用途に供する階でその階に客席、集会室その他これに類するもの

答

解説　その階における宿泊室の床面積の合計 100 m² を超えるもの（建基令 121 条）。

問 19　**建築基準法施行令第 123 条に規定する「屋内に設ける避難階段」について、誤っているものはどれか。**

(1)　階段室は、開口部、窓、出入り口の部分を除き、耐火構造の壁で囲むこと。

(2)　階段室の天井及び壁の室内に面する部分は、仕上げを不燃材料でし、かつ、その下地を不燃材料で造ること。

(3)　階段室の屋内に面する壁に窓を設ける場合においては、その面積は各々 2 m² 以内とすること。

(4)　階段室には、窓その他の採光上有効な開口部又は予備電源を有する照明設備を設けること。

(5)　階段は、耐火構造とし、避難階まで直通すること。

答

解説　建築基準法施行令 123 条 1 項五号において、屋内に設ける避難階段に窓を設ける場合は 1 m² 以内と規定されている。

問 20　**建築基準法施行令第 123 条に規定する避難階段及び特別避難階段について、誤っているものはどれか。**

(1)　一部の除外規定を除き、地上 15 階以上の階に通ずる直通階段は、特別避難階段としなければならない。

(2)　物品販売店舗で、3 階以上の売場に通じる直通階段は、各階の売場及び屋上広場に通じる避難階段又は特別避難階段を 3 以上設けなければならない。

(3)　屋内避難階段の階段室の天井及び壁の室内に面する部分は仕上げを不燃材料でし、かつ、その下地を不燃材料で造ること。

(4)　階段は耐火構造とし、避難階まで直通すること。

(5)　物品販売店で、避難階段及び特別避難階段の幅の合計は、床面積 100 m² について 60 cm の割合で計算した数値以上としなければならない。この場合に床面積とはその階より上の階で最も床面積の大きな階の面積をとる。

答

解説　2 以上設けることでよい（建基令 123 条及び 124 条）。

問 21　**建築基準法施行令に関する記述として、次のうち誤っているものはどれか。**

(1)　排煙設備の排煙口の手動開放装置のうち手で操作する部分は、壁に設ける場合においては床面から 80 cm以上 1.2 m以下の高さの位置に設けること。

(2)　非常用の照明装置は、直接照明とし、床面において 1 ルクス以上の照度を確保することができるものとすること。
(3)　非常用の進入口の間隔は、40 m以下であること。
(4)　非常用の昇降機としてのエレベーターの乗降ロビーの床面積は、非常用エレベーター１基について 10 m^2 以上とすること。
(5)　地下街の各構えの居室の各部分から地下道（当該居室の各部分から直接地上へ通ずる通路を含む。）への出入口の一に至る歩行距離は、30 m以下でなければならない。

答

解説　床面から 80 cm以上 1.5 m以下が、正しい（建基令 126 条の３）。

問 22　**建築基準法施行令第 126 条の７に規定する、非常用の進入口の構造について、誤っているものはどれか。**
(1)　進入口は、道又は道に通ずる幅員４m以上の通路その他の空地に面する各階の外壁面に設けること。
(2)　進入口の間隔は、10 m以下であること。
(3)　進入口の幅、高さ及び下端の床面からの高さが、それぞれ、75 cm以上、1.2 m以上及び 80 cm以下であること。
(4)　進入口は、外部から開放し、又は破壊して室内に進入できる構造とすること。
(5)　進入口は、奥行き１m以上、長さ４m以上のバルコニーを設けること。

答

解説「進入口の間隔は、40 m以下であること」と規定されており、非常用進入口に代わる窓（代替進入口）は 10 m以下とされている（建基令 126 条の７・二号）。

問 23　**非常用の照明装置を設けなくては、ならないものはどれか。**
(1)　寄宿舎の寝室
(2)　病院の病室
(3)　共同住宅の廊下
(4)　小学校の教室
(5)　ボーリング場

答

解説　(3)は、建基令 126 条の４。(1)及び(2)は、建基令 126 条の４・二号。(4)及び(5)は、建基令 126 条の４・三号（ボーリング場は「学校等」に該当）。

問 24　**建築基準法に規定する防火地域、準防火地域に関する事項について、誤っているものはどれか。**
(1)　防火地域内に存する 50 m^2 以内の平屋建ての付属建築物で、外壁及び軒裏を防火構造としたものは、準耐火構造とする必要がない。

(2)　準防火地域内に存する 1,500 m² を超える卸売市場の上屋又は機械製作工場で、主要構造部が不燃材料で造られたものは、耐火建築物としなければならない。
(3)　準防火地域に存する地階を除く階数が４以上である建築物又は延べ面積が 1,500 m² を超える建築物は、耐火建築物としなければならない。
(4)　防火区域内の高さ２ｍを超える門又は塀で延焼防止上支障のない構造のもの。
(5)　準防火区域内の木造建築物等は、その外壁及び軒裏で延焼のおそれのある部分を、外壁開口部設備を 20 分間防火設備とする。

答

解説　建築基準法第 61 条による構造方法を定める告示（令和元年国土交通省告示第 194 号)、卸売市場の上屋又は機械製作工場で、主要構造部が不燃材料で造られたものその他これらに類する構造で、外壁開口部設備は 20 分間防火設備とするものは、適用が除外されている。

問 25　**建築基準法第 61 条の防火地域内の建築物について誤っているものはどれか。**

(1)　階数が２で延べ面積が 130 m² の建築物は耐火建築物としなければならない。
(2)　階数が２で延べ面積が 80 m² の建築物は準耐火建築物としなければならない。
(3)　延べ面積が 50 m² 以内の平家建の附属建築物で、外壁及び軒裏が防火構造のものは耐火建築物としなければならない。
(4)　階数が３で延べ面積が 90 m² の建築物は耐火建築物としなければならない。

答

解説　建築基準法第 61 条参照。防火地域内においては、階数が３以上であり、又は延べ面積が 100 m² を超える建築物は耐火建築物とし、その他の建築物は耐火建築物又は準耐火建築物としなければならない。

問 26　**消防同意が必要となるものについて、次のうち誤っているものはどれか。**

(1)　防火地域及び準防火地域以外で長屋の新築の確認申請を行う場合
(2)　防火地域及び準防火地域以外で道路上にバス停の上屋の新築の許可申請を行う場合
(3)　防火地域及び準防火地域以外で事務所の増築（20 m²）の確認申請を行う場合
(4)　防火地域及び準防火地域以外で住宅の新築の確認申請を行う場合

答

解説　消防法第７条及び建築基準法第 93 条参照。

第５　危険物規制関係

問１　**消防法第３章に根拠を有する行政行為のうちいくつかを下図のように分類した。この分類の基準について述べた次の記述のうち、正しいものはどれか。**

(1)　Ａは市町村長等が行う行政行為であり、Ｂは所轄消防長又は消防署長が行う行政行為である。
(2)　Ａは所轄消防長又は消防署長が行う行政行為であり、Ｂは市町村長が行う行政行為である。
(3)　Ａは一般的な禁止を解除する行政行為であり、Ｂは第三者の行為を補充してその法律上の効力を完成せしめる行政行為である。
(4)　Ａは行為等を命ずる行政行為であり、Ｂは権利、法律関係を設定する行政行為である。
(5)　Ａは効力に時間制限がある行政行為であり、Ｂは効力に時間制限がない行政行為である。

答

解説　「認可」というのは、第三者の法律行為を補充して、その法律上の効力を完成させる行為のことで、「補充行為」とも呼ばれている。

問２　**危険物施設における消防法の適用について、誤っているものはどれか。**
(1)　危険物施設であっても、収容人員が一定以上のものについては、防火管理者の選任が必要である。
(2)　消防用設備等に関する消防法の規定については、消防法第 10 条は同法第 17 条の特別法としての位置にあり、同法第 17 条は適用されない。
(3)　危険物施設について予防規定を制定すれば、消防計画を作成する必要はない。
(4)　危険物施設である工場が燃料を重油から、ＬＰガスに変えることにより危険物施設でなくなった場合においても、消防法第 17 条の２の５の規定が適用され、原則として従前の規定である危険物施設として要求される消防用設備等の設置で足りる。

(5)　危険物施設である工場が燃料を重油からＬＰガスに変え、更に倉庫に用途変更した場合においても、消防法第17条の３の規定が適用され、原則として従前の規定である危険物施設として要求される消防用設備等の設置で足りる。

答

解説　危険物施設も原則として一般の防火対象物としての規制が係ることは当然であり、ただ、消防用設備等については一般法－特別法の関係にたつものとされている。

問３　**消防法で定める危険物の説明として、正しいものはどれか。**

(1)　危険物とは、法別表に掲げる発火性又は引火性物品をいう。

(2)　危険物とは、火災が発生した場合にその拡大が速やかであり、又は消火の活動が著しく困難となるものとして政令で定めるものをいう。

(3)　危険物とは、火災予防又は消火活動に重大な支障を生ずるおそれのある物質で政令で定めるものをいう。

(4)　危険物とは、法別表の品名欄に掲げる物品で、同表の数量欄に定める数量以上のものとする。

(5)　危険物とは、法別表の品名欄に掲げる物品で、同表に定める区分に応じ同表の性質欄に掲げる性状を有するものをいう。

答

解説　消防法第２条第７項の危険物の定義を参照。

問４　**消防法で定める危険物に関する記述のうち、正しいものはどれか。**

(1)　消防法上の危険物は、法別表第１において、酸化性固体、可燃性固体、自然発火性物質及び禁水性物質、引火性液体、自己反応性物質、可燃性気体の６つに区分されている。

(2)　指定数量未満の危険物及び指定可燃物その他指定可燃物に類する物品を貯蔵し、又は取り扱う場所の位置、構造及び設備の技術上の基準は、政令で定める。

(3)　指定数量以上の危険物は、貯蔵所以外の場所でこれを貯蔵し、又は製造所、貯蔵所及び取扱所以外の場所でこれを取り扱ってはならないが、所轄消防長又は消防署長の承認を受けた場合は、10日以内の期間、仮に貯蔵し、又は取り扱うことができる。

(4)　製造所、貯蔵所又は取扱所を設置したときは、所轄消防長又は消防署長が行う完成検査を受け、位置、構造及び設備の技術上の基準に適合していると認められた後でなければ、これを使用してはならない。

(5)　危険物の運搬は、その容器、積載方法及び運搬方法について市町村条例で定める技術上の基準に従ってこれをしなければならない。

答

解説　(1)　誤り。可燃性気体は法別表第１の性質欄に掲げられていない（消法２条７項）。

(2)　誤り。指定数量未満の危険物等の技術基準は市町村条例で定める（消法９条の４・２項）。
(4)　誤り。完成検査は市町村長等が行う（消法 11 条５項）。
(5)　誤り。危険物の運搬基準は政令で定める（消法 16 条）。

問５　消防法で定める危険物について、誤っているものはどれか。

(1)　危険物とは、法別表第１の品名欄に掲げる物品で、同表の区分に応じ性質欄に掲げる性状を有するものをいう。
(2)　法別表第１の品名欄においては、その他のもので政令で定めるものが規定されており、危険物の規制に関する政令で規定されている。
(3)　１気圧において温度 20 度で気体状の物品のうち、引火性のある物質は危険物とされている。
(4)　危険物はその性質により、第１類から第６類に区分されている。
(5)　危険物は危険性を勘案して指定数量が定められているが、当該指定数量は、政令に規定されている。

答

解説　消防法上の危険物は、１気圧、温度 20 度で固体及び液体の物品として規定されている（消法別表第１備考）。

問６　消防法別表第１第４類の危険物の共通する特性について、誤っているものはどれか。

(1)　火気等による引火又は爆発の危険がある。
(2)　蒸気比重が１より大きい（空気より重い）。
(3)　液比重が１より小さく、水には溶けないものが多い。
(4)　発火点の低いものがある。
(5)　電気の導電性が良い。

答

解説　第４類の危険物は、電気の不良導体であるものが多く、このような物品は静電気が蓄積されやすい。

問７　危険物の類ごとに共通する事項として、誤っているものはどれか。

(1)　第１類の危険物は固体であり、一般に不燃性である。
(2)　第２類の危険物は固体であり、着火又は引火しやすい。
(3)　第３類の危険物は、水と接触して発火するか若しくは可燃性のガスを発生する。
(4)　第４類の危険物は液体であり、火気等による引火又は爆発の危険性がある。
(5)　第５類の危険物は自然発火する危険物であるが、燃焼速度は遅い。
(6)　第６類の危険物は無機化合物であり、不燃性の液体である。

答

解説　各類の危険物の代表的な性状を問うもの。

(5)については、第５類の危険物のなかには自然発火するものもあるが、全てが自然発火するものではないことに注意。また、燃焼速度は速い。

問８　**消防法別表第１に掲げる品名と性質の組み合わせで、誤っているものはどれか。**

	品名	性質
(1)	アルコール類	引火性液体
(2)	過酸化水素	自然発火性物質及び禁水性物質
(3)	硝酸塩類	酸化性固体
(4)	ニトロ化合物	自己反応性物質
(5)	鉄　粉	可燃性固体

答

解説　過酸化水素は酸化剤であり通常は水溶液で扱われる。よって酸化性液体との組み合わせが正しい。

問９　**危険物の貯蔵・取り扱いの制限等に関する記述のうち、誤っているものはどれか。**

(1)　指定数量以上の危険物は、貯蔵所以外の場所でこれを貯蔵し、又は製造所、貯蔵所及び取扱所以外の場所でこれを取り扱ってはならない。

(2)　指定数量以上の危険物を、10日以内の期間、仮に貯蔵し、又は取り扱う場合は、市町村長等の承認を受けなければならない。

(3)　製造所、貯蔵所又は取扱所の位置、構造又は設備を変更しないで、危険物の品名、数量又は指定数量の倍数を変更しようとする者は、変更しようとする10日前までに市町村長等に届け出なければならない。

(4)　製造所、貯蔵所又は取扱所の所有者、管理者又は占有者は、当該製造所、貯蔵所又は取扱所の用途を廃止したときは、遅滞なくその旨を市町村長等に届け出なければならない。

(5)　政令で定める製造所等の所有者、管理者又は占有者は、当該製造所等の火災を予防するため、予防規程を定め、市町村長等の認可を受けなければならない。

答

解説　(2)は、所轄消防長又は消防署長の承認を受けなければならない、が正しい（消法10条1項）。

問 10　**消防法第 10 条のただし書に規定される、指定数量以上の危険物の仮貯蔵、仮取扱いについて、正しいのはどれか。**

(1)　消防本部及び消防署を置く市町村の区域に設置された製造所等における仮貯蔵、仮取扱いの承認権者は、市町村長である。

(2)　承認権者は、必要があれば仮貯蔵、仮取扱いの期間を更新することも許容できる。

(3)　承認の要件には、消防法第 10 条第４項の技術上の基準が適用される。

(4)　申請の趣旨に反しない限度において、申請とは異なった内容の承認を与えることも可能である。

(5)　仮貯蔵、仮取扱いを受けた場所は、消防法第 11 条第１項の規定に基づいて許可を受けた施設に扱われる。

答

解説　(1)　消防長又は消防署長であるため、誤り。(2)　更新は、適切ではないため、誤り。(3)　適用されないため、誤り。(5)　扱われないため、誤り。

問 11　**消防法別表第１掲げる危険物の類別、性質及び品名の組み合わせで、誤っているものはいくつあるか。**

類　別	性　質	品　名
第１類	酸化性固体	塩素酸塩類
第２類	可燃性固体	引火性固体
第３類	自己発火性物質及び禁水性物質	黄りん
第４類	引火性液体	可燃性液体類
第５類	自然反応性物質	有機過酸化物
第６類	酸化性液体	硝酸塩類

(1)　１つ　　(2)　２つ　　(3)　３つ

(4)　４つ　　(5)　５つ

答

解説　誤っているものは、次の４つである（消法別表第１）。

・第３類　自己発火性物質は、誤りで、自然発火性物質が、正しい。

・第４類　可燃性液体類は指定可燃物の品名なので、誤り。

・第５類　自然反応性物質は、誤りで、自己反応性物質が、正しい。

・第６類　硝酸塩類は第１類の品名なので、誤り。

問 12　**消防法第 11 条に規定される製造所等の変更許可、仮使用について、正しいのはどれか。**

(1)　仮使用の承認は、仮貯蔵、仮取扱いの承認と同様に、消防長又は消防署長が行う。
(2)　位置等の変更の工事に着手することにより、完成検査前検査を受けるまでの間は、当該製造所等の使用が禁止される。
(3)　位置等の変更の工事に係る部分以外のすべての部分は、申請すれば仮使用が承認される。
(4)　仮使用の承認を受けないまま製造所等を使用した場合でも、許可の取消しには至らない。
(5)　製造所等を許可なく変更した場合には、無許可設置ではなく無許可変更の違反が成立する。

答

解説　(1)　市町村長等であるため、誤り。(2)　完成検査を受けるまでの間であるため、誤り。(3)　承認されるとは限らないため、誤り。(4)　取消し要件に該当するため、誤り。

問 13　**危険物施設に関する記述のうち、妥当なものはどれか。**

(1)　危険物施設の設置申請者が調査の結果、服役中であることが判明したので、それを理由に不許可にした。
(2)　危険物施設の設置に対し、住民が反対運動を繰り広げ設置許可をしないよう陳情したので、許可を保留した。
(3)　自然災害により滅失した危険物施設について、従前と同様の施設を再建したい旨の申し出をうけたので、新たに設置許可申請をさせた。
(4)　他人の所有の土地について危険物施設の設置許可申請があったので、不許可にした。
(5)　危険物施設の設置許可の有効期限を５年とし、５年ごとに見直しを行うこととした。

答

解説　消法第 11 条の第 1 項の許可は羈束（きそく）行為であり、行政指導と許可行為とは次元が異なることに注意を要する。

問 14　**製造所等の設置許可に関する記述のうち、誤っているものはどれか。**

(1)　許可権者たる市町村長等の裁量をいれる余地のない羈束行為である。
(2)　許可に際し、条件、期限その他の附款を附すことは許されず、附款が附された許可は、法的に附款部分は無効となり、附款のない行為として効力を持つことになる。
(3)　許可の結果として、製造所等の設置義務が生じ、従って許可をうけたにもかかわらず、製造所等の工事に着手しないときは、許可が取り消されることがある。
(4)　他人の土地に製造所等を設置する計画を持って許可申請があった場合でも、その計画が基準に適合するものである限り、許可を拒むことはできないものである。
(5)　許可の相手が死亡していたときは、その許可は相続人に対して有効になるものである。

答

解説　許可の行為は、一般的禁止行為の解除、すなわち製造所等を設置してもよいということであって、設置しなければならないことではない。しかしながら、許可をうけたにもかかわらず、実際に製造所等の設置を意思ないし能力を欠いていると客観的に認められる場合は、許可の根拠を失うに至ったものとして、条理上当然に許可を取り消すことができると解されている。

問15　**製造所等の設置又は変更の許可に係る記述のうち、妥当でないものはどれか。**

(1)　仮貯蔵又は仮取扱いの承認と同様、一般的禁止の解除という意味を持つ行政行為であり、予防規定の認可とは性格を異にする。
(2)　製造所等の変更の許可を行う者と、仮使用の認可を行う者は同一である。
(3)　使用停止命令を無視して操業を続け、ついに事故を引き起こした製造所等に対し、許可を撤回することとした。
(4)　危険物取扱者の雇用を条件に許可したこと。
(5)　収賄により許可がなされたことが判明したので、許可を取り消すこととした。

答

解説　製造所等の設置又は変更の許可は、裁量をいれることのできない羈束行為であり、許可に際し、条件、期限その他の附款を附することは許されない。

問16　**危険物製造所等に置いて必要とする手続について、誤っているものはどれか。**

(1)　給油取扱所を設置する　　　　　許　可
(2)　地下タンク貯蔵所を廃止する　　届　出
(3)　屋内タンク貯蔵所の位置、構造、設備を変更しないで、品名、数量を変更する　　届　出
(4)　移動タンク貯蔵所の常設場所を変更する　　届　出
(5)　危険物保安監督者を変更する　　届　出

答

解説　移動タンク貯蔵所の常設場所の変更は、位置の変更に該当する。常設場所は危政令第15条第1項において、防火上安全な場所等と規制されており、本変更は軽微な変更には該当せず、変更許可の手続が必要である。

問17　**次の記述のうち、許可を要しないものはどれか。**

(1)　タンクコンテナ式移動タンク貯蔵所について、タンクコンテナを変更せず車両を類似の形式のものに変更する場合
(2)　重機や火気使用器具を使用することなく、製造所配管のバルブを取り替える場合
(3)　全焼した屋内貯蔵所を再建する場合
(4)　移動タンク貯蔵所の常駐場所を変更する場合

(5) 屋外タンク貯蔵所について、タンク側板の腐食部分に対し肉盛補修を行う場合

答

解説 (2)は軽微な変更であり、許可を要しない。(3)は廃止の届出後、設置許可を要する。その他は変更許可を要する。

問 18 **消防法第 11 条第７項に規定する許可等の通報を必要とする製造所等のうち、誤っているものはどれか。**

(1) 指定数量の倍数が 10 以上の製造所
(2) 指定数量の倍数が 100 以上の屋外貯蔵所
(3) 指定数量の倍数が 150 以上の屋内タンク貯蔵所
(4) 指定数量の倍数が 200 以上の屋外タンク貯蔵所
(5) 移送取扱所

答

解説 (3)は、屋内タンク貯蔵所は通報の必要な施設には入っていないので、誤り（消法 11 条７項、危政令７条の３）。

問 19 **消防法第 11 条、第 11 条の２に規定される製造所等の完成検査、完成検査前検査について、正しいのはどれか。**

(1) 完成検査を受けて不合格となり、位置、構造及び設備を技術上の基準に適合させるため、当初の許可と異なる部分を手直しする場合は、変更の許可は必要としない。
(2) 完成検査は、当該製造所等の設置又は変更の許可をした市町村長等が行う。
(3) 消防長又は消防署長は、完成検査の結果、申請に係る位置、構造、設備が技術上の基準に適合している場合は、完成検査済証を交付する。
(4) 水張検査に限って、完成前検査の許可行政庁以外の行政機関も行うことができる。
(5) 市町村長等は、特定屋外タンク貯蔵所に係る完成検査前検査について、危険物保安技術協会に委託しなければならない。

答

解説 (1) 必要とするため、誤り。(3) 交付するのは市町村長等であるため、誤り。(4) 水圧検査も該当するため、誤り。(5) 委託することができるため、誤り。

問 20 **消防法第 14 条の３の規定に基づく、市町村長等が行う保安検査に関する記述のうち、誤っているものはどれか。**

(1) 最大数量１万ｋＬの屋外タンク貯蔵所は、定期保安検査を受ける必要がある。
(2) 最大数量 1,000 ｋＬの屋外タンク貯蔵所で、タンク直径に対する不等沈下の数値の割合が

100分の１以上であるものは、臨時保安検査を受ける必要がある。
(3)　屋外タンク貯蔵所の保安検査の時期について、所有者、管理者又は占有者の申請に基づき、市町村長等が別に定める時期とすることができるのは定期保安検査である。
(4)　屋外タンク貯蔵所の保安検査は、タンクの屋根部、側板部及び底部の板の厚さに関する事項についての検査である。
(5)　移送取扱所のうち、保安検査を受ける必要があるのは、特定移送取扱所である。

答

解説　(4)は、保安検査の事項は、一部の特殊液体危険物タンクを除いて、タンクの底部の板の厚さ及び溶接部に関する事項であるので、誤り（消法14条の３、危政令８条の４）。

問 21　**貯蔵所等の区分とその例の組み合わせのうち、誤っているのはどれか。**

(1)　一般取扱所	塗料類の販売店舗
(2)　移動タンク貯蔵所	タンクローリー
(3)　一般取扱所	ボイラー
(4)　給油取扱所	自家用ガソリンスタンド
(5)　製造所	石油精製プラント

答

解説　塗料類の販売店舗は販売取扱所に該当する（危政令３条）。

問 22　**製造所等の保安距離、保有空地に関する記述のうち、正しいものはどれか。**

(1)　屋外タンク貯蔵所は、保安距離が必要である。
(2)　給油取扱所は、保安距離は必要ないが、保有空地は必要である。
(3)　指定数量の倍数が10を超える製造所は、幅７m以上の保有空地が必要である。
(4)　屋内貯蔵所は、保安距離が必要ない。
(5)　指定数量の倍数が５以下の屋内貯蔵所で、当該建築物の壁、柱及び床が耐火構造である場合は、幅0.5m以上の保有空地が必要である。

答

解説　(2)　保有空地の規定はないから、誤り（危政令17条）。
(3)　保有空地の幅は５m以上だから、誤り（危政令９条１項二号照）。
(4)　製造所等の位置の例によることなので、誤り（危政令10条１項一号）。
(5)　当該建築物の壁、柱及び床が耐火構造である場合空地幅の指定がないから、誤り（危政令10条１項二号）。

問 23　**危険物の規制に関する政令でいう不燃材料で、ないものは次のうちどれか。**

(1)　繊維強化セメント板　　(2)　アルミニウム

(3)　モルタル　　(4)　しっくい

(5)　アスファルト

答

解説　危険物の規制に関する政令上の不燃材料は、建基法２条九号の不燃材料（コンクリート、れんが、鉄鋼など）のうち、危規則 10 条でガラス以外ものとするとされている（不燃材料を定める件（平成 12 年建設省告示第 1400 号）参照)。

問 24　**製造所に関する基準について、誤っているものはどれか。**

(1)　指定数量の倍数が５を超える製造所では空地の幅を５ｍ以上保有すること。

(2)　可燃性の蒸気又は可燃性の微粉が滞留するおそれのある建築物には、その蒸気又は微粉を屋外の高所に排出する設備を設けること。

(3)　危険物を取り扱う建築物の窓又は出入口にガラスを用いる場合は、網入ガラスとすること。

(4)　指定数量の倍数が 10 以上の製造所には、総務省令で定める避雷設備を設けること。

(5)　危険物を取り扱う建築物は、地階を有しないものであること。

答

解説　(1)は、空地の幅を５ｍ以上保有は、指定数量の倍数が 10 を超える製造所ではなので、誤り（危政令９条１項二号)。

問 25　**製造所の基準について記述のうち、誤っているものはどれか。**

(1)　危険物を取り扱う建築物は、地階を有しないものであること。

(2)　危険物を取り扱う建築物の窓及び出入口には、防火設備のうち防火戸を設けること。

(3)　危険物を取り扱う建築物は、壁、柱、床、はり及び階段を不燃材料で造るとともに、延焼のおそれのある外壁を出入口以外の開口部を有しない耐火構造の壁とすること。

(4)　危険物を取り扱う建築物には、危険物を取り扱うために必要な採光、照明及び換気の設備を設けること。

(5)　製造所には、避雷設備を設けること。

答

解説　避雷設備を設けなければならない製造所は、指定数量の 10 倍以上取り扱う製造所であり、ただし、周囲状況によって安全上支障がなければ設けなくてよいとされている（危政令９条１項十九号)。

問 26　**製造所等のうち、危険物を貯蔵し、又は取り扱う建築物やタンクの周囲に一定の幅の空地を保有しなければならものとして、誤っているものはどれか。**

(1)　製造所
(2)　屋外タンク貯蔵所
(3)　簡易タンク貯蔵所（屋外に設置するもの）
(4)　屋内タンク貯蔵所
(5)　屋内貯蔵所

答

解説　(4)は、規定がないので、誤り（危政令 12 条参照）。

問 27　**危険物を取り扱う配管の位置、構造及び設備に関する基準のうち、誤っているものはどれか。**

(1)　配管は、その設置される条件及び使用される状況に照らして十分な強度を有するものとし、かつ、当該配管に係る最大常用圧力の 2.0 倍以上の圧力で水圧試験を行ったとき漏えいその他の異常がないものであること。
(2)　配管は、取り扱う危険物により容易に劣化するおそれのないものであること。
(3)　配管は、火災等による熱によって容易に変形するおそれのないものであること。ただし、当該配管が地下その他の火災等による熱により悪影響を受けるおそれのない場所に設置される場合にあっては、この限りでない。
(4)　配管には、定められたところにより、外面の腐食を防止するための措置を講ずること。ただし、当該配管が設置される条件の下で腐食するおそれのないものである場合にあっては、この限りでない。
(5)　配管に加熱又は保温のための設備を設ける場合は、火災予防場安全な構造とすること。

答

解説　(1)は、最大常用圧力の 1.5 倍以上の圧力であるから、誤り（危政令９条１項二十一号）。

問 28　**製造所等のうち、学校や病院等の建築物等から一定の距離（保安距離）を保たなければならない旨の規定が、設けられていないものはどれか。**

(1)　一般取扱所
(2)　製造所
(3)　屋外タンク貯蔵所
(4)　屋内タンク貯蔵所
(5)　屋外貯蔵所

答

解説　屋内タンク貯蔵所には保安距離の規定はない（危政令 12 条）。

問 29　**危険物の規制に関する屋内貯蔵所における位置、構造及び設備の基準について、誤っているものはどれか。**

(1)　貯蔵倉庫には、危険物を貯蔵し、又は取り扱うために必要な採光、照明及び換気の設備を設けるとともに、引火点が 40 度未満の危険物の貯蔵倉庫にあっては、内部に滞留した可燃性の蒸気を屋根上に排出する設備を設けること。
(2)　一の貯蔵倉庫の床面積は 1,000 m^2 を超えないこと。
(3)　液状の危険物の貯蔵倉庫の床は、危険物が浸透しない構造とするとともに、適当な傾斜を付け、かつ、貯留設備を設けること。
(4)　貯蔵倉庫に架台を設ける場合には、架台の構造及び設備は、総務省令で定めるところによるものであること。
(5)　見やすい箇所に屋内貯蔵所である旨を表示した標識及び防火に関し必要な事項を掲示した掲示板を設けること。

答

解説　(1)は、引火点が 70℃未満であるから、誤り（危政令 10 条 1 項十二号）。

問 30　**屋内貯蔵所において、類を異にする危険物の同時貯蔵禁止の例外として、危険物を類ごとに取りまとめて貯蔵し、かつ、相互に１m以上の間隔を置けば良いとされる組み合わせはどれか。**

(1)　第１類と第２類
(2)　第１類と第４類
(3)　第１類と第６類
(4)　第２類と第５類
(5)　第２類と第６類

答

解説　(3) は、同時貯蔵禁止の例外とされている（危政令 26 条 1 項一号の二及び危規則 39 条）。

問 31　**液体の危険物の屋外貯蔵タンクの注入口に関する技術上の基準についての記述のうち、誤っているものはどれか。**

(1)　火災の予防上支障のない場所に設けること。
(2)　注入ホース又は注入管と結合することができ、かつ、危険物が漏れないものであること。
(3)　注入口には、弁又はふたを設けること。
(4)　ガソリン、ベンゼンその他静電気による災害が発生するおそれのある液体の危険物の屋外貯蔵タンクの注入口付近には、静電気を有効に除去するための避雷設備を設けること。
(5)　引火点が 21 度未満の危険物の屋外貯蔵タンクの注入口には、見やすい箇所に屋外貯蔵タンクの注入口である旨及び防火に関し必要な事項を掲示した掲示板を設けること。ただし、市町村長等が火災の予防上当該掲示板を設ける必要がないと認める場合は、この限りでない。

答

解説　(4)は、静電気を有効に除去するための接地電極を設けることなので、誤り（危政令 11 条 1 項十号ニ参照）。

問 32　**屋外貯蔵タンクのポンプ設備について、正しいものはどれか。**

(1)　ポンプ設備の周囲には、当該屋外貯蔵タンクの指定数量の倍数に関係なく３m以上の幅の空地を保有しなければならない。

(2)　ポンプ設備から屋外貯蔵タンクまでの距離は、当該屋外貯蔵タンクの空地の幅の３分の２以上の距離を離さなければならない。

(3)　ポンプ設備は、堅固な基礎の上に固定しなければならない。

(4)　ポンプ室の床には、その周囲に高さ 0.15 m以上の囲いを設けるとともに、当該床は、危険物が浸透しない構造とし、かつ、適当な傾斜及び貯留設備を設けなければならない。

(5)　ポンプ室の壁、柱、床及びひばりは、準不燃材料で造らなければならない。。

答

解説　(1)は、ただし、防火上有効な隔壁を設ける場合その他総務省で定める場合は、この限りでないから、誤り。(2)は、空地の幅の３分の１以上のため、誤り。(4)は、その周囲の高さ 0.2 m以上の囲いのため、誤り。(5)は、不燃材で造るのため、誤り（危政令 11 条、危規則 21 条の 3）。

問 33　**屋外タンク貯蔵所に関する記述のうち、誤っているものを２つ選べ。**

(1)　準特定屋外貯蔵タンクは、厚さ 4.2 mm以上の鋼板で気密に造らなければならない。

(2)　特定屋外タンク貯蔵所の屋外タンクの基礎及び地盤は、堅固なものとし、平板載荷試験、圧密度試験等の試験において一定の基準に適合するものでなければならない。

(3)　屋外貯蔵タンクの内面には、さびどめのための塗装をしなければならない。

(4)　準特定屋外タンク貯蔵所とは、屋外タンク貯蔵所で、その貯蔵し、又は取り扱う液体の危険物の最大数量が 500 kL 以上 1,000 kL 未満のものをいう。

(5)　液体の危険物の屋外貯蔵タンクには、危険物の量を自動的に表示する装置を設けなければならない。

答

解説　(1)は、厚さ 3.2 mm以上の鋼板なので、誤り（危政令 11 条 1 項四号）。
(3)は、外面には、さびどめのための塗装なので、誤り（危政令 11 条 1 項七号）。

問 34　**危険物の流出を防止するために設ける「防油堤」の基準のうち、誤りがあるものを２つ選べ。**

(1)　防油堤内には、当該防油堤内に設置する屋外貯蔵タンクのための配管以外の配管（当該屋外貯蔵タンクの消火設備のための配管を含む。）を設けないこと。
(2)　防油堤内には、その内部の滞水を外部に排水するための水抜口を設けるとともに、これを開閉する弁等を防油堤の内部に設けること。
(3)　高さが１ｍを超える防油堤等には、おおむね30ｍごとに堤内に出入りするための階段を設置し、又は土砂の盛上げ等を行うこと。
(4)　防油堤は、周囲が構内道路に接するように設けなければならないこと。
(5)　防油堤は、鉄筋コンクリート又は石で造り、かつ、その中に収納された危険物が当該防油堤の外に流出しない構造であること。

答

解説　(2)は、防油堤の外部に設けることなので、誤り（危規則22条２項十三号）。(5)は、鉄筋コンクリート又は土で造りなので、誤り（危規則22条２項九号）。

問35　**防油堤に関するの基準のうち、誤っているものはどれか。**
(1)　防油堤は、鉄筋コンクリート又は土で造り、かつ、その中に収容された危険物が当該防油堤の外に流出しない構造であること。
(2)　防油堤内には、当該防油堤内に設置する屋外貯蔵タンクのための配管以外の配管を設けないこと。
(3)　防油堤内の面積は８万m^2以下であること。
(4)　一の屋外貯蔵タンクの周囲に設ける防油堤の容量は、当該タンクの容量の100％以上とすること。
(5)　防油堤の高さは0.5ｍ以上であること。

答

解説　(4)は、当該屋外タンクの容量の110％以上とすることであるので、誤り（危規則22条２項）。

問36　**屋外タンク貯蔵所の位置、構造及び設備の基準のうち、誤っているものを２つ選べ。**
(1)　屋外貯蔵タンクは、危険物の爆発等によりタンク内の圧力が異常に上昇した場合に内部のガス又は蒸気を上部に放出することができる構造とすること。
(2)　屋外貯蔵タンクの外面には、さびどめのための塗装をすること。
(3)　屋外貯蔵タンクのうち、底板を地盤面に接して設けるものにあっては、底板の内面及び外面の腐食を防止するための措置を講ずること。
(4)　屋外貯蔵タンクには、通気管を設けること。
(5)　液体の危険物の屋外貯蔵タンクには、危険物の量を自動的に表示する装置を設けること。

答

解説　(3)は、底盤の外面の腐食を防止するためで、誤り。

(4)は、屋外貯蔵タンクのうち、圧力タンク以外のタンクにあっては、総務省令で定めるところにより通気管、圧力タンクにあっては総務省令で定める安全装置のため、誤り（危政令11条１項六号から九号）。

問37　**屋外貯蔵タンク（圧力タンクを除く）に設ける通気管の構造について、誤っているものを２つ選べ。**

(1)　通気管は無弁通気管又は大気弁付通気管であること。
(2)　無弁通気管の直径は30mm以上であること。
(3)　無弁通気管の先端は水平より45度以上曲げ、雨水の浸入を防ぐ構造とすること。
(4)　高引火点危険物のみを100℃未満の温度で貯蔵し、又は取り扱うタンクに設ける無弁通気管には、細目の銅網等による引火防止装置を設けること。
(5)　大気弁付通気管は10kpa以下の圧力差で作動できるものであること。

答

解説　(4)　細目の銅網等による引火防止装置を設けること。ただし、高引火点危険物のみを100℃未満の温度で貯蔵し、又は取り扱うタンクに設ける通気管にあっては、この限りでないから、誤り。

(5)　大気弁付通気管は５kpa以下の圧力差で作動であるから、誤り。（危規則20条）。

問38　**屋外タンク貯蔵所の泡消火設備に係る定期点検における点検の方法について、不適切なものはどれか。**

(1)　泡放出口からの泡放出により、発泡倍率、放射圧力、混合率等が適正であることを確認した。
(2)　泡放出口から水の放出により、送液機能が適正であることを確認した。
(3)　泡消火薬剤を泡消火薬剤のタンクからサンプリングし、性状及び性能が適正であることを確認した。
(4)　事業所内に同じ型式の泡消火薬剤混合装置を複数設置していたため、そのうちの１つについてのみ性能の確認を実施した。
(5)　複数のタンクで同一の加圧送水装置、泡消火薬剤混合装置を用いていたため、そのうち１つのタンクについてのみ性能の確認を実施した。

答

解説　(4)は、同じ型式であっても、各加圧送水装置と泡消火薬剤混合装置について、おのおのの性能について確認を実施する必要がある（危告示72条）。

問39　**屋内タンク貯蔵所の位置、構造及び設備の技術上の基準について、正しいものはどれか。**

(1)　屋内タンク貯蔵所が存する建築物の周囲に空地を保有すること。
(2)　同一のタンク専用室に屋内貯蔵タンクを２以上設置する場合、個々のタンクの容量は指定数量の40倍以下であること。
(3)　第4類の危険物のみを貯蔵し、取り扱う屋内タンク貯蔵所のタンク専用室は平家建以外の建築物に設けることができる。
(4)　屋内貯蔵タンクとタンク専用室の壁との間に、0.5m以上の間隔を保つこと。
(5)　屋内貯蔵タンクのうち、圧力タンク以外のタンクにあっては安全装置を、圧力タンクにあっては通気管をそれぞれ設けること。

答

解説　(1)は、屋内タンク貯蔵所には、保有空地の規定がないため、誤り。
(2)は、指定数量の40倍以下であること。屋内貯蔵タンクを2以上設置する場合におけるそれらのタンクの容量の総計についても同様とするであるから、誤り。
(3)　引火点40度以上の第4類の危険物のみを貯蔵であるから、誤り。
(5)　圧力タンク以外のタンクは通気管、圧力タンクは安全装置であるから、誤り（危政令12条）。

問40　**屋内タンク貯蔵所の技術上の基準について、誤っているものはどれか。**
(1)　タンクは原則として平屋建ての建築物に設けられたタンク専用室に設置すること。
(2)　タンクと専用室の壁とは1m以上、2以上設置したときは相互間を1m以上の間隔を保つこと。
(3)　タンク専用室は、屋根を不燃材料で造り、かつ、天井を設けないこと。
(4)　液状の危険物を貯蔵するタンク専用室の床は危険物が浸透しない構造とするとともに、適当な傾斜をつけ、かつ、貯留設備を設けること。
(5)　タンク専用室の出入口のしきいの高さは、床面から0.2m以上とすること。

答

解説　タンクと専用室の壁との間及び同一のタンク専用室内に屋内貯蔵タンクを2以上設置する場合におけるそれらのタンクの相互間に、0.5m以上の間隔を保つことであるから、誤り（危政令12条1項二号）。

問41　**地下タンク貯蔵所の位置、構造及び設備の技術上の基準について、誤っているものはどれか。**
(1)　地下貯蔵タンクは、地盤面下に設けられたタンク室に設置すること。
(2)　タンク室は、壁及び底を厚さ0.3m以上のコンクリート造とすること。
(3)　地下貯蔵タンク又はその周囲に、当該タンクからの液体の危険物の漏れを検知する設備を設けること。
(4)　液体の危険物の地下貯蔵タンクには、危険物を自動的に表示する装置を設けること。
(5)　地下貯蔵タンクの頂部は、0.6m以上地盤面から下にあること。

答

解説　タンク室は総務省令で定めるところにより必要な強度を有し、防水の措置を講じたものであるので、誤り（危政令 13 条 1 項十四号、危規則 24 条）。

問 42　**第４類の危険物の二重殻タンクにおいて、地下タンクをタンク室に設置しないことができる条件の中に、入っていないものはどれか。**

(1)　タンクが地下鉄又は地下トンネルから水平距離 10 m以内の場所その他総務省令で定める場所に設置されていないこと。
(2)　タンクがその水平投影の縦及び横それぞれ 0.6 m以上大きく、かつ、厚さ 0.3 m以上の鉄筋コンクリート造りのふたで覆われていること。
(3)　ふたにかかる重量が直接当該タンクにかからない構造であること。
(4)　タンクの頂部が 0.6 m以上地盤面から下にあること。
(5)　タンクが堅固な基礎の上に固定されていること。

答

解説　(1)は、規制がないので、誤り。
　(4)は、第４類の危険物の二重殻タンクは、原則としてタンク室に設置することとされているが、一定の条件を満たす場合には、タンク室に設置しないことができるとされているので、誤り（危政令 13 条 2 項二号）。

問 43　**地下タンク貯蔵所の位置、構造又は設備の技術上の基準について、正しいのはどれか。**

(1)　液体の危険物の地下貯蔵タンクは、容量が３万Ｌ以下にしなければならない。
(2)　地下貯蔵タンクには、通気管又は安全装置を設置しなければならない。
(3)　引火点が 70℃以上の第四類危険物を貯蔵、又は取り扱う地下貯蔵タンクは、危険物の量を自動的に測定できる装置を設置しなくてもよい。
(4)　引火点が 70℃以上の第四類危険物を貯蔵、又は取り扱う地下貯蔵タンクの注入口は、屋内にすることができる。
(5)　地下貯蔵タンクの配管は、当該タンクの頂部以外に取り付けなければならない。

答

解説　(1)は、容量に関する制限はないので、誤り。
　(3)は、液体の危険物の地下貯蔵タンクには、危険物の量を自動的に表示する装置を設けることとされているので、誤り（危政令 13 条 1 項八号の二号）。
　(4)は、液体の危険物の地下貯蔵タンクの注入口は、屋外に設けることとされているので、誤り（危政令１３条１項九号）。
　(5)は、地下貯蔵タンクの配管は、当該タンクの頂部に取り付けることとされているので、誤り（危政令 13 条 1 項十一号）。

問 44　**簡易タンク貯蔵所の技術上の基準について、誤っているものはどれか。**

(1)　一の簡易タンク貯蔵所に設置する簡易貯蔵タンクは、その数を３以内とし、かつ、同一品質の危険物の簡易貯蔵タンクを２以上設置しないこと。

(2)　簡易貯蔵タンクの容量は、600 L以下であること。

(3)　簡易貯蔵タンクは、厚さ 3.2 mm 以上の鋼板で気密に造るとともに、最大常用圧力の 1.5 倍の圧力で、それぞれ 10 分間行う水圧試験において、漏れ、又は変形しないものであること。

(4)　簡易貯蔵タンクの外面には、さびどめのための塗装をすること。

(5)　簡易貯蔵タンクには、総務省令で定めるところにより通気管を設けること。

答

解説　(3)は、70 kPa の圧力で 10 分間行う水圧試験において、漏れ、又は変形しないものであることであるから、誤り（危政令 15 条六号）。

問 45　**移動タンク貯蔵所の位置、構造及び設備の技術上の基準として、誤っているものはどれか。**

(1)　移動タンク貯蔵所は、屋外の防火上安全な場所又は壁、床、はり及び屋根を耐火構造とし、若しくは不燃材料で造った建築物の１階に常置すること。

(2)　移動貯蔵タンクのマンホール及び注入口のふたは、厚さ 3.2 mm以上の鋼板又はこれと同等以上の機械的性質を有する材料で造ること。

(3)　移動貯蔵タンクの外面には、さびどめのための塗装をすること。

(4)　底弁を設ける移動貯蔵タンクには、外部からの衝撃による底弁の損傷を防止するための措置を講ずること。

(5)　移動貯蔵タンク及び附属装置には電気設備を使用しないこと。

答

解説　(1)から(4)までは、危政令第 15 条第１項各号参照。

(5)は、一律に電気設備の使用を禁じているものではないので、誤り（危政令 15 条１項十三号）。

問 46　**移動タンク貯蔵所に係る命令のうち、許可した市町村長等以外の市町村長（消防本部及び消防署を置く市町村以外の市町村に置いて、当該区域を管轄する都道府県知事）が、行うことができるものはどれか。**

(1)　危険物の貯蔵又は取扱いに関する命令

(2)　設備等の措置命令

(3)　使用停止命令

(4)　緊急使用停止命令

(5)　事故時の応急措置命令

答

解説　移動タンク貯蔵所は、本来の市町村の境界を越えて移動するものであり、市町村長が立入検査等で他の市町村長等の許可に係る移動タンク貯蔵所の貯蔵や取扱いの基準違反を発見した場合又流失事故等の場合の措置について定められている。よって、(1)及び(5)が正しい（消法11条の5・2項、同16条の3・4項）。

問47　**移動タンク貯蔵所に備え付けなければならない書類に、該当しないものはどれか。**

(1)　完成検査済証
(2)　定期点検の点検記録
(3)　譲渡又は引渡の届出書
(4)　危険物の品名、数量又は指定数量の倍数の変更の届出書
(5)　設置許可申請書及び添付書類

答

解説　(5)の、設置許可申請書及び添付書類は、危政令26条1項九号には備え付けなければならない旨の記載はない（危政令26条1項九号、危規則40条の2の3）。

問48　**移動タンク貯蔵所の位置、構造及び設備に関する基準についての記述のうち、誤っているものはどれか。**

(1)　移動貯蔵タンクは、容量2万L以下とし、内部に4,000 L以下ごとに完全な間仕切りを設ける。
(2)　附属装置が上部に突出している移動貯蔵タンクには、附属装置の損傷を防止するための側面枠及び防護枠を設ける。
(3)　積載式移動タンク貯蔵所の移動貯蔵タンク及び附属装置は、鋼製の箱枠に収納されている。
(4)　給油タンク車は、給油ホース等が適正に格納されないと発進できない装置を設ける。
(5)　静電気による災害が発生するおそれのある液体の危険物の移動貯蔵タンクには、接地導線を設ける。

答

解説　(1)は、移動貯蔵タンクの容量の上限は、3万Lであるので、誤り（危政令15条1項三号）。

問49　**次の(1)～(5)の屋外貯蔵所の保有空地に関わる記述のうち、誤っているものはどれか。**

	区　分	空地の幅
(1)	指定数量の倍数が10以下の屋外貯蔵所	3 m
(2)	指定数量の倍数が10を超え20以下の屋外貯蔵所	6 m
(3)	指定数量の倍数が20を超え50以下の屋外貯蔵所	9 m

(4)　指定数量の倍数が 50 を超え 200 以下の屋外貯蔵所　20 m
(5)　指定数量の倍数が 200 を超える屋外貯蔵所　30 m

答
解説　(3)は「10 m以上」であるため、誤り（危政令 16 条１項四号）。

問 50　**屋外貯蔵所に関する記述のうち、誤っているものはどれか。**
(1)　屋外貯蔵所は、湿潤でなく、かつ、排水のよい場所に設置しなければならない。
(2)　危険物を貯蔵し、又は取り扱う場所の周囲には、さく等を設けて明確に区別しなければならない。
(3)　(2)のさく等の周囲には、一定の空地を保有しなければならない。
(4)　第４類の危険物はすべて屋外貯蔵所において貯蔵又は取り扱うことができる。
(5)　屋外貯蔵所で貯蔵し、又は取り扱うことができる危険物は限られている。

答
解説　屋外において貯蔵又は取り扱える危険物は、第２類の危険物のうち硫黄、硫黄のみを含有する若しくは引火性個体（引火点が０度以上のものに限る。）又は第４類の危険物のうち第１石油類（引火点が０度以上のものに限る。）、アルコール類、第２石油類、第３石油類、第４石油類若しくは動植物油類とされているため、誤り（危政令２条七号）。

問 51　**屋外貯蔵所において貯蔵することができる危険物として、誤っているものはどれか。**
(1)　トルエン
(2)　引火性固体（引火点が０℃以上のもの）
(3)　硫黄
(4)　メチルアルコール
(5)　ガソリン

答
解説　屋外貯蔵所で貯蔵できる危険物は、第４類の危険物のうち第１石油類（引火点が０度以上のものに限る。）、アルコール類、第２石油類、第３石油類、第４石油類若しくは動植物油類で、ガソリンの引火点は -40℃で貯蔵できないため、誤り（危政令２条七号）。

問 52　**給油取扱所の建築物の用途として、認められていないものはどれか。**
(1)　給油又は灯油若しくは軽油の詰替えのための作業場
(2)　給油取扱所の業務を行うための事務所
(3)　給油、灯油若しくは軽油の詰替え又は自動車等の点検・整備若しくは洗浄のために給油取扱所に出入する者以外を対象とした店舗、飲食店又は展示場
(4)　自動車等の点検・整備を行う作業場
(5)　給油取扱所の所有者、管理者若しくは占有者が居住する住居又はこれらの者に係る他の給油

取扱所の業務を行うための事務所

答

解説　(3)は、給油取扱所に出入りする者を対象とした店舗、飲食店又は展示場は設けられるが、他は設けられないため、誤り（危規則25条の4・1項各号）。

問53　**給油取扱所の技術基準に関する記述のうち、誤っているものはどれか。**

(1)　固定給油設備の周囲には、間口10m以上、奥行き6m以上の空地が必要である。

(2)　原則として専用タンクは、地下タンクに限る。

(3)　事務所等の窓及び出入口には防火設備を設ける。

(4)　給油取扱所の周囲には、自動車等の出入りする側を除き、高さ2m以上の耐火構造の、又は不燃材料で造った塀又は壁を設けること。

(5)　給油空地は舗装する必要はないが、表面に適当な傾斜をつける必要がある。

答

解説　(5)は、給油空地は、総務省令で定める舗装をすることと規定されているから、誤り（危政令17条1項四号）。

問54　**屋内給油取扱所の基準について、誤っているものはどれか。**

(1)　屋内給油取扱所の部分については、壁、柱、床、はり及び上階の床は不燃材料で造らなければならない。

(2)　屋内給油取扱所の用に供する部分については、1階の2方向に壁を設けないこと。

(3)　固定給油設備の周囲に間口10m以上、奥行6m以上の空地を設けなければならない。

(4)　屋内給油設備内に喫茶店を設けてはならない。

(5)　屋内給油取扱所に隣接して灯油専用の一般取扱所を設けることができる。

答

解説　(1)は、耐火構造でなければならないため、誤り（危政令17条2項）。

問55　**給油取扱所の給油空地及び注油空地の基準について、誤っているものはどれか。**

(1)　給油空地は、自動車等が安全かつ円滑に出入りすることができる幅で道路に面していること。

(2)　給油空地は、自動車等が当該空地からはみ出さずに安全かつ円滑に通行することができる広さを有すること。

(3)　給油空地は、自動車等が当該空地からはみ出さずに安全かつ円滑に給油を受けることができる広さを有すること。

(4) 灯油又は軽油を容器に詰め替えるための固定注油設備の注油空地は、容器を安全に置くことができ、かつ、当該容器に灯油又は軽油を安全かつ円滑に詰め替えることができる広さを有する空地とすること。

(5) 灯油又は軽油を車両に固定されたタンクに注入するための固定注油設備の注油空地は、タンクが当該空地からはみ出さず、かつ、当該タンクに灯油又は軽油を安全かつ円滑に注入することができる広さを有する空地とすること。

答

解説 (5)は、タンクを固定した車両が当該空地からはみ出さずのため、誤り（危規則24条の15・二号）。

問56 給油取扱所の技術上の基準に関する記述のうち、誤っているものはどれか。

(1) 固定給油設備は、敷地境界線及び開口部がない給油取扱所の建築物の壁から2m以上の間隔を保つこと。

(2) 固定注油設備は、敷地境界線及び開口部がない給油取扱所の建築物の壁から1m以上の間隔を保つこと。

(3) 屋内給油取扱所の事務所等に設ける窓又は出入口にガラスを用いる場合は、網入りガラスとすること。

(4) 給油空地及び注油空地の舗装は、漏れた危険物が浸透しない又は漏れた危険物により劣化若しくは変形するおそれがないものであること。

(5) 給油取扱所に設ける建築物のうち、事務所その他火気を使用するもの（自動車等の点検・整備、洗浄を行う作業場を除く。）は、漏れた可燃性の蒸気が内部に流入しないよう、出入口を随時開けることができる自動閉鎖のものとし、犬走り又は出入口の敷居の高さを15 cm以上とすること。

答

解説 (1)は、給油取扱所の建築物の壁に開口部がない場合には1m以上なので、誤り（危政令17条1項十二号）。

問57 顧客に自ら給油等をさせる給油取扱所に関する記述のうち、誤っているものはどれか。

(1) 給油取扱所には、当該給油取扱所へ進入する際見やすい箇所に顧客が自ら給油等を行うことができる給油取扱所である旨を表示すること。

(2) 固定給油設備の給油ホースの先端部に設ける給油ノズルは、手動開閉装置を開放状態で固定する装置を備えたものとしてはならない。

(3) 固定給油設備は、1回の連続した給油量及び給油時間の上限をあらかじめ設定できる構造のものとすること。

(4) 固定注油設備の注油ホースの先端部に設ける注油ノズルは、開放状態で固定できない手動開閉装置を備えたものであること。

(5)　火災その他の災害に際し速やかに操作することができる箇所に、全ての固定給油設備及び固定注油設備のホース機器への危険物の供給を一斉に停止するための制御装置を設けること。

答

解説　(2)は、手動開閉装置を開放状態で固定できないため、誤り（危規則 28 条の２の５・二号ロ）。

問 58　**販売取扱所の基準について、誤っているものはどれか。**

(1)　指定数量の倍数が 15 を超え 40 以下の危険物を取り扱う第１種販売取扱所と、指定数量の倍数が 15 以下の危険物を取り扱う第２種販売取扱所に区分される。

(2)　第１種販売取扱所の用に供する部分の窓及び出入口には、防火設備を設けなければならない。

(3)　第１種販売取扱所は、建築物の１階に設置しなければならない。

(4)　第２種販売取扱所の用に供する部分は、壁、柱、床及びはりを耐火構造とするとともに、天井を設ける場合は、これを不燃材料で造らなければならない。

(5)　第２種販売取扱所の用に供する部分は、上階がある場合、上階の床を耐火構造とするとともに、上階への延焼を防止するための措置を講じなければならない。

答

解説　(1)は、指定数量の倍数が 15 以下のもの第１種販売取扱所、指定数量が 15 を超え 40 以下のもの第２種販売取扱所とされているため、誤り（危政令３条二号イ及びロ）。

問 59　**第２種販売取扱所の基準で、誤っているものはどれか。**

(1)　建築物の１階に設置すること。

(2)　建築物の販売取扱所の用に供する部分の窓及び出入口にガラスを用いる場合は、網入りガラスとすること。

(3)　建築物の販売取扱所の用に供する部分は、上階がある場合にあつては上階の床を耐火構造とし、上階のない場合にあっては屋根を耐火構造、又は不燃材料で造ること。

(4)　建築物の販売取扱所の用に供する部分は、壁、柱、床及びはりを耐火構造とするとともに、天井を設ける場合にあっては、これを不燃材料で造ること。

(5)　建築物の販売取扱所の用に供する部分の電気設備は、製造所の電気設備の例によること。

答

解説　(3)は、上階のない場合にあっては屋根を耐火構造とすることのため、誤り（危政令 18 条２項二号）。

問 60　**移送取扱所に関する基準のうち、誤っているものはどれか。**

(1)　配管の有害な伸縮が生じるおそれのある箇所には、当該有害な伸縮を吸収する措置を講じなければならない。

(2)　配管等の接合は、溶接によって行わなければならない。ただし、溶接によることが適当でない場合は、安全上必要な強度を有するフランジ接合をもって代えることができる。

(3)　地上又は海上に設置する配管等には、外面腐食を防止するための塗装を施さなければならない。

(4)　配管を地上に設置する場合、配管は、地表面に接しないようにすること。

(5)　配管は、不等沈下、地すべり等の発生するおそれのある場所に設置してはならない。

答

解説　(5)は、設置する場合は、不等沈下、地すべり等により配管が損傷を受けることのないよう必要な措置を講じ、かつ、配管に生じる応力を検知するための装置を設置しなければならないが、正しい（危規則 28 条の 24)。

問 61　**一般取扱所の技術上の基準について、基準の特例を定めることができるが、誤っているものを選べ。**

(1)　専ら洗浄の作業を行う一般取扱所

(2)　危険物を消費するボイラー等以外では危険物取り扱わない一般取扱所

(3)　専ら焼き入れ作業を行う一般取扱所

(4)　専ら車両の燃料タンクに危険物を注入する一般取扱所

(5)　専ら容器に危険物を詰め替える作業を行う一般取扱所

答

解説　(4)は、「車両の燃料タンク」ではなく、「車両に固定されたタンク」であるので、誤り（危政令 19 条2項)。

問 62　**一般取扱所のうち特例の一般取扱所として、認められないものはいくつあるか。**

(1)　印刷のために第1石油類を一日当たり、指定数量の 20 倍取り扱う建築物

(2)　洗浄のためにガソリン（引火点が 40 度未満）を一日当たり指定数量の 15 倍取り扱う建築物

(3)　焼入れのために引火点が 70 度以上の危険物を一日当たり指定数量の 25 倍取り扱う建築物

(4)　タンクローリーにガソリンを注入し、併せて軽油を容器に詰め替えを行う施設で、一日当たり指定数量の 60 倍取り扱う施設

(5)　固定した注油設備によって軽油（引火点が 40 度以上）を容器に、一日当たり指定数量の 25 倍詰め替える施設

(6)　タンクローリーにより、軽油を容器に一日あたり指定数量の 10 倍詰め替える施設

答

解説　(2)の洗浄は、「引火点が40度以上の第4類の危険物に限る。」と規定されているため、ガソリンを取り扱うことはできないので、誤り（危規則28条の54・一号の二）。
(6)　規定上、存在しないので、誤り。

問63　**次のA～Eのうち、指定数量の倍数に関係なく定期点検を、実施しなければならない製造所等の組み合わせはどれか。**

A　製造所
B　屋外タンク貯蔵所
C　移動タンク貯蔵所
D　屋外貯蔵所
E　地下タンク貯蔵所

(1)　A、B
(2)　B、C
(3)　B、D
(4)　C、E
(5)　D、E

答

解説　地下タンクを有する製造所、給油取扱所、一般取扱所、地下タンク貯蔵所及び移動タンク貯蔵所が該当する（危政令8条の5）。

問64　**製造所等で定期点検を実施しなければならないもの、でないものはどれか。**

(1)　指定数量の倍数が200以上の製造所は、定期点検が必要である。
(2)　指定数量の倍数が200以上の屋内貯蔵所は、定期点検が必要である。
(3)　指定数量の倍数が200以上の屋外貯蔵所は、定期点検が必要である。
(4)　移動タンク貯蔵所は、すべて定期点検が必要である。
(5)　給油取扱所は、すべて定期点検が必要である。

答

解説　(5)の給油取扱所は、すべてでなく地下タンクを有するものは、定期点検が必要であるので、誤り（危政令7条の3及び8条の5・4項）。

問65　**危険物施設における消火設備としてのスプリンクラー設備について、次の対象物のうち適応しないものはどれか。**

(1)　建築物その他の工作物
(2)　第1類の危険物（アルカリ金属の過酸化物を除く。）
(3)　第2類の危険物（引火性個体）
(4)　第4類の危険物
(5)　第5類の危険物

答

解説　危険物における消火設備は、対象物の区分に応じて適応するものが、危政令別表に定められているが、スプリンクラー設備は、第4類の危険物には適応しない（危政令別表第5参照）。

問66　危険物に係る消火方法として、誤っているものはどれか。

(1)	第1類の過酸化ナトリウム	多量の水による消火
(2)	第2類の赤リン	注水による冷却消火
(3)	第3類のナトリウム	乾燥砂
(4)	第5類のニトロセルロース	注水による冷却消火
(5)	第6類の過塩素酸	多量の水による消火

答

解説　(1)の過酸化ナトリウムは、水と作用して発熱し大量の場合には爆発することがあるため、注水は避け乾燥砂などをかけるため、誤り。

問67　製造所等のうち著しく消火が困難な製造所等に、該当しないものはどれか。

(1)　顧客自ら給油等をさせる給油取扱所
(2)　延べ面積が1,000 m^2以上の製造所
(3)　第4類の危険物を貯蔵し、又は取り扱う高さ6m以上の屋外タンク貯蔵所
(4)　第2種販売取扱所
(5)　一方開放型上階付き屋内給油取扱所

答

解説　製造所等の規模及び構造、危険物の種類及び数量、取扱いの形態等から火災の危険性が高いと認められるものは、著しく消火が困難な製造所等として、第1種、第2種又は第3種の消火設備の設置が必要となるが、(4)は、消火困難な製造所等なので、誤り（危規則33条1項及び34条）。

問68　製造所等に設置する消火設備と消火設備の区分について、誤っているものはどれか。

(1)　屋外消火栓設備…………第1種の消火設備
(2)　スプリンクラー設備……第2種の消火設備
(3)　泡消火設備………………第3種の消火設備
(4)　乾燥砂……………………第4種の消火設備
(5)　水バケツ…………………第5種の消火設備

答

解説　(4) は、乾燥砂は第５種の消火設備であるので、誤り（危政令別表第５）。

問 69　**危険物の貯蔵、取扱いについての説明で、正しいものを２つ選べ。**

(1)　貯蔵所においては、危険物以外の物品の貯蔵についての規制はない。

(2)　類を異にする危険物を一の貯蔵所に貯蔵する場合は、収納する容器の積み重ね高さに制限がある。

(3)　危険物のくず、かす等は、１日に１回以上確認し、危険物取扱者が破棄等の必要があると判断したときは、速やかに破棄する。

(4)　設備、機器等を修理するときは、軽微な場合であっても中の危険物を完全に除去して行う。

(5)　移動タンク貯蔵所には、当該タンクが貯蔵し、又は取り扱う危険物の類、品名及び最大数量を表示すること。

答

解説　(1)は、貯蔵所においては、原則として危険物以外の物品の貯蔵はしてはならないので、誤り（危政令 26 条１項一号）。

(2)は、類を異にする危険物は、原則として一の貯蔵所に貯蔵してはならないので、誤り（危政令 26 条１項二号）。

(3)は、危険物のくず、かす等は、１日に１回以上破棄等の処理が必要であるので、誤り（危政令 24 条五号）。

問 70　**危険物の取扱いに関する記述のうち、誤っているものはどれか。**

(1)　防火上安全な場所で、ガソリンを詰め替えた。

(2)　ガソリンを取り扱うタンクの注入口と移動貯蔵タンクの注入ホースを、ガソリンが漏れないよう手でしっかりとおさえて注入した。

(3)　顧客の本人確認及び使用目的の確認をし、ガソリンを容器へ詰め替えて販売した。

(4)　ガソリンを容器に詰め替えて販売したので、販売に関する記録を作成した。

(5)　ガソリンが漏れないよう十分な空間容積を残して、ガソリン携行缶に詰め替えた。

答

解説　(2)は、タンクの注入口に移動貯蔵タンクの注入ホースを緊結するであるから、誤り（危政令 27 条６項四号イ）。

問 71　**危険物の運搬について、誤っているものはどれか。**

(1)　危険物は、温度変化等により危険物が漏れないように密封して容器へ収納すること。

(2)　指定数量以上の危険物を運搬する場合には「危」と表示した標識を、車両の前後の見やすい箇所に掲げること。

(3)　指定数量以上の危険物を車両で運搬する場合には、適応する消火設備を備えること。

(4)　指定数量以上の危険物を車両で運搬する場合には、危険物取扱者免状を携帯すること。
(5)　運搬容器の外部には、危険物の品名、数量等定められた表示をして積載すること。

答

解説　(4)は、消法16条の２（危険物の移送）には危険物取扱者について記されているが、消法16条（危険物の運搬基準）にあっては記されてはいないため、誤り（消法16条、危政令30条、危規則第43条の３及び47条等）。

問72　**危険物の運搬に関する技術上の基準について、誤っているものはどれか。**

(1)　指定数量以上の危険物を車両で運搬する場合には、当該車両に標識を掲げなければならない。
(2)　指定数量以上の危険物を車両で運搬する場合には、当該危険物に適応する第３種の消火設備を備えなければならない。
(3)　危険物又は危険物を収納した運搬容器が著しく摩擦又は動揺を起こさないように運搬しなければならない。
(4)　品名又は指定数量を異にする２以上の危険物を運搬する場合において、当該運搬に係るそれぞれの危険物の数量を当該危険物の指定数量で除し、その商の和が１以上となるときは、指定数量以上の危険物を運搬しているものとみなす。
(5)　指定数量以上の危険物を車両で運搬する場合において、積替、休憩、故障等のため車両を一時停止させるときは、安全な場所を選び、かつ、運搬する危険物の保安に注意しなければならない。

答

解説　(2)は、製造所等以外の製造所等にあっては、当該危険物に適応する第５種の消火設備等を設けることとされているため、誤り（危政令30条１項四号）。

問73　**危険物の運搬容器への収納について述べたもののうち、誤っているのはどれか。**

(1)　危険物は、収納する危険物と危険な反応を起こさない等当該危険物の性質に適合した材質の運搬容器に収納すること。
(2)　固体の危険物は、運搬容器の内容積の95％以下の収納率で運搬容器に収納すること。
(3)　液体の危険物は、運搬容器の内容積の98％以下の収納率であって、かつ、50度の温度において漏れないように十分な空間容積を有して運搬容器に収納すること。
(4)　一の外装容器には、異なる類の危険物を収納してはならないこと。
(5)　第３類危険物の自然発火性物品にあつては、不活性の気体を封入して密閉する等空気と接しないようにすること。

答

解説　(3)は、液体の危険物は、55度の温度において漏れないように十分な空間容積を有してなので、誤り（危規則43条の3・1項四号）。

問74　**運搬容器の外部に行う表示（注意事項）について述べたもののうち、誤っているものはどれか。**

(1)　第2類の危険物のうち鉄粉、金属粉若しくはマグネシウム又はこれらのいずれかを含有するものにあつては「火気注意」及び「禁水」
(2)　第2類の危険物のうち引火性固体にあつては「火気注意」
(3)　第4類の危険物にあつては「火気厳禁」
(4)　第5類の危険物にあつては「火気厳禁」及び「衝撃注意」
(5)　第6類の危険物にあつては「可燃物接触注意」

答

解説　(2)は、引火性固体にあつては「火気厳禁」なので、誤り（危規則44条1項三号ロ）。

問75　**自衛消防組織に関連する記述のうちで、誤っているものはどれか。**

(1)　指定施設とは、第4類の危険物を取り扱う製造所、移送取扱所又は一般取扱所のうち、総務省令で定めるもの以外のものとする。
(2)　指定施設において取り扱う第4類の危険物の最大数量が指定数量の12万倍未満である事業所は、自衛消防組織の人員として、5人以上の人員が必要である。
(3)　指定施設において取り扱う第4類の危険物が、指定数量の2,000倍に相当する数量（移送取扱所にあっては、総務省令で定める数量）以上の事業は、自衛消防組織を置かなければならない。
(4)　自衛消防組織に備える化学消防自動車は、消火粉末を放射する化学消防自動車にあってはその放射能力が毎秒35ｋｇ以上でなければならない。
(5)　自衛消防組織を置かなければならない移送取扱所に係る危険物の数量は、指定数量である。

答

解説　(3)は、指定数量の3,000倍に相当する数量であるので、誤り（危政令30条の3。消法第14条の4、危政令38条、38条の2、危規則47条の5、65条）。

問76　**自衛消防組織の設置が必要な事業所のうち、誤っているものはどれか。**

(1)　取り扱う第4類の危険物が、指定数量の2,500倍の移送取扱所
(2)　取り扱う第4類の危険物が、指定数量の3,500倍の製造所
(3)　取り扱う第4類の危険物が、指定数量の3,500倍の一般取扱所
(4)　取り扱う第4類の危険物が、指定数量の3,500倍の屋外タンク貯蔵所
(5)　危険物保安統括管理者の選任が必要な事業所

答

解説　自衛消防組織の設置が必要な事業所は、取り扱う第４類の危険物が指定数量の3,000倍以上の製造所及び一般取扱所並びに指定数量以上の移送取扱所である。また、危険物保安統括管理者を選定する指定施設は、自衛消防組織の設置が必要な事業所と同じである（危政令30条の３、同38条）。

問77　**危険物保安監督者を定めなければならない製造所等は、次のうちどれか。**

(1)　重油を20,000 L貯蔵する屋内タンク貯蔵所
(2)　メタノールを8,000 L貯蔵する屋外貯蔵所
(3)　ボイラーで１日あたり軽油を10,000 L消費する一般取扱所
(4)　ガソリンを400 L貯蔵する屋内貯蔵所
(5)　灯油を30,000 L貯蔵する移動タンク貯蔵所

答

解説　(4)の引火点40度未満の第４類の危険物を貯蔵する屋内貯蔵所には、危険物保安監督者の選任が義務付けられている（危政令31条の２）。

問78　**第４類以外の危険物を貯蔵し、又は取り扱う製造所等のうち、指定数量の倍数が30以下の貯蔵所で、危険物保安監督者を選任しなくてもよいものはどれか。**

(1)　屋内貯蔵所
(2)　屋外貯蔵所
(3)　屋内タンク貯蔵所
(4)　屋外タンク貯蔵所
(5)　簡易タンク貯蔵所

答

解説　(1)の屋内貯蔵所は、指定数量の倍数が30以下のもの（引火点が40度以上の第４類危険物のみを貯蔵し、又は取り扱うものに限る。）以外のものとされているので、必要。

(2)の屋外貯蔵所は、指定数量の倍数が30以下以外とされているので、必要ない。

(3)及び(5)の屋内タンク貯蔵所及び簡易タンク貯蔵所は、引火点が40℃以上の第４類の危険物のみを貯蔵し又は取り扱う以外のものとされているので、必要。

(4)の屋外タンク貯蔵所は、すべての施設で選任が、必要。（危政令31条の２）。

問79　**危険物取扱者及び危険物施設の所有者等の責務に関する記述について、次のうち誤っているものはどれか。**

(1)　甲種及び乙種危険物取扱者で、製造所等において６ヶ月以上の実務経験があれば、危険物保安監督者の資格がある。
(2)　危険物保安監督者を選任した時、所有者等は遅滞なくその旨を市町村長等に届け出なければならない。

(3)　甲種及び乙種危険物取扱者で、製造所等において6ヶ月以上の実務経験があれば、危険物保安統括管理者の資格がある。
(4)　危険物保安統括管理者を選任した時、所有者等は遅滞なくその旨を市町村長等に届け出なければならない。
(5)　危険物施設保安員を選任した時、所有者等はその旨を市町村長等に届ける必要はない。

答

解説　(1)は、正しい（消法13条1項）。(2)は、正しい（消法13条2項）。(3)の危険物保安統括管理者の資格は特に定められていないので、誤り。(4)は、正しい（消法12条の7・2項）。(5)は、正しい、記述のとおり市町村長等への届出の規定はない。

問80　**危険物保安監督者の選任義務がない危険物施設は、次のうちどれか。**

(1)　製造所
(2)　屋外タンク貯蔵所
(3)　給油取扱所
(4)　移送取扱所
(5)　移動タンク貯蔵所

答

解説　(5)は、移動タンク貯蔵所には危険物保安監督者の選任は義務づけられていない（危政令31条の2）。

問81　**予防規定を定めなければならない製造所等は、次のうちどれか。**

(1)　屋外に設置された自家用給油取扱所
(2)　指定数量の倍数が100以上の屋外貯蔵所
(3)　指定数量の倍数が130の屋内貯蔵所
(4)　指定数量の倍数が50以下で、引火点が40度以上の第4類の危険物を容器に詰め替える一般取扱所
(5)　指定数量の倍数が150の屋外タンク貯蔵所

答

解説　(2)は、予防規定を定めなければならない製造所等の指定されている（危政令37条）。

問82　**消防法第14条の2の規定により予防規程を定め、市町村長の認可を受けなければならない製造所等で、誤っているのはどれか。**

(1)　指定数量の倍数が10以上の製造所
(2)　指定数量の倍数が200以上の屋外タンク貯蔵所
(3)　指定数量の倍数が150以上の屋内貯蔵所
(4)　すべての給油取扱所

(5) すべての移送取扱所

答

解説 (4)の給油取扱所は、自家用給油取扱所のうち屋内給油取扱所以外のものは除かれるので、誤り（危規則 61 条）。

問 83 **消防法に規定されている予防規程に関する記述のうち、誤っているものはどれか。**

(1) 製造所、貯蔵所又は取扱所の所有者、管理者又は占有者は、予防規程を定め、市町村長等の認可を受けなければならない。

(2) 市町村長等は、予防規程が、技術上の基準に適合していないときその他火災の予防のために適当でないと認めるときは、認可をしてはならない。

(3) 市町村長等は、火災の予防のため必要があるときは、予防規程の変更を命ずることができる。

(4) 給油取扱所及び移送取扱所では、その用途や指定数量の倍数にかかわらず、予防規程を定めなければならない。

(5) 製造所、貯蔵所又は取扱所の所有者、管理者又は占有者及びその従業者は、予防規程を守らなければならない。

答

解説 (4)は、自家用の給油取扱所のうち屋内給油取扱所以外のものは、予防規程を定める義務はないので、誤り（危政令 37 条、危規則 61 条）。

問 84 **製造所等の所有者等に対して、市町村長等から発令される命令について、誤っているものはどれか。**

(1) 危険物の貯蔵・取扱基準遵守命令

(2) 危険物施設の基準適合命令

(3) 予防規程変更命令

(4) 危険物施設保安員の解任命令

(5) 危険物施設の応急措置命令

答

解説 (1)は、正しい（消法 11 条の５）。(2)は、正しい（消法 12 条２項）。(3)は、正しい（消法 14 条の２・３項）。

(4)は、危険物施設保安員の設置は義務付けられているが、解任命令の規定はないので、誤り。(5)は、正しい（消法 16 条の３・４項）。

問 85　**消防法第 12 条の２第１項における製造所等の許可の取消し又は使用停止命令の発令事由に、該当しないものはどれか。**

(1)　完成検査を受けないで屋外貯蔵所を使用したとき。
(2)　屋内貯蔵所の位置と構造を無許可で変更したとき。
(3)　給油取扱所の定期点検が実施されていないとき。
(4)　移送取扱所の予防規定が変更されていなかったとき。
(5)　製造所に対する改修命令に従わなかったとき。

答

解説　(1)は、正しい（消法 12 条の２・１項二号）。(2)は、正しい（消法 12 条の２・１項一号）。(3)は、正しい（消法 12 条の２・１項五号）。(4)は、消法 14 条の２・３項に予防規定の変更について規定されているが、消法 12 条の２・１項の命令事由には規定がないので、該当しない。(5)は、正しい（消法 12 条の２・１項三号）。

問 86　**市町村長等が製造所等の許可の取り消し又は使用停止を命ずることができる事由として、該当しないものはどれか。**

(1)　製造所等において、市町村長等が行う完成検査を受けないで使用したとき。
(2)　製造所等の位置・構造及び設備に関する修理、改造命令に従わなかったとき。
(3)　定期点検を実施しなければならない製造所等において、定期点検を実施していないとき。
(4)　製造所等の位置、構造及び設備を無許可で変更したとき。
(5)　危険物の取扱作業に従事している危険物取扱者が、危険物の取扱作業の保安に関する講習を受けていないとき。

答

解説　(1)は、該当する（消法 12 条の２・１項二号）。(2)は、該当する（消法 12 条の２・１項三号）。(3)は、該当する（消法 12 条の２・１項五号）。(4)は、該当する（消法 12 条の２・１項一号）。(5)は、規定がないので、該当しない。

問 87　**立入検査等に関する記述のうち、正しいものはどれか。**

(1)　立入検査の際に危険物の収去は許されない。
(2)　移動タンク貯蔵所を停止させることができるのは、消防職員又は警察官である。
(3)　立入検査に時間的制約がある。
(4)　立入検査をするためには、関係者に事前に通告を行わなければならない。
(5)　立入検査の対象は、消防法上製造所等ではなく、貯蔵所等とされている。

答

解説　立入検査の対象については、「貯蔵所等」という「製造所、貯蔵所又は取扱所」より広い概念が用いられている（消法16条の5）。

問88　**A消防士長が立入検査を行ったところ、倉庫に灯油4,000 Lとガソリン250 Lが無許可で貯蔵されているのを発見した。これに対しA消防士長がとった措置として最も妥当なものはどれか。**

(1)　灯油4,000 Lの除去を命じた。
(2)　ガソリン250 Lの除去を命じた。
(3)　灯油4,000 L及びガソリン250 Lの除去を命じた。
(4)　灯油及びガソリンを合算して指定数量未満とするよう命じた。
(5)　倉庫の構造が、屋内貯蔵所の基準に適合していたので何らの指摘も行わなかった。

答

解説　消防法第16条の6に基づく命令は、無許可での貯蔵されているすべての危険物に対して行うものであり、指定数量未満にする方法を勘案する必要はない。なお、命令の履行方法を種々指導することはいうまでもない。

問89　**市町村長等が製造所等の許可の取り消し、又は期間を定めて使用停止を命ずることができる事由として、誤っているものはどれか。**

(1)　製造所等の位置、構造又は設備等を無許可で変更している場合
(2)　製造所等の変更許可に係る完成検査合格前に当該施設を使用している場合
(3)　危険物保安監督者の選任を必要とする製造所等において、危険物保安監督者を定めていない場合
(4)　定期点検を実施する必要のある製造所等において、定期点検を未実施の場合
(5)　予防規程を定める必要のある製造所等において、予防規程の内容が火災予防上適当でない場合

答

解説　(5)は、火災予防のため必要があるときは、予防規定の変更を命ずることができるので、設問には該当しないので、誤り（消法14条の2・3項）。

第６　火災予防条例（例）関係

本項は、火災予防条例（例）に基づいて作成してありますので、条項等で各市町村条例と異なるところがありますので、注意してください。

問1　**消防法第９条に規定される火を使用する設備・器具等について、正しいのはどれか。**

(1)　避雷設備は、火を使用する設備に該当する。

(2)　炉は、火の使用に際し、火災の発生するおそれのある設備に該当する。

(3)　移動式ストーブは、火を使用する器具に該当する。

(4)　コンロは、火の使用に際し、火災の発生するおそれのある器具に該当する。

(5)　火災の発生のおそれのある器具の取り扱いに関し、火災の予防のために必要な事項は、政令で定める。

答

解説　(1)は、火の使用に際し、火災の発生するおそれのある設備であるため、誤り。
(2)は、火を使用する設備であるため、誤り。
(4)は、火を使用する器具であるため、誤り。
(5)は、市町村条例で定めるため、誤り。

問2　**消防法第９条の２に規定される住宅用防災機器について、正しいのはどれか。**

(1)　住宅の用途に供される防火対象物とは、戸建住宅、併用住宅が該当するが、共同住宅は該当しない。

(2)　住宅用防災警報器等と同等以上の防火安全性能を有する消防用設備等が設置されていても、当該警報器等の設置の義務がある。

(3)　住宅用防災機器の設置及び維持に関する基準は、政令で定める基準に従い、市町村条例で定める。

(4)　住宅の位置、構造、設備の状況から判断して、火災の発生又は延焼のおそれが著しく少ない場合でも、居住者の安全のため市町村の条例は適用される。

(5)　住宅の用途に供される防火対象物の所有者には、住宅用防災機器を設置する義務がある一方、使用者には維持の義務がある。

答

解説　(1)は、共同住宅も該当するため、誤り。
(2)は、設置は免除されているため、誤り。
(4)は、適用除外されるため、誤り。
(5)は、設置及び維持ともに関係者の義務であるため、誤り。

問３　**消防法第９条の４に規定される少量危険物等の規制について、正しいのはどれか。**

(1)　製造所等における指定数量未満の危険物の貯蔵又は取扱いは、市町村条例で定める技術上の基準に従わなければならない。
(2)　指定数量未満の危険物は、貯蔵又は取扱いの技術上の基準を、市町村条例で定める。
(3)　指定数量未満の危険物は、貯蔵場所の設置を市町村条例によって許可制にすべきである。
(4)　指定可燃物には、可燃性液体類は該当しない。
(5)　指定可燃物及び指定可燃物に類する物品は、運搬に関する基準を、市町村条例で定める。

答

解説　(1)　危政令で定める基準に従うため、誤り。
(2)　正しい。
(3)　消防法では想定していないため、誤り。
(4)　該当するため、誤り。
(5)　基準はないため、誤り。

問４　**指定可燃物に関わる記述のうち、誤っているものを２つあげよ。**

(1)　綿花類とは、不燃性又は難燃性でない綿状又はトップ状の繊維及び麻糸原料をいい、その数量は 200 kg 以上である。
(2)　糸類とは、不燃性又は難燃性でない糸（糸くずを含む。）及び繭をいい、その数量は 100 kg 以上である。
(3)　石炭・木炭類には、コークス、粒状の石炭が水に懸濁しているもの、豆炭、練炭、石油コークス、活性炭及びこれらに類するものを含み、その数量は１万kg 以上である。
(4)　わら類とは、乾燥わら、乾燥藺及びこれらの製品並びに干し草をいい、その数量は 1,000 kg 以上である。
(5)　ぼろ及び紙くずは、不燃性又は難燃性でないもの（動植物油がしみ込んでいる布又は紙及びこれらの製品を含む。）をいい、その数量は 1,000 kg 以上である。

答

解説　(2)　数量は 1,000 kg 以上であるから、誤り。
(3)　粒状の石炭ではなく、粉状の石炭であるから誤り。
危険物の規制に関する政令別表第４(第１条 12 関係)備考参照。

問5　**次に掲げる事項のうち、法律により市町村条例で定めるように委任されていないものはどれか。**

(1)　火を使用する設備の位置、構造及び管理の基準
(2)　指定数量未満の危険物の貯蔵、及び取扱いの技術上の基準
(3)　住宅用防災機器の設置及び維持に関する基準
(4)　火災警報発令中の火の使用に関する制限
(5)　指定消防水利の指定

答

解説　指定消防水利の指定は、消防長又は消防署長が、池、泉水、井戸、水槽、その他の消防の用に供し得る水利について、その関係者の承諾を得て指定するものであり、市町村条例で定めることを要しない。

問6　**火災予防に係る条例に関する記述のうち、正しいものはどれか。**

(1)　消防法第9条に基づき制定される条例は、消防庁長官が示す火災予防条例（例）の基準に従わなければならない。
(2)　消防法第17条第2項に基づいて制定される条例は、法令に基づく設備基準を強化することはできるが、緩和することはできない。
(3)　消防法第9条の4に基づいて制定される条例は、少量危険物の貯蔵又は取扱いの基準についてのみの規定で、貯蔵場所に関する基準については規定できない。
(4)　火災予防条例は法律の根拠に基づいて制定される条例であるから、地方自治法の罰則上限規定による刑罰内容の制限を受けない。
(5)　消防法違反公表制度を条例化することは、消防法によって委任されていない事項を規定することになるので違法である。

答

解説　(1)は、公共団体の固有の条例制定権に基づくことができる。

問7　**火を使用する設備に、該当しないものはどれか。**

(1)　厨房設備　　(2)　温風暖房設備
(3)　簡易湯沸設備　　(4)　給湯湯沸設備
(5)　グラビア印刷機

答

解説　「グラビア印刷機」は、火災の発生のおそれのある設備であり、これは静電気が発生して放電する結果、火花を出す危険性があるためである（条例第10条）。

問８　**厨房設備の位置、構造及び管理の基準で、誤っているものはどれか。**

(1)　排気ダクトは、直接屋外に通ずるものとし、他の用途のダクト等とは接続しないこと。

(2)　特定用途防火対象物の地階に設ける厨房設備で当該厨房設備の入力と同一厨房室内に設ける他の厨房設備の入力合計が 350 kW以上のものに設ける火災伝送防止装置は、自動消火装置としなければならない。

(3)　厨房設備の回りの壁が不燃材料で造って有れば火災予防上安全な距離を保たなくてもよい。

(4)　使用に際し火災の発生のおそれのある部分を不燃材料で造ること。

(5)　燃焼に必要な空気を取り入れることができ、かつ、有効な換気を行うことができる位置に設けること。

答

解説　火災予防上安全な距離を保つことを要しない場合は、不燃材料で有効に仕上げた建築物等の部分の構造が耐火構造であって、間柱、下地その他主要な部分を準不燃材料で造ってある場合、又は当該建築物等の部分の構造が耐火構造以外の構造であって、間柱、下地その他の主要な部分を不燃材料で造ったものである。

問９　**火気使用設備に用いる液体燃料附属設備に関する指導として、適切でないものはどれか。**

(1)　燃料タンクは、使用中燃料が漏れ、あふれ、又は飛散しない構造とするよう指導した。

(2)　燃料タンクの容量は 100 L以上で有ったので鋼板の厚さを 1.2 mm以上とするよう指導した。

(3)　燃料タンクとたき口の間には、２m以上の水平距離を保つか、防火上有効な遮へいを設けるよう指導した。

(4)　燃料タンクの配管には、タンクの直近の容易に操作できる位置に開閉弁を設けるよう指導した。

(5)　燃料タンクは、水抜きができる構造とするよう指導した。

答

解説　タンクの鋼板の厚さは、100 Lを超え 250 L以下は 1.6 mm以上とされている。

問１０　**屋内に設ける変電設備の基準について、誤っているものはどれか。**

(1)　可燃性又は腐食性の蒸気又はガスが発生し、又は滞留するおそれのない位置に設けること。

(2)　水が侵入し、又は浸透するおそれのない位置に設けること。

(3)　変電設備のある室内には、係員以外の者をみだりに出入りさせないこと。

(4)　変電設備はキュービクル式のもとしなければならない。

(5)　見やすい箇所に変電設備である旨を表示した標識を設けること。

答

解説　変電設備はキュービクル式又は、不燃材料で造った壁、柱、床及び天井で区画され、かつ、窓及び出入口に防火戸を設けた室内に設けること。ただし、周囲に有効な空間を保有する等火災予防上支障の措置を講じた場合においては、この限りでない。

問 11　**火気設備に関する指導として、適切でないものはどれか。**

(1)　屋外で、建築物の外壁（木造）から１ｍの距離の位置に内燃機関を原動力とする発電設備（出力 20 kW、キュービクル式のものではない。）を設置していたため、発電設備を移動し、２ｍ以上の距離となるよう指導した。

(2)　ガスコンロの上方約 70 cmの位置にレンジフード（不燃）が設置されていたため、レンジフードを上方に移動し、80 cm以上の距離をとるよう指導した。

(3)　ボイラーと燃料タンクの間が１ｍであったため、２ｍ以上の距離となるよう指導した。

(4)　蓄電池設備が木製の床上に設置されていたため、金属以外の不燃材料の床上に設置するよう指導した。

(5)　乾燥設備内の乾燥物品が直接熱源と接触しない構造とするよう指導した。

答

解説　発電設備と建築物の距離は３ｍ以上（条例第 12 条、第 11 条第２項参照）。

問 12　**火気使用設備等のうち、設備名と位置、構造及び管理に関して火災予防上必要な事項の組み合わせが適切でないものを選べ。**

(1)　電気を熱源とするもの

電線、接続器具等について、短絡を生じない措置を講ずること。

(2)　火花を生ずる設備

静電気による火花を生ずるおそれのある部分に、静電気を有効に除去する措置を講ずること。

(3)　変電設備

屋外に設けるものにあっては、建築物から３ｍ以上の距離を保つこと。

(4)　蓄電池設備

水が浸入し、又は浸透するおそれのない床上又は台上に設けること。

(5)　舞台装置等の電気設備

電灯は、可燃物を過熱するおそれのない位置に設けること。

答

解説　床上又は台上に限定するものではなく、水が浸入又は浸透しない位置に設けることとされている（条例第 13 条第２項、第 11 条第１項第一号の準用）。

問 13　**電気を熱源とする器具に関する火災予防条例上の規制について、誤っているのは次のうちどれか。**

(1)　通電した状態でみだりに放置しないこと。
(2)　可燃性のガス又は蒸気が滞留するおそれのない場所で使用すること。
(3)　使用中は、器具を移動させ、又は燃料補給しないこと。
(4)　故障し、又は破損したものを使用しないこと。
(5)　本来の使用目的以外に使用する等不適当に使用をしないこと。

答

解説　(3)は、液体燃料を使用する器具に対する規制である。

問 14　**液体燃料を使用する器具に関する規制について、誤っているものはどれか。**

(1)　不燃性の床上又は台上で使用すること。
(2)　地震等により容易に可燃物が落下するおそれのない場所で使用すること。
(3)　本来の燃料以外の燃料を使用をしないこと。
(4)　器具の周囲は、常に、整理及び清掃に努めるとともに燃料その他の可燃物をみだりに放置しないこと。
(5)　器具に接続する金属管以外の管は、その器具に応じた適当な長さとしなければならない。

答

解説　(5)は、気体燃料を使用する器具に対する規制である。

問 15　**火の使用に関する規制等について、誤っているものはどれか。**

(1)　劇場等の舞台又は客席で喫煙をしてはならない。
(2)　百貨店等の売場又は展示部分に火災予防上危険な物品を持ち込んではならない。
(3)　重要文化財等に指定された内部又は周囲で裸火を使用してはならない。
(4)　消防長等が指定した禁止場所で、喫煙をしている者があっても標識を掲げているので、関係者には、制止する義務がない。
(5)　消防長等が指定した禁止場所には、見やすい箇所に「喫煙所」と表示した標識を設けなければならない。

答

解説　消防長等が指定した禁止場所の関係者は、当該場所で喫煙等をしている者があるときは、これを制止しなければならない。

問 16　**次の事項のうち、誤っているものはどれか。**

(1)　空地の所有者は、当該空地の枯草等の燃焼のおそれのある物件の除去その他火災予防上必要な措置を講じなければならない。

(2)　空き家の占有者は、当該空き家への侵入、周囲の燃焼のおそれのある物件の除去その他火災予防上必要な措置を講じなければならない。

(3)　たき火をする場合は、消火準備その他の火災予防上必要な措置を講じなければならない。

(4)　がん具用煙火は、火災予防上支障のある場所で消費してはならない。

(5)　可燃性の物品その他可燃物の近くにおいては、たき火をしてはならない。

答

解説　空き家は所有者又は管理者である。

問 17　**火災警報発令中における火の使用の制限について、誤っているものはどれか。**

(1)　山林、原野等の場所で、市町村長が指定した区域内において喫煙をする場合は、吸い殻容器を設け、当該場所以外では喫煙しないこと。

(2)　屋外において火遊び又はたき火をしないこと。

(3)　煙火を消費しないこと。

(4)　室内において裸火を使用するときは、窓、出入口等を閉じて行うこと。

(5)　山林、原野等において火入れをしないこと。

答

解説　山林、原野等の場所で、市町村長が指定した区域内において喫煙をしないこと。

問 18　**住宅用防災機器の設置についての記述のうち、誤っているものはどれか。**

(1)　住宅用防災警報器は、住宅の部分の寝室の用に供する居室に設ける。

(2)　住宅の関係者（所有者又は管理者）は、住宅用防災機器を設置し、及び維持しなければならない。

(3)　住宅の部分に共同住宅用スプリンクラー設備を特定共同住宅等省令の技術上の基準に従い、又は技術上の基準の例により設置したときは住宅用防災機器を設置しないことができる。

(4)　２階建ての住宅で、寝室が２階ならば、寝室と階段の上端に設ける。

(5)　３階建ての住宅で、寝室が１階にしかない場合でも、その寝室のほか、階段の上端にも設ける。

答　２

解説　住宅の関係者とは、所有者、管理者又は占有者をいう。

問 19　住宅用防災警報器の取付位置等について、誤っているものはどれか。

(1)　住宅用防災警報器は、天井に設ける場合は壁又ははりから 0.6 m以上離れた天井の室内に面する部分に設ける。

(2)　住宅用防災警報器は、壁に設ける場合は天井から下方 0.15 m以上 0.5 m以内の位置にある壁の室内に面する部分に設ける。

(3)　住宅用防災警報器は、エアコンの吹き出し口から、1.5 m以上離れた位置に設ける。

(4)　廊下に設ける住宅用防災警報器の種別は、イオン化式住宅用防災警報器又は光電式住宅用防災警報器である。

(5)　寝室又は階段の上端、下端に設ける住宅用防災警報器の種別は、イオン化式住宅用防災警報器である。

答

解説　寝室又は階段の上端、下端に設ける住宅用防災警報器の種別は、光電式住宅用防災警報器である

問 20　政令で定める指定数量未満の危険物及び指定可燃物についての技術上の基準は、いずれの機関で規制するのか。正しいものを選べ。

(1)　総務大臣　　(2)　消防庁長官

(3)　管轄の消防長又は消防署長　　(4)　都道府県

(5)　市町村

答

解説　消法第９条の４に「危険物について、その危険性を勘案して政令で定める指定数量未満の危険物及び指定可燃物その他指定可燃物に類する物品の貯蔵及び取扱いの技術上の基準は市町村条例でこれを定める。」とされ市町村条例の所管事務とすることを規定している。

問 21　指定数量未満の危険物の取扱いについて、誤っているものはどれか。

(1)　取り扱う場所においては、みだりに火気を使用しないこと。

(2)　取り扱う場所では、当該危険物の性質に応じ、遮光又は換気を行うこと。

(3)　危険物が漏れ、あふれ、又は飛散しないように必要な措置を講ずること。

(4)　危険物を収納した容器を取り扱うときは、みだりに転倒させ、落下させ、衝撃を加え、又は引きずる等粗暴な行為をしないこと。

(5)　取り扱う場所においては、常に整理及び清掃を行うとともに、みだりに空箱その他の不必要な物件を置かないこと。

答

解説　「危険物の性質に応じ、遮光又は換気を行うこと。」については、指定数量の５分の１以上

指定数量未満の基準である。

問 22　**指定数量の５分の１以上指定数量未満の危険物を貯蔵し、又は取扱いについて、誤っているものはどれか。**

(1)　屋内において貯蔵し、又は取り扱う場合、壁、柱、床及び天井は、準不燃材料造られ、又は覆われたものであること。

(2)　危険物を貯蔵し、又は取り扱う場所には、見やすい箇所に危険物を貯蔵し、又は取り扱っている旨を表示した標識、危険物の類、品名、最大数量及び防火に関し必要な事項を掲示した掲示板を設けること。

(3)　危険物の詰め替えは、防火上安全な場所で行うこと。

(4)　自然発火性物品にあっては、炎、火花若しくは高温体との接近、過熱又は空気との接触を避けること。

(5)　配管は、取り扱う危険物により容易に劣化するおそれのないものであること。

答

解説　屋内において貯蔵し、又は取り扱う場合、壁、柱、床及び天井は、不燃材料造られ、又は覆われたものであること。

問 23　**火災予防条例上の規制対象となる綿花類等の貯蔵及び取扱いについて、誤っているものはどれか。**

(1)　綿花類等を貯蔵し、又は取り扱う場合においては、みだりに火気を使用しないこと。

(2)　綿花類等を貯蔵し、又は取り扱う場合においては、常に整理及び清掃を行うこと。

(3)　綿花類等を貯蔵し、又は取り扱う場合には、貯蔵し、又は取り扱っている旨の標識並びに綿花類等の品名、最大数量及び防火に必要な事項を掲示した掲示板を設けること。

(4)　別表第８に定める数量の 100 倍以上屋内において貯蔵し、又は取り扱う場合は、壁及び天井を不燃材で仕上げた屋内において行う。

(5)　屋内において貯蔵し、又は取り扱う場合は、貯蔵する場所と取り扱う場所の間を不燃性の材料を用いて区画すること。

答

解説　壁及び天井を難燃材料で仕上げた屋内において行うことである。

問 24　**火災予防条例の避難管理に関する次の規定で、誤っているものはどれか。**

(1)　キャバレー等の当該階における客席の床面積が 150 m² 以上の階の客席には、有効幅 1.6 m 以上の避難通路を、客席の各部分からいす席、テーブル席またはボックス席７個以上を通過しないで、その一つに達するように保有しなければならない。

(2)　百貨店等の当該階における売場又は展示場の床面積 150 m² 以上の階の売場又は展示場には、

屋外に通ずる避難口又は階段に直通する幅 1.2 m以上の主要避難通路を一つ以上保有しなければならない。
(3)　劇場等に入場した客の数が定員に達したときは、直ちに満員札を掲げること。
(4)　避難口に設ける戸は、施錠装置を設けてはならない。
(5)　防火対象物の防火設備は、防火区画の防火設備に接近して延焼の媒介となる可燃物が存置されないよう防火上有効に管理しなければならない。

答

解説　ただし、非常時に自動的に解除できる機能を有するもの又は屋内からかぎ等を用いることなく容易に解除できる構造であるものにあっては、この限れでないと規定されている。

問 25　**消防長等への届出について、正しいものはどれか。**
(1)　道路工事は、警察署に届ければたりる。
(2)　指定数量の5分の1以上指定数量未満の危険物の貯蔵及び取扱いを廃止する場合は届け出る。
(3)　防火対象物の使用開始届は 10 日前までに届け出なければならない。
(4)　入力 50 kW以上の給湯湯沸設備（個人の住居に設けるもの又は労働安全衛生法施行令第1条第3号に定めるものを除く。）を設置しようとする者は、あらかじめ届け出なければならない。
(5)　春の○○の野焼きは、毎年の恒例行事で日も決まっているので届出の必要はない。

答

解説　火災予防条例（例）第6章　雑則を参照。

問 26　**消防用設備等の設置維持基準義務関する附加条例についての次の記述のうち、誤っているものはどれか。**
(1)　附加条例は、国の法令（施行令及び施行規則）で定める技術上の基準を特別の場合に補完するためのものである。
(2)　全国的に共通する一般的な理由により附加条例を設けることができる。
(3)　附加条例の規定も、特別用途防火対象物については、全面的に適用されるものである。
(4)　附加条例は、市町村条例という立法形式による。
(5)　附加条例において、施行令又は施行規則を緩和する規定を設けることはできない。

答

解説　附加条例は、その地方の気象又は風土の特殊性により、国の法令のみによっては防火の目的を充分達し難いと認めるときに定めるもので、附加条例で緩和することはできない。

第３章

消 防 活 動

第１　警防活動関係
第２　救急活動関係
第３　救助活動関係
第４　機械器具関係
第５　消防無線関係

第１　警防活動関係

問１　燃焼現象に関する記述のうち、誤ってるものはどれか。

(1)　閉鎖された火災室内において、酸欠による不完全燃焼から、可燃性の熱分解ガスが過剰に蓄積している状況下で、開口部を開放したことにより空気が取り入れられて起こる急激な爆発的燃焼をバックドラフトと呼ぶ。

(2)　一般に火災は、室内の一部で出火し、緩慢な温度上昇を伴う初期の段階から部屋全体が火炎に包まれる段階へと移行する。このような段階への移行は極めて急激であることが多い。この急激に拡大する時点をバックドラフトと呼ぶ。

(3)　フラッシュオーバーは火災の初期から最盛期に到る過渡的段階で発生するが、バックドラフトは火災進行の一定段階で必然的に発生する現象ではない。

(4)　バックドラフトの発生により膨張した熱気流は、開口部から一気に噴出するため、開口部付近にいた場合には、爆発的に噴出する熱気流に曝される危険性がある。

(5)　フラッシュオーバーが発生するためには床面へ 20 kW／m^2 の輻射熱が必要であると結論づけた。この値は、ほとんどの可燃物を着火させ得る入射熱である。

答

解説　(2)は、フラッシュオーバーに関する記述である。

問２　火災性状及び燃焼生成ガスに関する記述のうち、誤っているものはどれか。

(1)　噴流状の流れがあるとき、その付近に壁などを置くと、流れが壁に吸い寄せられることがある。この現象をコアンダ効果という。

(2)　コアンダ効果は、火災室窓からの噴出火災・熱気流が壁面に吸い寄せられて上階延焼の危険を高めるなど、防火対策上、重要な意義をもつ現象である。

(3)　火災室開口からの噴出火炎は上階延焼の１つの原因になるとされているが、開口高さに比べて開口幅が大きいと、コアンダ効果が促進されて、気流が開口上方の壁面に密着し、上階延焼を引き起こしやすくする。

(4)　二酸化炭素は、単純窒息性で吸気中酸素を低下させ酸素欠乏症を誘引する。

(5)　一酸化炭素は、温度が高い非燃焼生成ガスであること及びガス比重が空気より重いことから上層部分の濃度が下層部分に比べ倍以上となることがある。

答

解説　一酸化炭素は、温度が高い燃焼生成ガスであること及びガス比重が空気より軽いことから上層部分の濃度が下層部分に比べ倍以上となることがあるが、正しい。

問３　間欠的爆燃の特徴に関する記述であるが、妥当でないものはどれか。

(1) 爆発が発生する直前には、火災室内の有炎現象が止まらない。
(2) 爆発が発生する直前には、一酸化炭素濃度・二酸化炭素濃度は急速に低下する。
(3) 爆発が発生する直前には、火災室内の温度は急激に低下する。
(4) 爆発が発生する直前には、酸素濃度が上昇する。
(5) 爆発発生直前の室内温度は、フラッシュオーバーの温度より高い。

答

解説　爆発発生直前の室内温度は、フラッシュオーバーの温度より低いが、正しい。。

問４　延焼についての記述であるが、誤っているものはどれか。

(1) 居室の押入附近から出火した火は、ふすまを経由して天井に延焼する。
(2) 天井裏に界壁のないものは、天井に火が入った後に横方向に延焼する。
(3) 隣接建物への延焼は、隣接建物の距離に大きく関係し、また建築物の外壁の材質よっても左右する。、堆肥舎及び関連施設とされている。
(4) 独立燃焼が始まると同時に、熱気流や炎は抵抗の少ない２階の床板に延焼する。
(5) 放射燃焼は熱源からの放射熱によって、距離が隔たっているところにある可燃物が発火する延焼現象である。

答

解説　独立燃焼が始まると同時に熱気流や炎は、抵抗の少ない階段口に延びるが、正しい。

問５　火災における建物内での煙の流動に関する記述で、誤っているのはどれか。

(1) 火災発生とともに、浮力によって燃焼生成物は火源から上昇するが、その際に周囲の空気を巻き込みながら体積を増加させていく。
(2) 盛期火災時には、燃焼面積と流入空気量との関係により燃焼性状は、異なってくる。
(3) 火災室内に空気が十分にあり火源面積により燃焼速度が支配される時を換気支配の火災という。
(4) 煙が周壁部に到着した流れは、そこでの衝突により平均的な煙層厚さよりも下部に跳ね降りる。
(5) 煙先端部は、熱的な浮力によって天井面をある層厚を保ちながら進行する。

答

解説　火災室内の空気量が不十分で流入空気量により燃焼速度が支配される時を換気支配の火災という。(3)の内容は「燃焼支配の火災」である。

問６　フラッシュオーバーが予想される室内の現象として、誤っているものはどれか。

(1)　煙の中に炎が見え、煙が床上１m位まで急降下している。
(2)　室内に進入した時、ひざまつきたくなるような熱気に見舞われる。
(3)　室内の中層で散発的に小さい閃光（フラッシュ）が認められる。
(4)　ロールオーバーの煙が窓の隙間から、屋外に渦巻くように噴出している。
(5)　室内の炎の先端が天井の高さに継続的に達している。

答

解説　フラッシュオーバーが予想されるのは、室内の上層で散発的に小さい閃光（フラッシュ）が認められるが、正しい。

問７　建物火災の延焼拡大の基本として、誤っているものはどれか。

(1)　出火室内での延焼経路は、天井、壁から小屋裏への延焼が最も多く、木造住宅の防火上の弱点部分である。
(2)　木造、防火造の建物で上階へ延焼拡大する経路は、階段、押し入れ、２階の床などがある。
(3)　一般的に火炎や煙が上方へ向かうスピードは横方向よりも早く、階段に火炎が入ると上階は急速に延焼する。
(4)　壁では、内装に燃えやすい材料を使った場合には、隣室に簡単に燃え抜けるとともに、火炎は壁間の空洞部を立ち上がり、天井や小屋裏に拡大する。
(5)　他室へ拡大するときの延焼経路を建物構造別にみると、木造建物、防火造建物では隣室間の壁の燃え抜けによる拡大であり、耐火造建物では開口部を経由しての拡大が最も多い。

答

解説　他室へ拡大するときの延焼経路を建物構造別にみると、木造建物では隣室間の壁の燃え抜けによる拡大であり、防火造建物では区画のない小屋裏部分からの拡大、耐火造建物では開いている開口部を経由しての拡大が最も多いが、正しい。

問８　火災により発生する主な有毒ガスのガス名、発生させる主な物質、特徴に関する記述のうちで、誤っているものはどれか。

(1)　一酸化炭素は、ほとんどあらゆる物質から発生し、その特徴は、無色無臭、組織の酸素不足があり、脳細胞に障害をきたす。
(2)　塩素ガスは、ほとんどの石油製品から発生し、その特徴は、刺激性があり、粘膜の刺激を起こし、肺機能を障害する。
(3)　青酸ガスは、ウール、絹、ナイロン、ポリウレタンなどから発生し、その特徴は、猛毒、微量であっても胸部を絞めつけられるような疼痛とともに呼吸困難をきたし、ついには死に至る。
(4)　アンモニアは、メラニン樹脂、プラスチックなどから発生し、その特徴は、刺激性があり、粘膜の刺激を起こし、肺機能を障害する。
(5) 炭酸ガスは、ほとんどあらゆる物質から発生し、その特徴は、無色無臭、濃度が高くなると呼吸中枢を麻痺させて窒息死に至らせる。

答

解説 塩素ガスは、塩化ビニール、塩化ビニリデンなどから発生し、その特徴は、毒性が高く、激しい咳、痙攣、吐き気を催し、角膜をおかし、呼吸器の粘膜もおかすが、正しい。

問９　火災現場に到着時おける情報収集項目うち優先順位の、最も高いものはどれか。

(1) 発見・通報・初期消火状況の確認
(2) 活動危険区域の確認
(3) 出火当時の在住人員と避難者の照合確認
(4) 死傷者及び行方不明者の氏名の確認
(5) 延焼拡大要因の確認

答

解説 活動危険の把握は火災初期に把握すべき最も優先順位の高い事項である。延焼拡大危険の有無、逃げ遅れ者及び死傷者の有無であれば優先順位は高い。出火当時の在住人員と避難者の照合確認は火災中期、発見・通報・初期消火状況の確認は火災後期に行う。

問10　現場到着時、他に優先して収集すべき情報のうち、妥当でないものはどれか。

(1) 爆発物、劇・毒物、各種ガス類、危険物品、ＲＩ、変電設備・電気施設の通電状況
(2) 延焼範囲、延焼方向、爆燃危険個所
(3) 転落のおそれある個所、倒壊危険個所、落下物等による危険個所
(4) 火元関係者等の避難の状況、行方不明者の状況
(5) 交通障害及び公共施設への影響

答

解説 (5) は、消防活動後期に収集しても差し支えない事項。

問11　災害現場における各種情報に関する記述であるが、妥当でないものはどれか。

(1) 活動中に重要情報あるいは緊急情報に遭遇した場合は、従事中の作業を中断してでも確実に指揮本部長等へ報告する。
(2) 火災現場では人命危険に関する情報は、正確なものが少ないが、情報が無い場合は逃げ遅れた者があると考えて行動する。
(3) 情報の収集にあたっては、必ず情報提供者の氏名、要救助者との関係等のチェックを落としてはならない。

(4)　逃げ遅れ者に関する情報、ガス漏れ又は有毒ガス等二次的災害の発生危険に関する情報は、活動上重要であることから、断片的かつ不確定な場合は必ず追跡調査を実施し、正確な情報を指揮本部に報告する。
(5)　災害現場における聞き込み等は、時間が経過すればそれだけ関係者が現場から離れ、情報収集が困難になることから、到着と同時に実施する。

答

解説　逃げ遅れ者に関する情報、ガス漏れ又は有毒ガス等二次的災害の発生危険に関する情報は、断片的かつ不確定であっても、直ちに指揮本部に速報し、追跡調査する。

問 12　**火災現場において、居住者等の関係者から状況聞き込みを行う場合、現場の関係者等であると判断する要素として、妥当でないものはどれか。**
(1)　裸足や、パジャマ等の姿で現場周辺にいる者。
(2)　火傷を負っている等の傷者や、衣類が焦げている者。
(3)　消防隊員に早く消せ、助けろと騒いでいる者。
(4)　消火器を持ったり、衣類が水に濡れている者。
(5)　路地でうずくまったり、泣いている者。

答

解説　一般的に火災現場で騒いでいる者は、火点建物の近隣等で延焼危険のある居住者や、その外周の者がおおい。

問 13　**災害現場での情報収集要領に関する記述のうち、妥当でないものはどれか。**
(1)　関係者に対しては、消防職員であることを告げて、相手を落ち着かせ、火災現場では逃げ遅れ者等の情報を聴取する。
(2)　関係者の回答が得られない質問であっても、粘り強く聞きこむ。
(3)　聴取する関係者にあっては、必ず氏名、年齢、職業を聴取しメモする。
(4)　聴取は、一問一答の形式により、関係者には質問の内容を明確に告げる。
(5)　質問は一方的でなく、言動に留意し、相手の立場を考慮して行う。

答

解説　関係者が回答できない質問については、いつまでも執着せず、次の重要情報の質問を行う。

問 14　**小隊長の指揮判断に係る記述のうち、妥当でないものはどれか。**
(1)　筒先配備の要がない場合は、積極的に投光器・防水シート等、資器材を搬送し、活用する。
(2)　担当面が鎮静状態になってもむやみに転戦することなく指揮本部長からの下命があるまで担

当面を警戒する。
(3) 自己隊の担当面が手薄な場合は、指揮本部長に応援要請する。
(4) 自己隊の活動状況及び担当面の状況を適時、指揮本部長に報告する。
(5) 爆発危険や倒壊危険等の作業危険を察知したら、危険範囲の進入隊員に速やかに周知し、一時退避させるとともに指揮本部へ報告する。

答

解説　担当面が鎮静状態になったら手薄な場所を把握し、臨機応援に転戦する。

問 15　**指揮者の状況判断に関する記述のうち、妥当でないものはどれか。**
(1) 消防指揮において状況判断とは、現場の状況から災害の実態を把握し、これに任務をつきあわせ、この状況で「今、何をなすべきか」を常に判断することである。
(2) 指揮者の指揮行為のうちで最も重要な問題は、与えられた任務を達成するために、適時適切な決心に基づき所要の命令を発することにある。状況判断は、この適時適切な決心に到達する基盤となるものである。
(3) 状況判断は、直観や先入観を及び希望的観測を避け、できるだけナマの情報に基づいて客観的に行う必要がある。
(4) 指揮者は変化の兆候を見逃してはならない。そのためには、現示された状況を冷静に読み、状況判断を速やかに行った後は、命令の履行状況の確認に専念する。
(5) 指揮者は、一局面や小事にとらわれず大局を掴むことが大切である。指揮者は、隊員より一段高いところから全般の状況を俯瞰し大局を把握したのち、状況に対応した処置をとる必要がある。

答

解説　災害現場は、常に変化するので絶えず状況判断を継続する。

問 16　**ガス災害における指揮の原則に関する記述であるが、妥当でないものはどれか。**
(1) 指揮本部長は、ガス災害の規模の大小にかかわらず、二次災害防止を眼目として消防活動を統制し、災害現場を統括する。
(2) 火災警戒区域は、原則としてガス漏えい場所から半径 150 m の範囲に設定し、火気の使用制限、区域への出入制限及び退去命令等を行う。
(3) 爆発危険区域は、ガス濃度が爆発下限界の 30% を超える地域に設定し、隊員等の進入を禁止する。
(4) 人命救助、応急措置のため爆発危険区域内等に隊員を進入させる場合は、耐熱服の着用並びに援護注水態勢等を確保してから進入させる。
(5) ガス・電路の遮断及び復旧は、原則としてガス、電気事業関係者に行わせる。ただし、指揮本部長は、爆発等二次災害防止のため、緊急措置が必要の場合は消防隊に行わせる。

答

解説　ガス・電路の復旧は、必ず事業関係者に行わせる。

問 17　**火煙等による状況判断に関する記述のうち、妥当でないものはどれか。**

(1)　ビル火災では、階段等を通じて煙が上階に拡散する。煙に惑わされることなく、煙の最下端が火点であると推定する。

(2)　厨房室の火災は、たとえ鎮火状態にあっても排気ダクトに火が入っていることが多いことから、ダクト経路を追い、吹き出し口を確認する。

(3)　窓から噴出する煙は、消防活動の重要な判断要素であり、煙の色及び噴煙の状況を冷静に観察する。特に中性帯を有する場合は、早期に排煙口を設定して排煙作業により内部確認を急ぐ。

(4)　黄色みを帯びた黒煙に炎が混じるとフラッシュオーバーの発生が近い。このような現象を見逃すことなく内部進入統制、撤退指示等を躊躇することなく行う。

(5)　防火区画が不完全な場合は、他の区画に濃煙、熱気が流入する。延焼している当該区画外から噴煙している場合は、延焼拡大危険がせまっていると判断し、早期に筒先配備を行う。

答

解説　むやみに注水することなく、中性帯を活用して内部の状況確認を急ぐ。

問 18　**火災の状況判断としての記述のうち、誤っているものはどれか。**

(1)　火災初期において、焼損面積は経過時間の２乗に比例して拡大する。

(2)　火災の中期においては、煙も火炎に変わり、建物上部の窓や軒先などから火炎を噴出し、建物全体に火が回る。

(3)　火災の最盛期においては、建物全体に火が回った時期で、黒煙は少なく火炎が噴出し、延焼危険が大きく、火災温度は最高に達する。

(4)　火災の衰退期においては、火災の炎は大きいが、黒煙が少なくなり、建物全体の崩壊が起こる危険がある。

(5)　火災の終息期においては、黒煙から白煙に変わり、注水の死角になっている部分がちょろちょろと燃えている程度となる。

答

解説　火災の中期においては、煙も黒煙に変わり、建物上部の窓や軒先などから煙を噴出し、建物全体に火が回る。

問 19　**災害出動時における中小隊長としての安全管理に関する記述のうち、妥当でないものはどれか。**

(1)　車両の出動時にあっては、車庫前に誘導員を配置し、誘導員にはヘルメット着用などの安全確保をする。
(2)　中小隊長は、全員が防火衣を着装し乗車を確認した後に乗車し出動する。
(3)　出動途上にあっては、優先通行権を過信することなく、赤信号では必ず徐行し通過する。
(4)　出動途上にあって中小隊長は、交差点の通過や車両の避譲をうながす場合は車載拡声器を活用する。
(5)　出動途上における警防本部からの逃げ遅れや延焼状況の情報により、周囲への注意が散漫にならないよう、中小隊長は乗車員全員に安全確認の注意喚起を行う。

答

解説　赤信号の通過にあっては、確実に停止させ、乗車員全員が安全確認するよう具体的に指示を行う。

問 20　**火災防ぎょは、火災がどこから始まってどこまで拡がり、どの方向に拡大しようているか把握する必要がある。記述のうち、誤っているものはどれか。**

(1)　防火構造２階建ての建物で、２階小屋裏から煙が出ている場合、１階が火点であれば、１階天井裏でも火災が成長していることが多い。
(2)　耐火構造建築等での火点確認の方法としては、建物屋外及び内部の煙等の視認によるほか、自動火災報知器等の表示や、壁体等の熱により調べる。
(3)　空調設備の吹出口、吸入口から煙が吹出しているときは、ダクト又はダクト付近の火災である。
(4)　耐火構造建築等で、煙は火点に近いほど流れも遅く、姿勢を低くして煙の流れを逆にたどり火点を確認する。
(5)　木造や防火構造の建物では、一つの部屋から他の部屋に延焼拡大する場合、区画のない小屋裏・壁の燃え抜け・出入口等を経由して拡大するのが一般的である。

答

解説　耐火構造建築等で、煙は火点に近いほど流れも早い。姿勢を低くして煙の流れを逆にたどり火点を確認する。

問 21　**消火活動上の留意事項に関する記述のうち、妥当でないものはどれか。**

(1)　モルタル壁は、内壁が燃えると剥離倒壊することから、モルタル壁に亀裂や膨らみが生じたら危険である。
(2)　プロパンガスボンベに炎が吹き付けていたら、噴霧注水によりボンベの冷却に努めるとともに、転倒防止に配意する。
(3)　プロパンガスボンベの噴出ガスが着火炎上している場合は、ボンベの破裂危険が生じるので早期に消火する。
(4)　灯油タンクが熱せられたり変形したら、タンクの規模により安全距離を保ち、冷却注水を行う。

(5)　都市ガスの噴出を伴う火災の場合は、ガスの遮断方策が確定するまで消火しないで周囲への延焼阻止に当たる。

答

解説　プロパンガスボンベの噴出ガスが着火炎上している場合は、二次災害の発生危険が生じるので注水は行わない。

問 22　壁間火災の特性及び対応要領につての記述のうち、妥当でないものはどれか。

(1)　壁間火災の初期状況として、炎がどこから吹き出すか予測が困難であることから、早期に筒先を配備し、消火の即応体制を確保する。
(2)　火源確認の壁体破壊は、吸排気による急激な火煙の吹き出しを予想して、筒先の注水態勢を確保して行う。
(3)　火源の確認は煙の噴出箇所中心に素手による確認を優先し、同時に赤外線撮影装置等を併用して活動する。
(4)　防火造の壁間における漏電火災は、ラスを介して複数箇所から出火する危険がある。
(5)　壁間の火災では、火点が壁間の上部で煙の対流により下部の隙間から噴出ことがある。

答

解説　壁間の火災は、煙の噴出部分が延焼しているとは限らない。噴出箇所にこだわらず、煙の色、温度、勢いを確認し、壁体、天井、床下等について、素手及び赤外線撮影装置等により、温度差を確認して火源と延焼範囲を推定する。

問 23　濃煙・熱気内での消防活動に関する記述のうち、妥当でないものはどれか。

(1)　濃煙・熱気内に進入するときは、不用意に立ちあがると熱傷する恐れがあるので、低い姿勢で活動する。
(2)　濃煙内での消防活動は、視界を失うことから下り階段や床抜けによる転落に注意する。
(3)　濃煙・熱気内に進入する前には、防火衣、呼吸器の着装状態を確認し、完全着装とともに特に呼吸器の充填圧力による進入時間を確認する。
(4)　火点階等に進入するときは、避難階段、避難器具等の設置位置を確認し、脱出手段を確認する。
(5)　小区画の火点室への進入にあたっては、進入口にホース線を確保し、検索員は投光器と誘導ロープにより屋内進入する。

答

解説　小区画の室内といえども、フラシュオーバーの発生危険があり、必ずホース線を先行させ注水しながら進入する。

問 24　**火災現場における吹き返し危険に関する記述のうち、妥当でないものはどれか。**

(1)　濃煙が噴出している開口部正面は、吹き返しがあるので、正面には三連はしごを架梯しない。

(2)　注水開始時は、濃煙、熱気の吹き返しがあるので、正面注水は姿勢を低くし安全を確認してから注水する。

(3)　熱せられた壁体やシャッターへの注水は、熱気のはね返りがあるので、正面からの注水は行わない。

(4)　排気側から注水する時は、吸気側に吹き返しがあるので吸気側の活動隊と連絡を密にし、安全を確認してから注水する。

(5)　皮革、メッキ工場等にある各種薬品槽や焼き入れ炉へのストレート注水は、飛散、吹き返しの危険があるので行わない。

答

解説　注水開始時は、濃煙、熱気の吹き返しがあるので、まず斜めに注水し、安全を確認してから注水する。

問 25　**火災現場における延焼阻止要領に関する記述として、妥当でないものはどれか。**

(1)　燃焼実体に直接注水するときは、注水目標を低所において注水する。

(2)　注水は、外周部から順次中心部に及ぶようにする。

(3)　外部から隣棟の延焼を防止するときは、延焼危険のある開口部の上部壁体又は軒に近い壁体部分に反射注水する。

(4)　延焼の恐れのある隣棟建物内部から延焼を防止するには、窓外に筒先を出して噴霧注水又は外壁近くの天井裏に予備注水する。

(5)　隣棟建物への延焼は、早期予備注水で阻止する。

答

解説　注水目標を高所において注水する。

問 26　**水利の選定は、火災発生場所の状況、到着順位、火災の規模、他の出動部隊の部署等を総合的に判断し決定するが、判断として、妥当でないものはどれか。**

(1)　出動順路から考え部署に合理的な位置にある水利とする。

(2)　出向途中からの出動したため、先着予定隊より先に到着したが、火点より２番目に近い水利に部署した。

(3)　幹線道路の横断や交通渋滞による活動障害がないか。

(4)　特殊車の進入又は、他隊のホース延長等の障害にならないか。

(5)　確実・迅速に使用できる水利か。

答

解説　原則として、到着順位の早い順に火点に近い水利に部署する。

問 27　**消防隊が火災の消火活動をするためには、十分な水量と機械器具が有効に活用できる位置・構造でなければならないが、妥当でないものはどれか。**

(1)　防火水槽等の容量は、常時貯水量 40 m³ 以上又は取水可能水量が毎分 1 m³ 以上、この水量は、同時に２口放水により 40 分間の消火活動ができる水量である。

(2)　消火栓は、呼称 65 の口径を有するもので、直径 150 mm以上の管に取り付けられていなければならない。

(3)　市街地建物火災における防ぎょ上の見地から消防力の最低必要数は、筒先４口で、これに対応する火災は、木造建物１棟の火災である。

(4)　消防隊の有効活動範囲は、消防活動の迅速適格性を考慮し、延長ホース 10 本（200 m）以内であるとされており、余裕ホースなどを考ると半径 170 mの範囲となる。

(5)　筒先単位は、無風時における延べ 66 m² 程度の木造建築物において延べ 16.5 m² 以下の火面のもつ火勢が、想定による１単位。従って建物の半分程度に火勢が拡がっていれば２単位。全面に近い場合は４単位となる。

答

解説　消防隊の有効活動範囲は、消防活動の迅速適格性を考慮し、延長ホース 10 本（200 m）以内であるとされており、幾何学的に算出すると消防水利から半径 140 mの範囲となる。

問 28　**火災現場における吸管延長時の留意事項に関する記述のうち、妥当でないものはどれか。**

(1)　消火栓及び防火水槽の蓋の開放は、吸管延長後とし、道路を横断する場合は速やかにれき断防止の処置を行う。

(2)　吸管の延長は、ねじれを解くように行い、はね返り、つまづきにより吸管が身体に当たらないように行う。特に、夜間は延長は路面の状況に配意する。

(3)　消火栓や防火水槽の蓋を開放する時は、十分に腰を曲げ、背筋に無理のない姿勢で一気に持ち上げる。

(4)　吸管は、交通の支障とならないよう路端側をねじれ、曲がりがないように延長する。

(5)　消火栓、防火水槽の蓋、吸管及び吸管控綱により、隊員等のつまづきや転倒がないように警戒ロープの展張やロードコーンにより安全を確保する。

答

解説　消火栓、防火水槽の蓋を開放する時は、腰を落とし背筋を伸ばして無理のない姿勢で徐々に持ち上げる。

問 29　ホース延長に関する記述のうち、妥当でないものはどれか。

(1)　火点建物周囲の状況を確認しながら、隊員相互、住民等との衝突、接触、凹凸部へのつまずき、転落等に注意してホース延長を行う。
(2)　交通頻繁な道路におけるホースの横断又はホースブリッジを設定する場合は、隊員２名以上で行い、うち１名は安全監視にあたる。
(3)　軌道下の溝へホース延長する場合は、鉄道監視要員を配置する。
(4)　ホース延長は、落下物又は倒壊危険を予測し、できるだけ軒下、窓下付近に沿って行う。
(5)　ホースの吊り上げ、吊り下げ延長は、上下階に位置する隊員の連携を密にするとともに、途中階のガラスの破損等に注意する。

答

解説　(4)は、できるだけ軒下、窓下付近を避けて行う。

問 30　路地等でのホース延長時における留意事項に関する記述のうち、妥当でないものはどれか。

(1)　手びろめによりホースを延長する場合は、張り出し物や架ていされているはしご等に引っかけないよう注意する。
(2)　ホースの延長は、後着隊の進入路の目印にできるよう、できるだけ道路の中央を延長する。
(3)　狭あいな道路、交差点などでのホース延長は、通行人や車両等との接触に注意する。
(4)　ホースは、必ず広い場所で延長してから、屈折やもつれを無くしてから路地等に引き込むようにする。
(5)　路地等に置かれた予備ホースや空のホースバック等は、走行路の障害とならない場所に置く。

答

解説　ホースは道路の片側に寄せて延長し、後着隊等の走行路を確保する。

問 31　消防活動における筒先配備に関する記述のうち、誤っているものはどれか。

(1)　街区火災のブロック面火災は、火災建物の背面及び両側面の順とする。
(2)　傾斜地火災にあっては、火災建物より高い斜面に位置する側を重点とし、次いで両側面の順とする。
(3)　Ｖ字型の低地から出火した場合は、両斜面の最上部を優先し、次いで中腹側の順とする。
(4)　延焼拡大危険の大きい、建物の風下側を優先とし、次いで風横、風上側の順に配備して十分な余裕ホースをとる。
(5)　街区火災のブロック角火災は、火災建物に面する両側を優先とする。

答

解説　Ｖ字型の低地から出火した場合は、両斜面の中腹側を優先とし、次いで両側面の順とする。

問32　**木造建物火災における筒先配備に関する記述であるが、妥当でないものはどれか。**

(1)　筒先配備の一般原則は、背面、側面及び２階、１階の順とし、屋内進入を基本とする。

(2)　木造密集地域火災の筒先配備は、ブロック内火災は包囲、角火災は両側、面火災は背面及び両側とする。

(3)　中期以後火災の筒先配備は、隣接建物の高い方又は接近している方を優先とする。

(4)　傾斜地火災の筒先配備は、高台側を優先し、次に両側面とする。なお、風向きも考慮する。

(5)　強風時火災の筒先配備は、風下側を重点とし、大口径ノズルによる高圧注水を行う。

答

解説　強風時火災の筒先配備は、風横側を原則とする。

問33　**耐火建物火災の筒先配備についての記述のうち、誤っているものはどれか。**

(1)　屋内階段、エスカレーター、エレベーター及びパイプシャフト等からの延焼危険が大きいので、優先した筒先配備を行う。

(2)　無窓建物、地下室等は、大区画の場合を除いて延焼が緩慢であることから、筒先を配備し一挙殄滅を図る。

(3)　ベランダ側に要救助者がいる場合は、援護注水を考慮しベランダ側に筒先配備する。

(4)　スパンドルを超えて窓側から延焼する危険は少ないことから、迅速な筒先配備は必要ない。

(5)　ビル火災では、延焼危険のある火点建物に隣接するビル開口部に対し、早期に警戒筒先を配備する。

答

解説　スパンドルを超えて窓側から上階へ延焼又は屋内階段及びパイプシャフト等の竪穴付近を延焼経路としていることが多いことから、迅速に筒先を配備する。

問34　**警戒筒先配備における留意事項に関する記述のうち、妥当でないものはどれか。**

(1)　スパンドレルからの上階延焼に備え、窓際のカーテン、ブラインド、家具等の可燃物を除去する。

(2)　警戒解除は、延焼危険が小さくなった側から順次行う。

(3)　警戒筒先は、常に放水可能な態勢を確保する。また、筒先側に余裕ホースを準備しておく。

(4)　警戒を担当する階又は部分の出入口、窓を開放して、煙の上昇経路を把握し、噴出箇所に予備注水を行う。

(5)　隣棟の延焼危険範囲を把握し、必要により警戒筒先を配備し警戒にあたらせる。

答

解説　警戒筒先は、指揮本部長からの解除命令があるまで、担当部署を離れない。

問 35　**活線接近警報器の取り扱い留意事項の記述であるが、妥当でないものはどれか。**

(1)　着装は原則として利き腕とし、必ず着衣の外側に付ける。
(2)　水分で濡れて作動しない場合は本体の蓋を開けてドライヤーで乾燥させる。
(3)　むやみに衝撃を与えない。
(4)　テストボタンで作動しない場合又は損傷した場合は使用しない。
(5)　振動のある場所は保管しない。

答

解説　活線接近警報器本体は分解しない。

問 36　**酸欠空気危険性ガス測定器の取り扱い要領に関する記述のうち、妥当でないものはどれか。**

(1)　災害現場には、酸欠空気危険性ガス測定器で測定できる酸素、可燃性ガス、硫化水素、一酸化炭素以外のガスが存在する可能性があることを念頭に活動する。
(2)　ガス導入管に液体を吸引させてはならない。
(3)　ガス等を吸引した場合、ガス導入管を通り、測定器に入り反応するまで時間差があるので注意する。
(4)　測定値がオーバーを示した場合は、電源を切り、吸引を停止し、正常な空気の場所で再度電源を投入して、換気運転を数分間実施する。
(5)　訓練では実災害をできるだけ再現させるため、高濃度のガスを吸引させ測定器の機能の確認を行う。

答

解説　訓練では、機器損傷を防止するため、高濃度のガスを吸引させない。

問 37　**ガス漏えい現場でのガス濃度の測定要領に関する記述のうち、妥当でないものはどれか。**

(1)　測定は数台の測定器により測定し、測定値が異なる場合は、その平均値を基準とする。
(2)　共同住宅で警報機が数箇所で鳴動している場合は、それぞれの玄関が施錠されていればドアの隙間から測定し、ガス漏れ箇所を特定する。
(3)　屋内でのガス濃度の測定は、万一爆発が起こっても被害を受ける恐れが少ない箇所から測定する。
(4)　天井、小屋裏等の上部を測定するときは、測定器の採取棒をトビ口などに装着し確実に測定する。

(5)　マンホールや下水溝などのガス漏えいを測定する場合は、不用意にマンホール等の内部をのぞき込んだりしない。

答

解説　測定値が異なる場合は、危険側にたち重い数値を基準とする。

問 38　**火点検索要領に関する記述であるが、誤っているものはどれか。**

(1)　煙の滞留する最下階付近を最重点として火点を検索する。

(2)　火点が見えないときは、床・壁・ダクト等を素手で触り、温度の高低に配意し確認する。

(3)　屋上又は空調ゾーニングごとの排気口から噴煙している場合は、ダクト内火災と判断してダクト系統を点検する。

(4)　パイプシャフト・ダクトスペースの内部又は天井裏等を点検して、煙の温度変化及び流動状況を確認し煙の流れに沿って検索する。

(5)　関係者から建物等の火気使用について確認する。

答

解説　パイプシャフト・ダクトスペースの内部又は天井裏等を点検して、煙の温度変化及び流動状況を確認し煙の流れに逆行して検索する。

問 39　**延焼中の建物の出入口から進入する場合の留意事項として、妥当でないものはどれか。**

(1)　瓦や壁体が剥離落下するようなことがないか視認し、落下しそうな物があれば、棒状注水で落としてから接近する。

(2)　延焼中の建物内部に進入する場合は、原則として呼吸保護器を着装し注水体制を整えておく。

(3)　注水が始まると、水蒸気と煙で何も見えなくなるので、注水を開始する前に床や通路、障害物等の状況を確認しておく。

(4)　火災状況が変化した場合、いつでも脱出できるよう退路を絶えず確認しながら進入する。

(5)　開口部を開放する場合、開口部に正対するような位置で開放する。

答

解説　開口部を開放すると火炎や煙の吹き出しがあるので、開口部に正対するような位置では開放しないようにする。

問 40　**火災現場において、逃げ遅れ者の救出等のため濃煙内でも活動しなければならない、活動要領として、妥当でないものはどれか。**

(1)　耐火造建物や地下室、トンネル等煙が充満しやすい建物の火災では、吸気側からの進入が基本である。

(2)　熱気のある煙は上昇する性質があるので、濃煙の充満している室内でも床面に近い位置では、煙が薄い場合が多いので、注水前に内部を下側から視認しておくことが重要である。
(3)　煙による障害を排除するため、呼吸保護器を効果的に使用しなければならない。
(4)　窓の破壊や注水によって、火災の拡大や煙の流れに変化がないので、早期に火点に注水して鎮圧する。
(5)　特に中高層建物の火災では、階段室に煙を充満させないように注意する。

答

解説　窓やドアの開閉及び噴霧注水によって煙の流れは変化するので、窓の破壊や注水は、火災の進展や、他隊の進入状況を考慮しなければならない。

問41　**人命検索救助要領の記述であるが、次のうち妥当でないものはどれか。**
(1)　進入、検索活動が熱、煙のために不能のときは、援護注水のもとに行う。
(2)　要救助者の検索活動は、生活導線を優先に検索する。
(3)　煙や火熱のない場合でも延焼危険が大きな場所や煙の滞留が予想される場所は、迅速に検索し確認する。
(4)　聞き込みにより要救助者があるときは、確認できるまで検索する。
(5)　検索は系統的に実施し、重複防止のために検索個所については、指揮本部へ緊密なる連絡、報告を行い、終了箇所には表示する。

答

解説　検索は、重点個所を優先に行い、火煙の強い個所、排煙方向も優先して実施する。

問42　**人命検索救助活動に関する記述のうち、妥当でないものはどれか。**
(1)　屋内進入時にドア等の隙間から中性帯が認められる場合は、注水を行う前に中性帯を利用して内部の状況を確認する。
(2)　要救助者が多数の場合は、人命危険が切迫している者を優先とし、重傷者、子供、婦人、老人等自力避難が困難な高い者を優先する。
(3)　屋内進入時には、退路を明確に意識するとともに、濃煙内の検索は、検索班ごとにホース線及びロープ等により退路を確保する。
(4)　検索班を複数編成した場合、各班は検索範囲の分担を明確にするとともに、相互の連携を密にして、検索もれまたは重複がないよう効果的な人命検索活動をする。
(5)　屋内での活動中、急激に熱気を感じるなどフラッシュオーバー等発生の予兆を察知した場合には、直ちに検索活動を中断し屋外に脱出する。

答

解説　フラッシュオーバー等発生の予兆を察知した場合には、注水により一時的に火勢を抑制し、安全を確保できる場所まで後退する。

問 43　建物火災における内部進入時の安全管理に関する記述のうち、妥当でないものはどれか。

(1)　木造・防火造建物の内部進入及び行動中にあっては、周囲の状況、特に上部からの瓦等の落下物の危険があるので、スプレー注水により落下危険を排除する。

(2)　コンクリート内壁は、火災の最盛期になると爆裂落下の危険があるから、火炎等の火災状況を確認し、退避行動が直ちにできる状態で消防活動を実施する。

(3)　屋内進入時は、フラシュオーバーやバックドラフトの危険回避のため、火炎の状況等を慎重に判断し、筒先とともに開口部の開放や内部進入を実施する。

(4)　柱、梁の組み込み部が焼けているときは、倒壊や崩落の危険があるので、梁等の真下に部署しての消防活動は行わない。

(5)　モルタル壁の亀裂、膨らみを現認したときは、モルタルの落下やモルタル壁の崩落危険があるので、警戒区域の設定と活動隊への活動統制を行う。

答

解説　木造・防火造建物の内部進入及び行動中にあっては、まず上部を確認し、瓦等の落下危険のある物は、ストレート注水及びとび口等で排除するとともに、警戒区域の設定と活動隊員の活動統制を実施する。

問 44　三連はしごを活用したてい上放水要領に関する記述のうち、妥当でないものはどれか。

(1)　てい上放水は、作業姿勢による身体確保を確実に行い、転落防止を図る。

(2)　三連はしごの架ていは、可能な限り窓枠等に入れての架てい、もしくは、三連はしごの先端部分を動揺の少ない場所を選定して架ていすることとし、先端結着が可能な場合は、確実に小綱等で結着し、三連はしごの転倒防止措置を図る。

(3)　筒先保持者を補助する隊員（以下「筒先補助員」という。）を地上に配置する。状況により、三連はしごの中間付近等に筒先補助員を配置し、作業姿勢によりホースを保持させることも考慮する。

(4)　筒先補助員は、筒先保持者と連携を図り、目標に向かって有効に放水ができるように、ホースを三連はしごに密着させるようにして補助する。

(5)　放水は、燃焼実体に対し有効な注水となるよう、延焼状況に応じてノズル展開角度等を調整し放水する。

答

解説　筒先補助員は、筒先保持者と連携を図り、目標に向かって有効に放水ができるように、ホースを持ち上げて補助する。

問 45　三連はしごを活用した消防活動時の留意事項に関する記述のうち、妥当でないものはどれか。

(1)　三連はしごを活用して進入する際は、はしごの先端を確保するかロープ等で固定する。

(2)　梯上で放水するときは、放水圧力の反動力によりバランス崩さなよう、横さんに足を掛けるなどしっかり固定すとともに、必ず命綱等を使用して身体を確保し安定した作業姿勢をとる。
(3)　極端な低角度あるいは水平状態で使用しない。
(4)　架梯角度は、地盤面に対して 75 度を原則とし、過重は 270kg を限度とする。
(5)　窓枠への架梯が困難で止むを得ず壁に架梯するときは、はしご上部に左右からロープを展張し転倒防止を図る。

答

解説　過重は、180 kgを限度として使用する。

問 46　災害現場において積載はしごを活用した消防活動に関する記述のうち、妥当でないものはどれか。

(1)　架てい箇所は、災害状況により限定される場合もあるが、落下や倒壊の危険のない場所に架ていする。
(2)　積載はしごを使用して進入するときは、荷重が確保できる架てい角度を原則とする。
(3)　開口部に架ていするときは、濃煙等の噴き出しに十分に注意し援護注水体形をとり、隊員を進入させる。
(4)　積載はしごを使用して隊員が進入するときは、必ず補助者に確保させるか、または手すり等にはしごをロープで固定する。
(5)　積載はしごを架ていしたなら、掛金を作動させるとともに引綱を張って横さんに結着する。

答

解説　荷重が確保できる架てい角度 75 度を原則とする。

問 47　万能斧の活用に関する記述のうち、妥当でないものはどれか。

(1)　ドアのこじ開けは、衝撃破壊とてこを利用しての破壊がある。
(2)　木製の床の破壊、トタン板の切り裂きにも有効である。
(3)　錠前のねじり破壊は、二又のバール部分に錠前を挟んでねじるものである。
(4)　板塀の破壊ができるとともに、窓の格子を外すこともできる。
(5)　ガス栓の元コックの開閉もできる。

答

解説　このような単純破壊は、通常の斧のほうか適している。

問 48　呼吸保護器具の基本的な取り扱い要領に関する記述のうち、妥当でないものはどれか。

(1)　面体の着装は、足場等が安全かつ清浄な空気のある場所で、災害現場に進入直前に行わせる。

(2)　中小隊長は、隊員に呼吸保護器具を着装させ災害現場に進入させる時は、空気消費を勘案しできる限り迅速に進入させる。
(3)　呼吸保護器具を着装し行動する場合は、警報器に頼ることなく適時圧力指示計でも空気量を確認させる。
(4)　呼吸保護器具着装中は、面体の気密保持から飛び降りや飛び上がり等の衝撃のある行動を取らないよう徹底する。
(5)　呼吸保護器具の面体は、安全を第一に空気の漏れがないよう隊員個々に合うものを着装させる。

答

解説　隊員に呼吸保護器具を着装させ災害現場に進入させる時は、隊員に圧力確認及び気密試験は必ず行わせるとともに、進入管理者になる中小隊長も併せて確認する。

問 49　**建物進入時における注水要領等についての記述であるが、妥当でないものはどれか。**
(1)　建物進入時の内部確認は、開口部正面を避け、扉等は徐々に開放するとともに必ず、放水可能な筒先を配備する。
(2)　中性帯が形成されている場合は、むやみな注水は避け、姿勢を低くして内部を確認する。
(3)　内部進入時、頭上の状況が確認できない場合は、進入前に噴霧注水により天井付近の落下物を冷却する。
(4)　ストレート注水及びスプレー注水等を活用し、火災状況に応じてノズル展開角度を調整するとともに、やみくもに注水するのではなく、適宜シャットオフを実施し内部状況を確認しながら進入する。
(5)　天井裏に対する火災伝播に留意しながら進入するとともに、必要により天井を破壊し、延焼状況を確認する。

答

解説　進入前にストレート注水等で天井付近の落下物を除去する。

問 50　**一般火災における注水要領に関する記述のうち、妥当でないものはどれか。**
(1)　天井裏等の伝送火炎を阻止する時は、火元方向から火先に向け、小角度のスプレー注水で広範囲に予備注水する。
(2)　防火シャッター等を利用して阻止する時は、シャッターの冷却を行うとともに、シャッターに接する天井を破壊して空隙部分へスプレーによる予備注水を行う。
(3)　消防力が劣勢時において、屋外からの隣棟への延焼を防止する時は、延焼危険のある建物の窓の上部、壁体及び軒先に予備注水を行う。
(4)　延焼のおそれのある隣接建物内部から延焼防止する時は、窓の外に筒先を出し、スプレー注水を行うとともに、外壁近くの天井を破壊して小屋裏に予備注水する。
(5)　アーケードのある商店街火災では、地上からの注水は死角が多く有効でないため、アーケード上部に活動拠点を設け火勢を制圧する。

答

解説　天井裏等の伝送火炎を阻止する時には、火先方向から火元に向け、小角度のスプレー注水で広範囲に予備注水する。

問 51　**火災現場での援護注水要領に関する記述のうち、妥当でないものはどれか。**

(1)　援護注水は、火災現場で危機に瀕している要救助者を防護する場合と、火災現場に進入する隊員を援護する場合に行う。

(2)　援護注水は、要救助者又は火災現場に進入する隊員の援護のため、ストレート注水で間断なく行う。

(3)　援護注水は、救助線の担当隊員及び検索隊員を３ｍから５ｍ離れた後方から、いつでも援護注水できる態勢で配備する。

(4)　火勢熾烈な場合は、救助線と援護線の二線を用い、天井面等から噴き出す火炎を抑えながら検索救助活動を行う。

(5)　狭所では、援護線が退避等の活動障害とならないよう、中小隊長の判断で配備位置を変更する。

答

解説　援護注水は、中速噴霧注水により包み込むように、かつ常に注水するのでなく、中小隊長は火災状況に応じ実施させる。

問 52　**火災現場における破壊活動の基本的な留意事項として、誤っているものはどれか。**

(1)　破壊活動やトタン等の排除で、全隊を統制底する必要がある場合は、指揮本部長に報告し、活動の統制を要請する。

(2)　破壊活動は、目的と破壊場所を明確にし、中小隊長の管理下で、過剰破壊に留意して実施する。

(3)　破壊活動は、作業過程におけて急激な状況変化や、破壊により危険な活動環境となる場合があるので、二次的災害の発生防止のため、破壊手順や危険要因を説明し、理解させた後に活動を開始させる。

(4)　破壊活動は、倒壊危険を考慮して、基本的に建物下側から順序よく行わせる。

(5)　破壊活動は、破壊に適した破壊器具や足場を選定する。

答

解説　破壊活動は、倒壊危険を考慮して、基本的に建物上側から順序よく行わせる。

問53　窓ガラスの破壊に関する記述であるが、妥当でないものはどれか。

(1)　窓ガラスは窓の側方に位置して破壊し、火煙熱気の噴出とガラスの破片の飛散などによる危険を防止する。
(2)　窓からの進入のために破壊する場合は、窓枠に残る破片を除去する。
(3)　上下２段の窓、ガラスは、安全を確保するため下段、上段の順に破壊する。
(4)　厚手のガラス、硬質ガラスは、中央部でなく四隅を破壊する。
(5)　網入りガラスは、斧またはハンマーで窓枠に沿ってガラスを破壊し、網を切りながら破壊する。

答

解説　上下２段の窓、ガラスは、上段、下段の順に破壊する。

問54　木造・防火造建物の破壊活動に関する記述で、誤っているものはどれか。

(1)　ラス下地モルタル壁の破壊活動は、破壊予定位置のモルタル壁部分を大ハンマーで強打してモルタルを砕き、ペンチ又は鉄線きょうによりラスを切断する。
(2)　天井の破壊活動は、押し入れ、天板や天井に点検口がある場合は、この部分を突き上げて開口する。
(3)　瓦ぶき屋根及びスレートぶき屋根は、瓦又はスレートを切断し開口する。
(4)　鉄板ぶき屋根は、鉄板相互の接合部にトビ口を打ち込んで引き離し、野地板を切断して開口する。
(5)　野地板がない屋根や、パネルに合板を取り付けた構造等もあるので、十分注意し足場を確保して破壊活動を行う。

答

解説　瓦ぶき屋根及びスレートぶき屋根は、瓦又はスレートを外し野地板を切断し開口する。

問55　消防活動時における破壊活動に関する記述のうち、妥当でないものはどれか。

(1)　破壊活動は、素手で行うと危険を伴うので、必ず防火手袋等を着用し、保護具や必要な資器材を有効に活用する。
(2)　破壊活動を行うときは、隊員相互に必ず声をかけ合い周囲の安全を確認してから行う。
(3)　破壊活動を行うときは、破壊器具を確実に保持し、また必要に応じて器具に確保ロープを取る。
(4)　破壊活動を行うときは、破壊衝撃による反動力でバランスを崩さないため、無理な体系でも活動できるよう足場を作ってから行う。
(5)　破壊活動を行うときは、正面及び下方を避けて位置し、防火帽のシールド、しころ等活用を活用して破片の飛散及び落下物による危険の防止に努める。

答

解説　破壊活動を行うときは、破壊衝撃による反動力でバランスを崩しやすいので、身体や足場の安定を図り、無理な体系動作をとならい。

問 56　**火災現場における天井の破壊要領に関する記述のうちで、妥当でないものはどれか。**

(1)　通常、押し入れが天井の点検口となっているので、この部分を突き上げて開口する。

(2)　ベニヤ板張り天井は、下から打ちつけて細いさお縁で化粧してあるものは突き上げにより破壊する。

(3)　さお縁天井は、さお縁を破壊せず、壁体よりのさお縁の近くをトビ口、長柄槍等で突き上げる。

(4)　ボード類、吸音テックス等の場合は、野縁が格子状に細かく入っているため作業に死角ができるので、数多く破壊する。

(5)　塗天井は、表面の漆喰又はコンクリートを長柄槍、斧等で剥がした後、トビ口等で木ずりを突き刺して引っ張り落とすか、斧で木ずりを切り落とす。

答

解説　破壊する場合は、トビ口等では突き上げるより、かぎ部で引っ張る。

問 57　**耐火造建物火災での破壊活動に関する記述のうち、妥当でないものはどれか。**

(1)　倉庫等では、局部破壊により上階の床面の濃煙熱気層の減少を図る。

(2)　レンガ造、ブロック造の壁体は、破壊により他の部分も崩れやすくなるので、他の隊員を周囲に近づけない。

(3)　重機等での外壁破壊による開口部の設定は、建物倒壊の危険があるため、柱等の主要構造部の破壊は避ける。

(4)　高所で破壊作業を行うときは、破壊物の落下の危険があるので、地上の隊員と連絡をとり、危険範囲を明示する。

(5)　窓、壁体を破壊するときは、火煙の噴き出しによる二次災害を防止するため、進入、注水、排煙等の破壊目的に応じた開口の大きさとするとともに、注水態勢を整えておく。

答

解説　倉庫等での上階の床面の局部破壊は、濃煙熱気層を増加させる恐れがあるので避ける。

問 58　**火災警戒区域及び消防警戒区域に関する記述のうち、正しいものはどれか。**

(1)　火災警戒区域の設定は、人的・物的に大きな被害を招くことが予想されるので、早ければ早いほどよい。

(2)　火災警戒区域は、消防隊の活動を阻害されない範囲、特に消防隊の行動が輻輳する付近を速やかに警戒区域として設定し、退去、出入禁止、出入制限等の措置をとり、隊員及び一般住民の危害防止と安全確保に努める。
(3)　消防警戒区域は、安全を考慮して大きめに設定し、延焼状況等で危険範囲を確認した後、順次、警戒区域の縮小を図る。
(4)　消防警戒区域の設定範囲についての判断は、原則として消防隊が決定し、ロープ等により明示する。
(5)　火災警戒区域は、火点を中心として風下側を広くとり、道路境界等を警戒線とする。

答

解説　(2)は、消防警戒区域に関する説明。(3)は、火災警戒区域に関する説明。(4)は、火災警戒区域に関する説明。(5)は、消防警戒区域に関する説明である。

問 59　**ガス漏洩に伴う爆発危険区域の設定に関する記述のうち、誤っているのはどれか。**

(1)　ガス濃度が、爆発下限界の 30％以下の場合は、他の活動に優先して爆発危険区域を設定する。
(2)　地下街、地下室、耐火建物等の場合は、原則として建物全体を爆発危険区域として設定する。
(3)　爆発危険区域の設定は、ロープ等により明示して行う。
(4)　爆発危険区域を設定した場合は、警防本部に報告するとともに、消防隊、ガス・電気事業関係者及び警察官等に設定時間及び設定範囲を周知徹底する。
(5)　爆発危険区域内への進入は、原則として禁止する。なお、人命救助等緊急やむを得ず爆発危険区域内に進入する場合には、必要最小限（最低２名）の人員で、防火衣、防火帽、呼吸保護器を着装し、援護注水態勢を整えた後とする。

答

解説　爆発下限界の 30％を超える場合である。

問 60　**木造、防火造建物火災の一般原則に関する記述のうえち、妥当でないものはどれか。**

(1)　人命の検索救助活動を優先する。
(2)　火災の防ぎょは、周囲建物への延焼防止に主眼をおく。
(3)　先着は、直近の水利をとり、後着隊の活動障害にならないように停車する。
(4)　筒先配備は周囲の状況を確認してから決定する。
(5)　延焼防止は、内壁、小屋裏区画、廊下、階段口とする。

答

解説　筒先配備は、背面、側面及び２階、１階の順とし、屋内進入を原則とする。風向、周囲の建物配置も考慮に入れて、筒先配備の優先順位を決定する。風上へも延焼するので注意する。

問 61　**木造・防火造建物火災における筒先配備に関する記述のうち、妥当でないものはどれか。**

(1)　風向、周囲の建物配置を考慮して筒先配備の優先順位を決定する。

(2)　消防力が優勢である場合には積極的に内部進入を図る。また、火勢が圧倒的に優勢である場合は二重の援護注水態勢を確保して内部進入する。

(3)　先着隊は延焼危険の大きい面に筒先配備をする。後着隊は筒先の不足する面を担当する。

(4)　風下、背面、両側面及び上階を優先する。ただし、状況即応を原則とし、道路、空地に面する場所は最後にまわす。

(5)　２階は危険性大である。先着隊は２階をマークする。後着隊は１階を担当して先着隊の安全を確保する。

答

解説　火勢が圧倒的に優勢である場合は屋外に部署し、隣棟への延焼阻止に当たり、後着隊の支援を待つ。

問 62　**木造・防火造建物火災におけるホース延長要領に関する記述のうち、妥当でないものはどれか。**

(1)　木造大規模等火面長の長い場合及び倒壊危険のある場合は、火面に平行しないよう直角に延長する。

(2)　火面に平行する道路は、縁石ぎわを延長して焼損を防止する。

(3)　道路又は建物の曲角部は、大曲りに延長するなど、ホースの折れ、ねじれをつくらないようにする。

(4)　原則として一般車両の交通は遮断するが、必要によりホースブリッジを活用するものとし、交通量の多い道路は、横断することなく歩道及び歩道橋等を延長する。

(5)　延焼危険のない建物内の延長は、関係者の承諾を得て実施する。

答

解説　延焼危険のない建物内の延長は、他に方法がない場合のみとする。

問 63　**木造・防火造建物火災における消防活動要領に関する記述のうち、妥当でないものはどれか。**

(1)　瓦屋根はトタン屋根より縦方向への延焼が速い。

(2)　開口部を設定すると火流方向が変わることから、他隊を考慮し、指揮本部長の指示により開放（破壊）を行う。

(3)　木造火災の中期以降の筒先配備は、隣接建物の高い側又は接近している側を優先する。

(4)　屋根が燃え抜けていない火災は、注水すると熱気の吹き返しがあるので、開口部正面には位置しない。

(5)　延焼状況を確認するため、直ちに必要最小限度の局部破壊を実施する。

答

解説　破壊は、原則として関係者の了解をとる。

問 64　**防火造建物火災における消防活動に関する記述のうち、妥当でないものはどれか。**

(1)　先着中隊長は、延焼の有無に関わらず火点建物の逃げ遅れ者情報の収集を第一に、声掛けとともに周囲建物状況を把握し、その結果を警防本部に直ちに報告する。

(2)　先着中隊長は、火点建物に逃げ遅れ者情報があり、かつ複数以上であった場合は、直ちに必要数の救急隊及び救助隊等の応援要請を行う。

(3)　火点建物の開口部からの火炎の噴出がない場合は、直ちに屋内進入を図り人命検索活動を実施する。

(4)　後着隊は、逃げ遅れ者情報に基づく人命検索活動を実施する先着中隊長の下命の下、先着中隊の人命検索活動の支援及び火点建物並びに周囲建物への延焼阻止を実施する。

(5)　先着中隊長は、後着した大隊長等の指揮本部長に逃げ遅れ者情報、現在の活動状況を速やかに報告する。

答

解説　火点建物への人命検索活動は、玄関等の生活導線を第一に進入するものとし、進入に当たって中隊長はフラシュオーバー危険を察知するため、建物内部の火炎、煙の状況やドア、外壁の温度の状況を確認し、隊員の完全装備の下、内部進入させる筒先を先頭にする。

問 65　**防火造建物火災における消防活動に関する記述のうち、妥当でないものはどれか。**

(1)　潜在火源の確認を行うため、モルタル壁の壁間を破壊するとともに、破壊は、火源の発見を確実に行うために大きくに破壊する。

(2)　火源が確認できない場合は、壁体の温度を手の感触により測定し、筒先を待機させたうえで最も温度が高い箇所の上部を破壊して確認する。

(3)　モルタルの剥離、落下に注意し危険が予想される場合には、直ちに立ち入り禁止とする警戒区域を設定するとともに、必要により警戒要員を配置する。

(4)　落下危険、倒壊危険のある場合は、周囲の安全を確認の上、外力を加えて落下又は倒壊させ、危険を排除する。

(5)　強風時は、風下側延焼建物付近に予備注水を行う。

答

解説　破壊は、最小限に止めることとし、破壊箇所は壁体の亀裂や白煙が出ている又は壁体の温度が高い箇所を重点に行う。

問 66　**木造・防火造建物火災における消防活動時の安全管理に関する記述のうち、妥当でないものはどれか。**

(1)　モルタル壁が亀裂、ふくらみを生じた時は、倒壊する等の危険があるので注意する。
(2)　木造・防火造建物の筒先進入は、部屋の中央部に部署し周囲の延焼状況を確認する。
(3)　階段は、足元を確認しながら進入し、特に廊下、階段等の角をまわるときは衝突に注意する。
(4)　下屋、軒、物干台等の工作物に乗る時は、その強度を確認する。
(5)　防火造共同住宅等の２階に取り付けてある落下防止柵は、引張強度に弱いので十分注意する。

答

解説　木造・防火造建物は、床抜けや天井落下の危険があるので、部屋の中央部は避け、窓際等に部署する。特に窓等から建物内に進入する場合は、足場の強度を確認してから進入すること。

問 67　**木造密集地域火災に関する記述のうち、妥当でないものはどれか。**

(1)　筒先配備は、ブロック内火災は包囲、角火災は両側、面火災は背面とする。風向及び周囲の建物配置を考慮して、筒先順位を決定する。
(2)　筒先は、建物間に進入し、火勢制圧後屋内進入を図る。火面が拡大している場合には、火勢の回り込み、飛火等により退路を断たれるおそれがあるので予備注水を行ってから進入する。
(3)　建物間に間隙がない場合は、延焼危険の大きい建物に進入する。必要により、天井等を小破壊する。
(4)　筒先は、防ぎょ担当面を努めて広くとる。筒先は、一箇所に止まらず積極的に移動する。
(5)　迅速に全般の筒先配備状況を把握し、火点の包囲を図る。後着隊は、先着隊の間隙を補完する。

答

解説　筒先配備は、ブロック内火災は包囲、角火災は両側、面火災は背面及び両側とする。

問 68　**特殊地域又は特殊な状況下での防ぎょ行動である、妥当でないものはどれか。**

(1)　高低のある地域の中腹より出火した場合は、先ず高地に、続いて両側面、低地の順に進入し挟撃体制で防ぎょし、火勢を阻止する。
(2)　減水時、先着隊が火点直近の消火栓に部署して消火に当たっていたが、水量不足であったので、貯水池を水利として中継した。
(3)　断水時の場合、先着隊は 10 分程度の水利であったが火点直近に部署し、後着隊はこれに対し 200 m先の河川から取水し中継した。
(4)　一つの火災が発生し、出動途中に同一出動地区で火災が発生したので、出動途中の後続隊を二次火災に転戦させるとともに、他署所からの応援させた。
(5)　二次火災先着隊となったので、水利統制計画に関係なく、火点 30 mの消火栓に部署した。

答

解説　消火栓に部署している限り絶対に中継を受けてはならない、誤って水道配管に池の水等が混入したら大変な問題になる。

問69　**防火造・木造密地域火災における消火活動として、妥当でないものはどれか。**

(1)　筒先配備は、ブロック内火災は包囲、角火災は両側、面火災は背面及び両側とする。
(2)　火面が拡大している場合は、火勢の回り込みや飛火により退路を絶たれる恐れがあるので、予備注水を行ってから進入する。
(3)　筒先は、防ぎょ担当面を努めて広くとるよう、一箇所に留まらず積極的に移動する。
(4)　建物間に間げきがない場合は、活動が容易かつ危険性の低い延焼危険の少ない建物に進入する。
(5)　後着隊は、指揮本部長の指揮の下において先着隊の間げきを補完する。

答

解説　消火活動は、延焼危険の大きい建物に進入する。

問70　**街区火災の延焼速度に影響する要因について、妥当でないものはどれか。**

(1)　風下、風横の順に延焼が速い、また風が強ければ一般に飛火の飛散範囲も広くなる。
(2)　木造建築密集地域では、隣棟への延焼が早く、延焼拡大危険が大きい、耐火構造建築物は延焼阻止効果がある。
(3)　空地の有無が延焼速度に関係する。建物間隔が小さければ延焼も早い。
(4)　気象条件としては湿度の影響もあり、街区の状況としては、立木による延焼拡大の防止効果もある。
(5)　筒先配備の多少は延焼拡大に大きくは関連しない。

答

解説　筒先配備の多少は延焼拡大に大きく関連する。特に、道路の狭い地区は筒先配備の遅れにより火災の拡大をまねく。

問71　**一般木造街区火災での筒先配備要領として、妥当でないものはどれか。**

(1)　ブロック内火災は、火災建物を包囲するように筒先を配備する。
(2)　ブロック角火災は、火災建物の両側面に優先的に筒先を配備する。
(3)　ブロック面火災は、火災建物の背面、両側面の順に筒先を配備する。
(4)　傾斜地の場合の火災は、両側面、背面の順に筒先を配備する。

(5)　V字型の低地から出火した場合は、両斜面の中腹を優先し、次に両側面の順とする。

答

解説　傾斜地の場合の火災は、高台側を優先し、次に両側面に筒先を配備する。

問72　**木造大規模建物火災の活動要領のうち、誤っているのはどれか。**

(1)　放水銃等の大口径ノズルによる高圧注水を行う。

(2)　筒先部署は、壁体内の火炎伝走を考慮して余裕距離をとって進入する。

(3)　内部進入困難な場合は、筒先配備を火点建物の火勢制圧と隣接建物への延焼防止に区分し延焼火勢制圧後、火点建物に進入する。

(4)　注水は倒壊、落下防止のため、横架材の組み合わせ部分を目標とする。

(5)　延焼防止線は、防火壁、階段、建物屈曲部とし筒先を集中配備させる。

答

解説　筒先部署は、天井裏の火炎伝走は早いので、余裕距離をとって天井等の破壊注水を行う必要がある。

問73　**耐火造建物火災における状況判断に関する記述であるが、妥当でないものはどれか。**

(1)　火点が不明の場合は、噴煙している階の直下階が火点と予想する。

(2)　窓の全面から煙が噴出している場合は、ほかにも開放されているドア等の開口部があると判断されるので、無理をして窓からの攻撃をすることなく、他の開口部からの攻撃について配意する。

(3)　煙が窓の上部から噴出し、下部から吸い込んでいる状況では、開口部は煙の出ている窓のみという判断ができる。

(4)　黄色みを帯びた黒煙に炎が混じると、フラッシュオーバーが近いと判断されるので進入等について配意する。

(5)　バー、キャバレー等の風俗営業施設の入っている雑居ビルでは、それぞれに直通する専用階段があり、建物内部では、相互に往来できないような区画等が設けられていることも多いため、進入時には注意を要する。

答

解説　噴煙している階の最下階が火点と予想される。

問74　**耐火造建物の警戒筒先配備要領の記述のうち、妥当でないものはどれか。**

(1)　延焼建物に耐火造建物の開口部が面している場合は、迅速に耐火造建物各階に筒先を配備する。

(2)　たて穴に対する警戒は、火点階の防火戸の外側及び上階の階段付近を重点的に行う。

(3)　階段室の警戒では、屋上ペントハウスの扉を開放して階段室の煙を排除して行う。
(4)　警戒筒先の担当者は、臨機に他の警戒が必要と判断される箇所に適宜移動して警戒を行う。
(5)　警戒筒先は、放水準備を整えて配備し、破壊器具、呼吸器、照明器具を装備して警戒する。

答

解説　警戒筒先を命ぜられた隊員は、指揮本部長が災害全般を見通し、危険が無くなったと判断するまでは、勝手に持ち場を離れてはならない。

問75　**耐火造建物火災における消防活動要領に関する記述のうち、妥当でないものはどれか。**

(1)　濃煙内の進入は、２名１組として行い、ロープを展張し、退路を確保する。
(2)　屋外側の窓ガラスを破壊する場合は、地上部に地上高の３分の１を半径とする立入禁止区域を設定する。
(3)　火災階の屋内に設ける活動拠点は、特別避難階段室・避難階段及び防火区画出入口付近等を優先する。
(4)　空調設備の運転状況を確認し、必ず運転を停止する。
(5)　ホースの延長に際しては、ガラスの落下による切損防止のため、落下危険範囲から離し、又は毛布・板等で保護をする。

答

解説　地上高の２分の１を半径とする立入禁止区域を設定する。

問76　**耐火造建物火災の消防活動における火勢制圧体制の記述のうち、誤っているのはどれか。**

(1)　ポンプ小隊の中から消火活動隊を指定し、火勢制圧の主力とする。
(2)　連結送水管・連結散水設備及びスプリンクラー設備があるときは、当該設備への送水隊を明確にする。
(3)　地下室火災等で、高発泡による消火が効果的と判断される場合は、化学車を活用する。
(4)　火点室への進入が困難で火勢制圧ができない場合は、高所放水器具の活用を考慮する。
(5)　マンション等一定区画内での火災に対しては、フォグガンを最大限に有効活用する。

答

解説　マンション等一定区画内での火災に対しては、その部屋の延焼状況によってフォグガンに固執することなく他の筒先ノズルを選択するものとする。

問77　**耐火建物火災における避難誘導要領等に関する記述のうち、妥当でないものはどれか。**

(1)　避難誘導は、屋外階段・非常用タラップ・救助袋・避難はしご等の施設設備を積極的に活用する。
(2)　非常用放送設備を活用し、避難方向及び活用する避難階段等について避難者に指示する。

(3)　避難場所は、避難者の確保が容易で安全な地上とする。
(4)　各階及び階段室等の入口付近に、避難誘導員を配置し、パニック防止を図る。
(5)　自力避難不能者を優先的に救助し、自力避難可能者には、避難方向・経路・場所等必要事項を指示して避難させ、状況により誘導する。

答

解説　避難場所は、原則として地上とし、状況によっては屋上に避難させる。

問 78　**耐火建物火災の特性に関して、誤っているものはどれか。**
(1)　一般的に要救助者のいる確率が高い。
(2)　煙に幻惑され、火点及び状況確認が困難である。
(3)　上階への延焼危険が高く、水平方向、下階への延焼危険は少ない。
(4)　無線障害が生じやすく、かつ、消防活動が立体的になるため消防力が分断されやすい。
(5)　火点室への進入口が限定され、活動スペースが狭い。

答

解説　水平方向、下階へも延焼する危険がある。

問 79　**地下室の火災における活動要領の記述のうち、妥当でないものはどれか。**
(1)　開口部が２箇所以上ある場合は、噴煙の多い口を進入口とし、他の一方を排煙口とする。
(2)　各開口部に濃煙が充満している場合は、活動に便利な階段室を進入口とし、噴霧注水。
(3)　隊員の内部進入に際しては、単独行動を厳禁とし指揮者の統制のもと組織的な行動を徹底させる。
(4)　隊長は、進入隊員の空気呼吸器の残圧、携帯警報器のスイッチを確認させる。
(5)　火災が小規模であっても酸素濃度が低くなっている恐れがあることから、安易に面体を外さない。

答

解説　開口部が２箇所以上ある場合は、噴煙の多い口を排煙口とし、他の一方を進入口とする。

問 80　**耐火造建物火災における消火活動の注水要領に関する記述のうち、妥当でないものはどれか。**
(1)　屋内進入が困難な場合は、広範囲に散水するよう天井又は壁体を利用した反射注水を多用する。
(2)　燃焼し烈な室内に注水する場合は、室内の高温域に噴霧注水を行い、水蒸気化によるレーマン戦法を活用する。
(3)　火点室への進入が困難で火勢制圧できない場合は、はしご車、屈折放水塔車等による屋外からの注水や、隣室又は下階からの注水を考慮する。
(4)　マンション等、区画された部屋の火災にあっては、排気側から注水を行い、早期火勢の制圧と水損防止を図る。
(5)　必要に応じて局部破壊を併用して、効果的な注水を行う。

答

解説　注水は吸気側からとし、排気側には排煙口を設定する。

問 81　**耐火造建物火災における消防活動に関する記述のうち、妥当でないものはどれか。**
(1)　消防活動は、人命救助を最優先とし検索・救助活動・避難誘導を優先に活動する。
(2)　大規模な耐火造火災では、災害実態の把握が難しく、防災センターでの確認、居住者・勤務者からの聞き込み、煙・熱の流動状況からの判断等、多角的に情報を収集して、迅速に災害実態の把握に努める。
(3)　指揮本部は、指揮機能を最大限に発揮するために、火災状況を把握できる路上又は防災センターに設置し、指揮本部長を核に活動を行う。
(4)　耐火造建物火災では、組織活動の徹底を行うため、各隊長は、指揮本部長の統率の下で活動し、独自の行動を禁止する。
(5)　濃煙内での活動は、早期に部隊を集結させ一気に消火・救出活動を実施する。

答

解説　濃煙内での活動は、進入活動隊を明確に指定し、他隊の進入統制を徹底する。

問 82　**耐火造建物における階段室のクリアゾーン設定についての次の記述のうち、妥当でないものはどれか。**
(1)　火点階及び上階の階段室周りの出入口扉を閉鎖する。
(2)　塔屋又は最上階の開口部で、風下、風横側に面する部分を開放する。
(3)　必要により避難階出入口部分で排煙車又はスプレー注水を行って送風加圧し、階段室の排煙を促進する。
(4)　火点室の風下、風横側の開口部を開放して火点室を減圧する。
(5)　進入、検索及び消火のために火点階の扉を開放する場合は、筒先を扉正面に準備し、解放後、素早く進入し、扉の閉鎖を行って階段室へ煙の流入を最小限にする。

答

解説　火点階の扉を開放する場合は、フラッシュオーバーやバックドラフトに注意して扉正面を避けるとともに、スプレー注水により階段室への煙の流入を避ける。

問 83　耐火造建物火災における水損防止措置に関する記述であるが、妥当でないものはどれか。

(1)　耐火造建物火災においては、フォグガンの積極的な活用により水損防止を図る。

(2)　水損防止隊を指定し、漏水箇所を調査させるとともに、具体的に階及び場所を指定して水損防止に当たらせる。

(3)　水損防止措置は、直下階のみでなく地下室を含めて下階及び隣室についても行う。

(4)　水損防止用資器材として、防水シートのほか、状況により残水処理機（回収機）及びウォーターブロック（吸水性ゲル水のう）を活用する。

(5)　放水開始後、速やかに火点下階に防水シートを展張し、水損防止を図る。

答

解説　火災の状況に応じたノズルの選択及び必要口数を決定し、筒先の制限及び注水規制により水損防止を図る。

問 84　ダクト火災における消防活動に関する記述のうち、妥当でないものはどれか。

(1)　屋上又は空調の排気口から黒煙が噴出している場合は、ダクト内火災と判断してダクト系統を検索する。

(2)　ダクトの点検口又はダクトに手を触れて、温度の変化により延焼状況を確認する。

(3)　ダクト内への注水は、火勢を一挙に抑えるため多数の筒先を揃え実施する。

(4)　煙の拡散状況、ダンパーの閉鎖及び点検口からの過熱状況を確認する方法により、延焼状況を確認する。

(5)　関係者からダクトの配管図面等を早期に入手し、ダクト系統の把握により効果的な消火活動を実施する。

答

解説　ダクト内の注水は、水損被害が広範囲に及ぶ恐れもあり必要最小限とする。

問 85　中・高層建物火災の消防活動要領のうち最先着隊の措置として、誤っているものはどれか。

(1)　関係者への指示は、空調及び電気技術者等の関係者を早期に確保し必要な措置を指示し活動障害を排除する。

(2)　指揮本部長への報告は、火災の概要、自己隊の活動状況、部隊指揮、応援要請の内容等を行う。

(3)　応援要請は、災害の実態を早期に把握し、人命検索、救助・消火活動等に不足する消防部隊を早期に行う。

(4)　情報収集項目としては、対象物の状況、災害の実態、避難者からの人命危険情報等とる。

(5)　後着隊への進入活動隊の指定及び統制を含む消防警戒区域の設定を行う。

答

解説　消防警戒区域の設定は、指揮本部長が行い、消防活動上必要な範囲を明示し、消防警戒区域とする旨を宣言し、消防団員及び現場にいる警察官に対して協力を求める。

問 86　**超高層建物火災における消防活動要領に関する記述であるが、妥当でないものはどれか。**

(1)　各隊は、必ず指揮本部長の下命のもとに行動する。

(2)　建物が大規模であるため、火災の態様及び消防隊の活動把握が困難となることから、非常電話・放送設備・携帯無線機等の有効活用を図り、早期に情報網を確立する。

(3)　消防活動は、人命救助及び避難誘導を最優先とする。

(4)　非常用エレベーター・消火活動上必要な施設等当該対象物に設置されている設備を有効活用する。

(5)　進入は、非常用エレベーターを活用して、火点階まで直行し、１階層は避難はしご等を活用して避難者と競合を避ける。

答

解説　非常用エレベーターを活用した進入は、火点直下階までである。

問 87　**耐火造建物火災におけるエレベーターの使用に関する記述のうち、妥当でないものはどれか。**

(1)　火災建物の一般用エレベーターは、使用しない。

(2)　非常用エレベーターの使用にあたっては、隊員・団員による単独行動を禁止する。

(3)　非常用エレベーターの停止階は、火点の直下階とする。

(4)　火災建物の一般用エレベーターは、電源の確保など使用に際しての安全が確認された場合のみ使用する。

(5)　非常用エレベーターの使用にあたっては、運行要員を指定し専従させる。

答

解説　火災建物の一般用エレベーターは、使用しない。

問 88　**はしご車による消防活動に関する記述のうち、妥当でないものはどれか。**

(1)　１１９番受信の段階ではしご車の活動が予測される場合は、はしご車の部署位置を考慮したポンプ車の水利部署など、出動隊は停車位置を考慮する必要がある。

(2)　てい上放水は、火点に正対する水平注水を基本に積極的な火勢制圧を行う。

(3)　消防活動は、手振りの要救助者など人命危険の切迫している階層を優先に行う。

(4)　はしご隊長は、要救助者の救助にあたっては救助隊、ポンプ隊との連携を密にし安全かつ迅速な救助活動を行う。

(5)　内部進入及びてい上放水を行う場合は、指揮本部と密接な連携を図り、屋内進入隊との挟撃活動とならないよう進入統制を行う。

答

解説　てい上放水の場合、水平注水は障害物等により効果が減じられ、また吹き返しの危険があることから、仰角をつけて天井を目標とし、必要により筒先を上下、左右に移動し注水する。

問 89　**耐火建物火災ではしご車、隣接建物等を利用た屋内進入に関する記述のうち、妥当でないものはどれか。**

⑴　はしご車等により高所から進入するときは、頭上にある高圧電線には特に注意する。

⑵　かぎ付はしご、ロープ等を使用するときは、進入が容易な箇所に設定する。

⑶　隣接建物から進入するときは、転落を防止するため両方の建物間にロープを展長し、はしごを伸てい状態でかけ、命綱等で身体を確保して慎重に渡る。

⑷　バルコニー、ベランダの手すり等は、とび口などで強度を確かめてから利用する。

⑸　タラップから進入するときは、足を踏みはずさないよう安定した姿勢をとるとともに、常に両手で横さんをしっかり握って行動する。

答

解説　かぎ付はしご、ロープ等を使用するときは、堅固な支持物を利用する。

問 90　**病院火災時における消防活動に関する記述のうち、妥当でないものはどれか。**

⑴　人命救助は、重症患者・乳幼児等自力避難不能者を優先する。

⑵　人命検索は、医師・看護師等から自力避難不能者の収容室を迅速に聞き出し、ここを優先的に検索する。

⑶　避難者等の確認は、病院側の責任者に管理台帳等確認可能な資料を提出させ、資料に基づき１人１人確実に消防隊が追跡・確認する。

⑷　避難者の救護は、医師・看護師に応急救護させる。

⑸　救護所は、火煙の汚染及び消防隊の活動傷害とならない場所を選定して、一次的な避難・収容場所とする。

答

解説　避難者等の確認は、病院側の責任者に避難者及び転院収容者の確認をさせる。

問 91　**ホテル・旅館の消防活動要領に関する記述のうち、妥当でないものはどれか。**

⑴　活動は、要救助者がいることを前提とし、責任者及び関係者から宿泊状況・建物内部の状況等の情報を収集する。

⑵　開口部の設定は、外部から全非常口を開放する。施錠してあるときは、破壊して開放する。

(3)　はしご車・屈折放水塔車等からの注水は、内部区画が多く無効注水になりやすいので、注水効果はあまり期待できない。
(4)　客室の検索は、フロントからマスターキー及び宿泊者名簿・平面図を確保し活用する。
(5)　避難者は、指定場所に集め、再入室等による二次的災害の防止を図る。

答

解説　はしご車・屈折放水塔車等からの注水は、内部区画が多く無効注水になりやすいので、停車位置を慎重に決定し、梯体を移動させて注水の効果を高める。

問92　**複合用途対象物火災における消防活動に関する記述のうち、妥当でないものはどれか。**
(1)　建物内の各用途・名称を早期に把握し、避難状況の確認等、建物の所有者を活用して行う。
(2)　指揮本部に図面を確保し、内部区画・消防用設備等の設置位置を把握するとともに、火点・煙汚染範囲及び逃げ遅れ者状況等を図面に表示し、部隊指揮に活用する。
(3)　外部からの注水は、建物の内部構造が複雑で、死角を生じやすいので、積極的に内部進入を図る。
(4)　進入隊は、内部構造が複雑であることから、事前に図面により進入経路等を確認し、特に煙汚染内に進入した際は、確保ロープを展張する等、安全管理に十分注意する。
(5)　飲食店の厨房室火災は、厨房ダクトの排気口を迅速に確認し、排気口から炎又は熱気が噴出している場合は、ダクト周囲の可燃物に延焼危険があるため、その箇所を早急に確認する。

答

解説　複合用途対象物火災は、事業所等ごとの責任者を活用し、建物内の各用途・名称を早期に把握し、避難状況の確認等を行う。

問93　**劇場・映画館火災の留意事項に関する記述のうち、誤っているものはどれか。**
(1)　舞台上部には、大道具が吊り下げられているので、落下物に注意し安全を確認して行動する。
(2)　開口部の設定は、外部から全非常口を開放する。施錠してあるときは、破壊して迅速に開放する。
(3)　注水圧は、天井も高く、廊下・客席部は奥行きが深いので高圧とし、放水銃・砲の活用を図る。
(4)　窓からの注水は、効果が高いので積極的に実施する。
(5)　人命検索場所は、楽屋・奈落・便所・廊下の行き止まり部分、ロビー窓際等を重点とする。

答

解説　窓からの注水は、外周に廊下があるため、ほとんど効果がないので、積極的に内部進入を図る。

問 94　**工場火災に出動した中隊長としての留意事項うち、妥当でないものはどれか。**

(1)　工場敷地内に入る前に、門柱、壁等に掲げられた、危険物、高圧ガス、火薬類、放射生物質等の各標識を必ず確認する。

(2)　工場内には、危険物、引火性物質等が存在し、これらに引火した場合は、一挙に大火に発展するおそれがあるので、到着時焼損面積が小さい場合は、直ちに隊員を進入させ一挙に鎮滅を図る。

(3)　工場関係者を早期に掌握し、出来る限りの情報を収集する。

(4)　化学工場では延焼防止後でも、二次爆発を十分警戒し隊員を進入させる。

(5)　メッキ工場では、注水によりシアン槽等の液を溢れさせないよう注意する。

答

解説　危険物、引火性物品等がある場合、瞬時に爆発的な燃焼を引き起こし、隊員に危害を及ぼすおそれがあるので、内容を確認し安全が認められるまでは、燃焼範囲が小さいからといって、むやみに隊員を進入させてはならない。

問 95　**廃棄物の屋内施設で、天井が高い施設における消火の原則について、誤っているものはどれか。**

(1)　傾斜又は立体的火災は、下部及び底部の消火も同時に行うものとする。

(2)　燃焼物落下による放熱現象を予測した安全距離を確保する。

(3)　遮蔽物を活用した安全措置を図る。

(4)　禁水生物質に係る火災は、有効な消火剤（乾燥砂、バーミキュライト等）の確保を第一とする。

(5)　燃焼実態が上層部のみの場合は、下層部に筒先を配備する必要はない。

答

解説　燃焼実態が上層部のみであっても必ず下層部筒先を配備する。

問 96　**電子計算機システム関係施設等の火災の消防活動に関する記述のうち、妥当でないものはどれか。**

(1)　消防活動は、電子計算機システム及び電気通信ネットワークの稼働に重要な電子計算機室、通信機械室、データ等保管室、電源室及び空気調和機械室以下「重要室」という。）への火災被害の拡大防止及び機能確保を重点とする。

(2)　重要室の消火は、原則として必要最低限の人員が空気呼吸器を完全着装したうえで泡消火剤を活用する。

(3)　重要室が火点室下階の場合は、水損に十分配意する。

(4)　電子計算機システム及び電気通信ネットワークの関係者（以下「システム関係者」という。）を早期に確保し、情報収集及び機器保護に必要な措置等を行うために、積極的な活用を図る。

(5)　消防活動方針は指揮者を通じて全隊員に周知徹底し、隊員の行動を強く統制する。

答

解説　重要室の消火は、原則として二酸化炭素消火設備等固定消火設備によるものとする。

問 97　**倉庫火災の防ぎょ特性に関する記述のうち、妥当でないものはどれか。**

(1)　開口部面積が少ないため、濃煙・熱気が充満しやすい。

(2)　収容物及びパレット（リフト用のすの子）の燃焼又は注水等により、荷崩れ危険がある。

(3)　収容物が高く積荷されているので、無効注水になりやすい。

(4)　断熱材としてウレタンフォーム、スチレンフォーム等を使用している冷凍倉庫及び定温倉庫の火災では、不完全燃焼により一酸化炭素等の燃焼生成ガスが多量に発生する危険性がある。

(5)　冷凍倉庫で冷媒としてアンモニアガスを使用している場合は、漏洩により内部に有毒ガスが充満しているおそれがある。

答

解説　不完全燃焼により一酸化炭素等の有毒ガスが多量に発生する危険性がある。

問 98　**倉庫火災の活動要領に関する記述のうち、妥当でないものはどれか。**

(1)　倉庫内の状況は、関係者から収容物について聴取し、進入目的・行動範囲等を具体的に隊員に指示する。

(2)　屋内進入は、収容物の荷崩れに十分注意させる。

(3)　濃煙が充満している場合は、窓等の開口部を破壊し、排煙口を確保する。

(4)　冷凍・定温倉庫等は、内壁に断熱材・遮熱保温材を用いており、ウレタン等の石油製品の燃焼により、爆燃を生ずるので、火災状況の変化に留意する。

(5)　消火活動は、内部区画が複雑で収容物等により注水死角が発生するので、注水効果が上がるよう大量注水に努める。

答

解説　消火活動は、内部区画が複雑で収容物等により注水死角となるため、注水効果を確認しながら注水を行う。

問 99　**倉庫火災における活動の基本に関する記述のうち、妥当でないものはどれか。**

(1)　倉庫火災は、一旦延焼が拡大すると、内部進入による消防活動が非常に困難となり長時間活動を余儀なくされる。

(2)　先着隊は、早期に延焼状況及び収容物等を把握し、作業危険に対して安全確保を行った後に、複数の筒先を配備し、建物外部からの注水により火勢制圧を図る。

(3)　開口部及び出入口正面は、火煙の吹き返し及び爆燃等による危険があり、また、他隊の活動障害ともなるので、停車・部署は避ける。
(4) 屋外から火煙が見えなくとも、内部で延焼している場合が多いので、火煙の認知にかかわらず水利に部署し、ホース延長及び資器材を開口部の正面を避けた位置に集結して内部進入の態勢を確保する。
(5) 延焼範囲及び収容物を早期に確認する。確認されるまでは内部進入を統制する。収容物に毒劇物等の危険物品がないと判明した場合であっても、単独行動による内部進入は厳しく統制する。

答

解説　先着隊は、早期に延焼状況及び収容物等を把握し、作業危険に対して安全確保を行った後に、複数の筒先を配備し、積極的な内部進入で早期に火勢制圧を図る。

問 100　**地下街火災における放水上の留意事項の記述で、誤っているものはどれか。**
(1) 放水開始は、現場と指揮本部、指揮本部と送水隊が密接な連携をとって行う。
(2) 延焼阻止線内に進入する場合は、吸気口を設定してから進入する。
(3) 注水は、原則として給気側からとし、排気能力を考慮し指揮本部の統制のもとで行う。
(4) 高発泡放射による場合は、延焼範囲、区画等を勘案し、できるだけ効率的な位置に送泡管口を設置する。
(5) 排水ポンプの作動区域、能力を十分配意して放水口数・時間を決める。

答

解説　延焼阻止線内に進入する場合は、排気口を設定してから進入する。

問 101　**地下街火災における基本戦術に関する記述で、妥当でないものはどれか。**
(1) 消防活動は、人命救助及び避難誘導を最優先し、指揮本部長の統制及び活動方針のもとに行う。
(2) 避難誘導時の状況によっては、消火活動と併行して防火戸、シャッター等の閉鎖を行い、共用通路及び階段等の煙汚染防止措置を行う。
(3) 被害の軽減及び活動の効率化を図るため、所要の部隊及び資器材を早期に集結させる。
(4) 消防活動にあたっては、隊員の行動統制と把握を強化し、資器材の有効活用と安全管理の徹底を図る。
(5) 消防隊と自衛消防組織とが有機的な連携を図るとともに、消火活動上必要な施設等を有効に活用する。

答

解説　避難誘導時の状況によっては、消火活動を一時中断しても、防火戸、シャッター等の閉鎖を行い、共用通路及び階段等の煙汚染防止措置を優先させる。

問 102　地下街火災における消防活動に関する記述のうち、妥当でないものはどれか。

(1)　地下街火災は、活動範囲が広くかつ階段を使用することから、体力の消耗が著しくなるので、つまずきや転倒による受傷に注意する。

(2)　地下街が地下鉄に連絡している場合は、煙道作用によって地上階への多量の煙が流出して延焼拡大の危険性があるので、進入路の設定には十分に注意する。

(3)　地上への煙の噴き出しがわずかであっても、地階には濃煙が充満し、熱気、有毒ガス、酸欠空気が広範囲滞留しているので、必ず呼吸器を着装し進入する。

(4)　地上から地階に吹き込む風は、一定せず変化しやすいので風向と風速に注意する。

(5)　階段を使って進入するときは、避難者と衝突する恐れがあることから、先遣隊員を進入させ避難者を一時ストップさせるなど消防活動を優先させる。

答

解説　階段を使って進入する場合は、消防隊の進入階段と避難者の避難階段を非常用放送等により別に指定することがベストであるが、これができない場合は階段の左右で避難者の退路と消防隊の進入路を指定し衝突を避ける必要がある。

問 103　地下鉄火災において、最先着隊のとるべき措置として、妥当でないものはどれか。

(1)　早期に駅務員又は乗務員等の関係者を確保する。

(2)　火災発生の事実及び延焼状況を確認し、警防本部に即報するとともに、車両の停車位置、火災発生箇所、煙の流動方向、要救助者の有無及び車両の運行状況などの情報収集を行う。

(3)　電源が遮断されていない場合は、送電の停止を関係者に指示する。

(4)　延焼の大小にかかわらず、早期に応援部隊を要請する。

(5)　隊員の安全確保を第一とし、行動統制、応援要請及び放水態勢の早期確立など、初動態勢の確立を行う。

答

解説　延焼危険小の場合は除かれる。

問 104　化学災害時の危険区域での消防活動に関するの記述のうち、誤っているものはどれか。

(1)　危険区域内での人命検索・救助活動は、必要最低限の人員による班行動とし、常に交替要員を確保して実施する。

(2)　危険区域内での人命検索・救助活動は、中隊長又は小隊長の強い統制下において実施する。

(3)　危険区域内での人命検索・救助活動は、原則として危険性の低い側から高い側に実施する。

(4)　危険区域内での消火活動は、中隊が主体になって実施する。

(5)　危険区域内での消火活動は、危険性物質への延焼防止を第一とする。

答

解説　危険区域内での人命検索・救助活動は、原則として危険性の高い側から低い側に実施する。

問 105　**危険物火災の消火活動要領に関する記述のうち、妥当でないものはどれか。**

(1)　必要な消火薬剤が確保するまでは、隣接建物等への延焼阻止を主眼とするとともに、河川及び下水側溝等への油の流入防止を図る。

(2)　大規模な油脂火災は、耐熱服を着用し、スプレー注水の援護の元に接近する。

(3)　屋外タンク貯蔵所火災の場合、高所放水塔車を活用して高所からタンクに泡を放射する時には、直接油面に放射すると効果大である。

(4)　努めて放水銃等を活用して無人化の注水とする。

(5)　化学車及び泡放射筒先は、風上から接近し、燃焼火面の手前から集中的に泡放射して、進入路を確保する。

答

解説　泡放射は油面を攪拌しないように行い、タンク内壁等を緩衝材として活用する。

問 106　**危険物災害における消防活動に関する記述のうち、妥当でないものはどれか。**

(1)　第１類危険物の火災は、原則として大量の水により消火する。ただし、アルカリ金属の場合は、乾燥砂又はパーライト等で窒息消火する。

(2)　第２類危険物のうち硫化りんを積載する車両火災は、噴霧注水により消火する。

(3)　第３類危険物のうち黄りんなど禁水性物質以外の火災は、水により消火可能である。

(4)　第４類危険物を積載する車両火災は、積土のう等により流出及び燃焼範囲を限定し、泡放射により消火する。

(5)　第６類危険物の火災は、原則として水により消火する。ただし、三ふっ化臭素などは、乾燥砂又はパーライト等で窒息消火する。

答

解説　硫化りんの火災は、注水でなく、乾燥砂等で窒息消火する。

問 107　**消防法別表第１に定める危険物に係る火災、流出又は飛散等の災害に対する消防活動の原則として、妥当でないものはどれか。**

(1)　複数の測定器を使用して測定した。

(2)　風下の危険な区域から優先にして順次測定した。

(3)　指定された各測定点について逐次測定を行い、その結果を指揮本部長に報告させた。

(4)　施設関係者及び施設にある測定器も有効に活用した。

(5)　各測定器の測定値のうち、最も危険側にある数値を活用した。

答

解説　風上又は風横の安全な区域から順次危険側へ測定する。

問 108　**タンク火災における一般的な消火要領に関する記述のうち、妥当でないものはどれか。**

(1)　放射泡は、タンクの規模に応じ放射角度を決定する。

(2)　タンク火災は、炎上タンク内への泡放射は有効であるが、タンク側面への冷却放水は効果がない。

(3)　炎上しているタンクの赤熱部分には注水しないように注意する。

(4)　泡放射は、油表面をかくはんしないように、タンク内壁等を緩衝板として活用する。

(5)　泡放射は、中断すると消火効果がなくなるので、消火するまで継続放射する。

答

解説　タンク火災は、屋根部分の一部破損または全部破損によって消火手段が異なるが、炎上タンク内への泡放射とタンクの冷却を行うことが大切である。

問 109　**都市ガス等の漏洩事故に対する消防活動で、誤っているのはどれか。**

(1)　消防隊の部署は、風上又は風横とし原則として火災警戒区域外とする。

(2)　火災警戒区域の設定範囲は、ガス漏洩場所から原則として半径 150 mとする。

(3)　火災警戒区域の設定表示は、原則として貼り紙により住民に告知する。

(4)　ガス漏洩場所のガス濃度測定は、原則としてガス事業関係者等と連携して実施する。

(5)　空気より重いガスにおける濃度測定の重点は、室内の床面、マンホール、下水溝等の低所部分とする。

答

解説　火災警戒区域の設定表示は、原則としてロープ等により区域を明らかにして行うものとする。

問 110　**都市ガス等の漏洩事故における噴出ガスに着火炎上している場合の消防活動要領で、誤っているのはどれか。**

(1)　筒先部署位置は、爆発による被害を防止するため、できる限り柱部及び鉄筋コンクリート壁を遮へい物とし、屋外にあっては、建物の陰、塀際等ガスの滞留するおそれのない場所を選定する。

(2)　着火炎上しているガスの消火は、燃焼実態へ注水し効果を出すとともに、近隣建物等への延焼防止も図るものとする。

(3)　導管からの噴出圧力が高いときは、メッシュの小さい金網等をかぶせ、その上から噴霧注水を行い、火柱を低く抑えて近隣建物等への延焼防止を図る。

(4)　単独のＬＰガスボンベから噴出ガスが炎上している場合は、原則として注水は行わず噴出炎の反対側から接近し、バルブを閉鎖する。
(5)　ボンベ集積所等で炎上している場合は、誘爆のおそれがあるので地物等を盾として放水銃等により、遠距離から大量の冷却注水を行い誘爆を防止する。

答

解説　着火炎上しているガスは、不用意に消火すると生ガスにより二次災害の発生の危険があるので、注水は、近隣建物等への延焼防止を主眼とする。

問 111　**都市ガス災害における室内ガスの排除要領として、妥当でないものはどれか。**

(1)　消防隊は、電気、ガスの供給が遮断され、又は遮断した後、室内に滞留するガスを排出する。
(2)　出入口扉等が施錠されていない場合、又は合鍵等で容易に開放できる場合は、風下又は風横側であることを確認し、爆発が起こっても被害を受けることの少ない場所に身を隠して開放する。
(3)　ガス漏洩現場における隊員の服装は、防火衣を着装し、防火帽の顔面保護板及びしころを適正に活用して活動するとともに、静電気発生防止に配意する。ただし、ガスが滞留する住戸へ接近する隊員については、爆発に伴う膨張気体に触れた場合の熱傷を防止するため、努めて耐熱服の防熱帽を着用する。
(4)　出入口扉等が開放できない場合で、窓ガラスを破壊する場合は、長柄のトビ口の木部でガラス面を全面破壊する。
(5)　外気開口部の設定は、出入り口、扉、ガラス窓等の比較的開口部の大きな場所を選定し、室内のガスを排除する。

答

解説　外気開口部の設定は、必ず風下又は風横側の出入り口、扉、ガラス窓等を選定し、室内のガスを排除する。

問 112　**毒劇物災害における消防活動の記述のうち、妥当でないものはどれか。**

(1)　現場到着時、出動隊は早期に施設関係者等を確保し、災害実態の把握に努めるとともに活動方針の決定に関わる技術的支援者として活用する。
(2)　毒劇物危険区域への隊員の進入は、原則として交替要員が確保できた後に開始する。
(3)　毒劇物危険区域等の設定を明確に行い、進入管理と汚染防止措置を実施する。
(4)　出動隊は、呼吸保護具、防護衣、ゴム手袋等必要資器材の積載を確認し出動する。
(5)　要救助者を発見した場合、隊員は直ちに毒劇物危険区域外に搬出し、除染担当者に引き継ぐ。

答

解説　要救助者を発見した場合は、直ちに毒劇物危険区域外に搬出するのではなく曝露及び汚染危険のある場所からできるだけ危険の低い場所への移動及び一時的な避難を考慮する。

問113　**劇毒物の漏洩、流出現場における消防活動要領に関する記述のうち、妥当でないものはどれか。**

(1)　人命検索活動にあたっては、漏洩、流出箇所の付近を最重点とし、検索区域ごとに活動隊を指定し実施する。
(2)　人命検索活動は、毒性ガスの拡散、流動方向に人命検索範囲を拡大し、毒劇物危険区域又は爆発危険区域内の全域を実施する。
(3)　要救助者の救助活動は、短時間で救出できる手段方法とし、引火又は爆発危険がある場合は、援護注水のもとに実施する。
(4)　劇毒物の漏洩、流出現場では、不測の事態に備え、現場活動隊のほかに不測事態に対応する隊の配備と活動隊との連絡体制を確保する。
(5)　汚染された要救助者に対しては、毒劇物危険区域内において脱衣、石鹸水、水等により洗浄等の除染措置を実施し、その後、救護所等の安全な場所で救護措置を実施する。

答

解説　汚染された要救助者の除染措置は、毒劇物危険区域外で実施する。

問114　**生物剤等の災害活動における応急措置に関する記述のうち、妥当ではないものはどれか。**

(1)　施設関係者及び発災施設の設備、資器材等を積極的に活用して実施する。
(2)　施設建物の空調機及び窓を開放し換気を図る。
(3)　生物剤等が拡散するおそれがある場合は、容器等に入れるなどの密閉措置を実施する。
(4)　不審物から粉等がこぼれ、床や机などに付着している場合は、当該表面をビニール等で覆い拡散防止を図る。
(5)　応急措置が困難であると判断される場合は、施設関係者に資器材の調達及び専門技術者の派遣の要請を行わせる。

答

解説　原則として、建物の空調機は停止し、窓を閉鎖することにより換気による拡散防止を図る。

問115　**ＮＢＣテロ災害時における除染活動に関する記述のうち、妥当でないものはどれか。**

(1)　除染区域進入退出統制ポイントは、被災者と隊員の進入退出路は別々に設定するとともに、除染区域の境界外側に消防警戒区域を設定する。
(2)　一次トリアージポイントは、放射線、感染等の危険区域における、進入退出統制ポイント先の除染区域側に設定する。

(3)　C災害の汚染検査は、酸欠空気危険性ガス測定器により表面汚染の有無の検査を行う。
(4)　被災者の除染は、汚染検査終了後、除染テント等で行い、皮膚に付着している汚染物質は除染テント等への進入前にふき取る。
(5)　化学剤及び生物剤による汚染水は、簡易水槽等に回収し、除染剤で無毒化・殺菌した後、関係機関と協議し処理する。

答

解説　C災害の汚染検査は、目視により化学剤汚染の有無の確認を行う。

問116　**放射性物質関係施設に係る火災発生時の消防活動に関する記述のうち、妥当でないものはどれか。**

(1)　消火の手段は、努めて火災発生施設に設置してある消火設備を活用する。
(2)　火災の状況から管理区域に注水する必要がある場合は、棒状注水で一気に消火する。
(3)　消火水による汚染拡大を防止するため、注水は最小限とする。
(4)　汚染された煙が外部に噴出する恐れがある場合は、開口部の破壊又は開放は指揮本部長の指示により行う。
(5)　残火処理は、必ず関係者の立会いを求めて行い、汚染状況等を確認させ、鎮火後の施設の安全を図る。

答

解説　火災の状況から管理区域に注水する場合は、原則として低速噴霧注水で消火する。

問117　**洞道火災における消防活動要領に関する記述のうち、妥当でないものはどれか。**

(1)　活動方針が決定し、進入条件が整うまでは、延焼阻止線となるマンホール、吸排気口に大口径ノズルを配備し、火勢の抑制を図る。
(2)　急激な吹き返しがある場合又は火勢が強い場合は、ストレート注水により安全を確保したうえで実施する。
(3)　洞道内の消防活動は、複数の放水体形により実施することとし、ストレート注水と噴霧注水を使い分けて効果的な排熱排煙を行う。
(4)　人命検索救助活動は、要救助者及び場所について十分な情報収集を行い、長時間使用可能な呼吸保護器を着装し、進入口及び検索範囲を特定して行う。
(5)　ホース延長は、可能な限り延焼部分の直近のマンホール、給排気口又は建物との接続口から行う。

答

解説　急激な吹き返しがある場合又は火勢が強い場合は、二重、三重の援護注水により安全を確保したうえで実施する。

問 118　**圧気工事現場火災等における消防活動の原則に関する記述のうち、妥当でないものはどれか。**

(1)　消防活動方針は、各級指揮者に周知し、必要により隊員の行動を統制する。
(2)　消火及び人命救助活動方針の決定は、二次災害の防止を基本とし、現場の状況を加味して判断する。
(3)　圧気坑内進入隊員は、潜水研修修了者又は特別救助隊員のうちから適任者を選定する。
(4)　工事関係者の積極的な活用を図り、必要により関係機関と十分連絡して連携活動を行う。
(5)　空気呼吸器の面体の着装及び離脱は、安全な場所を指定して行い、特に圧気坑内作業にあたっては、使用時間に十分注意する。

答

解説　消防活動方針は、各級指揮者を通じて全隊員に周知徹底し、隊員の行動を強く統制する。

問 119　**道路トンネルに係る、一般的な災害特性の記述のうち、誤っているものはどれか。**

(1)　トンネル内への進入が限定されるため、濃煙熱気や滞留車両等により消防部隊の進入及び現場到着に時間を要する場合がある。
(2)　閉鎖空間のため煙が充満しやすく、出火箇所の特定と災害実態の把握が困難となる場合がある。
(3)　車両燃料の流出による火災の拡大の危険がある。また、事故車両に危険物等運搬車両が含まれた場合、当該危険物等による災害発生のおそれがある。
(4)　災害状況及び交通状況により、多数の要救助者及び避難者が発生するおそれがある。
(5)　トンネルの内部構造や災害の進展により、部隊を平面的範囲に展開させる必要がある。

答

解説　部隊を立体的かつ広範囲に展開させる必要がある。

問 120　**強（烈）風時の火災の防ぎょ行動で、誤っているものはどれか。**

(1)　水利は早く放水し早期に鎮圧できるよう火点に近い水利に部署する。
(2)　延長ホースは、１～２本多く取り、ノズルは強風時の注水では噴霧注水や圧力の低い注水では風の影響で十分な効果が得られないので、スムースノズルで大口径を使用２人以上で保持する圧力とする。
(3)　注水方法は風向きを利用し風速の弱いときは直接注水し、強いときは風に乗せて流すように斜めから直状放水を繰り返す。
(4)　火災初期は一挙に進入消火し、それ以外の場合は屋内進入は努めて避け、路地、耐火建物などを利用し、２口以上の筒先を集中して風上、風横から挟撃的防ぎょにあたる。
(5)　移動転戦する場合は、隣接各隊と密接に連絡を取り、１隊の放水中止により火勢が増大しないように注意する。

答

解説　水利は風横の水利に重点を置き水量の豊富なものを設定する。

問 121　**飛火の特性に関する記述であるが、妥当でないものはどれか。**

(1)　火元建物の屋根がトタンなど燃え抜けにくい構造であればあるほど、横からの熱気流により火の粉が多量に飛散しやすい。

(2)　熱気流により上昇した火の粉は、風下側にたまご状又は扇形に飛散し、飛火の最大距離は風速とともに増加する。

(3)　風速 10 m／ｓ以下の場合で最も飛火の危険がある区域は、火元建物から 50 ～ 200 mの範囲とされているが、例外として 700 m以上飛火・着火した例がある。

(4)　着火力のある火の粉は、大体、当該建物の出火又は延焼後 10 ～ 20 分の間に多く発生する。

(5)　高層建築物の風下側並びに建物間の路地等は、火の粉が巻き込まれるように落下し、飛火の危険性が大きい。

答

解説　火元建物の屋根が燃え抜けやすい構造であればあるほど、また、延焼規模が大きくなるほど、熱気流により火の粉が多量に飛散しやすい。

問 122　**飛火警戒に関する記述のうち、妥当でないものはどれか。**

(1)　警戒拠点は、飛火警戒に便なる位置に設定し、飛火情報、飛火による火災発生の有無の情報等の把握に務め、必要により警戒員、資器材等の増強を行うとともに、指揮本部・高所見張所・巡ら班・巡行警戒班との間に連絡手段を確保しておく。

(2)　巡ら班は、２名１組で編成し、主にポンプ車の進入できない道路、路地裏などを巡ら警戒するとともに、トランジスターメガホンを活用して、付近住民に注意喚起する。また、状況により消火器等の準備にも配意する。

(3)　巡行警戒は、ポンプ車・広報車等の消防車両により行うものとし、水槽付ポンプ車を充てるようにする。

　なお、乗車隊員は、五感を働かせ警戒に当たるとともに車載拡声器を活用し、付近住民に注意喚起する。

(4)　飛火警戒隊長は、飛火火災を覚知したときは、その旨を直ちに指揮本部並びに警防本部に報告するとともに必要な措置をとる。

(5)　飛火警戒は、原則として当該火災が鎮圧するまで実施するものとし、警戒態勢の縮小・解除は飛火警戒隊長の判断による。

答

解説　原則として当該火災が鎮火するまで実施するものとし、戒態勢の縮小・解除は指揮本部長の下命による。

問 123　堤防の概要に関する記述のうち、正しくないのはどれか。

(1)　本堤とは、河川堤防のうちで最も重要な役割をもち、洪水の氾濫防止を主目的として設けられる堤防である。

(2)　副堤とは、本堤からある距離を隔てて設けた堤防で、本堤の強度が十分でないとき、あるいは堤内地が重要な地域であるときに設けるもので、川裏に設けたものを控堤といい、川表に設けたものを前堤という。

(3)　山付堤とは、山と山の間の谷を締め切って造った堤防をいう。

(4)　越流堤とは、本堤の背後に遊水地や放水路、派川など流水を受け入れる空間がある場合は、本堤の一部を低くし、一定以上の洪水になれば越流させ、洪水調節の役割をさせる堤防である。

(5)　導流堤とは、河川が他の河川又は海に注ぐ場合、流路を一定にする目的で水流を導く堤防をいい、特に海に突き出している場合には突堤ともいう。

答

解説　川裏に設けたものを前堤といい、川表に設けたものを控堤という。

問 124　水災時における越水時の積土のう工法に関する記述のうち、妥当でないものはどれか。

(1)　天端に土のう類を積んで越水を防止する工法であり、通常２～５段積む。

(2)　２段以上の場合、控土のうを積んで漏水防止を図るほか、杭、鉄パイプ又はじゃばら縫い等で補強する。

(3)　土のう相互の密着性を高めるために、詰土は、袋一杯にして踏み固める。

(4)　控土のうとは、積土のうを補強するために後面にあてる土のうをいう。

(5)　積土のうの高さと底面の幅は等しいか底面の幅が広くなるようにする。

答

解説　(3)　詰土は、袋一杯にはせずに八分目ぐらいにして柔軟性を持たせる。

問 125　水防活動時における工法の決定と実施に関する記述のうち、妥当でないものはどれか。

(1)　水防工法の決定は、現場の状況、災害発生の原因、危険切迫の度合い及び作業力、資器材等を考慮し、防ぎょ可能な工法を選定する。

(2)　工法開始の時期は、危険度を考慮し十分に対処し得るよう作業力、作業時間に余裕をもって決定する。

(3)　危険度の増大や損傷の状態に即応して工法を補強し、あるいは付加する等の応用工法を効果的に実施する。

(4)　作業は短時間で決するので、作業力と作業量の調和を考慮して、隊員に明確に任務を付与し統制ある作業を行うなど、作業能率の増進と気力の蓄積を図る。

(5)　新しく発生する危険に対処し得るよう、資器材の予備を確保しておくとともに、水防資器材の早期要請に配意する。

答

解説　作業は長時間にわたるので、交替制を確立し、作業能率の増進と気力の蓄積を図る。そのためには、作業力と作業量の調和を考慮して、隊員に明確に任務を付与し統制ある作業を行う必要がある。

問 126　**土砂災害に係る消防活動要領に関する記述のうち、妥当でないものはどれか。**

(1)　消防活動は、人命の救助並びに人命に係る災害の拡大防止を重点とし、指揮本部長を中心とした組織的活動の徹底を図る。

(2)　大雨警報等の気象情報発表時には、管轄区域内における土砂災害危険箇所の情報収集と必要により監視警戒隊を出動させ状況の把握を行う。

(3)　災害活動の出動において、土砂災害危険箇所を通過する場合は、通行不能の恐れもあることから、必ず道路管理者に安全を確認してから通行する。

(4)　道路管理者により降雨等に伴う通行止が行われている道路は、原則として通行しない。

(5)　消防隊は、土砂災害現場等で活動する場合は、連続して土砂災害が発生することを想定し、二次崩壊等が発生しても安全な位置に部署する。

答

解説　土砂災害危険箇所を通過する場合は、通行が不能となる恐れもあるので、必ず迂回路を選定しておく。

問 127　**林野火災における消防活動時の安全原則のうち、誤っているのはどれか。**

(1)　延焼の伸び足、風向の変化等に注意して行動し、火の前には出ないものとする。

(2)　夜間は、指揮者の指示があるとき以外は行動しない。

(3)　急斜面で行動するときは、落石、転落に注意し、落石させたとき、落石を知ったときは、大声で下の者へ知らせる。

(4)　延焼の伸び足が二方向に分かれて延びたら、安全のため、隊員をその間に一時待機させる。

(5)　杉、檜等の植林地には、木起こし用の針金が張ってあるので、気づいた者は布切れ等により表示し後続者の注意を喚起する。

答

解説　延焼の伸び足が二方向に分かれて延びたら、安全のため、隊員をその間に進入させない。また、緊急避難するときは、スコップ、なた、ジェットシューター以外の機器は、放棄し相互に結束して迅速に避難する。

問 128　**林野火災における地形による特性についての記述のうち、妥当でないものはどれか。**

(1)　谷から峰に吹き上げる風は、助燃剤である酸素の大きな供給源となる。
(2)　南斜面、急斜面ほど延焼危険が大であり、延焼速度も大である。
(3)　急斜面にある林道、崖地は一時的な延焼阻止線となるが、火は迂回して容易に上方へ移る。
(4)　急斜面では、熱気流が山腹に沿って上昇するので、火勢は著しい燃焼拡大を示す。
(5)　急斜面を転げ落ちる燃え屑は、下方への延焼要因となる。

答

解説　急斜面にある林道、崖地は延焼阻止線とはならない。

問 129　**林野火災における消防活動の原則に関する記述のうち、妥当でないものはどれか。**

(1)　消火活動は、火災の状況と消防力との比較により一挙鎮圧又は延焼拡大阻止を主眼とした活動を行う。
(2)　消火活動は、建物への延焼阻止を優先とし、林野火災に適した装備の使用、退路の確保及び消火可能な方向からの着手などを基本とする。
(3)　延焼阻止線の設定は、山の尾根筋、防火帯等延焼阻止線として設定効果のある地形を設定する。
(4)　早朝は、風のなぎ、湿度の高まり等の関係で火勢が衰えるので、消火活動の好機である。
(5)　夜間時の消火活動は非常に危険なので、必ず日没をもって中断し、安全な場所に一時退避する。

答

解説　指揮本部長の指示がある場合は消火活動を行うことができる。

問 130　**震災時における火災の特徴に関する記述のうち、妥当でないものはどれか。**

(1)　同時に多発する。
(2)　気象条件によって被害の規模が大きく異なる。
(3)　通行障害が発生し、進路が制約され、現着まで時間がかかる。
(4)　水利が限定され、水利までの距離が長くなる。
(5)　複数の署にまたがり拡大し、大規模街区火災、合流火災となる。

答

解説　季節、時間によって被害の規模が大きく異なる。

問 131　**震災時における火災の特徴と消防活動に関する記述のうち、妥当でないものはどれか。**

(1)　同時に多数の火災が発生する恐れがあり、その出火件数によっては消防署所等の消防力では対応が困難なことが予想される。
(2)　電柱の倒壊などの交通障害が発生し、火災現場へのポンプ車の到着が遅れる又は到着できないことが予想される。
(3)　消火栓が使えないなど消防水利が防火水槽、プール、河川等の水利に限定され、延焼建物への長距離ホース延長となり延焼拡大する恐れがある。
(4)　発災当日の気象条件が被害の大小の要因であり、特に風速と風向には注意を払う必要がある。
(5)　都市部での火災は、消防隊の到着が遅れ延焼拡大した場合、数箇所の火災が合流し大規模街区火災になる恐れがある。

答

解説　震災時の被害拡大要因の一つとして気象条件もあるが、大きな要因は季節と時間であり、特に冬季で夕食の準備時間帯が大きいとされている。

問 132　**非常用進入口に関する記述について、妥当でないものはどれか。**
(1)　非常用進入口は３階以上 31 m以下の各階に設置されている。
(2)　３階以上のビル火災では、外部からの進入拠点として非常用進入口等を積極的に活用する。
(3)　進入口から活動することが有効であると判断した場合は、開口部を破壊し進入拠点とする。
(4)　進入口のガラス等を破壊する場合は、直下周囲の安全を確かめて行う。
(5)　進入口には、赤色三角形の表示がされている。

答

解説　進入口の開放又は破壊を行う隊員は、十分に身体の確保を図るとともに、破壊によりバックドラフト現象等を誘引するなど、急激に延焼状況が変化する恐れがあるので、指揮本部長の統制のもとで実施する。

問 133　**カーフェリー及び旅客船の火災における消防活動に関する記述うち、妥当でないものはどれか。**
(1)　客室部分が火災の場合は人命救助を、車両甲板が火災の場合は客室部分への延焼防止を最重点とする。
(2)　デッキが複層ある場合は、火点デッキ区画内の人命救助を最優先し、下層及び上層の検索は、二次的災害の発生要因が存在している間は行わせない。
(3)　車両甲板での自動車火災は、誘爆による爆発的火災現象が予想されるので誘発防止を重点とした消防活動を行う。
(4)　車両甲板での火災は、船首、船尾、又は左右の車両搬入口を開放し、吸気側から消防活動を行う。
(5)　車両甲板では、高発泡消火装置又は水噴霧消火装置が設置してあるので、船舶消火設備の活用を図った消火活動とする。

答

解説　下層及び上層の検索は、避難動線を確保して行う。

問 134　**自動車専用道路及び高速自動車国道における活動要領のうち、妥当でないものはどれか。**

(1)　出動は、原則としてポンプ車隊が先行して出動する。

(2)　救急隊、救助隊、指揮隊車等、傷者の救出救護にあたる隊は、事故車両を出越して停車する。

(3)　ポンプ車隊は、救出、救護にあたる隊員の二次災害の防止を任務とするので、車両は例外なく災害発生現場の手前に停車し、後続車による二次災害防止のため必要な措置を講じる。

(4)　ポンプ車隊員は、交通整理誘導を行う以外、車両前方の安全な場所で、救助隊員及び救急隊員の行動を監視して隊員の安全確保にあたり、車両後方には絶対位置しない。

(5)　夜間の出動に際して交通整理、誘導を行う隊員は、安全チョッキ、保安帽を着用する。

答

解説　現場到着時すでに警察官、道路公団職員等により交通整理が行われている場合は、ポンプ車隊は事故車両（現場）、救急車両を出越して停車する。

問 135　**積雪・寒冷時での火災防ぎょ行動として、妥当でないものはどれか。**

(1)　出動途上は圧雪、除雪された道路が凍結していたり、でこぼこが激しいから、スリップや転倒事故がないように注意する。

(2)　ホース延長は原則として、手びろめまたは背負具による。

(3)　進入部署は積雪のため道路に面した方向になるがやむおえない。

(4)　注水部署は足元が滑りやすい不安定な場所が多く、高圧注水を避け、死角のないように努める。

(5)　人命救助は積雪のため居住者の避難も必然的に正面となり易く、玄関等の出入口など一部に限定されるため、この付近を重点とする。

答

解説　進入部署は積雪のため一方偏向になるので背面防ぎょにも最善を尽くす努力をする。

問 136　**感電事故にかかる消防活動に関する記述のうち、妥当でないものはどれか。**

(1)　感電事故現場においては、専門の電気技術者に必要な範囲全てについて電源の遮断を行わせる。

(2)　中小隊長は、関係者から事情を聴取し事故現場の状況を把握し、活動の安全確保を徹底する。

(3)　高所での活動の場合は、安全帯等で転落防止措置をとらせる。

(4)　電柱上への登はん、屋内電気室への進入、キュービクルへの接近は、感電防止の防護具等を着装し行う。
(5)　電源遮断後にあっても、電力用コンデンサー等に充電されている危険性があるので、専門の電気技術者に点検等の必要な措置を講じさせる。

答

解説　感電が想定される活動にあっては、感電防止のための電源の遮断確認後に行う。

問 137　**車両火災における基本的消防活動に関する記述のうち、妥当でないものはどれか。**

(1)　車両火災は、活動隊員と通行車両との接触事故の恐れれがあることから、中小隊長は早期に交通規制を自隊又は臨場警察官により実施するなどして活動する。
(2)　中小隊長は、早期に火災及び積載危険物の状況を把握し、活動の安全を確保し隊員に具体的な注意や指示を行う。
(3)　交通規制を行う時、特に夜間においては蛍光チョッキを着用し誘導灯等を活用する。また、周囲を照明器具などにより明るくし活動を安全かつ容易にする。
(4)　車両火災の現場は、事故車両からの流出したオイル等で滑りやすくなっているので、転倒防止に注意する。
(5)　トラックなどの積載物がある車両火災では積載物の延焼の恐れがあることから、早期に積載物を車両から搬出し、消火活動を行う。

答

解説　車両の積載物には危険物や不法な劇毒物が積載されている場合もあるので、安易に積載物を搬出するのではなく、品名などを確認し安全を確保し活動する。

問 138　**車両火災（トンネル火災を除く。）における消防活動に関する記述のうち、妥当でないものはどれか。**

(1)　車両火災は、事故の衝撃等で燃料・積載危険物等の流出・引火爆発あるいは有害ガス等の発生が予想されるので、隊員は積載物品を確認するとともに慎重に行動する。
(2)　指揮者は、早期に警察・道路管理者に協力を要請する一方、事故現場の後方に赤色灯を点灯させた消防車両を停車させるとともに、非常停止板や発炎筒等を活用して、後続車両が事故現場に誤って突入するなどの二次災害を防止する。
(3)　軌道敷内での車両火災では、列車内へ進入するにあたっては、急激な空気の流入を防ぐため、窓を破壊または開放して進入することを原則とし、むやみにドアの非常開放用コックを作動させない。
(4)　ハイブリッド車及び電気自動車に放水する場合は、少量の放水の場合感電のおそれがあるので、必要に応じて絶縁防護具などを活用する。
(5)　水素を燃料とした燃料電池自動車で、水素に引火した場合、火炎を完全に消火してしまうと、未燃水素が周辺に滞留してしまい二次爆発の危険があるので、周辺への延焼阻止に努めて、水素の火炎が自然におさまるのを待つ。

答

解説　むやみに窓ガラスを破壊せず、ドアの非常開放用コックを作動させてドアを開放する。

問 139　**自動火災報知設備の活用に関する記述のうち、妥当でないものはどれか。**

(1)　先着隊は、必ず受信機の設置場所（防災センター、管理人室等）で窓表示を確認し、火災範囲を推定して現場確認をする。

(2)　受信機の設置個所には、警戒区域一覧図が設けられているので、受信機の発報表示窓と警戒区域を照合して火災階又は火炎（煙）の拡大範囲を推定する。

(3)　窓表示が２以上である場合は、火災範囲が拡大しているので関係者から最初の窓表示部分を確認して火点を推定する。

(4)　受診機の発報表示窓で火災範囲等が推定できたら、鳴動している警報ベルは消防隊の現場活動上の指示・命令伝達の障害となるので、主ベル・地区ベルを停止するとともに速やかに受信機の復旧ボタンを操作する。

(5)　小規模火災等で屋内消火栓を活用して消火活動を行う場合は、自動火災報知設備の発信機を操作してポンプを駆動させ活用する。

答

解説　火点及び発報原因を確認するまでは受信機の復旧ボタンを操作しない。

問 140　**スプリンクラー設備を活用した消防活動に関する記述のうち、妥当でないものはどれか。**

(1)　スプリンクラー設備の作動状況を防災センターの監視盤又は関係者等から聞き込みを行い、作動が確認された場合は送水隊を指定して送水準備を行う。

(2)　スプリンクラーへの送水は、表示された送水圧力範囲内とし、送水不能の場合は、止水弁の閉鎖が考えられるので、関係者に止水弁の開放を指示する。

(3)　スプリンクラーヘッドの消火効果を判断する目安は、出火階の一番近い部分にあるヘッドの散水状況を確認する。

(4)　消火困難な特殊可燃物等の集積場所、天井裏やダクトスペース内又はたれ壁、つり物等散水障害がある場所は、消火困難又は消火効果が少ないので、連結送水管を活用した消火活動を行う。

(5)　スプリンクラー設備で消火後又は小規模火災の場合は、直ちにポンプを停止させるとともに、各階のパイプシャフト内等に設けられた制御弁を閉鎖する。

答

解説　止水弁の開放は消防隊が行う。

問 141　連結送水管の活用に関する記述のうち、妥当でないものはどれか。

(1)　連結送水管が送水不能の場合は、止水弁が閉じている場合が多いことから、直ちに送水口付近にある止水弁を開ける。

(2)　ポンプ車からの送水は、１系統につき２から３口放水できるよう高圧で送水されていることから、圧力調整は放口バルブで行う。

(3)　送水隊は、水量豊富な水利に部署し、単隊２口で送水することを原則とする。送水口が複数の場合は、全ての送水口に送水することが基本であるが系統が別々となっている場合もあるので、送水系統を確認してから放水する。

(4)　湿式配管への送水は、急激に高圧送水するとウォーターハンマー等の反動力を生じるので徐々に圧力を上げる。

(5)　上下階で同時放水するときは、下階側の放水口バルブを絞らないと上階で有効圧力を得られない場合があるので十分配意する。

答

解説　(4)は正しくは、乾式配管への送水である。

問 142　不活性ガス消火設備の活用によるガス漏出等の点検要領のうち誤っているのはどれか。

(1)　点検は、火災室の上方、側方、下方、火点室の順に行う。

(2)　点検前の措置として算定した消火剤が準備され、火災室の温度及び酸素濃度が低下安定し、かつ、密閉時間が経過したことを確認するとともに警戒筒先を配備する。

(3)　二酸化炭素ガスの密閉時間が４時間を超える場合は、ガスかくはん装置を作動させ、防護区画内のガスの均一化を図るものとする。

(4)　二酸化炭素ガスの密閉時間は、冷蔵倉庫、定温倉庫及び断熱材を使用している消防対象物の場合は、おおむね６時間とする。

(5)　二酸化炭素ガスの密閉時間は、綿花類、木毛、かんなくず、ぼろ、紙くず、わら類、ゴム類等の場合は、おおむね 12 時間とする。

答

解説　二酸化炭素ガスの密閉時間は、綿花類、木毛、かんなくず、ぼろ、紙くず、わら類、ゴム類等の場合は、おおむね 24 時間とする。なお、放射したガスが漏出しないような密閉措置を講ずるものとする。

問 143　現場保存についての記述のうち、誤っているものはどれか。

(1)　現場保存の範囲の決定は、調査員と連絡を取って設定し、外部からの立入を禁止する。

(2)　範囲内の物件、特に発火源と見られる物件があった位置、損傷の程度及び焼き状況などあとで判断できるように確認しておく。

(3)　出火場所付近に薬剤、油類など液状の物がある場合は、これらが流出しないよう細心の注意が必要である。
(4)　残火処理は、噴霧注水あるいは低圧注水で行い、残存部分に変化を与えないように注意し、焼き物件の踏みつぶし、破壊、移動などの行為は極力さける。
(5)　防ぎょ活動に支障となる電線、配管などを切断した場合は保存しておかなくてもよい。

答

解説　防ぎょ活動に支障となる電線、配管などを切断した場合は保存しておかなければならない。

問144　**再出火防止のための関係者に対する説示要領についての記述のうち、妥当でないものはどれか。**

(1)　口頭で危険と思われる場所の具体的な危険性について説明し、徹底を期すとともに必要に応じ、説示書を交付する。
(2)　説示は、指揮本部長又は指揮本部長の指定する者が関係者等に対して行う。
(3)　交付する説示書は、指揮本部長名のものとする。
(4)　説示した相手側の管理区分及び氏名は可能な範囲で聴取しておく。
(5)　説示書の控え欄に交付した日時、場所及び関係者の管理区分、受領者の氏名並びに交付者名を記録して保存する。

答

解説　交付する説示書は、火災地を管轄する消防署長名のものとする。

問145　**火災現場における残火処理の一般原則のうち、誤っているのはどれか。**

(1)　過剰な注水を避け、水損を防止する。
(2)　布団、衣類等はその場で筒先を差し込み注水を行う。
(3)　合掌、梁の裏側、壁間等注水の死角となっている箇所に注水する。
(4)　軒裏、屋根等の残り火、煙の有無を確認する。
(5)　開口部はすべて開放し、排煙、排熱する。

答

解説　布団、衣類等及び残存物が多い場合は、屋外等へ搬出して完全消火を行う。

問146　**木造・防火造建物火災における残火処理方法に関する記述のうち、妥当でないものはどれか。**

(1)　軒裏、屋根等の残り火、煙の有無を確認するとともに、壁間は手で触って確認する。
(2)　筒先コックを機敏に使用して、小破壊を併用し小移動しながら、必要によりホースを増加するとともに、注水は原則として拡散注水、円すい噴霧注水とするが、圧力を下げて直撃注水を併用する。
(3)　残火処理は、残存建物の高所より低所へ、中央部から周囲へと効率的に実施する。
(4)　合掌、梁の裏側、壁間等の注水の死角となっている箇所に注水するとともに、被覆物や倒壊物をトビ口等で取り除いて注水する。
(5)　可燃物が堆積しているときは、筒先を差し込むか掘り返して注水するとともに、布団・衣類等は屋外へ搬出して注水し、過剰な注水を避け、水損防止を図る。

答

解説　残存建物の高所より低所へ、周囲より中央部に、その範囲を縮小する。

問 147　**建物火災における残火処理に関する記述のうち、妥当でないものはどれか。**
(1)　消火水を含んだ畳等は重量が増加し、木造・防火造建物では床の落下危険が高いため、部屋の中央付近では活動しない。
(2)　堆積物の上を動く場合は、釘等による踏み抜きに十分注意する。
(3)　瓦等を排除する場合は、地上部で活動する隊員を建物の影に退避させるなどの安全措置を講じる。
(4)　焼け落ちた電線及び電球コードは、感電の恐れがあるので触れない。
(5)　建築材料によっては、石綿を含んだ粉じんを吸入する恐れがあるので、防塵マスク等の着装の措置を講じる。

答

解説　瓦等を排除する場合は、活動隊に周知するとともに進入統制区域を設定し、状況によっては一時退避させるなど徹底した安全措置を講じる。

問 148　**残火処理時における消防活動の留意事項に関する記述のうち、妥当でないものはどれか。**
(1)　中小隊長は、指定された担当区域については燃え状況等を確認し、出火点であると予測される場合は指揮本部長に報告し、現場保存を考慮した残火処理を実施する。
(2)　表面上焼損してない箇所や物件については、裏面及び上下面など焼けの状況を確認する。
(3)　潜伏火源の確認は、目視や素手で確認するとともに、まぐわ（まんが)、スコップ等の資器材を活用した掘り起こしなどで確認する。
(4)　布団、マット等の消火の確認が困難な物は、水浸し状態であっても水切れとともに深部にある火種から燃焼する恐れがあり、着火したと思われる物は屋内外の安全な場所に搬出する。
(5)　足場が不安定な場所での確認は、はしご等を活用し安全確保した上で処理を行う。

答

解説　着火したと思われる物は、屋外の安全な場所に搬出させる。

問 149　**再出火防止のための関係者への説示に関する記述のうち、妥当でないものはどれか。**

(1)　再出火防止の説示は、鎮火後、現場責任者である指揮本部長が関係者に対して直接行う。
(2)　説示は、関係者に対して口頭で危険箇所を中心に説明するとともに、必要により説示書を交付する。
(3)　交付する説示書は、出火場所を管轄する消防署長名で交付する。
(4)　説示した関係者の氏名は、可能な範囲で聴取しておく。
(5)　説示書の控え欄には、交付した日時、場所及び受領者の氏名並びに交付者の氏名を記録し保管する。

答

解説　説示の実施者は、指揮本部長に限定することなく、指揮本部長が指定する指揮隊員等が行う。

問 150　**現場引き揚げ時の留意事項に関する記述のうち、妥当でないものはどれか。**

(1)　引き揚げ時に指揮本部で、自己隊の筒先の位置、ホースライン、ホースの本数及び活動内容について報告後、指揮本部長の命令により帰署（所）する。
(2)　隊員の受傷、資器材の損傷及び忘れ物等は、引き揚げ時前の点検で確認し、異常があった場合は、速やかに指揮本部長に報告する。
(3)　消火活動により、周囲の建物、敷地内で植木、鉢及び垣根等が破損するなど二次的な被害が発生していないかを確認し、被害が確認されたならば、関係者に説明し現場を引き揚げる。
(4)　火点を一巡し残火を再確認する。
(5)　防火水槽の水利を使用した場合は、充水の可否について確認する。

答

解説　現場の最高責任者である指揮本部長にかならず報告する。

問 151　**火災現場における危険要因に関する記述のうち、妥当でないものはどれか。**

(1)　金属溶鉱炉への直接注水は、水蒸気爆発等による二次災害の危険がある。
(2)　木粉、澱粉、小麦粉等の収容物への噴霧注水は、空気中で水蒸気と反応し、粉塵爆発の危険性がある。
(3)　冷凍倉庫、定温倉庫等は、一般に無窓であり、断熱材として可燃性の内装が施されている場合、爆発的に燃焼することがある。
(4)　通電、送電中の柱上変圧器や電線等へのストレート放水は、感電危険がある。
(5)　はしご車で伸てい・旋回させる際、電線・変圧器への十分な安全距離の確保や電路の遮断を確認しないと、感電危険がある。

答

解説　粉塵爆発の危険性があるのは、ストレート放水により空気中に粉末を飛散させることによる。

問 152　**消防活動時における安全原則の記述のうち誤っているのはどれか。**

(1)　注水開始時は、濃煙、熱気の吹き返しがあるため、まず、斜めに注水し安全を確認してから正面注水する。

(2)　熱せられた壁体又はシャッターへの注水は熱気のはね返りがあるため、正面からの注水をやめる。

(3)　染色、皮革、メッキ工場等にある各種薬品そう、焼き入れ炉等へのストレート注水は飛散、吹き返しが生じる。

(4)　活動中に電気ショックを感じた時は、姿勢を低くし筒先のホース結合部を床面に押し付け接地する。

(5)　排気側からの注水は、吸気側に吹き返しがあるので、吸気側隊員の安全を考え何があっても絶対に注水しないこと。

答

解説　排気側からの注水が効果等があるときは、吸気側に吹き返しがあるので、吸気側隊員と連絡をとり、安全を確認して注水すること。

問 153　**消防活動における安全管理に係る留意事項のうち、妥当でないものはどれか。**

(1)　不活性ガス消火設備のある地下駐車場での火災は、消火設備の作動状況を確認し、設備が作動してない場合に限り消防活動を開始する。

(2)　冷凍倉庫火災は、冷媒ガスの漏出や密室による酸欠の恐れがあるので、必ず呼吸保護器具を装着して進入する。

(3)　一般住宅のガス漏洩事故では、電路の遮断、測定器によるガス濃度の測定及び使用ガスが都市ガス又はプロパンガスかを確認し、ガスの放出手段など二次的災害の発生防止に努める。

(4)　機械式駐車場の火災では、転落危険や工作物の落下危険があることから、進入時は照明器具を活用し、消防活動の安全確保を徹底する。

(5)　中高層建物火災において非常用エレベーターを活用する場合は、火点階の下層階に進入し、絶対に火点階に進入しない。

答

解説　不活性ガス消火設備のある地下駐車場での火災は、消火設備の作動状況を確認してから内部進入し活動することが原則であるが、作動してない場合でも熱により起動回路が短絡などにより、ガスが放出されることがあるので、内部進入する時は慎重を期す必要がある。

問 154　ケミカルライトの黄色標示灯の取り扱い要領の記述のうち、誤っているものはどれか。

(1)　居住区画、用途区画等を単位とし、当該区画の検索を完了した場合に表示する。

(2)　複数の入口があり、現場確認の重複を避ける必要がある場合、自己進入場所に標示する。

(3)　推定出火場所、火災による死者の位置等、現場保存上重要な場所について必要な場合に標示する。

(4)　作業危険個所を標示する。

(5)　進入路の標示、延焼危険個所の認識標示で、その他の標示について指揮本部等の指示に基づき活用する。

答

解説　作業危険を標示するものは赤色標示灯である。床の焼け抜け、モルタル壁倒壊等に対して、可能な限り危険個所直近に表示し、危険区域設定用テープと併用して危険個所の範囲を明確に表示する。

問 155　指揮者として消防活動中における安全管理について、常に配意しておかなければならない事項のうち、妥当でないものはどれか。

(1)　隊員の健康状態を把握しておく。

(2)　隊員の技術・能力を把握しておく。

(3)　危険と判断されたら指揮者自ら状況を確認し、これを排除する。

(4)　隊員の活動環境を絶えず確認し安全を保持させる。

(5)　危険の高い作業は、安全が確認されるまで積極的な対応は避ける。

答

解説　消防活動が常に危険な状況であり、これを安全に戻すことが消防の任務である。よって、安全が確認されなければ、自らこの状況を確認し、あらゆる資器材を活用し、安全を確保して対応する必要がある。

問 156　消防活動等における安全確保 10 則のうち、誤っているものはどれか。

(1)　興奮、狼狽は事故の土壌となる。どんな活動環境においても冷静さを失うな。

(2)　災害現場は、常に危険性が存在する。安易に慣れることなく危険に対する警戒心を緩めるな。

(3)　安全管理は、任務遂行を前提とする積極的行動対策である。

(4)　事故事例は、かけがえのない教訓であり、内容を詳細に把握し、行動指針として活かせ。

(5)　安全確保の基本は、指揮者の注意心と積極的な指示にある。

答

解説　安全確保の基本は、自己防衛であり、自己の安全は、まず、自身が確保せよ。

問 157　訓練指導を行ううえでの指導要領に関する記述で、誤っているものはどれか。

(1)　１回の訓練ですべてを教えようとせず、段階を積ませ、一時に一事を教える。
(2)　あまり多くを教えようとすると、すべて身に付いていないことから習得可能な分量を教える。
(3)　自身を持たせるため、「こんな事は知っているだろう」という事から実施する。
(4)　成功が自信となり成功を生むことから、一つの訓練で確実に成長できるようにする。
(5)　相手を伸ばそうとする愛情の表現が必要であることから、隊員の自己啓発に配慮しない。

答

解説　隊員の自己啓発に配慮する必要があり、自己啓発できる部分を残しておく。

問 158　不安全行動に繋がるルール違反が起こる要因例の記述のうち、誤っているものはどれか。

(1)　ルールに同意できないか、あるいは意味がないと感じる。
(2)　ルールを守るとデメリット（不快、遅くなる、手間がかかるなど）が大きい。
(3)　違反しても捕まったり罰せられたりしない。
(4)　何度も同じ違反を繰り返し習慣化されているようなケースでは、ルールを破るといった行為への抵抗感が大きくなる。
(5)　危険がない、あるいは小さいと感じるときや、危険を冒して目標に達したときのメリット（効率、利益、早くできるなど）が大きい場合、危険を避けるデメリットが大きい場合（人命を救助できない等）は不安全行動への動機、欲求が高くなる。

答

解説　何度も同じ違反を繰り返し習慣化されているようなケースでは、ルールを破るといった行為への抵抗感が小さくなる。

第２　救急活動関係

問１　**救急事故の分類のうち「急病」に、当てはまらないものはどれか。**

(1)　乗り物酔い
(2)　異常分娩
(3)　シンナー中毒
(4)　てんかん
(5)　陣痛

答

解説　(3)は一般負傷事故である。

問２　**市町村に配備する救急隊数について、正しいものはどれか。**

(1)　人口15万以下の市町村は、おおむね人口３万ごとに１とする。
(2)　人口15万を超える市町村は、５に人口15万を超える人口について、人口６万ごとに１を加えた数とする。
(3)　人口20万以下の市町村は、人口２万ごとに１とする。
(4)　人口10万を超える市町村は、５に人口10万を超える人口について、人口６万ごとに１を加えた数とする。
(5)　人口10万以下の市町村は、人口２万ごとに１とする。

答

解説　人口10万を超える市町村は、５に人口10万を超える人口について、人口５万ごとに１を加えた数（救急業務実施基準３条）。

問３　**救急告示医療機関の基準で、誤っているものはどれか。**

(1)　救急医療について相当の知識および経験を有する医師が常時診療に従事していること。
(2)　Ｘ線装置、心電図、輸血および輸液のための設備、その他の救急医療を行うために必要な施設および設備を有すること。
(3)　救急医療を要する傷病者のための専用病床又は優先的に使用される病床を有すること。
(4)　救急隊による傷病者の搬送に容易な場所に所在し、かつ、傷病者の搬入に適した構造設備を有すること。
(5)　救急医療について相当の知識および経験を有する看護師が常時診療の補助として従事してい

ること。

答

解説　(5)の看護師に関する規定はない（救急病院等を定める省令（昭和 39 年厚生省令第８号））。

問４　救急業務実施基準に定める救急活動のうち、誤っているのはどれか。

(1)　口頭指導とは指令室又は現場出場途上の救急自動車等から、救急現場付近にある者に、電話等により応急手当の協力を要請し、その方法を指導することである。

(2)　隊員は救急業務の実施に際し、傷病者又はその関係者が搬送を拒んだときは搬送しない。

(3)　傷病者が死亡していると思われる場合は、死亡確認のため医師を要請し、医師が死亡していると判断した場合は、これを搬送しないものとする。

(4)　傷病者の関係者又は警察官が同乗を求めたときは、これに応ずるよう努めるものとする。

(5)　傷病者の傷病の状況により必要がある場合はその者の家族に対し、傷病の程度または状況等を連絡する。

答

解説　次のいずれかに該当する場合は、すみやかに救急現場に医師を要請し、必要な措置を講じるよう努める。①傷病者の状態からみて搬送することが生命に危険であると認められる場合、②傷病者の状態からみて搬送可否の判断が困難な場合（医師の要請（救急業務実施基準 17 条））

問５　救急隊員及び准救急隊員の行う応急処置等の基準について、誤っているものはどれか。

(1)　応急処置は、短時間に行うことができ、かつ効果をもたらすことが客観的に認められている処置であること。

(2)　複雑な検査を必要することなく、消防庁長官が別に定める装備資器材を用いて行う処置であること。

(3)　救急隊員は、血圧計を使用して血圧を測定する。

(4)　准救急隊員は、心電計及び心電図伝送装置を使用して心電図伝送等を行う。

(5)　救急隊員は、聴診器を使用して心音及び呼吸音等を聴取する。

答

解説　(4)は、傷病者の観察等は、準救急隊員が行う行為に該当しない（救急隊員及び准救急隊員の行う応急処置等の基準（昭和 53 年消防庁告示第２号））。

問６　高規格救急自動車に求められる構造・機能として、誤っているものはどれか。

(1)　ストレッチャーによる傷病者の搬入が容易に行われる構造を有すること。

(2)　ベットの頭部に座席を有すること。

(3)　資器材の機能を損なうことなく安全かつ確実に積載できるものであること。
(4)　資器材に必要な電気容量を確保できるものであること。
(5)　十分な冷房機能を有すること。

答

解説　(5)　は、十分な冷暖房機能を有すること。

問7　**救急業務実施基準に定める道路運送車両の保安基準について、誤っているものはどれか。**

(1)　十分な緩衝装置を有するものであること。
(2)　隊員4人以上及び傷病者2人以上を収容し、かつ、応急処置及び通信等必要な資器材を積載できる構造のものであること。
(3)　長さ1.9 m、幅0.5 m以上のベッド1台以上及び担架2台以上を収納し、かつ、隊員が業務を行うことができる容積を有するものであること。
(4)　適当な防音、換気及び保温のための装置を有するものでること。
(5)　室内の高さは、隊員が業務を行うに支障がないものであること。

答

解説　(2) は、隊員4人ではなく3人である。

問8　**救急隊長の責務として、妥当でないものはどれか。**

(1)　傷病者の管理
(2)　隊員の教育訓練
(3)　救急事故現場全体の統轄と隊員に対する指示、命令
(4)　チームワークによる隊の総合力の発揮
(5)　傷病者の症状、予後の見込み等についての判断の家族等への伝達

答

解説　いかなる理由があっても死亡していると決めつけたり、推測した傷病の軽重及び予後等について言及してはならない。隊員も同様である。

問9　**救急隊員の責務についての記述で、誤っているものはどれか。**

(1)　傷病者の立場に立って行動しなければならない。
(2)　常に冷静さを保ち、優しさの中にも毅然とした態度をとらなければならない。
(3)　傷病者の心情、動静に配意し、家族等関係者への配意は特段必要としない。
(4)　救急隊員としての知識・技術の向上を心掛けなければならない。
(5)　救急隊としての総合的な資質の向上を心掛けなければならない。

答

解説　傷病者のみならず、家族等関係者の心情、動静にも配意しなければならない。

問 10　**出動指令受信時の留意事項について、誤っているものはどれか。**

(1)　出動指令内容は、必ずメモをする。

(2)　出動場所、出動順路は、地図上で確認する。

(3)　出動順路の選定は、交通規制、交通障害及び交通渋滞等を考慮し、最短距離で現場到着できるようにする。

(4)　出動指令内容によっては、救急隊の追加又は救急隊員の増員、救急資器材等の増載を図る。

(5)　救急隊と他の消防隊が同時に出動する場合は、情報交換や連携について考慮する。

答

解説　「最短距離」ではなく「最短時間である。」

問 11　**妨害行為発生時の行動として、誤っているのはどれか。**

(1)　現場保存や証拠物件を確保する。

(2)　目撃者の住所、氏名、内容等を把握する。

(3)　被害が軽微な場合は、警察官を要請することなく救急活動を継続する。

(4)　暴行を受けた場合は、一時的に避難し安全が確保された時点で救急活動を再開する。

(5)　救急活動の実施継続が困難な場合は消防本部に報告し必要な部隊の応援要請を行う。

答

解説　被害の軽重にかかわらず、消防本部を通じ現場へ警察官を要請する。

問 12　**記述のうち交感神経の興奮による、反応はどれか。**

(1)　瞳孔縮小　　(2)　発汗減少

(3)　血糖上昇　　(4)　気管支収縮

(5)　消化管蠕動亢進

答

解説　(3)以外はすべて副交換神経の興奮に伴う反応である。

問 13　**呼吸器の役割と機能についての記述のうち、正しいのはどれか。**

a　肺の栄養血管は肺動脈である。

b　肺でのO_2とCO_2のガス交換を外呼吸という。

c　延髄にある呼吸中枢によりコントロールされる。

d　横隔膜の収縮と外肋間筋の収縮で吸気が起きる。
e　右主気管支は左に比べ正中線に対する角度が深い。

(1)　a、b、c　(2)　a、b、e　(3)　a、d、e
(4)　b、c、d　(5)　c、d、e

答

解説　a　肺の栄養血管は気管支動脈である。
e　右主気管支は左に比べ正中線に対する角度が浅く、太く、短い。

問 14　食道において食物の通りにくい、部位とはどれか。

a　食道起始部　b　気管分岐部
c　食道裂孔部　d　食道中央部
e　食道終焉部

(1)　a、b、c　(2)　a、b、e　(3)　a、d、e
(4)　b、c、d　(5)　c、d、e

答

解説　食道の生理的狭窄部は３個所である。

問 15　低体温（30℃）による生理学的変化で、特徴的でないものはどれか。

(1)　呼吸中枢抑制　(2)　低血圧
(3)　咳嗽反射低下　(4)　振戦から筋硬直
(5)　基礎代謝亢進

答

解説　基礎代謝は低下する。

問 16　脳神経とその障害に伴う症状の組み合わせで、正しいのはどれか。

1　視神経　－　眼球運動障害
2　動眼神経　－　視力障害
3　滑車神経　－　散瞳
4　三叉神経　－　知覚障害
5　顔面神経　－　聴覚障害

答

解説　(1)の視神経は、視力・視野障害。(2) の動眼神経は、眼球運動障害、眼瞼下垂、対光反射消失、散瞳。(3)の滑車神経は、眼球運動障害（内下方運動障害）が、正しい。

問 17　**糖質の代謝障害について、誤っているのはどれか。**

(1)　１型糖尿病は、インスリン依存型糖尿病とも呼ばれる。
(2)　２型糖尿病は、食事・運動療法で対処できることも多い。
(3)　糖尿病ケトアシドーシスは、２型糖尿病に起こりやすい。
(4)　高浸透圧高血糖症候群は、１型糖尿病に多い。
(5)　低血糖は、重症敗血症でも生じる。

答

解説　(3)の糖尿病性ケトアシドーシスは、１型糖尿病に起こりやすく。(4)の高浸透圧高血糖症候群は、２型糖尿病に多いが、正しい。

問 18　**循環障害の種類と定義に関する記述で、誤っているのはどれか。**

(1)　虚血　——局所の血液供給が異常に減少した状態
(2)　うっ血——動脈系に異常な量の血液が滞留した状態
(3)　血栓　——血管内に詰まった物質による血流の停止
(4)　梗塞　——血管の狭窄・閉塞に伴う局所の壊死
(5)　浮腫　——組織間液が異常に増加した状態

答

解説　(2)のうっ血は、静脈系に異常な量の血液が滞留した状態。(3)の血栓は、血管内で凝固した血液の塊による血流障害が、正しい。

問 19　**体表で目印となる線に関する記述で、誤っているのはどれか。**

1　前正中線　－　胸骨中線
2　乳頭線　－　乳頭を通る縦の線
3　肩甲線　－　肩甲骨下角を通る横の線
4　脊椎（柱）傍線　－　脊柱の横突起を通る横の線
5　ヤコビー線　－　両腸骨稜を結ぶ線

答

解説　(3)の肩甲線は、肩甲骨下角を通る縦の線。(4)の脊椎（柱）傍線は、脊柱の横突起を通る縦の線が、正しい。

問 20　**バイタルサインについて、誤っているものはどれか。**

(1)　呼吸音　　(2)　血　圧
(3)　脈拍（数）　　(4)　体　温
(5)　意識（レベル）

答

解説　バイタルサインとは、人が生きていることを示す生命微候であり、一般的には、呼吸(数)、脈拍（数)、血圧、体温をいうが、さらに詳細に生命微候するために、意識（レベル）を加えることもある。

問 21　**呼吸パターンのうち、最も生命に危険が切迫していることを示すものはどれか。**

(1)　浅くて早い呼吸（浅表性呼吸）
(2)　口をすぼめての呼吸（口すぼめ呼吸）
(3)　呼吸運動がまったく不規則な呼吸（失調性呼吸）
(4)　吸気時に胸部が下がって腹部が膨らみ、一方、呼気時に胸が上がって腹部が下がる（シーソー呼吸)。
(5)　吸気時に下顎を動かして空気を飲み込むような呼吸で顎の動きのみであり胸郭はほとんど動かない（下顎呼吸)。

答

解説　(1)は、血胸、気胸、多発肋骨骨折など肺活量が低下したときにみられる呼吸。
(2)は、慢性肺気腫、気管支喘息で末梢気道の狭窄により、吸った息を通常のスピードで呼出できないため、口笛を吹くようにして、少しずつ息を吐き出している呼吸。
(3)は、呼吸中枢である延髄が高度に障害された場合にまったく不規則になる呼吸。
(4)は、舌根沈下、喉頭浮腫、気道異物などの上気道の狭窄や閉鎖により起こる呼吸。
(5)は、心停止前後にみられる呼吸。

問 22　**意識レベルの評価：Japan Coma Scale（JCS）のうち、誤っているものはどれか。**

(1)　だいたい意識清明だが、いまひとつはっきりしない場合は「１」と評価する。
(2)　見当識障害がある場合は「２」と評価する。
(3)　大きな声または体をゆさぶることにより開眼する場合は「20」と評価する。
(4)　痛み刺激に対し、払いのけるような動作をする場合は「200」と評価する。
(5)　痛み刺激に反応しない場合は「300」と評価する。

答

解説　Japan Coma Scale（JCS）では、痛み刺激に対し、払いのけるような動作をする場合は「100」と評価する。「200」は痛み刺激で少し手足を動かしたり、顔をしかめる場合をいう。

問 23　**ジャパンコーマスケール：JCSについて、正しいのはどれか。**

(1)	JCS1	自分の名前、生年月日が言えない。
(2)	JCS 200	普通の呼びかけで容易に開眼する。
(3)	JCS 100	痛み刺激で少し手足を動かしたり、顔をしかめる。
(4)	JCS2	だいたい意識清明だが、今ひとつはっきりしない。
(5)	JCS 30	痛み刺激を加えつつ呼びかけを繰り返すとかろうじて開眼する。

答

解説　(1)は、JCS3。(2)は、JCS 10。(3)は、JCS 200。(4)は、JCS1である。

問 24　**傷病者の瞳孔反応の観察は意識障害の程度の判断に重要であるが、この場合の対光反応の説明で、誤っているものはどれか。**

(1)　瞳孔が虫ピンの頭のように小さくなっているときは、薬物中毒の場合が多い。
(2)　瞳孔が両側とも散大しているのは生命に極めて危険な状態である。
(3)　瞳孔に左右差があるときは、脳の片側に障害があることを示している。
(4)　瞳孔は光を当てると収縮し、光がなくなると大きくなるのが正常である。
(5)　瞳孔の観察は、上下眼瞼を開いて片方ずつ見る。

答

解説　瞳孔は光が当たると敏速に収縮し、光がなくなると、直ちに大きくなるのが正常である。光が当てても全く反応しないか、反応がにぶいときは意識障害があり、瞳孔が大きく開いたままのときは、生命の危機が迫っていると判断する。

問 25　**頭部外傷により症状を呈している場合、最も重症と判断されるものはどれか。**

(1)　受傷の瞬間、あるいは数分間程度は意識が消失し、のちに意識が全く明瞭である者。
(2)　受傷時から強い意識障害があるが、時間の経過とともに少しずつ軽快している者。
(3)　受傷の瞬間は意識消失を来したがすぐに明瞭になり、数分ないし数時間後から再び意識障害が出現した者
(4)　受傷時から意識障害があり、一時は少し軽快の傾向を打ったものの、のち悪化していく者
(5)　受傷時からずっと意識不明の状態が、継続している者

答

解説　(5)が最も重症と考えられる。(3)、(4)にも注意が必要である。

問26　傷病者への処置に関して、誤っているものはどれか。

(1)　体温計の水銀を誤飲した場合は、まずは無理に吐かせず、水や牛乳などを飲ませる。

(2)　熱性けいれん時は、舌を噛まないように口腔内に割り箸やタオルを入れる。

(3)　異物を誤嚥した場合、呼吸をして咳をしている限りは、自分で異物を吐き出させるために、咳き込むようにさせる。

(4)　小児でも、脳血管障害による意識障害が起こることがある。

(5)　灯油を飲んでしまった場合は、肺への吸い込みを誘発しないためにも、無理に吐かせようとしない。

答

解説　(2)　無理に割り箸やタオルを入れると、かえって患児の口や歯を傷つけたり、嘔吐を誘発することがある。また、指を噛まれることもあり、不要な処置である。けいれんで自分の舌を噛むことはまれである。

(3)　呼吸停止に陥った場合は、1歳以上であればハイムリック法、1歳以下であれば、背部叩打法を試みる。

(4)　脳動静脈奇形による意識障害が起こることがある。

(5)　灯油を飲んでしまった場合は、吐かせようとすると誤嚥性肺炎を誘発する危険があるため、無理に吐かせようとしない。また、脂肪を含んだ牛乳は腸管からの灯油の吸収を早めるので、飲ませてはいけない。

問27　化学兵器として合成されたサリンに関する記述で、誤っているものはどれか。

a．神経剤に分類され、神経の情報伝達を遮断する作用がある。

b．毒性が極めて高く、少量でも死傷にいたる。

c．常温では気体であり、拡散性が強い。

d．気化した時の比重が、空気より軽い。

e．主な症状は、縮瞳、呼吸困難、痙攣等である。

(1)　a、b　　(2)　a、c　　(3)　b、e

(4)　c、d　　(5)　d、e

答

解説　サリンは常温では液体である。気化したときの比重は空気より重い。

問28　救急業務において傷病者が明らかに死亡している場合の一般的な判断基準について、誤っているものはどれか。

(1)　意識レベル300であること。呼吸が全く感ぜられないこと。

(2)　橈骨動脈で脈拍が全く触知できないこと。

(3)　体温が感ぜられず、冷感が認められること。

(4)　瞳孔の散大が認められ、対光反射が全くないこと。
(5)　死後硬直又は、死斑が認められること。

答

解説　(2)は、総頸動脈で脈拍が全く触知できないことが、正しい。

問 29　動悸の原因となる主な疾患とその特徴に関する記述のうち、妥当なものはどれか。

(1)　発作性上室頻拍について、循環動態は安定しているが、基礎疾患があることが多く、数分で自然消失することもある。
(2)　発作性心房細動について、脳梗塞の原因となる。頻脈時は循環動態は不安定となる。
(3)　心室頻拍について、QRS幅が狭く、心室細動に移行しやすい。
(4)　期外収縮について、基本調律に先行した早期収縮を起こすもので、QRSの幅が広い心室期外収縮は緊急性がない。
(5)　心筋梗塞について、心筋梗塞自体で動悸を訴えることはないが、期外収縮など合併する不整脈による症状のこともある。

答

解説　(1)は、基礎疾患はないことが多い。(3)は、QRS幅が広く。(4)は、緊急性がある。(5)は、動悸を訴えることもありが、正しい。

問 30　傷病者の顔色は重要な観察事項であるが、誤っているものはどれか。

(1)　顔色が蒼白の場合は、皮膚の血管が拡張しているためである。
(2)　出血が大量である場合は、顔色が蒼白になる。
(3)　腹部を強く打った傷者が蒼白で冷や汗が認められる場合には、内臓の大量出血が疑われる。
(4)　チアノーゼを呈し、胸痛を訴えている場合は、心疾患が疑われる。
(5)　顔色が紅潮しているのは、高血圧、一酸化中毒が疑われる。

答

解説　顔色は皮膚の表面の血管の収縮・拡張とその血管を流れる血液の性状によっている。出血の量が多くなると皮膚、消化器、泌尿器へ行く血液の量が減少し、脳、心、肺へ行く血液の量が正常に保たれる。そのため、皮膚へ行く血管が収縮して蒼白に見える。

問 31　出血はその色によって出血箇所が判断できるとされているが、誤っているものはどれか。

(1)　動脈損傷の場合は鮮紅色である。
(2)　静脈損傷の場合は暗赤色である。
(3)　肺から咳とともにでた血液は鮮紅色である。
(4)　胃潰瘍からの出血は鮮紅色である。

(5)　便に混じっている血液は暗赤色かタール状の色が多い。

答

解説　肺からの出血は肺内の酸素とヘモグロビンが結びついた鮮紅色の動脈血であるが。胃潰瘍からの出血は、出血したときは鮮紅色の動脈血であるが、胃内で暗赤色に変化する。

問32　**呼吸器疾患に見られる随伴症候の組み合わせで、誤っているのはどれか。**

(1)　CO_2ナルコーシス　―　意識障害
(2)　慢性閉塞性肺疾患　―　起坐呼吸
(3)　肺血栓塞栓症　―　陥没呼吸
(4)　緊張性気胸　―　経静脈怒張
(5)　気管支喘息　―　吸気性喘鳴

答

解説　(3)の肺血栓塞栓症に見られる症候は、過呼吸や経静脈怒張など。(5)の気管支喘息は、呼気性喘鳴が見られるが、正しい。

問33　**吐血の特徴のうち、正しいものはどれか。**

(1)　色調は鮮紅色である。
(2)　出血の状態は嘔吐に伴い排出される。
(3)　性状は、食物残渣が混在することがある。
(4)　自覚症状として胸内苦悶がある。
(5)　既往歴として慢性呼吸器疾患がある。

答

解説　(1)の色調が鮮紅色、(4)自覚症状として胸内苦悶、(5)既往歴として慢性呼吸器疾患があるのは、喀血である。

問34　**脈拍についての記述で、誤っているものはどれか。**

(1)　頻脈とは、正常脈拍数よりも頻数であるものをいう。
(2)　硬脈とは、緊張が強く、硬くふれるものをいう。
(3)　不整脈とは、拍動の間隔が不規則なものをいう。
(4)　軟脈とは、緊張が弱く、やわらかくふれるものをいう。
(5)　除脈とは、徐々に弱くなっていくものをいう。

答

解説　除脈とは、正常脈拍数より少ないものをいう。

問35　**3歳の女児。意識レベルの低下があるとのことで、母親から救急要請があった。傷病者の意識はJCS100、眼球は左側への偏視を認めた。母親からはよく分からないが、遊んでいてソファーから落ちたのではないかとのことであった。顔面には皮下出血があり、着衣の下には多数の打撲痕や小さな熱傷の痕が認められた。誤っているのはどれか。**

(1)　硬膜下血腫が多い。
(2)　被虐待児症候群を疑う。
(3)　被虐待の可能性を医師に報告する。
(4)　患児の衣服や栄養状態にも注意を払う。
(5)　搬送前にできるだけ詳しく受傷機転を聞きだす。

答

解説　被虐待児の親は、子供の生命に危険があるような場合にだけ救急車を要請し、虐待を否定するので、不慮の事故か虐待による外傷かの判断は難しい。救急隊員の対応としては、親の不自然な態度や、受傷機転と現場の不一致が疑われる場合に本症を疑い、搬送先の医師にその旨を通報する。

問36　**創傷の種類と特徴の組み合わせについて、誤っているのはどれか。**

(1)　切創－創角は尖鋭
(2)　割創－骨折や大血管の損傷を伴うことが多い
(3)　杙創－貫入路には高度な挫滅と汚染を伴う
(4)　銃創－接射の場合は、射入口より射出口の方が大きい
(5)　刺創－刺入口が小さいのに比べて創洞の深いのが特徴

答

解説　(4)の接射の場合は、射入口より射出口の方が小さい。

問37　**意識障害に関する記述で、正しいものはどれか。**

(1)　一次性脳病変とは、全身的な病態の影響で脳の機能不全を生じて意識障害をきたすものである。
(2)　二次性脳病変の発症経過において意識障害は比較的、急激であることが多い。
(3)　意識障害をきたす代表的な疾患の1つにくも膜下出血があるが、判断の手がかりとして、突然の激しい頭痛、嘔吐、麻痺があることが多い。
(4)　意識障害に随伴する神経所見として両側の散瞳がみられる代表的疾患として、橋出血、有機リン中毒、麻薬中毒、進行した脳ヘルニアがある。
(5)　一次性脳病変では覚醒レベルの低下の程度と重症度が原則的に相関する。頭部外傷では、JCS30以上またはGCS合計点8以下が重症である。

答
解説　1は、脳自体の病変によって意識障害を発症したもの、2は、急激⇒緩徐、3は、麻痺はないことが多い、4は、橋出血、有機リン中毒、麻薬中毒⇒両側の縮瞳が、正しい。

問38　アナフィラキシーに関する記述で、誤っているものはどれか。

1　国内では、小・中・高校生でアナフィラキシーの既往を有するのは3～6％である。
2　特定の食物を摂取して1～2時間以内に運動したときに発症するものは、食物依存性運動誘発アナフィラキシーと呼ばれ最近注目されている。
3　ハチ刺傷ではハチ毒に含まれる酵素類がアレルゲンとなる。2回目以降の刺傷で発症するが、必ずしも回数を重ねるたびに症状が悪化するとは限らない。
4　呼吸障害の発生には、気管支攣縮による喘息様病態と、喉頭浮腫による上気道閉塞などが関与する。
5　致死的反応を示した例における症状発現から呼吸停止または心停止までの時間（中央値）は、薬剤で5分、ハチ刺傷で15分、食物で30分とされる。

答
解説　既往を有するのは0.3～0.6％である。

問39　症状と疾患の組み合わせで、正しいものはどれか。

(1)　回転性めまい　　貧血
(2)　失神性めまい　　小脳腫瘍
(3)　動揺性めまい　　高度徐脈
(4)　動揺性めまい　　メニエール病
(5)　回転性めまい　　良性発作性頭位めまい

答
解説　(1)の貧血は、失神性めまい。(2)の小脳腫瘍は、動揺性めまい。(3)の高度徐脈は、失神性めまい。(4)のメニエール病は、回転性めまいが、正しい。

問40　急性心疾患の症状として、誤っているものはどれか。

(1)　左肩、左腕の痛み
(2)　頭　痛
(3)　呼吸困難
(4)　動　悸
(5)　チアノーゼ

答
解説　心疾患主症状としては、胸痛、呼吸困難、チアノーゼ等が考えられる。

問 41　**高齢者によくみられる救急疾患で、ないのはどれか。**

(1)　脳梗塞　　(2)　心不全
(3)　癒着性イレウス　　(4)　誤嚥性肺炎
(5)　腸重積

答

解説　(5)の腸重積は小児の代表的な疾患である。

問 42　**熱中症に関する記述のうち、妥当なものはどけか。**

(1)　労作性熱中症は、高齢者の男性に多い。
(2)　熱痙攣は、腹部や下肢の無痛性の痙攣と大量発汗が見られる。
(3)　熱失神は、基本的に意識障害が見られる。
(4)　熱疲労は、発汗がなく、頭痛、嘔吐、全身倦怠感、下痢・腹痛が見られる。
(5)　熱射病は、40 ～ 41℃以上の高体温と虚脱症状を示す。

答

解説　(1)は、青壮年の男性に多い。(2)は、有痛性の痙攣。(3)は、基本的に意識障害はない。(4)は、大量発汗が、正しい。

問 43　**病態と応急処置に関して、誤っているものはどれか。**

(1)　顔面、頸部の火焔熱傷の傷病者は、気道熱傷の可能性を考慮し、迅速に気道を確保し、酸素を投与すると共に、血中酸素飽和度を観察する。
(2)　薬毒物を飲み込み、意識がない傷病者に対しては、気道の確保が優先されるので、傷病者を左側臥位に保ち、吐物や分泌物が流出しやすいようにする。なお、無理に吐かせようとしない。
(3)　頭部外傷の傷病者を搬送する際は、酸素を頭蓋内に多く送り込むために、下肢をやや挙上させ、頭部を下げる。
(4)　化学物質による熱傷の際は、付着物を除去させるため、まずは流水による洗浄が優先される。
(5)　骨盤骨折が疑われる場合は、骨折部が動揺し出血を助長させることがあるので、傷病者の移動に際しては細心の注意を払う。

答

解説　(1)は、受傷程度によっては、緊急気管切開が救命のために必要な場合もあるため、血中酸素飽和度に注視しつつ高次救急医療機関へ迅速に搬送する。
　(2)は、薬毒物が十二指腸以下に流れるのを遅らせることが目的である。無理に吐かせると誤嚥することもあるので、行わない。

(3)は、頭部を下げると頭蓋内の圧力が著しく上昇するため、頭部は水平位かやや挙上し搬送する。

(4)は、洗浄後は清潔なガーゼで被覆することが望ましい。

問44　応急処置に関する記述として、誤っているものはどれか。

(1)　酸、アルカリによる眼の腐蝕の場合は、眼球癒着や失明の可能性が高いことから、水道水で十分に洗浄する。

(2)　切断指については、そのまま生食水に浸しつつ、医療機関まで傷病者と共に搬送する。

(3)　偶発的低体温症とみられる傷病者に対しては、毛布などで徐々に加温する。

(4)　減圧症の傷病者で、呼吸困難や前胸部痛がみられるときは、ショックに注意しながら搬送する。

(5)　傷病者に刃物が刺さっている場合、救急現場では抜去せず、また、搬送中も刃物が動かないように、刺入物の周囲をガーゼやタオルなどで固定する。

答

解説　(2)の切断指は、生食水で湿らせたガーゼに包み、ビニール袋で密封し、氷水中に保存し搬送する。直接水中に入れてはいけない。

問45　救急処置に関する記述で、不適切であると思われる処置はどれか。

(1)　開放性胸部外傷の傷病者に創部が吸い込み創となっていたため、滅菌ビニールで三辺テーピングを行った。

(2)　多発肋骨骨折に伴い奇異呼吸が出現していたため、胸郭の動揺箇所に大きなガーゼを当て、幅広のテープで固定した。

(3)　腹部外傷で刺創部から腸管が脱出していたため滅菌ビニールで被覆し、その上からタオル包帯により被覆した。

(4)　腹部外傷で刺入物があり不安定となっていたためガーゼとタオルで固定し刺入物を安定させ搬送した。

(5)　頭部外傷で意識障害をきたしている傷病者に耳出血があり、出血が持続していたため耳部にガーゼを詰め止血し搬送した。

答

解説　頭部外傷での外耳孔、外鼻孔などからの出血は、頭蓋底骨折による髄液が混じった血液でその血液は凝固することはない。ガーゼを安易に詰め込み止血を図ることは頭蓋内を汚染する可能性があるためひかえ被覆処置にとどめるべきである。また、このような出血はガーゼに染み込ませた場合に、二重の輪を形成する（ダブルリング試験）。

問 46　創傷に対する応急処置で、誤っているものはどれか。

(1)　創傷内の異物が突き刺さっている場合は、速やかに取り除く必要がある。
(2)　皮膚に付着した薬品類（酸、アルカリなど）は、直ちに滅菌水や水道水で洗浄するのがよい。
(3)　創から内臓（脳、腸）や骨が脱出している場合は、滅菌水で湿らせた幅の広いガーゼで、これを保護する。
(4)　手指が離断している場合は、搬送に長時間要する場合は、可能な限りこれを氷片を入れた容器に保存し搬送する。
(5)　顔面外傷のときは、口腔内に出血が認められるときは、繰り返し口腔内の清拭、吸引を行わなければならない。

答

解説　創傷内に異物が突き刺さっている場合で、出血を助長する場合は、異物が動かないように固定した状態で搬送する。

問 47　気道確保の方法のうち用手的気道確保で、ないものはどれか。

(1)　下顎挙上法
(2)　経鼻エアウエイ
(3)　経口エアウエイ
(4)　頭部後屈あご先挙上法
(5)　トリプルエアウエイマニューバー

答

解説　(2)、(3)は、心肺停止や意識障害のある傷病者の口又は、鼻から注入して気道確保を行う器具である。

(1)、(4)、(5)は、用手的気道確保であり、(5)のトリプルエアウエイマニューバーは、傷病者の頭部側に位置して、両手で下顎挙上と開口を行い、頭部後屈を併用する方法で、特に小児において効果的である。

問 48　心肺蘇生実施上の注意事項で、誤っているものはどれか。

(1)　心肺蘇生を開始したら、傷病者を移動するときでも原則として中断することなく継続する。
(2)　心肺蘇生実施中も、傷病者の顔色、脈拍、体温、瞳孔等の観察を続ける。
(3)　10 分～ 20 分心肺蘇生を実施して、蘇生の徴候が見られないときは、そのリズムをいろいろ変化させてみる必要がある。
(4)　胸骨圧迫や人工呼吸が効果的に行われているかどうか常に確認しながら行う。
(5)　呼吸や心拍が再開するか、又は医師に引き継ぐまで継続する。

答

解説　心肺蘇生は、円滑に、かつ、常に一定のリズムで行うことが必要である。

問49　**胸骨圧迫実施上の注意事項として、誤っているものはどれか。**

(1)　胸骨圧迫の中断時間は最小限にする。
(2)　圧迫の解除は、掌が胸から離れたり浮き上がったりしないように注意する。
(3)　胸骨圧迫の評価は、頸動脈等の脈拍触知で評価する。
(4)　剣状突起を圧迫しない。
(5)　救助者が２人で対応する乳児、新生児の場合は、胸郭包み込み両拇指圧迫法は４本の指で胸郭を絞り込む動作を加える。

答

解説　胸骨圧迫の評価は、圧迫の深さや速さで評価する。

問50　**電極パッド装着時の対応として、誤っているのはどれか。**

(1)　貼付薬剤があったが剥がすことなく電極パッドを装着した。
(2)　地面が濡れていたので乾いた場所に移動させてから実施した。
(3)　小児用電極パッドがなかったので成人用電極パッドを使用した。
(4)　ペースメーカーが装着されていたので離して電極パッドを装着した。
(5)　胸毛が前胸部に密生していたので胸毛を避けて電極パッドを装着した。

答

解説　(1)は、貼付薬剤に電流が流れると引火する場合があるので、貼付薬剤を剥がしてから電極パッドを装着するので、誤り。

(4)は、電極パッドはペースメーカーの上に装着することは避け、２cm～３cm程度離れた場所に貼付する。

(5)は、胸毛の前胸部に密生していると、電極パッドを装着しても電極パッドと皮膚の間に空気が介在し、電気抵抗を高め、通電時の熱傷、更には通電効果不良の原因となる。

問51　**止血点圧迫止血法に関する記述のうち、誤っているのはどれか。**

(1)　四肢の動脈性出血で、直接圧迫法によって止血が得られない場合に行う。
(2)　上腕末梢側の出血では、上腕内側を走行する上腕動脈を圧迫する。
(3)　前腕および手の出血では、肘窩内側を走行する上腕動脈を圧迫する。
(4)　手の出血では、手関節部の橈骨動脈または尺骨動脈のどちらかを圧迫する。
(5)　大腿部からの出血では、鼠径中央部を走行する大腿動脈を圧迫する。

答

解説　手の出血では、手関節部の橈骨動脈と尺骨動脈をともに圧迫する。

問 52　**ターニケットに関する記述のうち、誤っているのはどれか。**

(1)　一定時間ごとに緩めたり解除したりすることは、出血量を有意に増加させ、結果的に生命予後を悪化させることが報告されている。
(2)　ターニケットを解除する場合は、血圧の急激な低下、不整脈の誘発等のリスクを伴うため、原則、医療の管理下で行う。
(3)　前腕及び下腿においては、２本の骨の間を動脈が走行しているため効果が期待できない。
(4)　不十分な止血によるうっ血は、合併症の原因となる。
(5)　小児に対しても同様の効果がある。

答

解説　(3)の前腕・下腿でも止血効果はある。(5)の小児に対しては、使用しない。

問 53　**熱傷についての記述のうち、誤っているものはどれか。**

(1)　顔面に熱傷を負っていたので、気道熱傷を疑った。
(2)　10 歳男児が両下肢を受傷したので、熱傷面積を 30％と判断した。
(3)　皮膚は白く、疼痛もないので、Ⅲ度熱傷と判断した。
(4)　Artz の基準で、Ⅱ度 20％以上は重症である。
(5)　熱傷指数 10 以上は、重症熱傷である。

答

解説　Ⅱ度 30％以上が重症である。

問 54　**気道熱傷の観察要点で、誤っているものはどれか。**

(1)　閉鎖された部屋で受傷した。
(2)　化学繊維が燃えてそのガスを大量に吸引した。
(3)　鼻部、口唇部の周囲に熱傷が見られ、痰に煙が混じっている。
(4)　声が嗄れている。
(5)　受傷後すぐに呼吸困難が現れる。

答

解説　気道熱傷は密閉された部屋で熱い燃焼ガスを吸入した場合に多く生ずる。熱傷による気道の狭窄は数日後に起こってくる場合もある。

問 55　**傷病者の体位管理について、誤っているものはどれか。**

(1)　原則として、傷病者が希望する体位をとらせる。
(2)　トレンデレンブルグ位は、循環血液量減少性ショックやアナフィラキシーショックに対する体位である。
(3)　ファーラー位は妊婦搬送に用いる体位であり、胎児に与える影響が少ない体位である。
(4)　昏睡位は意識障害や嘔吐の危険がある傷病者に対する体位である。
(5)　起坐位は、気管支喘息や心不全による呼吸困難に対する体位である。

答
解説　ファーラー位は、急性腹症や腹部外傷などで、腹痛を強く訴える患者に対してとる体位である。

問56　**救急活動現場で行う体位管理について、最も妥当と思われるものはどれか。**
(1)　呼吸困難を訴え、息切れがあり、努力呼吸状態の傷病者を仰臥位とし搬送を開始した。
(2)　胸部の不快感を訴え、胸を押さえたまま坐位となっている、発汗、呼吸がやや速い傷病者を起坐位とし搬送を開始した。
(3)　腹部の痛みを訴え、圧痛を伴う屈曲位の傷病者に対し、無理に仰臥位にさせた。
(4)　高度な頭痛を訴え、高血圧、嘔気、嘔吐を伴う傷病者を仰臥位とし搬送を開始した。
(5)　意識障害のある傷病者に半坐位とし搬送を開始した。

答
解説　設問から傷病者の訴え、発汗、呼吸の状態などから胸腔内臓器の障害が疑われる。とりわけ鮮明な訴えではないこと、胸を押さえたままの姿勢などから急性冠症候群が疑え、静脈還流を減少させ心臓への負担を軽減した体位管理が望まれる。

問57　**傷病者の体位管理について、誤っているのはどれか。**
(1)　胸骨圧迫　―　仰臥位
(2)　妊婦　―　右側臥位
(3)　薬物服用　―　左側臥位
(4)　頭蓋内圧亢進　―　頭部高位
(5)　腹部外傷　―　膝屈曲位

答
解説　妊婦は左側臥位で搬送する。

問58　**電撃症の記述で、誤っているのはどれか。**
(1)　交流電流は一方向に進む。
(2)　周波数は低いほど危険である。
(3)　男性よりも女性の方が感電しやすい。
(4)　直流と交流では交流の方が危険である。

(5)　電流は骨よりも神経の方に流れやすい。

答

解説　(1)　交流電流の場合、電源への接触部分はあるが、流入部、流出部ははっきりしない。また、一方向に進むのは直流電流の場合であり、一般に流出部の方が損傷が激しい。

(3)　男性よりも女性の方が感受性が高いので、感電しやすい。平均的体格の成人男性と比して、女性ではこの２/３程度、小児では１/２程度の電流値で同等なショック及び傷害を生じると言われている。

(5)　電流は一度皮膚を通過すると、電気抵抗が少ない部分を通りやすい。電気抵抗が少ない順に、神経、血管、筋肉、皮膚、腱、脂肪、骨となる。しかし、高電圧の場合は、最短距離を通過するため、電気抵抗の大きな組織をも電流が流れることにより、高熱を発する。電流自体の作用とともに、この高熱による損傷が深部に及ぶ。

問59　**爆傷について配慮すべきこと及び発生機序について、誤っているのはどれか。**

(1)　救急隊は、爆発によって発生した傷病者を観察する際には、鼓膜破裂があることを念頭に置き、注意深く聴取する必要がある

(2)　爆傷の発生機序は３つの段階に分けられる。

(3)　第１段階は、爆発のエネルギーによって作られる圧力波による損傷で鼓膜や肺胞を損傷しやすい。

(4)　第２段階は、爆発によって生じた破片が身体に当たり生じる損傷である。

(5)　第３段階は、爆風で吹き飛ばされた身体が地面に衝突して起こる。

答

解説　爆傷の機序は４つの段階に分けられる。改訂第９版救急救命士標準テキスト下巻 P.943 参照。

問60　**救急事故現場で応急処置を行う際の留意事項で、誤っているものはどれか。**

(1)　複数の傷病者がいるときは、症状の重い者から順次着手する。

(2)　重篤の傷病者に対しては、特に呼吸、循環等生命維持に必要な応急処置を確実に行う。

(3)　意識障害のある傷病者は、止血、固定等の必要な応急処置を行った後、気道確保をして搬送する。

(4)　現場の様相、周囲の状態に支配されることなく、落ち着いて行う。

(5)　隊員の数と技能程度に応じ、担当する傷病者もしくは、任務を分担する。

答

解答　意識障害がある傷病者に対しては、まず気道確保して、その後、次の応急処置に移るべきである。

問61　**車が正面衝突した場合に発生する特徴的な外傷として、正しいのはどれか。**

a　ドアによる肋骨骨折
b　エアバックによる胸髄損傷
c　ダッシュボードによる腰椎骨折
d　ハンドルによる心タンポナーデ
e　２点式シートベルトによる小腸損傷

(1)　a、b　　(2)　a、e
(3)　b、c　　(4)　c、d
(5)　d、e

答

解説　a　ドアによる外傷は側面に衝撃が加わった場合に発生する場合が多い。
b　エアバックによる脊椎損傷は頸部に多い。
c　ダッシュボードによる外傷は、膝、大腿部、股関節に多い。
e　他に横隔膜破裂、腹部大動脈破裂などベルトのかかる位置により多様な外傷が発生する。

問62　**高エネルギー外傷に関する記述で、誤っているものはどれか。**

(1)　同乗者の死亡した車両事故
(2)　車に轢かれた歩行者・自転車事故
(3)　40 km／時以上の車との歩行者・自転車事故
(4)　体幹部が挟まれた
(5)　車の高度な損傷を認める車両事故

答

解説　(3)は、30 km／時以上の車との歩行者・自転車事故。

問63　**切断指趾に関する記述のうち、妥当なものはどれか。**

(1)　氷水が準備できない場合は切断指趾をガーゼで被覆して迅速に搬送する。
(2)　指趾が切断された場合でも、三次救急医療機関への搬送により再接着が可能な場合がある。
(3)　切断指趾を凍結することで再接着可能となるので、氷やドライアイスなどの冷却材を有効活用する。
(4)　切断指趾を氷水に直接入れると組織が破壊されるので、切断された指趾をガーゼで被覆してから氷水に浸す。
(5)　受傷から再接着までの時間が、常温下では約６時間以内、０～４℃で冷却すれば約 12 時間以内、凍結すれば約 24 時間以内といわれている。

答

解説　(2)は、創面が鋭利であり時間が経っていないなどの条件が整っていれば再接着が可能な場合がある。(3)は、切断指趾が凍結すると再接着不能となるので、氷には必ず水を加え、ドライアイスなどの保冷材は使用しない。(4)は、切断された指趾をガーゼで被覆してビニール袋に密封し、そのビニール袋を氷水に浸す。(5)は、「凍結すれば約24時間以内」という記載はない。

問64　**多数傷病者発生時の対応について、誤っているものはどれか。**

(1)　多数傷病者事故における活動は、要救助者や傷病者を迅速に救命するため体系的な活動を最優先し、消防部隊が相互に連携し、資機材などを効果的に活用して効率的な組織活動を行う。

(2)　傷病者が短時間に集中して発生するので限られた人的・物的資源を最大限に活用して、最大多数の傷病者に最善の医療を提供するための活動を基本とする。

(3)　速やかにトリアージを行い、応急救護所を設置し、医師などと連携を図り、傷病者の迅速・安全な搬送を行う。

(4)　応急救護所の設置は、迅速な救護のため災害現場直近とし、二次災害の危険性を考慮する必要はない。

(5)　都道府県、市区町村、医療機関（ＤＭＡＴ含む）、警察、その他の関係者と連携を密にし、傷病者の効率的な救護などにあたる。

答

解説　応急救護所は、二次災害の危険がなく、搬送担当救急隊の進入および搬送路が確保でき、地形が平坦で容易に救護活動ができる場所とする

問65　**多数傷病者発生時の救助・救急活動要領として先着中隊長の実施するべき処置のうち、妥当でないものはどれか。**

(1)　災害発生場所及び概要の把握

(2)　傷病者数及び傷病状態の把握

(3)　歩行可能傷病者に対する誘導

(4)　現場救護所の設置準備

(5)　必要部隊等の応援要請

答

解説　先着救急隊長の実施するべき処置

問66　**一次トリアージについて、誤っているものはどれか。**

(1)　緑（軽処置群）――歩行可能

(2)　赤（緊急治療群）――自発呼吸なし

(3)　黄（非緊急治療群）――従命反応あり
(4)　赤（緊急治療群）――呼吸数40回／分
(5)　黄（非緊急治療群）――脈拍触知可能・意識あり

答

解説　(2)は、「黒（不処置群）――自発呼吸なし」であるが、正しい。

問67　**「感染症の予防及び感染症の患者に対する医療に関する法律」において、一類感染症に該当しない感染性の疾病はどれか。**

(1)　エボラ出血熱
(2)　ラッサ熱
(3)　マールブルグ病
(4)　ペスト
(5)　新型インフルエンザ

答

解説　感染症の予防及び感染症の患者に対する医療に関する法律において、「感染症」とは一類感染症、二類感染症、三類感染症、四類感染症、五類感染症、新型インフルエンザ等感染症、指定感染症及び新感染症をいうが、新型インフルエンザは、一類感染症ではなく、新型インフルエンザ等感染症に分類されている。

問68　**事故種別及び傷病者の症状など必要により関係機関に通報する場合の組み合わせで、最も適当なものはどれか。**

(1)	交通事故	警察署
(2)	覚醒剤中毒	保健所
(3)	行旅病人	民生委員
(4)	感染症	福祉事務所
(5)	寝たきり	かかりつけ医師

答

解説　(2)　覚醒剤中毒－警察署、(3)　行旅病人－福祉事務所、警察署、(4)　感染症－保健所、(5)　寝たきり－民生委員、保健所

問69　**児童虐待に関する記述のうち、妥当なものはどれか。**

(1)　児童虐待の通告は守秘義務違反に当たらない。
(2)　虐待者は実父が一番多い。
(3)　身体的虐待、ネグレスト、心理的虐待の３つのタイプに分けられる。
(4)　福祉事務所長は必要に応じて児童の一時保護を行う。
(5)　虐待される子どもの年齢は３歳未満が一番多い。

答

解説　(2)は、虐待者は実母 57%、実父 29%。(3)は、身体的虐待、ネグレスト、心理的虐待、性的虐待の４つ。(4)は、児童相談所長は必要に応じて児童の一時保護を行う。(5)は、虐待される子どもの年齢は、３歳未満 19%、３歳～学齢前 25%、小学生 35%、中学生 14%となっている。

問 70　**精神保健福祉法で定められた入院形態の説明で、誤っているのはどれか。**

(1)　措置入院は、精神保健指定医２名の判定の一致を要する。
(2)　任意入院は、患者本人の同意による自発性の入院である。
(3)　応急入院は、72 時間までの入院となる。
(4)　緊急措置入院は、精神保健指定医１名の診察により判定する。
(5)　医療保護入院は、保護者に該当する者との連絡が取れない場合の非自発性入院である。

答

解説　医療保護入院は、保護者または（保護者に該当する者がいない場合は）市町村長の同意により精神保健指定医の診察にて判定される。該当する者との連絡が取れない場合の非自発性入院は応急入院である。

問 71　**特定在宅療法継続中の傷病者の処置について、正しいものはどれか。**

(1)　在宅中心静脈栄養管理中のカテーテルにつまりがある場合は抜去する。
(2)　尿道カテーテルが抜けそうな場合は慎重に再挿入する。
(3)　人工呼吸器が作動していない場合は、手動によるバッグ又は簡易人工呼吸器を使用する。
(4)　気管カニューレ内腔が分泌物の付着等により狭窄し呼吸困難となっている場合は気管カニューレを交換する。
(5)　輸血剤が血管外に漏れている場合は、留置カテーテル挿入部を圧迫し抜去する。

答

解説　(1)　カテーテルにつまりがある場合はそのまま搬送
(2)　尿道カテーテルが抜けそうな場合はその位置で固定
(4)　気管カニューレ内腔が分泌物の付着等により狭窄している場合は吸引
(5)　輸血剤が血管外に漏れている場合は点滴回路のクランプ

問 72　**高齢傷病者とのコミュニケーションのとり方のうち、誤っているものはどれか。**

(1)　大声で話す　　(2)　ゆっくり話す
(3)　名前で呼ぶ　　(4)　敬語で話す
(5)　傾聴する

答

解説　(1)は、普通の声で話す。

問73　**消毒液について、誤っているものはどれか。**

(1)　グルタラールは芽胞に有効である。
(2)　ポピドンヨードは皮膚に使用できる。
(3)　エタノールは70％溶液が最も有効である。
(4)　次亜塩素酸ナトリウムは金属器具に使用できる。
(5)　クレゾール石けんは、結核菌の消毒に有効である。

答

解説　次亜塩素酸ナトリウムは抗菌スペクトルが広いが、腐食作用があるので金属、皮膚には用いない。

問74　**洗浄、消毒、滅菌に関する記述について、誤っているのはどれか。**

(1)　洗浄とは、対象物からあらゆる異物（汚物、有機物等）を除去すること。
(2)　消毒とは、細菌芽胞を含む全ての微生物を殺滅除去すること。
(3)　滅菌とは、細菌芽胞を除く全ての又は多数の病原体を殺滅除去すること。
(4)　洗浄、消毒を行う時は、ゴーグル、手袋、マスク、感染防止衣を着用する。
(5)　粘膜に触れる器具は、洗浄・消毒し乾燥させる。

答

解説　(2)の消毒とは、細菌芽胞を除く全ての又は多数の病原体を殺滅除去すること。(3)の滅菌とは、細菌芽胞を含む全ての微生物を殺滅除去すること。

問75　**個人防護具（PPE）使用時の一般的な注意事項について、誤っているのはどれか。**

(1)　ＰＰＥは、血液・体液等の感染性のある体液や、それらに汚染された物品や環境に触れる前又はその状況が予測される時に使用する。
(2)　曝露のリスクを見極め、適切な資器材を選択する。
(3)　手指衛生はPPEを着用後に実施する。
(4)　使用する分ずつ、箱又は袋から取り出す。
(5)　傷病者ごとに交換する必要はない。

答

解説　(3)の手指衛生はPPEを着用前に実施する。(5)は、原則として、傷病者ごとに交換する。

問 76　**「救急事故等報告要領」（昭和 39 年５月４日付・消防庁長官）に示されている死傷者の分類の内容について、誤っているものどれか。**

(1)　死者とは、初診時において死亡が確認されたものをいう。
(2)　重症とは、傷病の程度が二週間の入院加療を必要とするもの以上のものをいう。
(3)　中等症とは、傷病の程度が重症又は軽症以外のものをいう。
(4)　軽症とは、傷病の程度が入院加療を必要としないものをいう。
(5)　その他とは、医師の診断がないもの及び搬送先がその他の場所へ搬送したものをいう。

答

解説　重症とは、傷病の程度が三週間の入院加療を必要とするもの以上のものをいう。

問 77　**救急業務実施基準に定める活動の記録事項について、誤っているのはどれか。**

(1)　救急事故発生年月日
(2)　発生場所
(3)　発生原因
(4)　行った応急処置内容
(5)　傷病者を搬送した医療機関名・医師等

答

解説　(4)の行った応急処置の内容は定められていない。

問 78　**「応急手当の普及啓発活動の推進に関する実施要綱」（平成 23 年８月 31 日付け消防救第 239 号）に記載されていることについて、次のうち誤っているものはどれか。**

(1)　普及救命講習Ⅰについては、２年から３年間隔での定期的な再講習を行うこと。
(2)　普通救命講習Ⅲについては、２年から３年間隔での定期的な再講習を行うこと。
(3)　上級救命講習の認定については、資格認定日から３年で失効するものとする。
(4)　応急手当普及員の認定については、資格認定日から３年で失効するものとする。
(5)　応急手当指導員の認定については、資格認定日から３年で失効するものとする。

答

解説　普通救命講習Ⅰ～Ⅲ及び上級救命講習は講習修了時には、修了証を発行する。また２年から３年間隔での定期的な再講習を行うこととされている。

第３　救助活動関係

問１　救助隊に関する記述のうち、誤っているものはどれか。

(1)　消防法には「救助隊とは、消防器具を装備した消防吏員又は消防団の一隊をいう。」と述べられている。

(2)　市町村が配置する人命救助を行うため必要な特別の救助器具を装備した消防隊のことを「救助隊」という。

(3)　消防常備市町村の配置する救助隊の数は、当該市町村における消防署数である。

(4)　消防本部及び消防署を置かない市町村の配置する救助隊は、消防団員により編成される。

(5)　消防常備市町村の長は、当該市町村の区域内における人命の救助を要する事案の発生状況、人口、面積、地形その他の地域特性を考慮して、救助隊の配置基準数を増減することができる。

答

解説　消防法には「救助隊」という表現はない。

問２　火災時の人命救助に係る消防法の適用について、誤っているものはどれか。

(1)　火災が発生したときは、当該消防対象物の関係者は、消防隊が火災の現場に到着した後も協力して人命の救助を行わなければならない義務がある。

(2)　火災の現場においては、消防吏員は当該対象物の関係者に対して、人命の救助のため必要な事項につき情報の提供を求めることができる。

(3)　火災の現場においては、消防団員は、消防警戒区域を設定し、出入りを制限することができる。

(4)　消防吏員は緊急の必要があるときは、火災の現場附近に在る者を人命救助その他の消防作業に従事させることができる。

(5)　消防吏員は、人命の救助のために必要があるときは、火災が発生せんとし、又は発生した消防対象物の使用を制限することができる。

答

解説　消法第 25 条から第 29 条の条文の抜粋。

火災が発生したときは、当該消防対象物の関係者は、消防隊が火災の現場に到着するまで人命の救助を行わなければならない（消法 25 条）。

問３　救助活動時の基本についての記述のうち、最も妥当なものはどれか。

(1)　救助活動は、要救助者の「救命」を最優先とし、次いで「精神的・肉体的苦痛の軽減」、「身体の救出」、「財産の保全」の順とする。

(2)　救助活動は、規律厳正にして指揮者の指揮のもと組織的な部隊活動を基本原則とするが、場面に応じた個人の柔軟な判断により臨機な行動を行う。

(3)　救助活動のために準備した資機材が、有効に活用できるように、現場直近に車両を部署し、迅速に資器材を搬入して、効率的な活動を行う。

(4)　救助活動にあたっては、現場の関係者や有識者の知識、技術を積極的に活用する。

(5)　救助活動に際しては、要救助者の容態及び事故内容を把握し、救出時は、繰り返し破壊等を実施することのないように、できるだけ余裕を持って広い範囲の箇所を破壊するなど、救命最優先の活動を行う。

答

解説　(1)は、「救命」を最優先とし、次いで「身体の救出」、「精神的・肉体的苦痛の軽減」、「財産の保全」の順とする。

(2)は、組織的な部隊活動を基本原則とし、恣意的な単独行動は絶対にしてはならない。

(3)は、救助活動のために準備した資機材が、活動時の障害とならないように、資器材の搬入及び車両の停止位置等に配意して、有効な活動スペースを確保する。

(5)は、救出時は、安易に過剰な破壊等をすることなく、できるだけ最少の破壊でかつ迅速な方法を選択し、トータル被害の軽減に努める。

問４　「救助隊の編成、装備及び配置の基準を定める省令」に関する記述のうち、誤っているものはどれか。

(1)　消防常備市町村の配置する救助隊の数（以下「救助隊の配置基準数」）は、当該市町村における消防署の数とする。

(2)　消防常備市町村の長は、当該市町村の区域内における人命の救助を要する事案の発生状況、人口、面積、地形その他の地域特性を考慮して、救助隊の配置基準数を増減することができる。

(3)　特別高度救助隊は、別表第１から別表第３までに掲げる救助器具、当該救助器具を積載することができる救助工作車１台及び特殊災害対応自動車１台を備えた救助隊である。

(4)　特別救助隊は、人命の救助に関する専門的な教育を受けた隊員５人以上で編成するように努めるものとし、別表第１及び別表第２に掲げる救助器具を積載することができる救助工作車１台を備えた救助隊をいう。

(5)　特別高度救助隊について、別表第３に掲げる救助器具のうち、地域の実情に応じて備えるものとされている救助器具は、検知型遠隔探査装置のみである。

答

解説　(4)は、「編成するよう努めるものとし」ではなく「編成し」が、正しい（救助隊の編成、装備及び配置の基準を定める省令)。

問５　**「救助活動に関する基準」に関する記述のうち、誤っているものはどれか。**

(1)　救助隊とは、災害により生命又は身体に危険が及んでおり、かつ、自ら、その危険を排除することができない者について、その危険を排除し、又は安全な状態に救出することにより、消防法の規定による人命の救助を行うことをいう。

(2)　救助隊とは、消防法第36条の２の規定に基づき、及び、救助隊の編成、装備及び配置の基準を定める省令に定める基準に従い、市町村に配置される救助隊をいう。

(3)　消防長又は消防署長は、消防機関の救助活動に関する組織及び施設の整備を推進し、並びにこれらの充実強化を図るよう努めるものとする。

(4)　市町村に配置する救助隊の数は、救助隊の編成、装備及び配置の基準を定める省令第３条から第５条までに定めるところによるものとする。

(5)　救助隊員は、次のいずれかに該当する消防職員をもつて充てるようにしなければならない。

①　消防大学校における救助科又は消防学校の教育訓練の基準に規定する消防学校における救助科を修了した者

②　救助活動に関し、前号に掲げる者と同等以上の知識及び技術を有する者として消防長が認定した者

答

解説　市町村長は、消防機関の救助活動に関する組織及び施設の整備を推進し、並びにこれらの充実強化を図るよう努めるものとする。

問６　**救助隊の編成、装備及び配置の基準を定める省令の別表第１に掲げる救助器具のうち、地域の実情に応じて、備えるものとされるものはどれか。**

(1)　耐熱服

(2)　防毒マスク

(3)　安全帯

(4)　油圧スプレッダー

(5)　ガス溶断機

答

解説　耐熱服のように別表第１に掲げる救助器具の中には、地域の実情に応じて備えるものがある。

問７　**救助隊の編成、装備及び配置の基準を定める省令別表第１に掲げられている救助器具について、誤っているものはどれか。**

(1)　三連はしごは示されているが、二連はしごは示されていない。

(2)　空気式救助マットは、一般救助用器具に分類されている。

(3)　水難救助用器具は、地域の実情に応じて備えるものとされている。

(4)　空気呼吸器には予備ボンベも含まれている。
(5)　別表１に示される救助器具は、同種の機能を有する器具によって代替することができない。

答　5

解説　省令別表第１に掲げられている救助器具は、（地域の実情に応じて備えるものとされているものを除き）全ての救助隊が装備しなければならない救助器具であるが、同種の機能を有する器具によって代替することが可能である。

問８　**救助隊が備えるべき救助器具の品名と分類の組み合わせについて、誤っているものはどれか。**

	品　名	分　類
(1)	かぎ付はしご	一般救助用器具
(2)	油圧スプレッダー	重量物排除用器具
(3)	平担架	その他の救助器具
(4)	万能斧	破壊用器具
(5)	ガス溶断機	切断用器具

答

解説　平担架は一般救助器具である。その他、救助器具の分類としては、測定・測定用器具、呼吸保護用器具、隊員保護用器具、除染用器具、水難救助用器具、山岳救助用器具及びその他の救助用器具がある。

問９　**救助隊の編成、装備及び配置の基準を定める省令の「救助隊及び特別救助隊が備えるべき救助器具の数・性能等」に関する記述のうち、正しいものはどれか。**

(1)	救命索発射銃	到達距離 80 m以上の性能を有するものとする。
(2)	可搬式ウィンチ	牽引能力 2.0 t 以上とする。
(3)	エンジンカッター	金属用切断刃のみを備える。
(4)	マット型空気ジャッキ	マット型空気バッグ各種、調整器、圧力計、連結用空気ホース各１を備える。
(5)	耐電用手袋・衣・ズボン・長靴	9,000 V電路で使用可能なものとする。

答

解説　(1)　到達距離 60 m以上の性能を有するものとする。
(2)　牽引能力 1.5 t 以上とする。
(3)　金属用・非金属用切断刃を備える。
(5)　7,000 V電路で使用可能なものとする。

問 10　**消防救助操法の基準第１編総則第６条に記載されている、意図の伝達及び要領の中の手又は旗による信号の要領のうち、誤っているものはどれか。**

(1)　始め　　右手又は旗を真上に上げる。
(2)　やめ　　右手又は旗を横水平に上げる。
(3)　よし　　両腕で又は片手の親指及び人差し指で輪をつくる。
(4)　発見　　右手又は旗を頭上で左右に連続して振る。
(5)　待て　　両手又は片手の手のひらを示す。

答

解説　右手又は旗を頭上で左右に連続して振る動作は、「退出」の伝達方法で、「発見」は右手又は旗で横に８の字をえがいて伝達を行う。

問 11　**消防救助操法の基準「意図の伝達及び要領」についての中で、誤っているものはどれか。**

		警笛による信号	ロープ	灯　火
(1)	始め	長声一声、短声一声	大きく一回	円を描き垂直に降ろす
(2)	よし	長声一声、短声二声	二回引く	上下に振る
(3)	発見	長声一声、短声三声	三回引く	横に８字をえがく
(4)	待て	長声一声、短声四声	四回引く	水平に振る
(5)	退出	短声連続	反復引き続ける	連続して点滅する

答

解説　初めは、「長声一声」だけである。

問 12　**消防救助操法の基準に規定する「降下操法」のうち「懸垂ロープの設定状況」、「操法実施上の留意事項」について記述で、誤っているものはどれか。**

(1)　懸垂降下を行う場合は、開口部が少なく、崩壊のおそれのない場所を選定すること。
(2)　懸垂ロープを結着する箇所（以下「懸垂点」という。）は、綿密に点検し、ロープの結着は１箇所とし、確実に行うこと。
(3)　懸垂ロープは、２本あわせとし、長さは、座席懸垂にあっては、着地点に届くようにし、身体懸垂にあっては着地ののちおおむね２ｍの余裕をもたせるようにする。
(4)　降下のため壁面に出るときは、懸垂点側のロープのゆるみをなくし、体重を徐々に懸垂ロープにかけながら行うこと。
(5)　身体懸垂の降下距離は、隊員の錬度に応じたものとし、必要以上に長くしないこと。

答

解説　ロープの結着は２箇所ないし３箇所（消防救助操法の基準第 118 条②）。

問 13　**ロープの結索の記述のうち、区分として「結着」に該当しないものはどれか。**

(1)　巻結び　　(2)　止め結び

(3)　もやい結び　　(4)　ふた回りふた結び

(5)　コイル巻きもやい結び

答

解説　止め結びは、ロープに節を作る「結節」である。

問 14　**ロープの結索の記述のうち、区分として「結節」に該当しないものはどれか。**

(1)　ひと結び　　(2)　８の字結び

(3)　節結び　　(4)　本結び

(5)　２重もやい結び

答

解説　本結びは、ロープを結合する場合に用いるものである。

問 15　**災害現場における破壊器具活用時の留意事項に関する記述のうち、妥当でないものはどれか。**

(1)　エンジンカッターを使用する場合、中小隊長は切断箇所を明確に指示するとともに、切断刃の前後には人を近づかせないなど安全管理に努める。

(2)　エンジンカッターの切断刃に目づまり等が生じて切断能力が低下した場合は、直ちに活動を中止させ切断刃の交換又は他のエンジンカッターにより活動を継続する。

(3)　エンジンカッターの保護カバーは、切断時に飛散する火花や切断粉等が周囲の可燃物に最も影響が少なくなるよう調節する。

(4)　エアーソーは、切断刃は引き鋸として使用し、送気圧は 10 kg f ／cm以下とし通常は７ kg f ／cmで使用する。

(5)　アセチレンガス溶断器は、周囲に可燃物のある場所では使用しない。止むを得ず使用する場合は、溶断時に火の粉が飛散する恐れのある範囲では不燃材で覆う等の処置を行う。

答

解説　エンジンカッターにより切断活動する場合は、火花や切断粉による火災の発生の恐れがあることから、可燃物の周辺では活動しない。

問 16　**救命ボート取扱い時の留意事項として、誤っているものはどれか。**

(1)　運航にあたっては、航行区域を確認するとともに、信号紅炎、レーダーリフレクター等を装備する等、関係法令を厳守する。

(2)　搬送は、原則として４人で行い、持ち上げるときは呼吸を合わせて行うこと。
(3)　アルミ製ボートを吊り上げる場合は、バランスよく吊り、ロープ等がずれないようにすること。
(4)　アルミ製ボートは、床板の組み立て時、船底のゴム布をはさまないように注意すること。
(5)　ゴム製ボートは、ボンベから充気する場合、附属ホースの空気流入り口をふさがないこと。

答

解説　ゴム製ボートは、床板の組み立て時、船底のゴム布をはさまないように注意すること。

問 17　**三連はしごの使用等についての記述のうち、妥当でないものはどれか。**

(1)　三連はしごの架てい位置は左右に傾斜のない場所を選ぶこと。
(2)　架てい角度は、おおむね 75 度とする。
(3)　三連はしごを伸梯後、引き綱を主かんにしっかり結着する。
(4)　掛け金の確認は、暗中でもライト等を用いて確認する。
(5)　登てい又は降ていするときは、横さんをもって行うこと。

答

解説　三連はしごの引き綱ははしごの横さんに結着する（消防救助操法の基準第 17 章第２節三連はしご操法）。

問 18　**消防救助操法の基準に規定する「座屈・倒壊建物救助操法」の「操法実施上の留意事項」に関する記述のうち、誤っているものはどれか。**

(1)　操作時には、周囲に人を近づけないこと。
(2)　操作中は、防塵眼鏡を使用すること。
(3)　切断・破壊した片は移動させないこと。
(4)　壁体を破壊するときは、電気回路の遮断を確認すること。
(5)　要救助者を担架に収容したときには、ベルトで固定してから搬送を開始すること。

答

解説　切断・破壊した片は、作業の障害とならない位置に移動させること（消防救助操法の基準第２ 54 条第三号）

問 19　**消防救助操法の基準に規定する「はしごクレーン救助操法」の「操法実施上の留意事項」に関する記述のうち、誤っているものはどれか。**

(1)　はしごの確保ロープは、不均衡とならないようにすること。
(2)　けん引用救助ロープの操作を容易とするため、必要に応じ、はしごの接地部に固定処置を行うこと。

(3)　けん引用救助ロープの操作は、はしごの状態に注意しつつ徐々に行うこと。
(4)　はしごの確保ロープをけい留物に結着できないときは、肩確保を行うこと。

答

解説　はしごの確保ロープをけい留物に結着できないときは、腰確保を行うこと（消防救助操法の基準第2 25条）。

問 20　**消防救助用機械器具についての記述のうち、誤っているものはどれか。**

(1)　救助隊に積載すべき救助器具として、救助隊の編成、装備及び配置の基準を定める省令別表第１に掲げる救助器具のうち、水難救助用器具、山岳救助用器具は、地域の実情により備えるものとされている。
(2)　上記省令別表第１に掲げる救助器具に空気呼吸器が含まれているが、予備のボンベは含まれていない。
(3)　マット型空気ジャッキを２枚重ねて使用する際には、大きいバッグを下に置き、下側のエアバッグから膨らませなければならない。
(4)　ナイロン製のロープは麻製のものと比較して軽く、引張力・弾力性においても優れているが、摩擦力に関しては劣っている。
(5)　一度強力な荷重がかかったカラビナは、相当の強度が減じたものと考えなくてはならない。

答

解説　予備のボンベも備えるものとして記載されている（救助隊の編成、装備及び配置の基準を定める省令別表第１）。

問 21　**救助工作車等に備える救助器具の性能に関する説明のうち、妥当でなものはどれか。**

(1)　油圧ジャッキの揚力は、100 kN以上なければならない。
(2)　可搬ウィンチの牽引能力は、15 kN以上である。
(3)　耐電手袋は、300 V電路で使用可能なものでなければならない。
(4)　救命索発射銃の到達距離は、60 m以上である。
(5)　油圧スプレッダーの展開力は、10 kN以上である。

答

解説　耐電手袋は、7,000 V電路で使用可能なものとされている（救助活動に関する基準第12条第２項及び別表）。

問 22　**エアーソーの取り扱い要領として、妥当でないものはどれか。**

(1)　ノーズガイドの先端はしっかりと固定し、刃が踊らない程度に強く押しつけて切断する。
(2)　サイレンサーを回し、六角レンチで切断刃の取り付けねじを締め、切断刃をノーズガイドから差し込み、取り付けねじを締めて切断刃を固定した後、本体ホースを接続する。
(3)　圧力調整ハンドルがフリーになっていること、速度調整ねじが閉鎖状態にあることを確認する。
(4)　空気ボンベのそく止弁を開放し、充填圧力計により圧力を確認後、圧力調整器により送気圧力を 0.7 MPaに設定する。
(5)　刃先に障害物等があるような場合は、刃先がぶつかって折れるのを防ぐため、事前に刃先を必要な長さに折って使用する。

答

解説　ノーズガイドの先端はしっかりと固定し、刃が踊らない程度に軽く押さえつけて切断する。

問 23　**バッテリーソーの取り扱い時の留意事項として、妥当でなものはどれか。**

(1)　切断後の切断刃は、高温となっているので直接素手で触れない。また、樹脂等の高温に弱い材質に接触しないように注意する。
(2)　ステンレス等の硬質材及び切断しても切り粉がでない切断材を切断する場合は、切断ストロークを 19 mmに設定し、可能な限りゆっくりと切断する。
(3)　バッテリーの使用時間は、おおむね 10 分から 15 分である。
(4)　バッテリーの機能を保持するため、必ず完全放電する前に充電する。
(5)　充電器の電源は、テーブルタップを介さないで直接コンセントから取る。

答

解説　バッテリー機能を保持するため、必ず完全放電させてから充電する。

問 24　**さく岩機の取り扱い時の留意事項として、妥当でなものはどれか。**

(1)　足場を確保し、身体の安全を十分に図り、さく岩機を確実に保持する。
(2)　破砕個所に電線、ガス管など、危険な埋設物がないか確認してから行う。
(3)　破砕しようとするコンクリート等の表面に先端工具が食い付くまで、ゆっくりと作動させ、先端工具の滑り、跳ね返りを防止する。
(4)　破砕個所が広いときは、破砕個所の中心部にせん孔し、徐々に周辺部を部分破砕すること。
(5)　振動障害を防止するため、１日におけるさく岩機の操作時間は２時間以内とし、一連続操作時間は、おおむね 20 分以内とする。

答

解説　振動障害を防止するため、１日におけるさく岩機の操作時間は２時間以内とし、一連続操作時間は、おおむね 10 分以内とする。

問 25　空気式救助器具活用時の留意事項に関する記述で、誤っているものはどれか。

(1)　接続の際、パッキンの有無を確認する。
(2)　接続物に異物がないかを確認し、正確に接続し調整器のバルブが閉じていることを確認する。
(3)　圧力計の調整ノブ等が閉まっていることを確認してから、ボンベのバルブを開く。
(4)　ボンベのバルブを開く時には、対象物を十分に観察し、全体の状況を把握し、徐々に操作する。
(5)　膨張したバックの隙間にあわせ、安全確保のため木材ブロック等の補助材料を用意する。

答

解説　圧力調整ノブ等が緩んでいることを確認してから、ボンベのバルブを開く。

問 26　救助操法実施時における指揮者としての留意事項のうち、妥当でないものはどれか。

(1)　隊員の動作及び操作を十分に監視し、必要な命令及び指示を与えること。
(2)　号令は、明りょうに唱え、命令指示は、簡明適切に行って隊員に徹底させること。
(3)　指揮態度を厳正にし、常に隊員の先頭に位置すること。
(4)　隊員の健康状態を十分に配意すること。
(5)　隊員の練度に応じ適切な指導を行うこと。

答

解説　指揮者は、常に指揮に便利でかつ隊員を把握できるところに位置すること。

問 27　救助隊の出動途上及び現場到着時における措置に関し、妥当でないものはどれか。

(1)　出動指令時の場所と実際の現場と大幅な変更がある場合及び事故の影響による交通の輻そうがある場合は、一時停車する等して出動順路等を再確認する。
(2)　出動時の初期判断に変更又は補正を要する情報内容の場合は、躊躇することなく、その情報等に基づく救出方法、使用資器材等の変更を行う。
(3)　消防本部等からの情報で、関係者、医師等が対応しているような場合は、それらとの連携について考慮する。
(4)　救助隊の車輌は、できるかぎり事故現場に近接して停車する。
(5)　先着隊からの情報は、最も信頼できる最新情報であることを認識し、事故の概要・規模等を的確に聴取する。

答　4

解説　救助活動が円滑に行え、かつ、二次災害の影響を受けない位置に停車させる。

問 28　**救助活動における活動の原則についての記述のうち、誤っているものはどれか。**

(1)　要救助者の状態、その他の状況を的確に把握し、必要資器材、人員等判断し最適な手段により安全確実に迅速に救出する。

(2)　要救助者の縛着は担架バンドのほか小綱で胸部、足部を補足する。

(3)　担架バンド、小綱は要救助者に解けない方法とする。

(4)　担架は水平に保てるよう作成し要救助者を結着する。

(5)　要救助者に不安を与えないよう救助方法と安全性を説明する。

答

解説　担架の頭部は、足部よりやや上方に保てるよう担架を作成する。

問 29　**救助活動を行うにあたって留意すべき事項のうち、妥当でないものはどれか。**

(1)　救助活動は、要救助者の救命を第一として、精神的、肉体的苦痛の軽減、財産の保全の順に行う。

(2)　救助活動は、個人的行動をとることなく、厳正な統制のもとに組織的な部隊活動とする。

(3)　救助隊員は、事故の凄惨さや周囲の言動に迷わされることなく、沈着冷静な判断と士気旺盛で、規律厳正な行動をとる。

(4)　現場で、関係者又は、他の機関と活動をともにする場合は、それぞれの分担、手順及び方法等を十分に協議のうえ、明確に全体的統制下の中で行動する。

(5)　救助活動は、要救助者の救出が第一であるから、そのためには、過大な破壊を行ってもやむおえない。

答

解説　救助活動においても、総合的被害の軽減に努める。

問 30　**救助活動にあたって隊員としての留意事項について、妥当でないものはどれか。**

(1)　迅速にのみ気をとらわれず、安全確実を忘れない。

(2)　進入を行う場合は、脱出方法も考慮する。

(3)　資器材の設定、操作は確実に行う。

(4)　活動状況は、まとめて報告する。

(5)　状況や下命内容等が不明なときは、作業を安易に継続しない。

答

解説　報告は、適時適切な時期に行うのを原則とする。

問 31　**救助活動の手順を決定するうえで留意すべき事項のうち、妥当でないものはどれか。**

(1)　危険の大きな障害から排除して行く。
(2)　中心部から周囲へと順次障害を排除して行く。
(3)　要救助者の生命、身体に影響を及ぼす障害から排除する。
(4)　活動に着手する隊員の安全を確保して行う。
(5)　必要と思われる救助資器材を準備してから行動する。

答

解説　周辺部から中心部へと活動を行うのが原則である。

問 32　**救助隊長として安全確保上の留意事項のうち、妥当でないものはどれか。**

(1)　隊員の行動を確実に把握し、規律ある行動を行わせる。
(2)　隊員の安全処置、使用資器材の補強及び作業対策等を確実に行う。
(3)　器具の性能限界を考慮したうえで、作業をさせる。
(4)　作業に長時間を要するときは、交代要員を確保する。
(5)　状況の変化等により、活動の変更、補正等を必要としても、当初の命令を徹底させる。

答

解説　状況の変化に応じ、活動方針を立て修正を行う。

問 33　**救助活動現場で、隊長が下命するにあたって留意すべき事項のうち、妥当でないものはどれか。**

(1)　任務分担は、現場を確認し救助方法、手順を決定した時点で隊員に対し、明確に行う。
(2)　任務指定は、隊員一人ひとり個々に呼んで状況、活動方針等を伝える。
(3)　命令は、時間的、物理的、能力的に実現可能な内容のものとする。
(4)　命令は、受命者又は実施者をはっきり確実に示す。
(5)　下命事項は、報告を取って、状況及び結果を確認する。

答

解説　努めて全員を集合させたうえで状況、活動方針等を隊員一人ひとりに徹底させることが必要である。

問 34　**救助現場における二次災害防止の措置として、適当でないものはどれか。**

(1)　後続車輌や通過車輌等による追突、又は接触事故が予想されるときは、誘導員等を配置する。
(2)　落下物や崩壊物等の下敷きが予想されるときは、立入禁止区域の設定や落下物等の固定を行う。
(3)　電気による感電又は、その他の受傷事故が予想されるときは、救助隊が電気回路の遮断を行う。
(4)　危険物等が流出している場合又は、流出が予想される場合は、流出停止の措置、消火手段の確保等必要な措置を行う。
(5)　身体に影響を及ぼすガス等がある場合は、遮断、排除作業等の必要な措置を行う。

答
解説　関係者がいる場合は、努めてこれらに行わせる。

問35　**救助現場における要救助者に対する措置に関する記述のうち、妥当でないものはどれか。**
(1)　救出を行うにあたり、要救助者の移動、動揺は最小限にとどめ症状の悪化防止、苦痛の軽減等を図る。
(2)　危険性ガス等の中にある要救助者には、呼吸保護器等を着装する。
(3)　作業等による受傷が予想される場合は、毛布等による保護を行う。
(4)　救助作業に長時間を要するときなどは、要救助者の求める範囲で水等を与える。
(5)　要救助者には、事故の実態を知ってもらうため、受傷部位、出血状況等詳細に話す。

答
解説　作業中は適時励ましの言葉をかけるなど要救助者の保護に努め、ショック防止のため患部を見せないように保護処置に配意する。

問36　**救助現場における要救助者の肉親や施設等の管理者との連携要領等で、妥当でないものはどれか。**
(1)　事故の発生経過、その後の措置と経過等を可能な範囲で聴取する。
(2)　身内のもの等で必要以外のものには、事故の実態が努めて見えないようにする。
(3)　救助活動に効果的な助言、技術、資器材等があればその援助を得る。
(4)　救助のため施設破壊を必要とする場合は、救助隊独自の判断で行う。
(5)　必要により、救出活動の内容やその見通し等を説明し、理解と協力を求める。

答
解説　破壊を必要と認める場合は、努めて、その権原者等にその趣旨、内容を説明する。

問37　**救急事象において建物の破壊を必要とする救助活動要領に関する記述で、妥当でないものはどれか。**
(1)　管理権限者等の承諾がある場合は、当該所要な破壊箇所を選定する。
(2)　窓、ドアを破壊する場合は、修復の容易性を考慮し窓枠、ドア枠等は極力損傷させずに窓ガラス、ドア本体を破壊する。

(3)　破壊は修復を考慮し、必要最小限にとどめることに配意する。

(4)　２階以下の建物の破壊箇所の選定については、消防隊が引き揚げたあとの防犯等を考慮してできるだけ高所とする。

(5)　４階以上の階層を有する建物については、当該建物の中層階（３階以上）で階段室等各階に至ることができる共有部分を選定する。

答

解説　３階以下建物の破壊箇所の選定については、消防隊が引き揚げたあとの防犯等を考慮してできるだけ高所とする。

問38　**耐火造建物火災の人命検索救助に関する記述のうち、妥当でないものはどれか。**

(1)　ビル火災では、火点階、火点直下階上階及び最上階が人命検索の重点階層である。

(2)　検索重点箇所を優先的に隊及び階層（場所）を具体的に指定し、効率的に検索活動を行うとともに、検索終了箇所に終了表示を行う等、検索が重複しないよう配意する。

(3)　火災室及び火炎に接近した部屋等の検索を最重点とし、次いで窓際、行き止まり通路、エレベーター、階段室、便所及び部屋の隅等、逃げ遅れ者が避難する場所を迅速に確認する。

(4)　屋内階段等が利用できず地上に逃げられない場合は、一般的には屋上にいる場合が多いので、この部分もはしご車等を活用して早期に確認する。

(5)　進入管理者等は、内部進入隊員の活動環境、特に煙の性状に注意し、フラッシュオーバー等の急激な変化を見逃すことなく、進入後は、絶えず活動環境及び時間経過に配意するとともに、努めて緊急連絡方法を確保しておく。

答

解説　(5)　必ず２つ以上の緊急連絡方法を確保しておく。

問39　**自動車事故における救出活動要領で、妥当でないものはどれか。**

(1)　燃料が流出している場合は、流出処理剤等を活用し着火防止を図る。

(2)　必要に応じ燃料等を抜き取る。

(3)　エンジンが駆動している場合は、必要に応じメーンスイッチ等を切り停止させる。

(4)　火花のでない救助器具の活用を図る。

(5)　継続車輌や通過車輌による事故の防止を図る。

答

解説　常にエンジンは停止させる。

問40　**自動車がガードレールに衝突し自動車内に要救助者がいる場合、救助活動上の留意事項で、誤っているものはどれか。**

(1)　要救助者の状況をよく観察し、呼びかけを行い力づけをする。

(2)　器具は、正しい操作を行い設定部分のはずれ、滑り等のないように十分な点検をしてから使用する。

(3)　押し上げ、移動等の場合は、作業の結果を十分に考え、全般の状況に注意しながら静かに行うこと。

(4)　負傷者が多数ある場合には、自己隊の任務を明確にするとともに、他の救助隊や救急隊の協力を求め、現場作業が統制ある組織活動ができるような体制の確保をすること。

(5)　救助活動にあたっては、要救助者に苦痛を与えないように配慮し、要救助者には活動を把握させるため、作業内容から隔離させる必要はない。

答

解説　作業内容を要救助者に把握させることにより、不安・心理的圧迫等を与えるおそれがあるので、毛布等を活用して救助現場と隔離する必要がある。

問41　**交通（自動車）事故現場における救助活動時の二次災害防止措置として、妥当でないものはどれか。**

(1)　一般道、高速道路上における活動は、警戒員の配置

(2)　エンジンが稼働している場合は、メーンスイッチを切るか又はバッテリー配線を取り外してエンジンを停止させ、出火防止を図る。

(3)　燃料が流出している場合は、警戒筒先及び消火器等を配置するとともに流出油処理剤等を散布して処理する。

(4)　事故車両はサイドブレーキ及び車輪止め等により確実に固定する。特に傾斜地では注意する。

(5)　火花の出る救助資器材を活用する場合は、必ず警戒筒先を配備して活動に当たるとともに、必要により燃料を抜き取ってから行う。

答

解説　火花の出ない救助資器材を選定する。

問42　**列車事故による要救助者を救出する際、隊長の判断及び指示で、誤っているものはどれか。**

(1)　現場に到着したとき、要救助者の身体の一部が車輪の下敷きになっていたので、電車の乗客をすぐ近くの出入口から降ろした。

(2)　ホームと電車との間に挟まれている状態であり、台車の構造が金属バネ式だったので、乗客をホームと反対側方向へ移動させた。

(3)　車両の下敷きとなっていたので、要救助者の容態を観察後乗客を前後の出入口から降ろした。
(4)　油圧式救助器具による救出方法を考え、油圧式救助器具を２基設定させ同時に作動させた。
(5)　第三軌条方式であったので、関係者に対して送電を停止させるよう指令した。

答

解説　要救助者の容態観察が終了するまで努めて乗客を移動させず、乗客を降ろす場合は前後の入り口からとする。

問 43　**電車に係わる事故の救助活動要領で、誤っているのはどれか。**
(1)　現場到着時の実態の把握として電車等（事故電車及び後続電車）の運行状況の把握がある。
(2)　後続電車及び対向電車等に対する事故の防止として後続電車又は対向電車等の停止措置がなされていない場合には、運転士、車掌及び駅員等に対し、直ちに運転指令所に連絡させ停止等の措置を要請する。
(3)　現場到着時の実態の把握として事故電車等の通電状況を確認する。
(4)　事故車両から横方向へ乗客を降ろす場合は、駅関係者と協議して隣接路線の電車を運行停止する等、安全が確実である場合のみとする。
(5)　要救助者がホームと電車との間へ挟まれている状態で台車構造が金属バネ式の場合は、乗客を事故車両の前後の出口から降ろす。

答

解説　要救助者がホームと電車との間へ挟まれている状態で台車構造が金属バネ式の場合は、乗客を電車内でホームと反対側方向へ移動させると救出できる場合がある。

問 44　**エレベーター閉じ込め事故の救出活動について、誤っているものはどれか。**
(1)　乗場戸が開放になればエレベーターは停止となるので、主電源を「断」にする必要はない。
(2)　転落防止のため要救助者及び救助隊員も確保ロープを着装する必要がある。
(3)　救助活動の実施を検討する基準としては、エレベーター保守管理会社の技術者の派遣が著しく遅れる場合又は、エレベーター内の乗客に危機が予想される等である。
(4)　十分な照明を活用する必要がある。
(5)　故障の原因を取り除くことを主流に考え、力任せの救出は慎む。

答

解説　乗場戸が開放されていれば電源は遮断されているが、万一のことを考えて電源は必ず「断」する。

問 45　**感電事故に関する救助活動で、誤っているものはどれか。**

(1)　電源の遮断については、高圧線等は専門家に任せ、それ以外の電源遮断も極力専門家に任せ、電線の切断は緊急又は他に方法がない場合以外は行わない。

(2)　隊員の使用する手袋はゴム製のものであれば、いずれのものでもよい。

(3)　使用する器具は十分点検し、ロープ、竹竿等についてはよく乾燥したものを使用する。

(4)　作業は関係者とよく協議し、また、要救助者等の転落防止措置も十分に行う。

(5)　救助活動の推移によっては、現場に医師を要請する必要がある。

答

解説　使用する手袋等は必ず、耐電手袋や絶縁ゴム等のものを使用する。

問 46　**トイレ・浴室等への閉じ込め事故の救出にあたり安全管理上、妥当でないものはどれか。**

(1)　破壊場所からできるだけ離れさせる。

(2)　要救助者のトイレ内での状態は不明であったが、エアーソーによりドアを破壊した。

(3)　ガラスを破壊する場合のため、ガムテープで飛散防止を図った。

(4)　破壊したドアの転倒防止を図った。

(5)　ガス溶断機の使用を禁止した。

答

解説　エアーソー、エンジンカッターの使用は要救助者の位置、体位等から安全が確認されなければ使用を禁止する。

問 47　**印刷機のローラーに挟まれた場合の活動要領で、誤っているものはどれか。**

(1)　ローラーを切断する箇所は、要救助者に衝撃の少ない位置を設定した。

(2)　ローラー部をガス溶断器により切断し救助した。

(3)　ローラー軸よりローラー部の方が容易に切断できることがある。

(4)　機械の破壊にあたっては、責任者等の承諾を得た。

(5)　取り外したローラー等は重く滑りやすいため、落下させない処置をとった。

答

解説　印刷用紙・印刷インク等があり、火災の発生危険が高いため溶断器等火花を発生する器材を使用しない。

問 48　**ガス濃度の測定要領に関する記述のうち、妥当でないものはどれか。**

(1)　マンホール、下水溝などのガス濃度を測定する場合は、不用意にマンホール内をのぞき込んだりしない。

(2)　屋内のガス濃度の測定は、万一爆発が起こっても被害を受けるおそれのない場所から測定を行い、居室内に順次進入する。

(3)　天井、小屋裏等上方部分を測定する場合は、測定器の採取棒をトビ口等に結着して行う。

(4)　共同住宅の出入口扉等が施錠されている場合は、扉のすきま、郵便受口等から測定する。この場合、扉の正面に立った測定は避ける。

(5)　測定は、複数の測定器を用い、測定値が異なる場合は、その平均数値を基準とする。

答

解説　測定値が異なる場合は、重い数値（危険側）を基準とする。

問 49　**ガス及び酸欠事故の現場活動に関する記述のうち、妥当でないものはどれか。**

(1)　呼吸保護器具の事前点検及び着装を確実に行う。

(2)　可燃性ガス測定器及び可燃性ガス濃度測定器等を使用して、酸欠空気の検知を必ず実施する。

(3)　進入隊員の命綱及び確保ロープは必ずとる。

(4)　進入隊員と地上（外部）との連絡を確実に行う。

(5)　内部（地下）の要救助者の状態を知るため、上部からのぞいて観察する。

答

解説　現場が酸欠状態であれば、その酸欠の気体を一呼吸しただけで、意識を失い、内部へ落下する危険性があるので、呼吸保護具を着装した後でなければのぞき込まない。

問 50　**地下工事現場等低所への転落事故現場における救助活動要領に関する記述のうち、妥当でないものはどれか。**

(1)　転落による傷者は、全身にわたり損傷している場合が多いことから、救助担架（活動スペースによっては布担架）による救出を原則とする。

(2)　生命に危険又は症状悪化のおそれがない場合は、三角巾による止血等の応急処置を行った後、救助する。

(3)　要救助者が、再転落の危険又は応急処置困難な場所にいる場合には、一時的に安全な場所へ救出した後、応急処置を行ってから救助する。

(4)　要救助者が、立坑内等で再転落又は崩壊の危険がある場所にいる場合には、全てに最優先し、迅速に進入して救助する。

(5)　要救助者が酸欠、有毒ガス、感電等の状態にあるときは、要救助者に対し呼吸保護器着装、電路の遮断等の救命処置を優先して行う。

答

解説　崩壊の危険がある場所にいる場合には、危険要因を排除するなど、安全確保を最優先し、迅速に救助する。

問 51　**震災時における救助活動に関する記述のうち、妥当なものはどれか。**

(1)　規模が同じ程度の救助活動が、火災現場付近とその他の場所に同時に発生した場合は、火災現場付近よりその他の場所を優先して効率的な活動を実施する。

(2)　延焼火災が少なく、同時に多数の救助事象が発生した場合は、原則として救助隊でなければ救出困難な現場に主力を注ぎ、必要な人員と資器材を集結させて活動を行う。

(3)　高層ビル、地下街等で不特定多数の者を収容し、パニック等により多数の人命危険が予想される対象物に事故が発生した場合は、むやみに出場することなく情報収集を最優先とし、必要な資機材と人員等を把握・確認してから活動を開始する。

(4)　救助は救命処置を必要とする者を優先し、必要により消防団員及び付近住民に協力を求めて救出を行う。

(5)　活動人員に比較し、多数の要救助者がある場合は、救出困難な者を優先し、１人でも多くの人命確保を図る。

答

解説　(1)は、火災現場付近を優先して活動する。(2)ゎ、原則として少数の隊員で多数の人命を救助できる事象に主力を注ぐ。(3)は、人命危険が予想される対象物に事故が発生した場合は優先して出場し、活動を実施する。(5)は、容易に救出できる者を優先し、短時間に１人でも多く救出する。

問 52　**震災時における救助活動についての記述のうち、妥当でないものはどれか。**

(1)　延焼火災が少なく、同時に多数の救助事象が発生した場合は、原則として少数の隊員で多数の人命を救助できる事象に主力を注ぎ、効率的な救助活動を行う。

(2)　高層ビル、地下街等で不特定多数の者を収容し、パニック等により多数の人命危険が予想される対象物に事故が発生した場合は優先して出場し、救助活動を実施する。

(3)　救助は、救命処置を必要とする者を優先し、容易に救助できる者は、消防団員及び付近住民に協力を求める。また、活動人員に比較し多数の要救助者がある場合は、救出に時間を要する者を消防隊が優先して救出し、１人でも多く救出する。

(4)　救助活動は、人命の救助を優先して実施するものとする。

(5)　規模が同じ程度の救助事象が、火災現場付近とその他の場所に同時に発生した場合は、火災現場付近を優先して活動する。この場合、火災の拡大状況等から総合的に判断し、救助の時期を失することのないよう十分配意する。

答

解説　(3)　救助は、救命処置を必要とする者を優先し、消防団員及び付近住民に協力を求めて救出を行う。ただし、活動人員に比較し多数の要救助者がある場合は、容易に救出できる者を優先とし、短時間に１人でも多く救出する。

問 53　救助活動現場に医師を要請する場合の判断に関する記述のうち、妥当でないものはどれか。

(1)　要救助者の状態から、搬送することが生命に危険であると認められる場合
(2)　要救助者の状態から、搬送可否の判断が困難な場合
(3)　要救助者の状態から、医師による救命処置が必要と認められる場合
(4)　事故の内容から、活動上、医学的助言を必要とする場合など、要救助者の安全管理上必要と認められる場合
(5)　要救助者が病人、老人、幼児等で救出に長時間を要すると思われる場合

答

解説　救助隊員の安全管理上必要と認められる場合である。

問 54　潜水器具の取り扱いの留意事項に関する記述のうち、誤っているものはどれか。

(1)　潜水器具を使用して潜水業務を行う者は、水難救助技術隊員に任命された者とする。
(2)　ボンベは、15MPa 以上充填したものを使用する。
(3)　潜水活動中は、絶えずボンベ残圧に注意する。
(4)　潜水服のウエットスーツは水密性を有しているため、寒冷時や汚染水域での潜水は有効である。
(5)　潜水ナイフは、適正に保管し紛失等のないようにする。

答

解説　潜水服にはウエットスーツとドライスーツがあり、ドライスーツは水密性を有しているため、寒冷時や汚染水域での潜水は有効である。

問 55　水難救助活動について記述のうち、誤っているものはどれか。

(1)　要救助者が視認できない場合には、目撃情報から、転落箇所を重点的とした検索を行う。
(2)　河川の中州等に孤立した人の救助活動は、急流、増水による場合が多く、救助活動の行動障害となるので十分注意する必要がある。
(3)　救命ボートを使用した活動においても、隊員は必ず救命胴衣を着用する。
(4)　救助隊の編成、装備及び配置の基準を定める省令別表第１において、地域の実情に応じて備える救助器具として水難救助用器具が掲げられている。
(5)　救助にあたっては、ヘリコプターの要請も考慮に入れ活動する。

答

解説　検索範囲は、目撃者からの情報収集内容、時間経過、流速、風向、河底（水底）、その他河川の河口付近の場合は潮位等の状況等から判断して決定する。

問 56　**山岳救助活動における検索活動等の要領に関する記述のうち、妥当でないものはどれか。**

(1)　登山道以外の検索活動は、要救助者の推定位置にもよるが、原則として尾根付近を起点として上方から下方へ漏れ等がないように順次行う。

(2)　搬送路の決定は、地形、気象状況等を考慮し、安全性が高く最短のルートを選定する。

(3)　救出活動は、救出路を決定し明確な任務分担、適正な人員配置及び綿密な手順等の周知徹底を図ってから行う。

(4)　搬送する場合は、先導者、搬送者、搬送補助者を指定する。

(5)　搬送方法は、要救助者の傷病程度等を考慮し、迅速確実に搬送できる方法を選定する。

答

解説　搬送路の決定は、地形、気象状況等を考慮し、安全性が高く、体力の消耗が少ないルートを選定する。

問 57　**山岳救助活動において担架搬送要領の記述のうち、誤っているものどれか。**

(1)　要救助者に対しては、最も適した体位管理及び保温を行う。

(2)　要救助者の頭部は、原則として低い方に位置させる。

(3)　要救助者は、担架のベルト及び小綱等によりロープ等で確保する。

(4)　担架を安全に搬送するため、必要によりロープ等で確保する。

(5)　搬送中は、絶えず要救助者の容態を観察し、適応した処置をする。

答

解説　(2)　要救助者の頭部は、原則として高い方に位置させる。

問 58　**救助活動現場における安全管理について、誤っているのはどれか。**

(1)　自動車事故現場では、周囲の状況を確認し、二次災害の発生を予測するとともに、当該事故車両のエンジン停止、出火防止、車輪止め等による処置を実施する。

(2)　電車事故現場では、パンタグラフの降下、第三軌条方式の場合は送電の停止を確認し、車両が動かないことを確認した後に開始する。

(3)　エレベーター事故現場では、活動が機械操作室と救出階等に分断されるので、携帯無線機等により連絡体制を密にし、意思の疎通を図った活動をする。

(4)　工作機械事故現場で、油脂類の付着が多い工作機械等を破壊する場合は、努めて火花を発生しない資器材を活用する。

(5)　電気事故現場で、緊急を要し止むを得ず活線のまま作業する場合は、必ず耐電衣等絶縁用保護具を着装し、低圧（交流600ボルト以下、直流750ボルト以下）の場合でも１m以上の安全距離を確保する。

答

解説　電気事故現場で低圧の安全距離は、絶縁用保護具を着装して２m以上とることとされている

問59　**空気呼吸器の使用等についての記述のうち、妥当でないものはどれか。**

(1)　空気呼吸器は、災害現場における濃煙、有毒ガス又は酸欠状態の中で安全に作業するための呼吸保護用器具である。ただし、皮膚等の露出部分に影響を与えるような有毒ガス中での使用は適当でない。

(2)　面体の機密を保つためには、面体の周縁が顔面に密着することが必要なので、不必要に長い頭髪、もみあげ等は望ましくない。

(3)　呼吸器を着装中に器具の故障、損傷等により呼吸が困難となるなどの異常があるときは、隊員は自主的に安全な場所に脱して直ちに面体をとり、又は指揮者が適切な指示を行って事故が起こらないように配意する。

(4)　呼吸器を着装して屋内進入する場合で、煙の状態が薄く視界が良い場合は、要救助者をいち早く発見するためにかけ足で行動する。

(5)　進入に際しては、安全に退出するために命綱をとり進入を行う。また、筒先及びホースを持って進入する場合には、ホースが命綱の用をなす。

答

解説　屋内進入に際しては、視界が良くても、思わぬ障害物がある可能性も考慮し、注意深く進入する。また、不用意な激しい運動は、空気の使用量を増大させるので、いち早く要救助者を救出するなど特に必要な場合を除いて、かけ足による進入は行わない。

問60　**火災現場における人命検索行動のうち、妥当でないものはどれか。**

(1)　検索行動は２名１組で行うことを原則とし、要救助者ありと判明したら、その場所を優先して行う。

(2)　火点建物を優先して、周囲の建物は、風下側から行い順次風横、風上の建物を検索する。

(3)　室内検索中に炎が天井等に伝送して、退路を断たれる場合があるので退路確保に注意する。

(4)　逃げ遅れ者の聞き込みは、どの建物のどの階でどの場所にいるか、そこへ進入するにはどこから入るか等具体的に聞く。

(5)　延焼中の建物や濃煙、熱気のある部屋へ進入する場合は、必ず援護注水を配備してから進入する。

答

解説　人命検索の優先順位は、火点建物で延焼中で人命危険のあるところから行うことを原則とする。周囲の建物についても延焼危険が大であり人命危険の高い隣棟より行う必要がある。

問 61　**救助隊員が屋内進入のためエンジンカッターでシャッターを切断する場合の安全管理上、誤っているものはどれか。**

(1)　エンジンカッターの切断刃のゆるみ、はずれに注意する。

(2)　エンジンカッターを使用するときは、切断時に生じる火花、切断粉に注意するとともに、防塵眼鏡等の保護具を使用する。

(3)　エンジンカッターは、駆動の状態で移動したり、他隊員へ受け渡してはならない、ただし、直近に居る隊員にすぐに渡せる範囲にあれば駆動していても受け渡しができる。

(4)　エンジンカッターで破壊活動を行うときは、切断時の火花等により二次災害を防止するため、周囲に人を近づけない。

(5)　切断部は、行動の傷害とならないよう可能な限り折り曲げ等の措置を講じる。

答

解説　直近に居る隊員であっても駆動状態での受け渡しはしてはならない。

問 62　**火災室の施錠されたドア（防火戸）の開放要領として、適性を欠けるものはどれか。**

(1)　ドアが熱くてさわれないような場合は、側面の位置に筒先を配備し、ドア開放時の火炎噴出に対応させる。

(2)　ドアと枠に隙間があれば、デットボルトをエンジンカッターもしくはエアーソーで切断して開放する。

(3)　ドアが熱されるとデットボルトを切断してもノブが廻らず開放できない場合がある。

(4)　ドアを破壊しても、みだりに開放してはならない。ドアの陰に身をよせ徐々に開き、噴霧注水をしてフラッシュオーバー等の火炎の噴出を阻止する。

(5)　円筒錠の場合は、ノブをパイプレンチでくわえて廻して破壊して解錠する。

答

解説　(3)　デットボルトを切断してもドアが開放不能な場合は、熱により火災室の圧力が高いこと。また、熱によるドアの変形によりのノブが廻らない場合がある。このような時は、ドアを押しながらノブを廻すか、それでも開放不可能な場合は、蝶番を一カ所切断すれば開放可能となる。

(4)　注水をする前に内部の状況を確認してから注水する。いきなり注水すると、延焼状況等の実態は把握できなくなる。

問 63　**救助活動の円滑な実施を図るため行う救助調査についての記述のうち、誤っているものはどれか。**

(1)　地勢及び交通の状況

(2)　救助活動の必要がある災害の発生するおそれのある場所及びその地形

(3)　救助活動の必要がある災害が発生した場合に救助活動の実施が困難と予想される対象物の位

置及び構造並びに管理状況
(4)　救助活動の必要がある災害の発生するおそれが著しく大で気候風土等により条例の定めのある対象物
(5)　その他消防長等が必要と認める事項

答

解説　(4)の項目のきまりはない（救助活動に関する基準16条）。

問64　**隊員の行動体力づくりのうち持久力トレーニングの説明について、誤っているものはどれか。**

(1)　走力による持久力トレーニングの場合は、心身に障害のあるもののチェックを確実に行う。
(2)　インターバルをトレーニングに取り入れる場合は、回数、距離、実施時間を計算し、段階的に行って急激な増強はしない。
(3)　持久走を行う場合は、コンクリート地面を避け、土、芝地を選び、膝、足首の筋、骨の損傷を防止する。
(4)　夏場に長時間トレーニングを行う場合、熱中症に気を付ける。
(5)　持久力トレーニングは、持久力を付けるためなので、長時間にわたって続ける。

答

解説　長時間し過ぎても疲労を残すのみで効果が薄いので、持続性をもって行う。

問65　**器具によるトレーニングの説明について、誤っているものはどれか。**

(1)　器具の操作要領を十分熟知してから実施する。
(2)　バーベル、ダンベル等のプレート取付部の締め付け状況を確認し、締め付け不十分の場合は、措置する。
(3)　動かないで力を出す方法は、呼吸を止めて力むようにする。
(4)　ウォーミングアップ、柔軟運動等準備体操を十分に行う。
(5)　トレーニングの回数は、１週間に３回隔日に行う程度が適当である。

答

解説　動かないで力を出す方法は、呼吸を止めて力むようなことをしないで、数を数えながら行う。

第４　機械器具関係

問１　消防ポンプとして使用されている遠心ポンプの利点について、誤っているものはどれか。

(1)　電動機、内燃機関など高速回転する原動機と連結して運転するのに適している。

(2)　水量や揚程を変化させて広い範囲で使用できる。

(3)　比較的震動が少なく、連続して使用できる。

(4)　他の形式のものに比べ、構造は多少複雑であるが、小型、軽量である。

(5)　多少の泥や砂を含んだ水を使用しても支障ない。

答

解説　他の形式のものに比べ小型、軽量で据付面積も少なく、比較的構造も簡単で取り扱いやすい。

問２　タービン・ポンプの特性について。正しいものはどれか。

(1)　特別に呼び水装置を必要としないので取り扱いやすい。

(2)　同一回転数の場合、放水量を大きくすれば、圧力もそれに比例して高くなる。

(3)　同一回転数の場合、放水量が大きく変わっても圧力はあまり変わらない。

(4)　ポンプ効率は、最高圧力のところが最大である。

答

解説　タービン・ポンプの特性は、同一回転の場合放水量に変動があっても、圧力の変化は極めて少ないということである。

問３　タービン・ポンプについて述べたものである。誤っているものはどれか。

(1)　水の速度エネルギーを圧力のエネルギーに変換する。

(2)　主にうず巻き室および羽根車（インペラー）で構成されている。

(3)　ポンプ効率がよく、比較的均一な流れで放水できる。

(4)　水量・揚程の範囲が大きく、泥砂等を混入した水でも放水できる。

(5)　ポンプが発生する圧力（揚程）は、羽根車が水に与えることができるエネルギーの大きさにより決まる。

答

解説　タービン・ポンプは、羽根車（インペラー）から繰り出された水を案内羽根（ガイドベーン）により圧力のエネルギーを持った水流に変換するところにその特長があり、案内羽根はその重要な構成品である。案内羽根のないポンプをボリュート・ポンプと呼んでいる。

問４　**消防ポンプ（タービン・ポンプ）に案内羽根が装置されている理由について、正しいものはどれか。**

(1)　水流を同一方向に変える。
(2)　大量放水ができる。
(3)　高い水圧が得られる。
(4)　羽根車だけでは、キャビテーションを起こしやすい。
(5)　主な作用として、ウオーターハンマー現象をを防ぐものである。

答

解説　案内羽根の主な作用は、羽根車で作られた速度水頭を圧力水頭に変えることである。

問５　**送水中、ポンプにかかる負荷は、どれが正しいか。**

(1)　同一放水量のときは、高落差でも低落差でも同一である。
(2)　ホースが破断したときは、ノズルをシャツトしたときより大きい。
(3)　同一放水量のときは、有圧水利のときが、無圧水利より大きい。
(4)　有圧水利を利用し、中継隊形のときは、延長ホースが同一ならば元ポンプが大きい。

答

解説　ホースが破断すれば放水量が増加する。したがって、ポンプ負荷が大きくなる。

問６　**消防ポンプ運転の場合、ポンプ圧力と放水量の限界は主として次の三つの要素によって定まる。正しいものはどれか。**

(1)　エンジン馬力とホース延長数とホース耐圧力。
(2)　エンジン馬力とホース延長数とキャビテーション。
(3)　エンジン回転数と吸水落差とホース耐圧力。
(4)　エンジン回転数と放水口数と吸水落差。

答

解説　この場合、吸水側と吐水側とポンプの三つに分けて考えれば分かると思う。
まず、吸水側は、キャビテーション。
ポンプは、エンジン馬力。
吐水側は、ホース延長数。

問７　高落差の場所で、ポンプを運転する際、吸水上考慮しなければならない点は、次のうちどれか。

(1)　真空ポンプを高速回転する。
(2)　放水量を吸水量の80％位にする。
(3)　吸水はいかなる場合でも１口でよい。
(4)　吸管のストレーナを川上に向け投入する。
(5)　吸水落差の大きい水利なので、吸水落差を少なくするため水面から20 ｃｍの吸管ストレーナーを投入した。

答

解説　静水を吸水するのと異なり、流水の動圧を利用する、すなわち揚水効率を高めるため、ストレーナを川上に向けて投入するのが常識である。また、水深が少ないと吸管ストレーナー部から空気を吸い込む場合があるので30 ｃｍ以上の水深を保つ必要がある。

問８　ポンプ内部にキャビテーションが発生した、次の中から適当なものを選べ。

(1)　吸管が塀等を越した場合、その曲部が吸口より上にある場合。
(2)　吸水落差が低いとき。
(3)　放水量と吸水量がバランスしているとき。
(4)　ポンプ内部で水に気泡が多く生じた。
(5)　吸管の長さが短い場合

答

解説　流動する液中に気体が表れ、空洞を作る現象をキャビテーションという。従って、ポンプ内部の水に多くの気泡が生ずるとこの現象を呈し、音響、振動を伴って放水量はこれ以上増加しなくなる。

問９　真空ポンプの逆止弁が故障したときの現象として、次の中から直接関係するものを選べ。

(1)　真空を全く作成しない。
(2)　一時停止したときに落水する。
(3)　ポンプの高圧が得られない。
(4)　真空試験の際、真空ポンプを止めると真空度がすぐ落ちる。
(5)　ポンプから真空ポンプに水が流入する。

答

解説　逆止弁は、真空ポンプと止水弁の間に設けられ、これが故障すると、真空ポンプを止めた場合、ポンプの方へ空気が逆流して真空が保たれなくなる。従って、(4)、が正解であるが、間接的には、(2)、の現象を呈しやすくなる。

問10 **ポンプの運転中のトラブルとして、誤っているものはどれか。**

(1) 揚水ができない場合、逆止弁のバルブシートの不良によることもある。
(2) 揚水ができない場合、ストレーナーが水面に浮いている場合もある。
(3) 放水中の自然落水は、水源の水量不足が考えられる。
(4) 放水中の自然落水は、過熱によるエンジンの不良が考えられる。
(5) 揚水ができたが放水圧力が得られない場合は、ポンプ部の故障は考えられない。

答

解説　揚水ができたが放水圧力が得られない場合は、吸管、ポンプ本体吸水部の不良、吸水系統閉鎖、エンジン不良、操作・動力伝導不良、キャビテーション、放水口数が多いと合わせポンプ部の故障も考えられる。

問11 **ポンプ運用時における計器指示の異状とその原因の組み合わせで、誤っているものはどれか。**

(1) 圧力が急上昇し、真空度の低下　ウォーターハンマー
(2) 圧力が急低下　動力伝導装置が切れる
(3) 圧力計、真空計がふれる　空気の混入
(4) 圧力が低下し、真空度増加　ポンプ内部に異物のつまり
(5) 回転上昇に対し、圧力が上昇しない　ポンプ内部に異物のつまり

答

解説　圧力が低下し、真空度が増加するのは、水量が不足した場合に起こる現象で、吸水管のつまり、ストレーナーのつまり等吸水側の故障に起因するものである。

問12 **ポンプ運転中、下記のような計器の変動を確認した。原因で適切なものを選べ。**

(1) 圧力計指度の低下とともに真空計指度が上がった。
(2) 圧力計、真空計の指針が振れ真空計指度が下がってきた。
(3) 放水中、圧力計指度が急激に上昇し真空計指度が下がった。
(4) 放水中、圧力計指度が急激に下がり真空計指度が上がった。

原因　ア　管そうに異物がつまった。
　　　イ　ストレーナーにゴミが付着又は吸管ゴム剥離。
　　　ウ　吸水側からわずかに空気浸入。
　　　エ　ホースが破断。

答　(1)－　　(2)－　　(3)－　　(4)－

問 13　**送水中における圧力計、連成計及び流量計の振れ方により、ある程度原因把握できる。左欄の状況から主な原因と思われるものを右欄から選べ。**

左欄	右欄
(1)　流量計の指針はゼロ。	ア　吸水量不足
(2)　無圧水利で送水中、連成計がマイナス0.013 MPa以下になる。	イ　キャビテーション
(3)　流量計の急激な上昇。	ウ　放水していない。
(4)　流量計は一定。圧力計、連成計の振れ。	エ　ホースの破裂。
(5)　ポンプの回転の上昇に対して、真空指度の上昇及び圧力計の振れ並びに漸減	オ　空気の侵入。

答　(1)－　　(2)－　　(3)－　　(4)－　　(5)－

問 14　**真空ポンプの逆止弁の作用として、適当なものはどれか。**

(1)　揚水後に水が真空ポンプに入るのを防ぐ。
(2)　真空ポンプ側からポンプに空気が入るのを防ぐ。
(3)　放口側から空気が入るのを防ぐ。
(4)　真空計に水圧のかかるのを防ぐ。
(5)　吸口側からポンプに空気の流入を防ぐ。

答

解説　逆止弁は真空ポンプと止水弁の間にあり止水弁側に空気が進入するのを防ぐものである。

問 15　**放水反動力について、次のうち正しいものを選べ。**

(1)　ノズル口径が同じならば、ノズル圧力が２倍になると、反動力が２倍になる。
(2)　ノズル圧力が同じならば、ノズル口径が２倍になると、反動力は２倍となる。
(3)　ノズル口径が同じならば、ノズル圧力が２倍になると、反動力は４倍となる。
(4)　ノズル圧力が同じならば、ノズル口径が２倍になっても、反動力が同じである。
(5)　放水反動力は、ノズルがホース側と反対方向に引く力として作用する。

答

解説　反動力Rは、ノズル口径の２乗および、ノズル圧力に比例する。
すなわち、$R \propto D^2 P$ である。

問 16　**全揚程の意味について、次の中から正しいものを選べ。**

(1)　全揚程＝（吸水実揚程）＋（吐出実揚程）

(2)　全揚程＝（真空計のよみ）＋（圧力計のよみ）

(3)　全揚程＝（実揚程）

(4)　全揚程＝（真空計のよみ）＋（吸込速度水頭）＋（圧力計のよみ）

答

解説　全揚程＝（吸水全揚程）＋（吐出全揚程）　　吸込全揚程＝真空計のよみ
吐出全揚程＝圧力計のよみ　　全揚程＝（真空計のよみ）＋（圧力計のよみ）

問 17　**自然水利を使って、同一能力を有するポンプ車３台で中継体形をとる場合、元・中・先ポンプのホース延長本数で、最も合理的なものを次の中から選べ。**

(1)　ホース延長本数を、元・中・先ポンプとも同じにする。

(2)　ホース延長本数を、先＜中＜元の順にする。

(3)　ホース延長本数を、元＜中＜先の順にする。

(4)　ホース延長本数を、先＜元＜中の順にする。

答

解説　ポンプ能力が同一であるから、先ポンプはノズル圧力を残す必要があり、元ポンプは、吸水するための負荷を必要とするが、中ポンプの圧力は、全部延長ホースの損失に使用できる。また、ノズル圧力と吸水による負荷を比較すると前者が大きい。

問 18　**二叉分岐金具を使って１口だけ放水中、さらに１口放水したとき、通常表れる計器の変化について、次の中から適切なものを選べ。**

(1)　エンジン回転とポンプ圧力が下がり、真空指度が高くなる。

(2)　エンジン回転と真空指度が低くなり、ポンプ圧力が高くなる。

(3)　エンジン回転、真空指度及びポンプ圧力のいずれも下がる。

(4)　エンジン回転は変わらないが、ポンプ圧力と真空指度が下がる。

答

解説　放水口数を増加することは、放水量が増大することで、ポンプの負荷が増加する。従って、エンジン回転が下がり、真空指度が高くなるとともに圧力計指度が低下するのは当然である。

問19　**自然水利を使って放水中、吸水側からわずかに漏気があった場合、各計器に表れる変化について、次の中から適当なものを選べ。**

(1)　圧力計、真空計の両指針がふれだす。
(2)　圧力計指度が下がり、同時に真空計指度が上がる。
(3)　圧力計、真空計の両指度が急激に下がる。
(4)　圧力計、真空計の両指度とも変わらない。

答

解説　放水中に吸水側から漏気があれば、吸水側と放水側に空気が混入することで、流速に乱れを生じるため、真空計と圧力計の両指針が振れてくることになる。

問20　**1気圧（1013 hPa）において、落差約10 mまでの吸水（揚水）性能を有するポンプが、次のような高地で運用すると、それぞれ落差約何mまでの吸水（揚水）が可能か。**

(1)　標高1000 m（893 hPa）において
(2)　標高2000 m（799 hPa）において
(3)　標高3000 m（706 hPa）において

答　(1)　　　(2)　　　(3)

解説　(1)　H＝893 ≒ 9 m
　(2)　H＝799 ≒ 8 m
　(3)　H＝706 ≒ 7 m

問21　**次のものは、自動車の給油箇所と、補給する油脂を組み合わせたものであるが、正しいものはどれか。**

(1)　ホイール・シリンダ　　エンジン・オイル
(2)　トランスミッション　　シャシ・グリース
(3)　デフレンシヤル　　ギヤ油
(4)　クランクケース　　ギヤ油

答

解説　補給する油脂は、最もその部分に適するものが指定されており、間違った場合は機能を十分発揮できないばかりでなく、破損に至る場合もある。

(1)ホイール・シリンダ　ブレーキ液　　(2)トランスミッション　ギヤ油
(4)クランクケース　エンジン・オイル

問 22　**タイヤの取扱い上、正しいのはどれか。**

(1)　タイヤの空気圧測定は冷えているときに行う。

(2)　タイヤは常に水洗を行い清潔にしておく。

(3)　高速走行するときは空気が膨張するからタイヤ空気圧を２割程低くする。

(4)　タイヤの左右前後の定期交換は行う必要がない。

答

解説　タイヤの標準圧力は車両重量及び積載荷量により決まる。従って、タイヤ空気圧は気温条件の悪いとき、すなわち冷えているときに測定すべきであり(1)が正しい。(2)は清潔にこだわり水洗を常に行うと、リムサイドリング部から内部に水が入り、タイヤ、ホイールを腐食させるため好ましくない。(3)は逆であり、スタンディングウェーブ現象の原因となる。(4)は摩耗度や疲労度が異なるため一定期間走行したら交換する必要がある。

問 23　**エンジンの逆火は、点火時期不良、吸気弁不良、混合ガスの稀薄によって起こるが、次にあげてあるものは吸気弁不良の原因となるものである。誤っているものを選べ。**

(1)　弁桿に油が付着したとき。

(2)　弁バネの折損したとき。

(3)　弁座にカーボンが堆積したとき。

(4)　弁及び弁座の摺合せ不良のとき。

答

解説　弁の密着不良としては、(2)～(4)までのほか、弁間隙の過小、弁桿の曲がわ等がある。又、弁桿には、潤滑油が必要である。従って、弁桿の油付着は逆火には関係がない。

問 24　**オイル・ブレーキの配管の中に空気が混入した場合、どのような状態になるか。最も正しいものを選べ。**

(1)　ペダルの踏みしろが少なくなる。

(2)　ブレーキのききが悪くなる。

(3)　ブレーキのきき具合は変わらない。

(4)　ブレーキ・ペダルのもどりが悪くなる。

答

解説　配管の中の空気が圧縮されるため、ブレーキのききが悪くなる。

問25　**ガソリン・エンジンの消防車両が緊急出場において平坦な道路を走行中エンジン・ストップしてエンジンがかからなくなった。最先に点検する順序として適切なのはどれか。ただし、バッテリー、セルモータは異常ないものとする。**

(1)　１．カットアウトリレ　２．インダクションコイル　３．点火プラグ
(2)　１．燃料　２．火花　３．圧縮
(3)　１．デストリビュータ　２．インダクションコイル　３.二次線端子
(4)　１．燃料ポンプ　２．点火プラグ　３．キャブレータ

答

解説　エンジン調整の三大要素は、①強い圧縮、②良い火花、③良い混合気である。間において走行中にエンジンが停止したのだから点検順序としては(2)が適切である。

問26　**ピストンリングについて述べたものである。誤っているものはどれか。**

(1)　オイルリングはシリンダ壁のオイルをかき下ろす。
(2)　コンプレッションリングは燃焼室のガスの吹き抜けのみ防止する。
(3)　ピストン上部のリングほど摩耗が多くなる。
(4)　ピストンリングが摩耗すると、排気ガスは白くなる。

答

解説　コンプレッションリングの主要なはたらきとして、燃焼室の気密を保つほかピストンの熱をシリンダ側に伝えて放熱させる作用がある。

問27　**点火プラグを点検したところ発火部に黒いすすが付着していた。その原因として最も影響の少ないものはどれか。**

(1)　エンジン・オイルの過多
(2)　プラグ間隙の不良
(3)　混合ガスの濃すぎ
(4)　点火時期の早すぎ

答

解説　点火時期が早すぎるときは、低速回転では比較的カーボンはたまりやすいが、高速回転ではそれほど付着しない。

問28　**スタータスイッチを入れてもエンジンが回転しない原因として、誤っているものはどれか。**

(1)　ピニオンギアのかみ合わせ不良

(2)　キャブレターのつまり
(3)　マグネットスイッチの接触不良
(4)　バッテリーの電気量の不足
(5)　スタータスイッチの故障

答

解説　スタータスイッチを入れてもエンジンが回転しないのは、バッテリーからセルモーターに至までの電気系統かセルモーターの故障によるもので、もしセルモーターが回転し、エンジンが回転しないときは、ピニオンギアのかみ合わせが悪いためである。キャブレターのつまりは、エンジンの始動に影響するが、スターター時の回転には関係ない。

問29　**自動車のドラム・ブレーキとディスク・ブレーキについて、誤っているものを選べ。**
(1)　ドラム・ブレーキは、摩擦熱の放散が悪いため高速時にブレーキをたびたび使用するとだんだんききが悪くなる。この現象をフェード現象という。
(2)　ディスク・ブレーキは、ディスクの摩擦面が直接外気に接しているため熱の放散が良く制動力は非常に安定している。
(3)　ディスク・ブレーキは、ドラム・ブレーキと同じにブレーキ調整を摩擦パットの位置変化によりディスクとの間げきを調整する必要がある。
(4)　ドラム・ブレーキは、ディスク・ブレーキにくらべ摩擦面積が広い。

答

解説　(1)について、フェード現象とは、摩擦面が摩擦熱の上昇により摩擦係数を極度に低下させる現象であり、ベーパー・ロックとは異なる。したがって、正しい。

(2)については、フェード現象が防止できるため安定した制動力が得られる。したがって、正しい。

(3)については、ディスク・ブレーキは、一定の摩耗量に達すると交換し調整を要しない。したがって、誤っている。

(4)については、ドラム・ブレーキはライニング面積、ディスク・ブレーキは、パット面積により明らかである。

問30　**救急自動車が緊急出場途上一定の速度になると車体が震動し、速度を一定以上にあげると震動が停止するという。次の点検箇所と作業要領で正しいのはどれか。ただし、震動時に操向ハンドル保持には影響ないものとする。**
(1)　動力伝達装置のユニバーサルジョイント、プロペラシャフトの取付部のゆるみ、変形、亀裂等をみる。
(2)　タイヤの変摩耗、空気圧、取付部のゆるみ、ホイールベアリングのがた、ホイールバランスをみる。
(3)　エンジンの調子をみる。

(4)　ミッション、デフアレンシヤルのギヤ油量をみる。

答

解説　プロペラシャフトの変形、ユニバーサルジョイント部の取付ゆるみにより駆動回転が一定になると遠心力により車体を震動させ一定以上の回転になると遠心力が回転力に吸収され震動がなくなる。

しかし、極端に遠心力が増大することがあり、このときは破壊することがある。(2)については操向ハンドルがふれ震動が伴うため誤り。

問31　**次は、安全運転管理者制度について記したものである。誤っているものを選べ。**

(1)　車両点検により安全運転を図る。

(2)　人事管理面から交通安全を図る。

(3)　乗務員の過労を防止し安全運転を図る。

(4)　無資格運転や無理な就業の防止を図る。

答

解説　安全運転管理者制度は、人事管理面から交通安全を図るもので、(1)は整備管理に属するものである。詳細は道路交通法第74条の2参照。

問32　**消防車両の車体の色は朱色と定められているが、その根拠は何か。**

(1)　道路交通法　　(2)　道路運送車両法

(3)　消防法　　(4)　道路運送車両の保安基準

答

解説　道路運送車両の保安基準（国土交通省令）第49条第2項に朱色と定められている。

問33　**ホースを延長して放水しているとき、ポンプにかかる負荷の点から考えた場合、余裕ホースのとり方で、次の中から適当なものを選べ。**

(1)　ポンプ車にできるだけ近い所で余裕ホースをとると負荷が少ない。

(2)　できるだけノズル付近で余裕ホースをとると負荷が少ない。

(3)　ポンプ車とノズルの中間付近で余裕ホースをとると負荷が少ない。

(4)　余裕ホースはどこでとっても負荷は同じである。

答

解説　延長ホースの摩擦損失の点から考えれば、どこで余裕ホースをとっても全体の摩擦損失としては同じである。

問 34　**超高層ビルの 30 階（地上高 120 m）から出火したので、ホース 10 本を使用しノズル圧力 0.3 MP a で防ぎょしたいが、その時のポンプ圧力として適当なものはどれか。ただし、水利は、地上の貯水池でホース１本あたりの損失は 0.02 MP a である。**

(1)　0.50 MP a　　(2)　0.62 MP a
(3)　1.62 MP a　　(4)　1.70 MP a

答

解説　ポンプ圧力＝ノズル圧力＋ホースの摩擦±背圧
損失＋背圧＝ 0.3 ＋（0.02 × 10）＋ 1.2 ＝ 1.70 MP a

問 35　**中継送水を受ける先ポンプの運用として、適当でないものはどれか。**

(1)　連成計の指度は 0.0 MP a 付近が吸水限界である。
(2)　連成計の指度が真空度を示しても送水には特に障害はない。
(3)　連成計の指度が有圧範囲にあれば安定送水ができる。
(4)　連成計の指度が有圧を示すのは、元ポンプの余裕を表す。

答

解説　連成計の指針が真空度を示すのは、中継送水量が不足していることを表し、そのまま運用すると中継用ホースが大気圧でつぶされ安定した送水は不能となる。

問 36　**下図の体形で放水し、一方のノズルを放水停止するとポンプの各計器等は、どのように変化するか。**

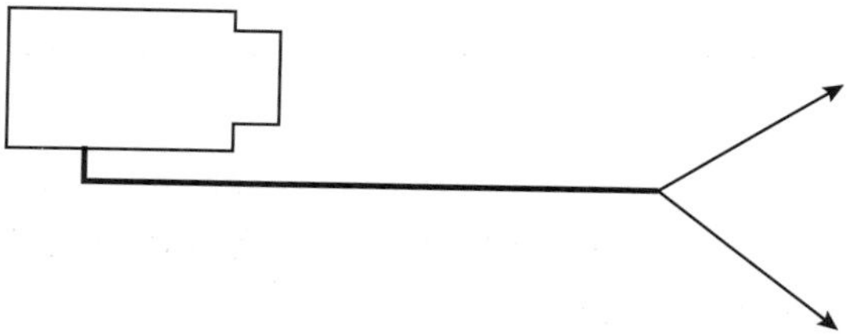

(1)　エンジン回転数、ポンプ圧力ともに上がる。
(2)　エンジン回転数が下がり、ポンプ圧力が上がる。
(3)　エンジン回転数が下がり、真空計指度が下がる。
(4)　真空計指度が下がり、ポンプ圧力は変わらない。

答

解説　送水量が減少するためポンプ負荷が軽くなりエンジン回転が上がり、エンジン回転が上昇しただけポンプ圧力が高くなる。

問37　**次の組み合わせのうち、誤っているものはどれか。**

(1)　タービンポンプ　　　　遠心力
(2)　燃料計　　　　　　　　浮　力
(3)　エンジン・ガバナ　　　トルク
(4)　揚　水　　　　　　　　大気圧

答

解説　エンジン・ガバナは、ガバナ内の重錘が遠心力により拡がる力を利用し、スロットル・バルブを制ぎょするものである。

問38　**下記は、ポンプ圧力を決定する要素をあげたものであるが、最も適切なものを選べ。**

(1)　必要放水量、ノズル圧力、ノズル口径、ホース延長数
(2)　必要放水量、ノズル圧力、ホース延長数、放水落差
(3)　ノズル圧力、ホース延長数、ノズル口径、放水落差
(4)　必要放水量、ホース延長数、ホースの種類、放水落差

答

解説　ポンプ圧力をきめるには、まず必要放水量をきめ（これは放水口数及びノズル口径とノズル圧力によってきまる）、ホース延長数、ホースの種類によって摩擦損失による損失圧力を知り、さらにポンプ中心からノズルまでの垂直高さ（放水落差）を考えればよい。

問39　**ポンプの真空作成試験で漏気による真空度の低下があると、最大吸水量等に大きく影響すると言われているが放水中最大吸水量に、最も影響する漏気の箇所は、次のうちどれか。**

(1)　吸管結合部からの漏気
(2)　逆止弁からの漏気
(3)　自動放口閉そく弁からの漏気
(4)　止水弁からの漏気

答

解説　ポンプ内部に吸水され、送水されると、吸水側からの漏気としては、吸管結合部から漏気のみで、その他は圧力側に変わる。

問40　**ポンプ自動車が無圧水利（自然水利）に部署して放水中、ポンプ真空計の指度が意味するものとして、次の中から最も正しいものを選べ。**

(1)　吸水落差　　　　(2)　吸水量
(3)　吸水損失　　　　(4)　吸水損失＋吸水落差

答

解説　ポンプ真空度（kPａ）＝〔配管の流水摩擦損失（kPａ）＋ 吸管の流水摩擦損失（kPａ）＋ストレーナ、ちりよけかごの流水摩擦損失（kPａ)〕＋ 吸水落差（kPａ）

なお、〔　　〕内の損失は、吸水量によって変化するものである。

問 41　**ホースを１線延長して放水中、ポンプ車のエンジン回転数が急に上昇した。その原因として、誤っているものはどれか。**

(1)　ノズルをシャットした。
(2)　ホースが破断した。
(3)　落水した。
(4)　ちりよけかごが泥に埋まった。

答

解説　ホースが破断すれば放水量が増えるため、ポンプにかかる負荷が大きくなるのでエンジン回転は下がる。

問 42　**自然水利に部署し、２線延長して２口放水中、１口をシャットした。このとき計器に表れる変化のうち、正しいものはどれか。**

(1)　エンジン回転は上昇するが、ポンプ圧力と真空計指度は変化しない。
(2)　エンジン回転は変化しないが、ポンプ圧力と真空計指度は上昇する。
(3)　エンジン回転とポンプ圧力は上昇するが、真空計指度は下がる。
(4)　エンジン回転、ポンプ圧力、真空計指度ともに下がる。

答

解説　１口放水となるのであるから、放水量（吸水量）が１／２になるので真空計指度は低下する。

また放水量の減少に伴いポンプ負荷が減少するので、エンジン回転数は若干上昇し、従って、ポンプ圧力も若干上昇する。

問 43　**ポンプ車が無圧水利を使用して火災防ぎょ中、ポンプ圧力計が故障した。この場合、次のどれを基準としてポンプ運用するのが、最もよいか。**

(1)　エンジン回転計　　(2)　真空計
(3)　連成計　　(4)　スロットル・レバー開度

答

解説　計器が故障する前と全く同じ条件で放水を継続するとすれば、エンジン回転計（スロットル・レバー開度でも同じ）をそのまま保持してもよいが、火災防ぎょにおいては転戦等により条件が変わるため（たとえば上階層に進入した場合、またホース延長数を増加したような場合は当然ポンプ圧力を上げる必要がある）真空計による運用が最も適当である。すなわち、真空計指度は放水量に応じて変化するので、放水量に応じた真空計指度を把握しておくことにより適正なポンプ運用ができる。

真空計指度（kPa）＝〔ポンプ配管の流水摩擦損失（kPa）＋ ストレーナ・ちりよけかごの流水損失（kPa）＋ 吸水落差（kPa）〕

＊〔　　〕内は吸水量に応じて変化する。

問44　ポンプ車が落差２mの自然水利に部署して揚水したが圧力送水ができなかった。次のうち誤っているものはどれか。

(1)　インペラーに異物が入っている。
(2)　吸管ちりよけかごにゴミ等が付着している。
(3)　吸管の内側がはく離している。
(4)　放水口数が多い。
(5)　真空ポンプの内部が破損している。

答

解説　吸水完了後真空ポンプは、止水弁、逆止弁によって、ポンプとの経路が断たれる。したがって、圧力送水には無関係なものとなる。また、一定の圧力になると真空ポンプクラッチが切れ、真空ポンプは回転しないようになっている。

問45　下記の事項は揚水の要領を記したものである。適当でないものはどれか。

(1)　真空ポンプは高速回転しないこと。
(2)　放口の開閉はなるべく早く行うこと。
(3)　スロットル・レバーの操作は徐々に行うこと。
(4)　送水中はポンプの音、各種計器に注意すること。
(5)　スピンドルドライバーを早く回し消火栓を全開にする。

答

解説　放口の開閉を早くすることにより、水撃作用が発生するので徐々に開閉する。

問46　次は、低発泡ノズルについて記したものである。正しいものを選べ。

(1)　発泡ノズルの規格放射量とは、発泡量のことである。
(2)　発泡ノズルの根本圧力は、発泡倍率に関係がない。
(3)　発泡ノズルの根本圧力と放射量の関係は曲線となる。
(4)　発泡ノズルの規格放射量とは、それ以上放射できない、水と原液の混合液量のことである。

答

解説　発泡ノズルの規格放射量とは、発泡ノズルの規格性能の一つで、規定ノズル根本圧力〔MPａ〕において、泡剤と水の混合液の放射量（m^3/min）を規定したものである。

問 47　**下図のような体形でポンプ運用するには、ポンプ圧力を何〔MPａ〕にすればよいか。**

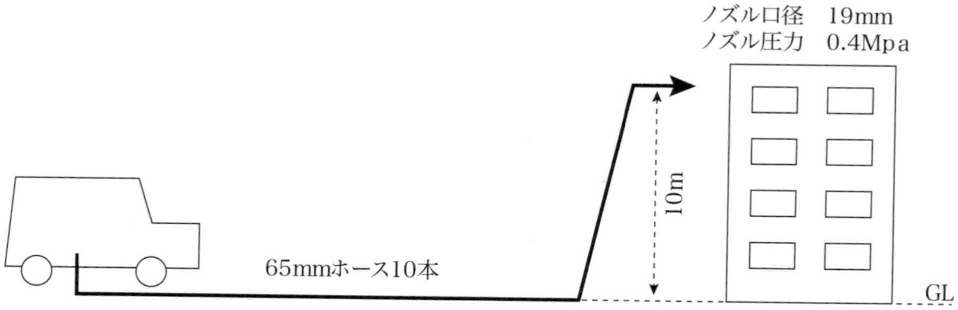

(1)　0.63　(2)　0.66　(3)　0.69　(4)　0.70

答

解説　放水量＝ $0.2085 \times d^2 \times \sqrt{P}$ の式から

放水量＝ $0.2085 \times 1.9^2 \times \sqrt{0.4} = 0.476\ m^3/min$

ポンプ圧力＝ノズル圧力（P）＋ 摩擦損失（FL）± 背圧（BP）

ポンプ圧力＝ $0.4 + (0.0713 \times 10) \times (0.476)^2 + 0.1 \fallingdotseq 0.661$

問 48　**連結送水管設備を利用しての送水方法で、誤っているものはどれか。**

(1)　送水圧力は、原則として５階以下は 1.0 MPａ、６階以上は 1.5 MPａ以上で放水する。
(2)　送水口への送水は、２隊で各１口ごとに行うを原則とする。
(3)　乾式配管への送水は、急激に高圧送水をするとウォーターハンマー現象等の反動が生ずる。
(4)　送水系統が２系統以上のときは、連合送水となるので、送水口部分の送水圧力を同圧力で保つようにポンプ運用する。
(5)　ブースターポンプが附属する場合、送水は、ブースターポンプの一側の入力圧力が 0.1 ～ 0.2 MPａとなるように送水する。

答

解説　送水口への送水は、単隊２口を原則とする。

問 49　**火災現場において下記の図のような２線体形で火災防ぎょをした場合のポンプ圧力及び放水量について記入せよ。ただし、分岐金具、吸水揚程の損失は考えないものとする。（放水量は両ノズルとも同量とする。）**

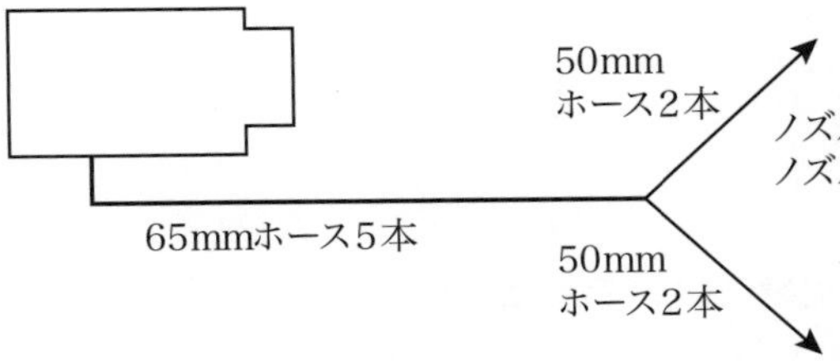

答　ポンプ圧力　　　　　　　　放水量

解説　放水量は　　$Q = 0.2085 \times d^2 \times \sqrt{P}$

放水量＝ $0.2085 \times (1.9)^2 \times \sqrt{0.4} = 0.476\ m^3/min$

ポンプ圧力は　　ＰＰ＝ノズル圧力＋ＦＬ（摩擦係数）×（放水量）^{2}

ポンプ圧力＝ $0.4 + (0.0713 \times 5) \times (0.476 \times 2)^2 + (0.217 \times 2) \times (0.476)^2 = 0.821\ MPa$

問 50　**火災現場で下記の図のような中継放水により消火活動を行った。この時の元ポンプ及び先ポンプの圧力を求めよ。**

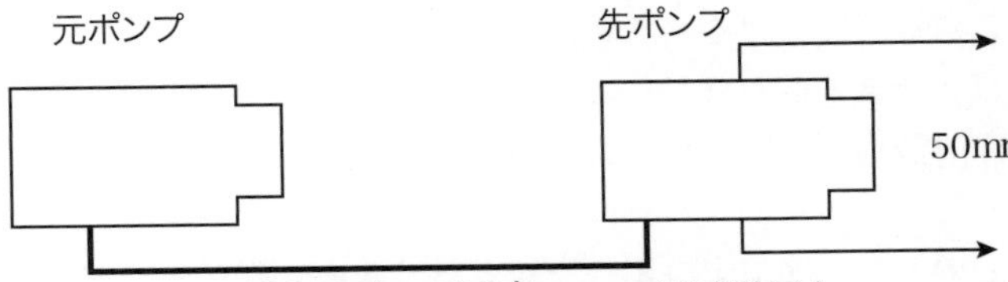

答　先ポンプ　　　　　　　　元ポンプ

解説　先ポンプ圧力＝Ｐ＋ＦＬ（摩擦圧力）

元ポンプ＝連成計圧力＋ＦＬ（摩擦圧力）

先ポンプ＝ $0.4 + (0.217 \times 5) \times (0.476)^2 = 0.646\ MPa$

元ポンプ＝ $0.1 + (0.0713 \times 12) \times (0.476 \times 2)^2 = 0.875\ MPa$　となる。

第５　消防無線関係

問１　**携帯無線機は、現場活動において命令、報告、情報などにの伝達をするため不可欠であるが、活用上の留意事項で誤っているものはどれか。**

(1)　地形、地物の影響をうけやすいため場所の選定に注意する。

(2)　方向変換によって感度の変化が著しいから注意する。

(3)　通信が困難な場合、送信位置をわずか移動するか、スケルチを閉じることで良好な通話が得られることがある。

(4)　長時間使用すると出力が落ちるから注意する。

(5)　無線統制をうけたときはそれに従う。

答

解説　通信が困難な場合、送信位置をわずか移動するか、スケルチを開くことにより良好な通話が得られることがある。

問２　**次の文は、無線局運用規則の規定であるが、誤っているものはどれか。**

(1)　必要のない無線通信は、これを行ってはならない。

(2)　無線通信に使用する用語は、できる限り詳しくなければならない。

(3)　無線通信を行うときは、自局の識別信号を付して、その出所を明らかにしなければならない。

(4)　無線通信は、正確に行うものとし、通信上の誤りを知ったときは、直ちに訂正しなければならない。

(5)　無線電話通信における通報の送信は、語辞を区切り、かつ、明りょうに発音して行わなければならない。

答

解説　無線通信に使用する用語は、できる限り簡潔でなければならない（無線局運用規則第10条、第16条）。

問3　**次の文は、無線局の目的外使用の禁止等についての電波法の規定であるが、(　　)に入れるべき字句の組み合わせのうち正しいものを下の番号から選べ。**

無線局は、免許状に記載された目的又は(　A　)若しくは通信事項の範囲を超えて運用してはならない。ただし、次に掲げる通信については、この限りではない。

(1)遭難通信　(2)緊急通信　(3)安全通信　(4)(　B　)　(5)放送の受信　(6)その他総務省令で定める通信

	A	B
(1)	無線従事者	消防通信
(2)	通信の相手方	非常通信
(3)	識別信号	危険通信
(4)	通信の相手方	消防通信
(5)	無線従事者	非常通信

答

解説　電波法第52条（目的外使用の禁止等）参照。

問4　**無線局において、空電、混信、受信感度の減退等の通信状態については、電波法施行規則では、次のどれに記載しなければならないことになっているか。**

(1)　無線検査簿　　(2)　無線設備の保守管理簿

(3)　無線局事項書　　(4)　無線業務日誌

答

解説　電波法施行規則第40条（無線業務日誌）参照。

問5　**無線局から自局に対する呼出しを受信した場合において、呼出局の呼出名称が不確実であるときは、次のどれによらなければならないか。**

(1)　応相手局の呼出名称を省略して、直ちに応答する。

(2)　相手局の呼出名称の代わりに「貴局名は何ですか」の略語を使用して、直ちに応答する。

(3)　相手局の呼出名称の代わりに「だれかこちらを呼んでいますか」の略語を使用して、直ちに応答する。

(4)　呼出局の呼出名称が確実に判明するまで応答しない。

答

解説　無線局運用規則第26条（不確実な呼出しに対する応答）参照。

問6　**次の文は、秘密の保護に関する電波法の規定であるが、（　　）内に入れるべき字句を下の番号から選べ。**

何人も法律に別段の定めがある場合を除くほか、特定の相手方に対して行われる無線通信を傍受してその（　　　）を漏らし、又はこれを窃用してはならない。

(1)　通信事項　(2)　情報　(3)　相手方及び記録　(4)　存在若しくは内容

答

解説　電波法第59条　秘密の保護参照。

問7　**無線業務日誌の保存期間について、電波法施行規則ではどのように定められているか。**

(1)　使用を終わった日から次の定期検査が行われる日まで
(2)　使用を終わった日から2年間
(3)　使用を終わった日の翌年度の初めから2年間
(4)　使用を終わった日の翌月の初めから2年間

答

解説　使用を終わった無線業務日誌は、使用を終わった日から2年間保存しなければならない。電波法施行規則第40条第4項参照。

問8　**次の記述は、陸上移動業務の無線局が、無線局運用規則の規定により無線電話通信において「呼出し」に際し順次送信すべき事項を掲げたものである。[　　] 内に入れるべき字句の正しい組合せを下の番号から選べ。**

(1)　相手局の呼出名称　[　A　]
(2)　「こちらは」　[　B　]
(3)　自局の呼出名称　[　C　]

	[A]	[B]	[C]
(1)	3回以下	1回	1回
(2)	3回以下	1回	3回以下
(3)	1回	3回以下	1回
(4)	1回	3回以下	3回以下

答

解説　無線局運用規則第18条「無線電話通信の方法については、無線電話通信について特に規定があるもの及び運用規則第20条第2項の規定を除き、無線電信通信の方法に関する規定が準用される。」

無線局運用規則第20条

・呼出しの方法…「呼出しは、次の事項を順次送信して行う」

無線電話の場合　(1)　相手局の呼出名称　３回以下、(2)　こちらは１回、(3)　自局の呼出名称　３回以下

問９　目的外通信について、正しいものに○を間違っているものに×を（　　）に記入せよ。

(1)（　　）無線局免許状に記載された目的の範囲を超えての通信は絶対に行なってはならない。

(2)（　　）目的外の通信を行なうには総務大臣の許可が必要である。

(3)（　　）非常通信を行なうこと。

(4)（　　）無線局の受信設備を用いて放送の受信を行なう。

答　(1)－　　(2)－　　(3)－　　(4)－

解説　無線局は、免許状に記載された目的の範囲を超えての運用は禁止されているが、非常通信（地震、台風、洪水、津波、雪害、火災、暴動その他非常事態が発生し、又は発生するおそれがある場合において、有線通信を使用することができないかまたはこれを利用することが著しく困難であるときに人命の救助、災害の救援、交通通信の確保又は秩序の維持のために行われる通信をいう。）、放送の受信その他総務省令で定める通信については、運用してもよい。（電波法第52条、電波法施行規則第37条）

問10　単信方式のＦＭ送受信機において、プレストークボタンを押して送信しているときの状態の説明で、正しいのはどれか。

(1)　スピーカーから雑音が出ているが、受信音は聞こえない。

(2)　スピーカーから雑音が出ず、受信音も聞こえない。

(3)　スピーカーから雑音が出ており、受信音も聞こえる。

(4)　スピーカーから雑音が出ていないが、受信音は聞こえる。

答

解説　単信のため、プレストークボタンを押している間は、その無線機は受信できない。したがって、雑音も、受信音も聞こえない。

問11　受信機で発生する相互変調の説明で、正しいものは次のうちどれか。

(1)　受信機に不要波が混入した場合、回路の非直線性により、希望波が不要波の変調信号により変調され、回路の非直線性により、混信現象を発生することをいう。

(2)　増幅器及び音響系を含む伝送回路が、不要の帰還のため発振して、可聴音を発生することをいう。

(3)　増幅器の調整不良等により、本来希望しない周波数の振動を生ずるために発生する混信をいう。

(4)　受信機に希望波以外の２つ以上の不要波が混入した場合、回路の非直線性により、混入波周

波数の整数倍の和または差の周波数で混信妨害を生ずることをいう。

答

解説　(1)は混変調、(2)はハウリング、(3)はスプリアスレスポンス、(4)は相互変調

問 12　**ＦＭ受信機のスケルチ回路について、説明しているのはどれか。**

(1)　受信電波の周波数成分を振幅の変化に直し、信号を取り出す回路
(2)　受信電波の振幅を一定にして、振幅変調成分を取り除く回路
(3)　受信電波が無いときに出る大きな雑音を消すための回路
(4)　受信電波の近接周波数による混信を除去する回路

答

解説　ＦＭ受信機では受信波が無い、または非常に弱いとき、出力に非常に大きな雑音が現れるので、復調後の低周波増幅器の動作を抑制し、雑音を消すようにする回路がスケルチ回路である。

問 13　**超音波帯において、山陰で見通しがきかない場合でも通信ができることがあるのは、どの現象によるものか。**

(1)　電波の回折
(2)　電場の屈折
(3)　電波の直進
(4)　電場の干渉

答

解説　回折とは電波が障害物の後ろに回り込んで伝わる現象のこと。周波数が低い電波の方が回折することが多くなる。

問 14　**無線受信機において、受信に障害を与える雑音の原因にならないものは、次のうちどれか。**

(1)　発電機のブラシの火花
(2)　受信電源用電池の電圧低下
(3)　給電線のコネクタのゆるみ
(4)　接地点の接続不良

答

解説　(1)　発電機が発する雑音の代表的な例
(2)　一定の電圧以下に下がると受信機の作動が不安定となり受信機能が低下する。
(3)　外来雑音が進入するルートの一つ
(4)　外来雑音を低減するためには受信機の接地を十分確保することが必要

問15　**アナログ通信方式と比べたときの、デジタル通信方式の特長について誤っているものはどれか。**

(1)　占有周波数帯域が狭い
(2)　雑音、ひずみ、干渉に強い
(3)　送信電力が少ない
(4)　多段中継の場合、中継による雑音がない
(5)　端局装置に多数のろ波器（フィルタ）を必要としないのでチャネル当たりの価格が安い

答

解説　パルスを使用する関係上、回線数に比較して、アナログ通信方式より広い占有周波数帯幅が必要。

問16　**消防無線で通常使用されるＦＭ通信方式の特徴について、正しいものはどれか。**

(1)　占有周波数帯幅がＡＭ通信方式に比べ狭い。
(2)　搬送波周波数の振幅を変調している。
(3)　受信周波数の調整にクラリファイアが必要である。
(4)　受信機の忠実度がよい。

答

解説　(1)　占有周波数帯幅は、ＡＭ通信方式よりも広い。
(2)　搬送波周波数の振幅を変調しているのはＡＭ通信方式である。
(3)　ＦＭ通信方式では通常はクラリファイアを必要としない。

問17　**次は交信上の留意事項である妥当でないものはどれか。**

(1)　声の質は生まれつきのものであるから、落ちついて、ゆっくり簡明に送る。
(2)　通信は、無線機を最良の感度に調整し行うこと。
(3)　自局に対する呼び出しであるかどうかが判明しないときは、必ず確認の応答をする。
(4)　重要な事項については、必ず復唱する。
(5)　無線通信によることが不適当な事項は、他の方法で伝達する。

答

問 18　無線の試験交信を行う場合に、次の明りょう度に対する通話感度を記入せよ。
(1)　雑音、ひづみは少しあるが、割合容易に通話できる。
(2)　雑音が多く、話もゆがんで何回も繰り返して話が通じる程度
(3)　雑音が多少残るが、十分明快な通話ができる。
(4)　雑音の中に、かすかに通話らしいものが聞こえる程度。
(5)　雑音が全くなく、非常に明快に通話できる。

答　(1)　(2)　(3)
(4)　(5)

問 19　次の交信で、妥当でないものはどれか。
(1)　相手の呼び出し方　「ポンプ１から○○消防」
(2)　基地局から呼び出された場合　「ポンプ１です　どうぞ」
(3)　不確実な呼び出しに対して応答する場合　「ポンプ１です　○○まで了解　これ以下　さらにどうぞ」
(4)　通信の終了の場合　「ポンプ１　ごくろうさん」
(5)　出向中に火災を覚知し他の無線局の通話中に割り込む場合「至急　至急　ポンプ１から○○消防」

答

解説　通信の終了の場合、呼び出しをした局が、相手局の了解の旨を確認後終了時に「ポンプ１以上」と送信する。

問 20　次の電池の記述で誤っているものはどれか。
(1)　電池は、化学エネルギーを電気エネルギーとして取り出す。
(2)　鉛蓄電池は、一次電池である。
(3)　ニッケルカドミウム蓄電池は、メモリー効果が顕著にあらわれる。
(4)　容量を大きくするには、蓄電池を並列に接続する。

答

解説　鉛蓄電池は二次電池である。二次蓄電池とは、蓄電池や充電式電池など繰り返し充電を行える電池のこと。一方、一次電池は、電力を放電し終わるとそれで寿命となる電池であり、充電できないものをいう。

第4章

防災・災害対策

第1　防災・震災対策関係
第2　国民保護法関係
第3　石油コンビナート防災関係
第4　原子力災害関係

第1　防災・震災対策関係

問1　災害対策基本法における「災害」の説明として、誤っているものはどれか。

(1)「災害」とは、自然現象によるものだけでなく、大規模な火事等人為的な災害も含まれる。

(2)「災害」とは、冷害、干害、がけ崩れ、霜害等の異常な自然現象は含まれない。

(3) 旅客列車の衝突転覆、航空機の墜落等の大規模な事故は、災害対策基本法でいう「災害」に含まれる。

(4) 災害対策基本法第2条第1号には、「暴風、豪雨、豪雪、洪水、高潮、地震、津波、噴火」が例示されており、これらは、災害対策基本法上の「災害」に含まれる。

(5)「災害」とは、地方公務員災害補償法のように、個人の負傷、疾病、障害又は死亡を意味するものではない。

答

解説　災害対策基本法の対象とされる災害は、暴風、竜巻、豪雨、豪雪、洪水、崖崩れ、土石流、高潮、地震、津波、噴火、地滑りその他の異常な自然災害又は大規模な火事若しくは爆発その他及ぼす被害の程度においてこれら類する政令で定める原因により生ずる被害をいう。

問2　災害対策基本法における「市町村の責務」として、妥当でないのはどれか。

(1) 市町村地域防災計画を作成すること。

(2) 法令に基づき地域防災計画を実施すること。

(3) 市町村長は、消防機関、水防団その他の組織を整備すること。

(4) 市町村長は、当該市町村の区域内の公共的団体その他の防災に関する　組織及び自主防災組織の充実を図ること。

(5) 他の市町村との防災に関する事務又は業務の実施に関する総合調整を行うこと。

答

解説　総合調整は、都道府県の責務である（災対法4条、5条）。

問3　災害対策基本法に定める防災訓練の説明として、妥当でないものはどれか。

(1) 災害予防責任者は、法令又は防災計画の定めるところにより、防災訓練を行なわなければならない。

(2)　災害予防責任者は、防災訓練を行おうとするときは、住民その他関係のある公私の団体に協力を求めることができる。
(3)　住民は、防災訓練その他自発的な防災活動への参加等により防災に寄与しなければならない。
(4)　災害予防責任者の属する機関の職員等は、防災訓練に参加しなければならない。
(5)　都道府県公安委員会は、防災訓練の効果的な実施を図るため特に必要があると認めるときは、区域又は道路の区間を指定して、歩行者又は車両の道路における通行を禁止し、又は制限することができる。

答

解説　「地方公共団体の住民は、食料、飲料水その他の生活必需物資の備蓄その他の自ら災害に備えるための手段を講ずるとともに、防災訓練その他の自発的な防災活動への参加、過去の災害から得られた教訓の伝承その他の取組により防災に寄与するように努めなければならない。」と定められており、住民は、防災訓練等に参加しなければいけない、という義務までは有していない（災対法７条３項及び 48 条）。

問４　**災害対策基本法に定める「防災訓練義務」の説明として、妥当でないのはどれか。**
(1)　災害予防責任者は、防災訓練を行わなければならない。
(2)　都道府県公安委員会は、防災訓練の効果的な実施を図るため特に必要があると認めるときは、区域又は道路の区間を指定して、歩行者又は車両の道路における通行を禁止し、又は制限することができる。
(3)　災害予防責任者の属する機関の職員は、防災訓練に参加しなければならない。
(4)　住民は、防災訓練に参加しなければならない。
(5)　災害予防責任者は、住民その他関係のある公私の団体に協力を求めることができる。

答

解説　災害対策基本法第７条「住民等の責務」にあるとおり、住民は、自発的な防災活動に参加する等防災に寄与する努力義務はあるが、訓練参加の義務はない（災対法７条、48 条）。

問５　**災害対策基本法第 16 条に定める市町村防災会議について、誤っているものはどれか。**
(1)　市町村に、当該市町村の地域に係る地域防災計画の作成及びその実施の推進のため、市町村防災会議を置く。
(2)　(1)に規定するもののほか、市町村は、協議により規約を定め、共同して市町村防災会議を設置することができる。
(3)　市町村は、(2)の規定により市町村防災会議を共同して設置したときその他市町村防災会議を設置することが不適当又は困難であるときは、(1)の規定にかかわらず、市町村防災会議を設置しないことができる。
(4)　市町村は、(3)の規定により市町村防災会議を設置しないこととするとき（(2)の規定により市町村防災会議を共同して設置したときを除く。）は、都道府県知事の承認を受けなければならない。
(5)　市町村防災会議の組織及び所掌事務は、都道府県防災会議の組織及び所掌事務の例に準じて、当該市町村の条例（(2)の規定により設置された市町村防災会議にあっては、規約）で定める。

答

解説　都道府県知事の承認を受けるのではなく、都道府県知事に報告しなければならない。

問６　**災害対策基本法第 23 条の２（市町村災害対策本部）に関する記述のうち、適当ではないものはどれか。**

(1)　市町村の地域について災害が発生し、又は災害が発生するおそれがある場合において、防災の推進を図るため必要があると認めるときは、市町村長は、市町村地域防災計画の定めるところにより、市町村災害対策本部を設置することができる。
(2)　市町村災害対策本部の長は、市町村災害対策本部長とし、市町村長をもつて充てる。
(3)　市町村災害対策本部に、市町村災害対策副本部長、市町村災害対策本部員その他の職員を置き、当該市町村の職員又は当該市町村の区域を管轄する消防長若しくはその指名する消防吏員のうちから、当該市町村の市町村長が任命する。
(4)　市町村災害対策本部は、市町村地域防災計画の定めるところにより、次に掲げる事務を行う。この場合において、市町村災害対策本部は、必要に応じ、関係指定地方行政機関、関係地方公共団体、関係指定公共機関及び関係指定地方公共機関との連携の確保に努めなければならない。
　1　当該市町村の地域に係る災害に関する情報を収集すること。
　2　当該市町村の地域に係る災害予防、災害応急対策及び災害復旧を的確かつ迅速に実施するための方針を作成し、並びに当該方針に沿つて災害予防、災害応急対策及び災害復旧を実施すること。
(5)　市町村長は、市町村地域防災計画の定めるところにより、市町村災害対策本部に、災害地にあつて当該市町村災害対策本部の事務の一部を行う組織として、市町村現地災害対策本部を置くことができる。

答

解説　災害復旧は、災害対策本部の所掌事務に含まれない（災対法第 23 条の２・４項二号）。

問７　**災害対策基本法において「防災基本計画」に定めるべき事項として、妥当でないのはどれか。**

(1)　防災に関する総合的かつ長期的な計画
(2)　消防計画において重点をおくべき事項
(3)　防災業務計画において重点をおくべき事項

(4)　地域防災計画において重点をおくべき事項
(5)　防災業務計画及び地域防災計画の作成の基準となるべき事項（中央防災会議が必要と認めるもの）

答

解説　消防計画の基準に関しては、消防組織法４条２項十四号に定められている（災対法35条１項各号）。

問８　**災害対策基本法に規定する「市町村地域防災計画」の記述のうち、誤っているものはどれか。**

(1)　市町村防災会議は、防災基本計画に基づき、当該市町村の地域に係る市町村地域防災計画を作成し、及び毎年市町村地域防災計画に検討を加え、必要があると認めるときは、これを修正しなければならない。
(2)　市町村防災会議は、市町村地域防災計画を定めるにあたっては、災害が発生した場合において当該市町村等が円滑に他の者の応援を受け、又は他の者を応援することができるよう配慮するものとする。
(3)　市町村防災会議は、市町村地域防災計画を作成し、又は修正したときは、速やかにこれを内閣総理大臣及び都道府県知事に報告するとともに、その要旨を公表しなければならない。
(4)　都道府県知事は、市町村地域防災計画について報告を受けたときは、都道府県防災会議の意見を聴くものとし、必要があると認めるときは、当該市町村防災会議に対し、必要な助言又は勧告をすることができる。
(5)　市町村地域防災計画の中に市町村の一定の地区内の居住者及び事業者が、「自助」・「共助」の精神に基づき、市町村等と連携して行う自発的な防災活動を促進し、ボトムアップ型で地域における防災力を高めるため、各地区の特性に応じたコミュニティレベルでの防災活動を内容とする「地区防災計画」について定めることができるとしている。

答

解説　市町村地域防災計画を作成し、又は修正を加えたときは、速やかに都道府県知事に報告するとともに、その要旨を公表しなければならない。内閣総理大臣に報告する義務はない（災対法42条５項）。

問９　**災害対策基本法に掲げられている「災害予防」に関する事項として、誤っているものはどれか。**

(1)　防災に関する組織の整備に関する事項
(2)　防災に関する訓練に関する事項
(3)　緊急輸送の確保に関する事項
(4)　防災に関する物資及び資材の備蓄、整備及び点検に関する事項
(5)　防災に関する施設及び設備の整備及び点検に関する事項

答

解説　(3)は、災害対策基本法第 50 条に掲げられている災害応急対策に関する事項である。

問 10　**災害対策基本法では、災害時における個々の要配慮者の避難支援を具体的に想定しておくため、避難行動要支援者名簿の作成等を市町村長に義務づけている。この名簿は、地域防災計画の定めるところにより作成することとされており、地域防災計画には名簿作成の具体的な方法・手順を定める必要がある。地域防災計画において定める必須事項と、されていない項目はどれか。**

(1)　消防機関、都道府県警察、民生委員、市町村社会福祉協議会、自主防災組織その他の避難支援等の実施に携わる関係者である避難支援等関係者

(2)　名簿作成に必要な個人情報及びその入手方法

(3)　名簿情報の提供に際し情報漏えいを防止するために市町村が求める措置及び市町村が講ずる措置

(4)　要配慮者が円滑に避難のための立退きを行うことができるための通知又は警告の配慮

(5)　避難場所での避難行動要支援者の引継ぎ方法と見守り体制

答

解説　内閣府「避難行動要支援者の避難行動支援に関する取組指針」（平成 25 年８月）参照。

問 11　**「指定緊急避難場所」・「指定避難所」についての記述のうち、誤っているものはどれか。**

(1)　指定避難所と指定緊急避難場所とは、相互に兼ねることができる。

(2)　指定避難所の指定の通知を受けた都道府県知事は、その旨を内閣総理大臣に報告しなければならない。

(3)　指定緊急避難場所を指定する際は、たとえ管理者が市町村でなくても、指定基準に該当する土地であれば、市町村長の権限のみで指定することができる。

(4)　指定避難所は想定される災害による影響が比較的少ない場所にあるものであること。

(5)　指定避難所は避難のための立退きを行った住民等又は被災者を滞在させるために必要かつ適切な規模のものでなければならない。

答

解説　(3)は、指定緊急避難場所の指定には、管理者が市町村でない場合、管理者の同意が必要である（災対法 49 条の４・２項）。

問 12　**災害対策基本法における「避難行動要支援者名簿の作成等」の記述のうち、誤っているものはどれか。**

(1)　避難行動要支援者とは、要配慮者のうち、災害が発生し、又は災害が発生するおそれがある場合に自ら避難することが困難な者であって、その円滑かつ迅速な避難の確保を図るため特に

支援を要するものである。
(2)　避難行動要支援者名簿に記載又は記録される事項として、氏名、生年月日、住所等がある。
(3)　市町村長は、避難行動要支援者名簿の作成のため必要があると認めるときであっても、関係都道府県知事その他の者に対して、要配慮者に関する情報の提供を求めることができない。
(4)　市町村長は、避難行動要支援者名簿の作成に必要な限度で、その保有する要配慮者に関する情報を、その保有に当たって特定された利用の目的以外の目的のために内部で利用することができる。
(5)　市町村長は、当該市町村に居住する避難行動要支援者の把握を努めるとともに、避難行動要支援者名簿を作成しておかなければならない。

答

解説　市町村長は、避難行動要支援者名簿の作成のため必要があると認めるときは、関係都道府県知事その他の者に対して、要配慮者に関する情報の提供を求めることができる（災対法49条の10・４項）。

問 13　**災害対策基本法に定める「被害状況等の報告」に関する記述として、妥当ではないものはどれか。**

(1)　市町村は、当該市町村の区域内に災害が発生したときは、すみやかに当該災害の状況およびこれに対してとられた措置の概要を内閣総理大臣に報告しなければならない。
(2)　都道府県は、当該都道府県の区域内に災害が発生したときは、すみやかに当該災害の状況およびこれに対してとられた措置の概要を内閣総理大臣に報告しなければならない。
(3)　指定公共機関の代表者は、その業務に係る災害が発生したときは、すみやかに、当該災害の状況およびこれに対してとられた措置の概要を内閣総理大臣に報告しなければならない。
(4)　指定行政機関の長は、その所掌事務に係る災害が発生したときは、すみやかに、当該災害の状況およびこれに対してとられた措置の概要を内閣総理大臣に報告しなければならない。
(5)　内閣総理大臣は、報告を受けたときは、当該報告に係る事項を中央防災会議に通報するものとする。

答

解説　原則として、市町村は都道府県に報告をしなければならないが、都道府県に報告ができない場合にあっては、内閣総理大臣に報告をするものとしている。そのため「内閣総理大臣に報告しなければならない」は妥当でない（災対法53条１項）。

問 14　**市町村長の避難の指示等について記述として、妥当でないのはどれか。**

(1)　災害が発生し、又は発生するおそれがある場合において、市町村長は、必要と認める地域の居住者等に対し、避難のための立退きを指示することができる。
(2)　市町村長は、立退き先として指定緊急避難場所その他の避難場所を指示することができる
(3)　災害が発生し、又はまさに発生しようとしている場合において、避難のための立退きを行う

ことによりかえつて人の生命又は身体に危険が及ぶおそれがあると認めるとき、市町村長は、屋内での待避その他の屋内における避難のための安全確保に関する措置を指示することができる。

(4)　市町村長は、避難のための立退きを勧告し、若しくは指示し、若しくは立退き先を指示し、又は屋内での待避等の安全確保措置を指示したときは、速やかに、その旨を内閣総理大臣に報告しなければならない。

(5)　市町村長は、避難の必要がなくなったときは、直ちに、その旨を公示しなければならない。

答

解説　市町村長は、避難のための立退きを勧告し、若しくは指示し、若しくは立退き先を指示し、又は屋内での待避等の安全確保措置を指示したときは、内閣総理大臣ではなく、都道府県知事に報告しなければならない（災対法60条4項）。

問15　**災害対策基本法に基づく市町村長の避難指示等に関する記述のうち、誤っているものはどれか。**

(1)　市町村長は災害が発生するおそれがある地域において、必要と認められる地域の居住者に対し、避難のための立退きを指示することができる。

(2)　避難のための立退きを指示をする場合において、市町村長は立退き先として指定緊急避難場所のみを指示することができる。

(3)　避難のための立退きを行うことにより、かえって人の生命又は身体に危険が及ぶおそれがある場合において、市町村長は、必要と認められる地域の居住者に対し、屋内での待避等の緊急安全確保措置を指示することができる。

(4)　市町村長は避難のための立退きを指示、又は緊急安全確保措置を指示したときは、速やかにその旨を都道府県知事に報告しなければならない。

(5)　市町村長は、避難の必要がなくなった場合は、直ちにその旨を公示しなければならない。

答

解説　市町村長は、立退き先として指定緊急避難場所やその他の避難場所を指示することができる（災対法60条各項）。

問16　**災害対策基本法に定める市町村長の避難の指示等に関する記述のうち、誤っているものはどれか。**

(1)　市町村長は、必要と認める地域の居住者等に対し、避難のための立退きを勧告することができる。

(2)　市町村長は、必要と認める地域の必要と認める居住者に対し、避難のための立退きを指示することができる。

(3)　市町村長は、避難のための立退きを指示する場合に必要があると認めるときは、その立退き先として指定緊急避難場所その他の避難場所を指示することができる。

(4)　市町村長が緊急安全確保措置を指示することができるのは、避難のための立退きを行うことにより、かえって人の生命又は身体に危険が及ぶおそれがあり、事態に照らし緊急を要すると認めるときである。
(5)　緊急安全確保とは、高所への移動、近傍の堅固な建物への退避、屋内の屋外に面する開口部から離れた場所での待避その他の緊急に安全の確保をするための措置である。

答

解説　災害対策基本法等の一部を改正する法律の施行（令和３年５月20日）により、避難勧告と避難指示は一本化され、従来の勧告の段階から避難指示を行うこととなったため、誤り（災対法60条各項）。

問 17　**災害がまさに発生しようとしている状況において、市町村長が災害対策基本法に基づき実施できる応急措置等であるが、適当でないものはどれか。**

(1)　警戒区域を設定し、災害応急対策に従事する者以外の者に対して当該区域への立入りを制限若しくは禁止すること。
(2)　警戒区域を設定し、災害応急対策に従事する者以外の者に対して当該区域からの退去を命じること。
(3)　応急措置を実施すべき現場にある者を応急措置の業務に従事させること。
(4)　他の市町村の市町村長から、応援を求められたとき、応援に従事する者は、応援対策の実施について、応援する市町村長等の指揮の下に行動する。
(5)　都道府県知事に対し、応急措置を実施するため自衛隊法第83条第１項の規定による要請をするように求めること。

答

解説　他の市町村長から応援を求められたときは、応援に従事する者は、応援を求めた市町村長等の指揮の下に行動することとされている（災対法63条、65条、67条、68条の２）。

問 18　**災害対策基本法第71条で規定される都道府県知事の従事命令等について、都道府府県知事に従事命令等の権限を付与することが、適当でない事項はどれか。**

(1)　施設及び設備の応急の復旧に関する事項
(2)　警報の発令及び伝達並びに避難の勧告又は指示に関する事項
(3)　災害を受けた児童及び生徒の応急の教育に関する事項
(4)　清掃、防疫その他の威喝環境の保全及び公衆衛生に関する事項
(5)　犯罪の予防、交通の規制その他災害地における社会秩序の維持に関する事項

答

解説　「警報の発令及び伝達並びに避難の勧告又は指示に関する事項」は、災害発生後、直ちに行わなければならないものであり、現場に密着した災害応急活動を行う市町村において初めて可能なものであるから、都道府県知事に権限を付与することはできない（災対法50条、71条）。

問 19　**災害対策基本法に定める物資等の備蓄、供給及び運送に関する事項について、妥当でないものはどれか。**

1　災害予防責任者は、法令又は防災計画の定めるところにより、災害応急対策等に必要な物資等を備蓄等しなければならない。

2　都道府県知事は、災害が発生し、又は発生するおそれがある場合において、備蓄する物資等が不足し、災害応急対策を的確かつ迅速に実施することが困難であると認めるときは、指定行政機関の長又は指定地方行政機関の長に対し、必要な物資等の供給について必要な措置を講ずるよう要請し、又は求めることができる。

3　市町村長は、災害が発生し、又は発生するおそれがある場合において、備蓄する物資等が不足し、災害応急対策を的確かつ迅速に実施することが困難であると認めるときは、指定行政機関の長、指定地方行政機関の長又は都道府県知事に対し、必要な物資等の供給について必要な措置を講ずるよう要請し、又は求めることができる。

4　地方公共団体の長等は、災害が発生し、又は発生するおそれがある場合において、その備蓄する物資等の供給に関し、相互に協力するよう努めなければならない。

5　都道府県知事は、災害応急対策の実施のため緊急の必要があると認めるときは、運送事業者である指定公共機関等に対し、運送すべき物資、場所、期日等を示して、当該災害応急対策の実施に必要な物資等の運送を要請することができる。

答

解説　市町村長にあっては、都道府県知事に対し、物資等の供給について必要な措置を講ずるよう要請し、又は求めることができる旨が定められている（災対法86条の16）。

問 20　**南海トラフ地震に係る地震防災対策の推進に関する特別措置法に定める南海トラフ地震防災対策推進地域の記述について、誤っているものはどれか。**

(1)　内閣総理大臣は、南海トラフ地震が発生した場合に著しい地震災害が生ずるおそれがあるため、地震防災対策を推進する必要がある地域を、南海トラフ地震防災対策推進地域として指定するものとする

(2)　内閣総理大臣は、南海トラフ地震防災対策推進地域を指定するに当たっては、南海トラフ地震として科学的に対応可能な規模のものを想定して行うものとする。

(3)　内閣総理大臣は、南海トラフ地震防災対策推進地域の指定をしようとするときは、あらかじめ中央防災会議に諮問しなければならない。

(4)　内閣総理大臣は、南海トラフ地震防災対策推進地域の指定をしようとするときは、あらかじめ関係都府県の意見を聴かなければならない。この場合において、関係都府県が意見を述べようとするときは、あらかじめ関係市町村の意見を聴かなければならない。

(5)　内閣総理大臣は、南海トラフ地震防災対策推進地域の指定をしたときは、その旨を公示しなければならない。

答

解説　内閣総理大臣は、南海トラフ地震防災対策推進地域を指定するに当たっては、南海トラフ地震として科学的に想定し得る最大規模のものを想定して行うものとする（南海トラフ地震に係る地震防災対策の推進に関する特別措置法３条２項）。

問 21　**地震防災対策特別措置法において、想定される地震災害等について、都道府県が印刷物の配布その他の必要な措置を講ずることにより住民に周知させるように、努めなければならないとされている事項を全て選べ。**

(1)　地震の規模
(2)　地震動の大きさ
(3)　津波により浸水する範囲及びその水深
(4)　地震災害の程度
(5)　地震災害に関する情報、予報及び警報の伝達方法
(6)　避難場所及び避難経路

答

解説　都道府県は、当該都道府県において想定される地震災害の軽減を　図るため、当該地域における地震動の大きさ、津波により浸水する範囲及びその水深並びに地震災害の程度に関する事項について、これらを記載した印刷物の配布その他の必要な措置を講ずることにより、住民に周知させるように努めなければならない（地震防災対策特別措置法 14 条）。

問 22　**地震防災対策特別措置法の地震防災緊急事業に係る消防用施設のうち、誤っているものはどれか。**

(1)　防火水槽
(2)　可搬式小型動力ポンプ
(3)　小型動力ポンプ付積載車
(4)　海水等利用型消防水利システム
(5)　救助工作車、救急自動車その他の消防用施設で、人命の救助等のため特に必要なものとして総務大臣が定めるもの

答

解説　防火水槽ではなく耐震性貯水槽である（地震防災対策特別措置法施行令３条）。

問 23　**津波に関する次の記述のうち、誤っているのはどれか。**

(1)　津波の速度は、海が深いほど速く、時速 700 km以上になることもある。
(2)　港や湾の奥では、地形によっては押し寄せた海水が集積して数十mという高さで陸上を駆け上がることもある。
(3)　日本は過去に津波の被害をたびたび受け、津波の研究・対策も進んでいるため、「Tsuna

mi」という語は世界に通用している。
(4)　津波は水深が浅くなるにつれ高さを増すが、これは浅くなるほど速度が遅くなり、波が後から圧縮されるためである。
(5)　津波は１波、２波、３波と繰り返し襲ってくるが、必ず第１波が最大で、徐々に小さくなっていく。

答

解説　必ずしも第１波目が最大で、徐々に小さくなるとは限らないので、津波警報、注意報が解除されるまで油断してはならない。

問 24　**降水等に関する情報の警戒レベル３に相当する情報として、正しいものはどれか。**
(1)　氾濫発生情報
(2)　洪水警報
(3)　大雨特別警報
(4)　土砂災害警戒情報
(5)　氾濫注意情報

答

解説　洪水警報は警戒レベル３相当の情報にあたる（内閣府「避難情報等に関するガイドライン」参照）。

問 25　**活動火山対策特別措置法において、避難施設緊急整備地域の指定があったときは、住民等の速やかな避難のために必要な施設を緊急に整備するための避難施設緊急整備計画を作成し定めなければならないが、妥当でないものはどれか。**
(1)　災害対策本部施設の整備に関する事項
(2)　学校、公民館等の不燃堅牢化に関する事項
(3)　広場の整備に関する事項
(4)　道路又は港湾の整備に関する事項
(5)　退避壕、その他の退避施設の整備に関する事項

答

解説　災害対策本部施設の整備に関する事項は定められていない（活動火山対策特別措置法 13 条から 15 条）。

問 26　**地震に関する記述のうち、誤っているのはどれか。**
(1)　液状化現象とは、ゆるく堆積した砂質地盤や埋め立て地盤に強い地震動が加わり、地盤自体が液状になり支持力を失うことである。

(2)　地球表面は厚さ約 100 kmの十数枚の固い板（岩石の層）で覆われており、それぞれの板のことをプレートという。日本の周囲には、ユーラシアプレート、北米プレート、太平洋プレートおよびフィリピン海プレートがある。
(3)　震源とは地震波が地球内部の一点で発生したと考えたときの点をいい、震央とは震源の真上にあたる地表の地点をいう。
(4)　地震の震度は１～４、５弱、５強、６弱、６強、７の９階級で表され、体感、周囲の状況およびマグニチュードの大きさを考慮して決定されている。
(5)　活断層とは、地質時代に活動した証拠があり、今後も活動を繰り返し大地震を発生させると考えられる断層のことである。

答

解説　震度は、「０」を含む 10 階級で表されており、現在では計測震度計により自動的に観測されている。また、マグニチュードは地震の規模（エネルギーの大きさ）を表す尺度であり、ある地点の地震動の強弱を表す震度階級の決定には影響しない（気象庁震度階級関連解説表（平成８年２月）参照）。

問 27　**津波に関する記述のうち、妥当でないものはどれか。**

(1)　津波による家屋被害は、木造家屋では浸水１ｍ程度から部分破壊をお越し始め、２ｍで全面破壊に至る。
(2)　津波が押し寄せる前には必ず、潮が引くので高台から海面の変動を観測していれば、津波の発生を確認できる。
(3)　津波注意報の中で発表される「予想される津波の高さ」とは、海岸線での平常潮位から、海面が上昇したその高さの差のことである。
(4)　平成 23 年東北地方太平洋沖地震による津波では、岩手県大船渡市の綾里湾で 39.7 ｍの遡上高（海岸から内陸へ津波がかけ上がった高さ）が観測され、日本での記録された最大の津波となった。
(5)　津波は、地震などにより海底地形が変形することで周辺の広い範囲にある海水全体が持ち上がったり下がったりし、それにより発生した海面のもり上がりまた沈みこみによる波が周辺に広がって行く現象である。

答

解説　津波は、地震の発生の仕方によっては、平成 15 年十勝沖地震やスマトラ沖地震の際にスリランカやインドの海岸に押し寄せた津波のように、潮が引くことなく大きな波が押し寄せることがある。

問 28　**気象庁が発表する「火山情報」のうち、誤っているのはどれか。**

(1)　「火山情報」には、「噴火警報」、「噴火予報」、及び「非常火山情報」がある。
(2)　噴火警報レベルは、避難、避難準備、入山規制、火口周辺規制、平常の５段階がある。

(3)　火山防災のため監視・観測体制の充実等が必要な火山として、浅間山、伊豆大島、阿蘇山、雲仙岳、桜島など50火山が選定されている。
(4)　警戒が必要な範囲が居住地域まで及ぶときは、レベル５（避難）及びレベル４（避難準備）が、噴火警報（居住地域）として発表される。
(5)　警戒が必要な範囲が火口周辺に限られるときは、レベル３（入山規制）及びレベル２（火口周辺規制）が、噴火警報（火口周辺）として発表される。

答

解説　火山情報には、「非常火山情報」はない。

問 29　**地震に関する記述のうち、誤っているのはどれか。**
(1)　「震央」とは地震の発生した点をいい、「震源」とは震央の真上にあたる地表の地点をいう。
(2)　「地震」とは地殻の急激かつ大規模な破壊現象をいい、大きく分けて、「海溝型地震」と「内陸型地震」の２つがある。
(3)　「地震波」には、地震発生後最初に到達する縦波の「Ｐ波」、２番目に到達する横波の「Ｓ波」などがある。
(4)　「本震」とは連続的に発生する地震の中で最大のものをいい、「前震」とは本震の前に起こる地震、「余震」とは本震の後に起こる地震のことをいう。
(5)　「震度」とは、ある地点で計測震度計により観測された地震動の強さをいい、日本では10階級に区分されている。

答

解説　地震の発生した点が震源であり、震源の真上にあたる地表の地点が震央である。

問 30　**気圧に関する用語の説明について、誤っているものはどれか。**
(1)　気圧とは、ある地点のその点を中心とする単位面積上で、その上の空気柱の総重量に相当する。
(2)　太平洋高気圧とは、夏期を中心に強まる高気圧で、その中心はハワイ諸島の北の東太平洋にある。
(3)　東シナ海低気圧とは、東シナ海に発達する低気圧で、日本の南岸を発達しながら東～北東に進むことが多い。日本海側に大雪をもたらすことがある。
(4)　日本海低気圧とは、日本海を主として東～北東に進む低気圧。発達して「春一番」などをもたらすことがある。
(5)　移動性高気圧とは、温帯低気圧と交互に東に移動していく高気圧。春、秋に多く現れる。

答

解説　日本海側でなく「太平洋側」に大雪をもたらすことがある。

問 31　雨の強さと降り方から人の受けるイメージと災害発生状況についての説明で、妥当でないものはどれか。

⑴　ザーザーと降る……この程度なら長く降り続いても注意する必要がない。
⑵　どしゃ降り……側溝や下水、小さな川があふれ、小規模の崖崩れが始まる。
⑶　バケツをひっくり返したように降る……山崩れ・崖崩れが起きやすくなり危険地帯では避難の準備が必要。
⑷　滝のように降る……マンホールから水が噴出する。土石流が起こりやすい、多くの災害が発生する。
⑸　息苦しくなるような圧迫感がある……雨による大規模な災害の発生するおそれが強く、厳重な警戒が必要。

答

解説　⑴は、１時間雨量 10 mm以上～ 20 mm未満の雨の時に人が受けるイメージであるが、この程度の雨でも長く降り続くときは注意が必要である。

問 32　気象台から観測結果をもとに、重大な災害が起きるおそれがあると予想されるとしてだされる、次の警報についての内容で、妥当でないものはどれか。

⑴　大雨警報……大雨によって重大な災害が起きるおそれがあると予想される場合
⑵　洪水警報……大雨、長雨、融雪などの現象により河川の水が増し、重大な災害が起きると予想される場合
⑶　暴風警報……平均風速がおおむね 20 m／sを超え、重大な災害が起きると予想される場合
⑷　暴風雪警報……平均風速がおおむね 20 m／sを超え、雪を伴い、重大な災害が起きると予想される場合
⑸　高潮警報……波浪、うねりなどによって重大な災害が起きるおそれがあると予想される場合

答

解説　⑸は波浪警報の内容で、「高潮警報」は台風等により海面の異常上昇により重大な災害が起きるおそれがあると予想される場合に発表される。

問 33　地方公共団体の業務継続計画は、行政が被災し資源制約下においても災害対応等の業務を適切に行うためのものであり、あらかじめ策定しておくことが必要である。策定にあたって業務継続に重要な６要素を定めているが、次のうち重要６要素ではないものはどれか。

⑴　首長不在時の明確な代行順位及び職員の参集体制
⑵　本庁舎が使用できなくなった場合の代替庁舎の特定
⑶　電気、水、食料等の確保
⑷　災害時にもつながりやすい多様な通信手段の確保
⑸　重要なデータのバックアップ

(6)　非常時優先業務の整理
(7)　受援体制の確立

答
解説　防災基本計画及び市町村のための業務継続計画作成ガイド（内閣府防災担当）参照。

問34　**東日本大震災を契機に、国民の間に広く津波対策についての理解と関心を深めてもらうため、津波防災の日を設定しているが、その日は次のうちどれか。**

(1)　4月14日　　(2)　7月8日
(3)　11月5日　　(4)　1月17日
(5)　3月11日

答
解説　11月5日（津波対策の推進に関する法律15条2項）。

問35　**大雨や台風等の災害発生時に市町村から発令される避難情報について、誤っているものはどれか。**

(1)　警戒レベル３高齢者等避難は、避難に時間のかかる高齢者や障害のある人が危険な場所から避難するタイミングである。
(2)　警戒レベル３高齢者等避難は、高齢者等以外の人も必要に応じ普段の行動を見合わせたり、避難の準備をしたり、危険を感じたら自主的に避難するタイミングである。
(3)　警戒レベル４避難勧告は、避難指示に１本化され、これまで避難勧告を発令していたタイミングで避難指示を発令する。
(4)　警戒レベル５緊急安全確保は、市町村が災害の状況を確実に把握できるものではない等の理由で必ず発令されるものではない。
(5)　警戒レベル５緊急安全確保は、すでに災害が発生しているか逼迫している状況のため、速やかに立退き避難をしなければならない。

答
解説　警戒レベル５「緊急安全確保」は、すでに災害が発生しているか逼迫している状況ではあり、屋外への立退き避難がかえって危険である場合、屋内で緊急安全確保を実施する（内閣府「避難情報に関するガイドライン」参照）。

問36　**「防災の日」及び「防災週間」についての組み合わせで、正しいものを選べ。**

(1)　「防災の日」毎年９月１日、「防災週間」毎年８月30日～９月５日
(2)　「防災の日」毎年９月１日、「防災週間」毎年８月31日～９月６日
(3)　「防災の日」毎年９月１日、「防災週間」毎年９月１日～９月７日

⑷「防災の日」毎年９月１１日・「防災週間」毎年９月９日～９月 15 日
⑸「防災の日」毎年９月１１日・「防災週間」毎年９月 10 日～９月 16 日

答

解説　昭和 35 年に、毎年９月１日（関東大震災の日）をもって「防災の日」とされる。また、昭和 57 年に、毎年９月１「防災の日」を含む１週間を「防災週間」とし、昭和 58 年度からは「防災週間」の期間は毎年８月 30 日から９月５日までとされた。

問 37　**災害報告取扱要領（昭和 45 年消防防第 246 号）に定められている用語の定義について、次のうち誤っているのはどれか。**

⑴「行方不明者」とは、当該災害が原因で所在不明となり、かつ、死亡の疑いのある者とする。
⑵　災害により負傷し、医師の治療を受け、又は受ける必要のある者のうち、１月以上の治療を要する見込みのものを「重傷者」、１月未満で治療できる見込みのものを「軽傷者」とする。
⑶「一部破損」とは、全壊及び半壊にいたらない程度の破損で、補修を必要とする程度のものをいい、ガラスが数枚破損した程度のごく小さなものも含む。
⑷「非住家」とは、住家以外の建物で災害報告中他の被害箇所項目に属さないものをいい、全壊又は半壊の被害を受けたもののみを記入する。
⑸「り災世帯」とは、災害により全壊、半壊及び床上浸水の被害を受け通常の生活を維持できなくなった生計を一にしている世帯をいい、寄宿舎などの施設に宿泊し共同生活を営んでいるものについても、一世帯として扱う。

答

解説　災害報告取扱要領の「第２　記入要領」参照。ガラスが数枚破損した程度のごく小さなものは除く。

問 38　**火災・災害等即報要領（昭和 59 年 10 月 15 日付け消防災第 267 号）の災害即報における報告基準として、誤っているものはどれか。**

⑴　地震が発生し、当該都道府県又は市町村の区域内で震度４以上を記録したもの
⑵　災害が２都道府県以上にまたがるもので１の都道府県における被害は軽微であっても、全国的に見た場合に同一災害で大きな被害を生じているもの
⑶　噴火警報（火口周辺）が発表され、入山規制又は通行規制等を行ったもの
⑷　崖崩れ、地すべり、土石流等により、死者が３人以上生じたもの
⑸　雪崩等により、人的被害又は住家被害を生じたもの

答

解説　災害即報の個別基準に関する記述参照。正しくは、「崖崩れ、地すべり、土石流等により、人的被害又は住家被害を生じたもの」である。

第２　国民保護法関係

問１　**事態対処法及び国民保護法における用語の定義のうち、誤っているものはどれか。**

(1)　武力攻撃事態とは、武力攻撃が発生した事態又は武力攻撃が発生する明白な危険が切迫していると認められるに至った事態をいう。

(2)　武力攻撃災害とは、武力攻撃により直接又は間接に生ずる人の死亡又は負傷、火事、爆発、放射性物質の放出その他の人的又は物的災害をいう。

(3)　対処基本方針とは、武力攻撃事態等又は存立危機事態に至ったときに、都道府県知事が定める武力攻撃事態等又は存立危機事態への対処に関する基本的な方針をいう。

(4)　事態対策本部とは、対処基本方針が定められたときに、当該対処基本方針に係る対処措置の実施を推進するため、閣議にかけて、臨時に内閣に設置されるものをいう。

(5)　事態対策本部長とは、内閣総理大臣（内閣総理大臣に事故があるときは、そのあらかじめ指名する国務大臣）をもって充てるものをいう。

答

解説　(3)は、都道府県知事が定めるものではなく、政府が定めるものなので、誤り（事態対処法９条）。

問２　**事態対処法に定める用語の定義のうち、誤っているものはどれか。**

(1)　武力攻撃　我が国に対する外部からの武力攻撃をいう。

(2)　武力攻撃事態　武力攻撃が発生した事態又は武力攻撃が発生する明白な危険が切迫していると認められるに至った事態をいう。

(3)　武力攻撃予測事態　武力攻撃事態には至っていないが、事態が緊迫し、武力攻撃が予測されるに至った事態をいう。

(4)　指定行政機関　行政機関以外の機関で、行政機関に準ずるものとして政令で定めるものをいう。

(5)　指定公共機関　独立行政法人（独立行政法人通則法（平成十一年法律第百三号）第二条第一項に規定する独立行政法人をいう。）、日本銀行、日本赤十字社、日本放送協会その他の公共的機関及び電気、ガス、輸送、通信その他の公益的事業を営む法人で、政令で定めるものをいう。

答

解説　(4)は、指定行政機関とは、事態対処法第２条第５項各号に掲げる機関で政令で定めるものなので、誤り（事態対処法２条５項）。

問３　**国民保護法第 16 条に規定する市町村の実施する国民の保護のための措置として、誤っているものはどれか。**

(1)　武力攻撃災害の復旧に関する措置

(2)　生活関連物資等の価格の安定等のための措置その他の国民生活の安定に関する措置

(3)　警報の伝達、避難実施要領の策定、関係機関の調整その他の住民の避難に関する措置

(4)　救援の実施、安否情報の収集及び提供その他の避難住民等の救援に関する措置

(5)　退避の指示、警戒区域の設定、消防、廃棄物の処理、被害情報の収集その他の武力攻撃災害への対処に関する措置

答

解説　(2)は、生活関連物資等の価格の安定等のための措置その他の国民生活の安定に関する措置は、国及び都道府県が実施する国民の保護のための措置であるので、誤り（国民保護法 10 条１項四号、11 条１項四号）。

問４　**国民保護法第 34 条及び第 35 条に定める国民の保護に関する計画について、誤っているものはどれか。**

(1)　都道府県知事は、国民の保護に関する基本指針に基づき、国民の保護に関する計画を作成しなければならない。

(2)　市町村長は、都道府県の国民の保護に関する計画に基づき、国民の保護に関する計画を作成しなければならない。

(3)　市町村長は、その国民の保護に関する計画を作成するときは、あらかじめ、都道府県知事に協議しなければならない。

(4)　都道府県知事は、その国民の保護に関する計画の作成に当たっては、指定行政機関の国民の保護に関する計画及び他の都道府県の国民の保護に関する計画との整合性の確保を図るよう努めなければならない。

(5)　都道府県知事は、その国民の保護に関する計画を作成するときは、あらかじめ、防衛大臣を経由して内閣総理大臣に協議しなければならない。

答

解説　あらかじめ、総務大臣を経由して内閣総理大臣に協議しなければならないなので、誤り（国民保護法 34 条５項）。

問5　**国民保護法において、国民の保護に関する計画又は国民の保護に関する業務計画を作成しなければならないもので、誤っているものはどれか。**

(1)　消防長
(2)　都道府県知事
(3)　市町村長
(4)　指定公共機関
(5)　指定地方公共機関

答

解説　国民保護法において、国民の保護に関する計画又は国民の保護に関する業務計画を消防長が作成するという規定はないので、誤り。

問6　**国民保護法における「警報の発令」及び「住民に対する警報の伝達等」について、適当でないものはどれか。**

(1)　対策本部長は、武力攻撃から国民の生命、身体又は財産を保護するため緊急の必要があると認めるときは、基本指針及び対処基本方針で定めるところにより、警報を発令しなければならない。
(2)　警報の発令には、武力攻撃事態等の現状及び予測、武力攻撃が迫り、又は現に武力攻撃が発生したと認められる地域、住民の避難が必要な地域を定めなければならない。
(3)　市町村長は、都道府県知事からの通知を受けたときは、その国民の保護に関する計画で定めるところにより、直ちに、その内容を、住民及び関係のある公私の団体に伝達するとともに、当該市町村の他の執行機関その他の関係機関に通知しなければならない。
(4)　市町村長は、サイレン、防災行政無線その他の手段を活用し、できる限り速やかに、都道府県知事からの通知の内容を住民及び関係のある公私の団体に伝達するよう努めなければならない。
(5)　都道府県警察は、市町村と協力し、都道府県知事からの通知の内容の伝達が的確かつ迅速に行われるよう努めなければならない。

答

解説　(2)は、住民の避難が必要な地域は避難措置の指示に示す事項なので、誤り（国民保護法52条2項一号）。

問7　**対策本部長が国民の生命、身体又は財産を保護するため発令する警報に定める事項について、誤っているものはいくつあるか。**

ア　武力攻撃事態等の現状及び予測
イ　武力攻撃が迫り、又は現に武力攻撃が発生したと認められる地域
ウ　武力攻撃災害の復旧に関する事項

エ　生活関連等施設の安全確保に関する事項
オ　住民及び公私の団体に対し周知させるべき事項
(1)　0　　(2)　1　　(3)　2
(4)　3　　(5)　4

答
解説　誤りは、ウは、法141条、エは、法102条の事項（国民保護法44条2項）。

問8　**国民保護法第61条に規定される避難実施要領に定める事項として、誤っているものはどれか。**
(1)　避難の経路
(2)　避難の手段
(3)　避難に要する時間
(4)　避難住民の誘導の実施方法
(5)　避難住民の誘導に係る関係職員の配置

答
解説　(3)は、避難実施要領に定められていない（国民保護法61条2項）。

問9　**国民保護法に定める武力攻撃災害への対処について、正しいものはどれか。**
(1)　消防は、その施設及び人員を活用して、国民の生命、身体及び財産を武力攻撃による火災から保護するとともに、武力攻撃災害を防除し、及び軽減しなければならない。
(2)　武力攻撃災害の兆候を発見した者が行う通報の相手先は、警察官であり、消防吏員は含まれない。
(3)　地方公共団体の長は、武力攻撃事態等において、危険物質等に係る武力攻撃災害の発生を防止するため必要な措置を講じなければならないが、ここでいう「危険物質等」には、消防法第2条第7項で定める危険物は一切含まれない。
(4)　武力攻撃に伴って石油コンビナート等特別防災区域において災害が発生した場合は、石油コンビナート等災害防止法の適用を受けることはない。
(5)　市町村長は、武力攻撃災害により住民の生命又は身体に対する危険を防止するため、警戒区域を設定することができるが、武力攻撃災害が発生した後でなければ設定することはできない。

答
解説　(2)は、武力攻撃災害の兆候を発見した者は、遅滞なく、その旨を市町村長又は消防吏員、警察官もしくは海上保安官に通報しなければならないので、誤り（国民保護法98条1項）。
(3)は、危険物等とは、国民保護法施行令第28条で消防法第2条第7項の危険物が含まれるので、誤り（国民保護法103条１項及び同法施行令28条１項一１号)。

(4)は、国民保護法第104条で、石油コンビナート等に係る武力攻撃災害への対処が規定されているので、誤り（国民保護法104条１項)。

(5)は、市町村長は、武力攻撃災害が発生し、又はまさに発生しようとしている場合において、警戒区域を設定することができるので、誤り（国民保護法114条１項)。

問10　国民保護法第127条に規定する被災情報の報告に関する記述のうち、正しいのはいくつあるか。

(1)　市町村長及び指定地方公共機関は、収集した被災情報を、速やかに、都道府県知事に報告しなければならない。

(2)　都道府県知事は、収集し、又は報告を受けた被災情報を、速やかに、消防庁長官に報告しなければならない。

(3)　消防庁長官は、報告を受けた被災情報を、速やかに、総務大臣に報告しなければならない。

(4)　指定地方行政機関の長及び指定公共機関は、収集した被災情報を、速やかに、当該指定地方行政機関を管轄し、又は当該指定公共機関を所管する指定行政機関の長に報告しなければならない。

(5)　指定行政機関の長は、収集し、又は報告を受けた被災情報を、速やかに、対策本部長に報告しなければならない。

ア　１つ　　イ　２つ　　ウ　３つ
エ　４つ　　オ　５つ

答

解説　(1)、(4)、(5)は、正しい（国民保護法127条１項)。

(2)は、都道府県知事は、収集し、又は報告を受けた被災情報を、速やかに、総務大臣に報告しなければならないなので、誤り（国民保護法127条２項)。

(3)は、総務大臣は、報告を受けた被災情報を、速やかに、対策本部長に報告しなければならないなので、誤り（国民保護法127条３項)。

問11　国民保護法第114条に規定される警戒区域の設定について記述のうち、誤っているものはどれか。

(1)　市町村長は、武力攻撃災害が発生し、又はまさに発生しようとしている場合において、当該武力攻撃災害による住民の生命又は身体に対する危険を防止するため特に必要があると認めるときは、警戒区域を設定し、武力攻撃災害への対処に関する措置を講ずる者以外の者に対し、当該警戒区域への立入りを制限し、若しくは禁止し、又は当該警戒区域からの退去を命ずることができる。

(2)　武力攻撃災害が現に発生している場合や武力攻撃災害が発生する明白な危険が切迫していると認められる場合において、市町村長若しくは都道府県知事の措置を待ついとまがないと認める場合、住民の生命、身体若しくは財産に具体的な危険が生じ、又は武力攻撃災害が拡大する可能性が高い場合は警察官のみ措置を講じることができる。

(3)　警戒区域のへの立ち入り制限、禁止又は退避命令については、その履行を担保するため、その違反について罰金又は拘留の罰則が科される。

(4)　市町村長の委任を受けた消防吏員、その他の市町村吏員、都道府県知事若しくはその委任を受けて職権を行う都道府県の吏員は、本条で定める警戒区域を設定することができるとされている。

(5)　警戒区域の設定は、その目的上必要な区域を定めて、ロープ等によりこれを明示することをいう。この設定は事実行為であり、かつ、不特定多数者対して一定の時間客観的に明示しなければならないので、口頭だけによることは適当ではないとされている。

答

解説　市町村長又は都道府県知事の措置を待ついとまがないと認めるときは、警察官又は海上保安官措置を講ずることができる。措置を講じたときは、直ちにその旨市町村長に通知しなければならない（国民保護法114条3項、同193条）。

第3　石油コンビナート防災関係

問1　**石油コンビナート等災害防止法第２条第１号に規定されている石油等とは、石油及び高圧ガスと定義されているが、石油に該当しない品名はどれか。**

(1)　ジエチルエーテル
(2)　ガソリン
(3)　軽油
(4)　灯油
(5)　ニトロベンゼン

答

解説　石コ法２条１号に規定されている石油とは、消防法別表第１に掲げる第４類第１石油類、第２石油類、第３石油類、第４石油類であり、(1)のジエチルエーテルは特殊引火物であるため該当しない。

問2　**石油コンビナート等災害防止法第２条第10項の特定事業者が行う届け出等について、誤っているものはどれか。**

(1)　特定防災施設の消防車用屋外給水施設を設置したため、市町村長に届け出た。
(2)　自衛消防組織が行うべき防災業務に関する事項について防災規定を定めたので、市町村長に届け出た。
(3)　防災資機材の油回収船を備え付けたため、市町村長に届け出た。
(4)　異常現象の発生を発見したため、石油コンビナート等防災計画に定めるところにより、管轄の消防署に通報した。
(5)　防災業務の実施状況について、毎年同じ時期に消防長に報告している。

答

解説　防災業務の実施の状況については、防災業務実施状況報告書により、市町村長等に報告しなければならない。

問3　**石油コンビナート等災害防止法第２条第10号に規定する特定防災施設等のうち、消防車用屋外給水施設の位置及び構造に関する記述について、誤っているものを選べ。**

(1)　消火栓又は貯水槽の取水部分（以下「消火栓等」という。）が第４類危険物を貯蔵し、若しくは取り扱い、又は可燃性の高圧ガスを処理する施設の存する地区内で、周囲の通路に近接した場所にあること。
(2)　消火栓等相互の間の歩行距離が100 m以内であること。
(3)　消火栓の接続口は、双口であること。
(4)　消火栓の接続口は、地盤面から0.5 m以上0.8 m以下の高さであること。
(5)　消火栓の接続口は、呼称75の寸法の結合金具を有する消防用ホース又は消防用吸管に結合することができるものであること。

答

解説　消火栓等相互の間の歩行距離は、70 m以内としなければならない（石油コンビナート等における特定防災施設等及び防災組織等に関する省令9条、10条照）。

問4　**石油コンビナート等災害防止法における「防災資機材等」に、該当しないものはどれか。**

(1)　泡消火薬剤
(2)　大容量泡放水砲
(3)　オイルフェンス
(4)　化学消防自動車
(5)　大容量泡放水砲用屋外給水施設

答

解説　(5)は、「特定防災施設等」に定義されている（石コン法2条10号）。

問5　**石油コンビナート等災害防止法第5条に規定する新設の届出等で届け出なければならない事項として、誤っているものはどれか。**

(1)　届け出をしようする者の氏名及び住所、設置の場所
(2)　工事の開始の予定日
(3)　事業所の敷地をその用途に応じ、製造施設地区、貯蔵施設地区、用役施設地区、事務管理施設地区その他の施設地区に区分した場合におけるこれらの施設地区の面積及び配置
(4)　特定防災区域内の連絡導管及び連絡道路の配置
(5)　敷地面積

答

解説　(4)は、特定防災区域内の事業所間の連絡導管及び連絡道路であって、当該事業所の敷地内にある者の配置（石コン第5条）。

問6　**石油コンビナート等災害防止法における特定事業者が行う届出について、届出名と届出先が、正しい組み合わせのものを選べ。**

(1)　氏名等の変更の届出　　市町村長
(2)　特定防災施設等の設置の届出　　主務大臣
(3)　地位の承継の届出　　都道府県知事

(4)　特別防災区域となった際に所在する第1種事業所の氏名等の届出　　　市町村長
(5)　第1種事業所の新設等の計画の届出　　　主務大臣

答

解説　(1)は、主務大臣（石コン法13条1項）。(2)は、市町村長（石コン法15条2項）。(3)は、主務大臣（石コン法14条3項）。(4)は、主務大臣（石コン法6条1項）(5)は、正しい（石コン法11条1項）。

問7　**石油コンビナート等災害防止法令上の特定通路の基準について、誤っているものはどれか。**

(1)　面積が2万m^2以上4万m^2未満の製造施設地区に接する特定通路の幅員は、8m以上となるように配置すること。
(2)　面積が1万m^2以上2万m^2未満の貯蔵施設地区に接する特定通路の幅員は、8m以上となるように配置すること。
(3)　特定通路は、その両端が他の幅員8m以上の通路に接続するように配置すること。
(4)　特定通路は、施設地区（その他施設地区を除く。）の角地の隅角（内角が120度以上のものを除く。）をはさむ部分には、辺の長さ2m以上の二等辺三角形のすみ切りを設けて配置すること。
(5)　縦断勾配が5％（流出油防止堤と交差する箇所あっては、7％）を超え、又は階段状である特定通路は、配置しないこと。

答

解説　(3)は、幅員6m以上の道路に接続（石油コンビナート等特別防災区域における新設事業所等の施設地区の配置等に関する省令11条、12条）。

問8　**石油コンビナート等災害防止法（以下「法」という。）第16条に定める特定事業者が設置する自衛防災組織について、誤っているものはどれか。**

(1)　自衛防災組織は、特定事業所における災害の発生又は拡大を防止するために必要な業務を行う。
(2)　特定事業者は、その自衛防災組織に、政令で定めるところにより、防災要員を置かなければならない。
(3)　特定事業者は、その自衛防災組織に、政令で定めるところにより、当該自衛防災組織がその業務を行うために必要な防災資機材等を備え付けなければならない。
(4)　特定事業者は、主務省令で定めるところにより、その自主防災組織の防災要員及び防災資機材等の現況について、市町村等に届けなければならない。
(5)　特定事業者は、その特別防災区域ごとに、自衛防災組織を設置しなければならない。

答

解説　自衛消防組織は、特定事業所ごとに設置するとされている（石コン法 16 条）。

問 9　**石油コンビナート等災害防止法第 16 条第 4 項に規定する防災資機材等に、当てはまらないのはどれか。**

(1)　非常通報設備
(2)　化学消防自動車
(3)　泡放水砲
(4)　消火用薬剤
(5)　油回収船

答

解説　(1)は、特定防災施設等に該当する設備である（石油コンビナート等における特定防災施設等及び防災組織等に関する省令 1 条及び石コン法 16 条 4 項）。

問 10　**石油コンビナート等災害防止法の規定について、次の選択肢のうち特定事業者に対して、すべて義務となっているものはどれか。**

(1)　防災規程・自衛防災組織・共同防災組織
(2)　防災管理者・石油コンビナート等特別防災区域協議会・防災規程
(3)　共同防災組織・防災管理者・石油コンビナート等防災区域協議会
(4)　防災管理者・防災規程・自衛防災組織
(5)　石油コンビナート等防災区域協議会・自衛防災組織・防災規程

答

解説　自衛防災組織、防災管理者については、特定事業所ごとにそれぞれ設置、選任することとされ、防災規程については、自衛防災組織が行うべき事項を定め、市町村長等に届け出なければならないとされ、以上が義務となる。

共同防災組織については、「設置することができる」、石油コンビナート等特別防災区域協議会については、「置くように努めなければならない」とされていて、任意となる（石コン法 16 条、17 条、18 条、19 条、22 条）。

問 11　**石油コンビナート等災害防止法第 17 条（防災管理者等）について、誤っているものはどれか。**

(1)　特定事業者は、その特定事業所ごとに、防災管理者を選任し、自衛防災組織を統括させなければならない。
(2)　防災管理者は、当該特定事業所においてその事業の実施を管理する者をもって充てなければならない。
(3)　第一種事業者は、防災管理者が当該第一種事業所にいないときは、副防災管理者に自衛防災組織を統括させなければならない。
(4)　特定事業者は、その選任した防災管理者に対し、特定事業所における災害の発生又は拡大を防止するため、防災業務に関する能力の向上に資する研修の機会を与えるように努めなければならない。

(5)　防災管理者又は副防災管理者を選任したときは、特定事業者は、主務省令で定めるところにより、あらかじめ、その旨を市町村長等に届け出なければならない。

答

解説　(5)「あらかじめ」は誤りで、正しくは「遅滞なく」である（石コン法17条6項）。

問 12　**石油コンビナート等災害防止法第19条により、一の特別防災区域に存在する特定事業所に係る特定事業者が、共同防災組織を設置した際に、共同防災規定において定めなければならない事項として、誤っているものはどれか。**

(1)　防災要員の職務に関すること。

(2)　防災要員の配置及び防災資機材等の備え付けに関すること。

(3)　防災資機材等の輸送に関すること。

(4)　共同防災組織の防災訓練の実施に関すること。

(5)　共同防災組織に違反した防災要員に対する措置に関すること。

答

解説　本内容は、広域共同防災規定に定めなければならない事項である（石油コンビナート等における特定防災施設等及び防災組織等に関する省令28条、30条）。

問 13　**石油コンビナート等災害防止法第21条（措置命令及び使用停止命令）について、市町村長等から特定事業者に対し、期間を定めて、措置を命ずることができるもののうち、誤っているものはどれか。**

(1)　特定防災施設等を主務省令で定める基準に従って設置し、又は維持すること。

(2)　特定防災施設等を主務省令で定めるところにより、点検を行って記録を作成し、これを保存すること。

(3)　自衛防災組織に防災要員を置き、若しくは防災資機材等を備え付けること。

(4)　防災管理者又は副防災管理者を選任すること。

(5)　予防規程を作成すること。

答

解説　(5)は、防災規程を作成すること（石コン法21条）。

問 14　**石油コンビナート等における特定防災施設等及び防災組織等に関する省令に示されているオイルフェンスの規格で、誤っているもののはどれか。**

(1)　寸法が、海面上の高さ30 cm以上で海面下の深さ40 cm以上のものであること。

(2)　接続部の高さが60 cmであること。
(3)　単体の長さは、原則として20 mであること。
(4)　単体の長さ方向の引張り強さは、3,000 kg以上であること。
(5)　防油壁の主材料の引張強さは、1 cmにつき30 kg以上であること。

答

解説　(2)は、接続部の高さは80 cmである（石油コンビナート等における特定防災施設等及び防災組織等に関する省令22条）。

問15　**一の特別防災区域に所在する特定事業所に係る特定事業者が共同して、当該特別防災区域の災害の発生または拡大の防止に関する自主基準の作成や共同防災訓練の実施などを行うため、置くように努めなければならない組織はどれか。**

(1)　石油コンビナート等防災本部
(2)　石油コンビナート等現地防災本部
(3)　石油コンビナート等特別防災区域協議会
(4)　共同防災組織
(5)　広域共同防災組織

答

解説　このほか、当該協議会の行う事項として『災害の発生又は拡大の防止に関する技術の共同研究』、『当該特定事業所の職員に対する災害の発生又は拡大の防止に関する教育の共同実施』が掲げられている（石コン法22条）。

問16　**石油コンビナート等災害防止法第23条に定める異常現象の通報義務について、通報の必要がないものはどれか。**

(1)　人の意図に反して発生し若しくは拡大し、又は放火により発生して消火の必要がある燃焼現象
(2)　化学的変化又は物理的変化により発生した爆発現象で、施設、設備等の破損が伴うもの
(3)　危険物の漏えいが少量で、漏えい範囲が当該事業所に留まり、泡散布等の保安上の措置を必要としないもの
(4)　製造等施設設備の破壊、破裂、損傷等で、出火、爆発、漏えい等を防止するため、直ちに使用停止等緊急の措置が必要なもの
(5)　地盤の液状化等であって、出火、爆発、漏えい等を防止するため、直ちに使用停止等緊急の措置が必要なもの

答

解説　石コン法23条、異常現象の範囲について（通知）（昭和59年7月13日付　消防地第158号　消防庁地域防災課長）参照。

問 17　**石油コンビナート等災害防止法第 24 条の２（情報提供の要求）では、災害の現場においては、市町村長又はその委任を受けた市町村の職員は、特定事業所においてその事業の実施を統括管理する者に対して、情報の提供を求めることができるとされている。本条で規定される情報提供の要求に、該当しないものはどれか。**

(1)　当該特定事業所の構造
(2)　救助を要する者の存否
(3)　災害復旧のために必要な事項
(4)　災害の発生若しくは拡大の防止のため必要な事項
(5)　人命の救助のため必要な事項

答

解説　「当該特定事業所の構造、救助を要する者の存否その他災害の発生若しくは拡大の防止又は人命の救助のため必要な事項について、情報の提供を求めることができる」とされている（石コン法 24 条の２）。

問 18　**石油コンビナート等災害防止法第 27 条の規定に基づく石油コンビナート等防災本部がつかさどる事務として、誤っているものを選べ。**

(1)　石油コンビナート等現地防災本部に対して、災害応急対策の実施に関し必要な指示を行うこと。
(2)　防災に関する調査研究を推進すること。
(3)　石油コンビナート等防災計画を作成し、及びその実施を推進すること。
(4)　災害が発生した場合において、国の行政機関（関係特定地方行政機関を除く。）との連絡を行い、及び他の都道府県との連絡調整を行うこと。
(5)　石油コンビナート等現地防災本部の指示を受けること。

答

解説　石油コンビナート等災害防止法第 27 条第３項参照。

問 19　**石油コンビナート等災害防止法第 29 条（石油コンビナート等現地防災本部）について、誤っているものはどれか。**

(1)　防災本部の本部長は、特別防災区域に係る災害が発生し、又は発生するおそれがある場合において、当該特別防災区域において緊急に統一的な防災活動を実施するため特別の必要があると認めるときは、石油コンビナート等防災計画の定めるところにより、石油コンビナート等現地防災本部を設置することができる。
(2)　現地本部は、現地本部長及び現地本部員をもって組織する。
(3)　現地本部長及び現地本部員は、本部員のうちから本部長が指名する者をもって充てる。
(4)　現地本部は、防災本部の指示を受けて、石油コンビナート等防災計画の定めるところにより、当該特別防災区域に係る災害に関する防災活動の実施について、防災本部の事務の一部を行う。

(5)　現地本部は、災害が発生した場合において、国の行政機関との連絡を行い、及び他の都道府県との連絡調整を主に行う。

答

解説　(5)は、石油コンビナート等防災本部の業務である（石コン法 29 条、27 条）。

第４　原子力災害関係

問１　**原子力災害対策指針に定める緊急事態区分について、誤っているものはどれか。**

(1)　警戒事態　(2)　施設敷地緊急事態

(3)　全面緊急事態　(4)　応急対策事態

(5)　原子力非常事態

答

解説　原子力施設の状況に応じて、緊急事態を(1)～(3)に区分し、それぞれが果たす役割を明らかにしている（原子力災害対策指針 第２原子力災害事前対策 ②緊急事態における防護措置実施の基本的考え方）。

問２　**原子力災害対策指針に定める警戒事態、施設敷地緊急事態又は全面緊急事態における消防機関等の役割に関する記述のうち、適切でないものはどれか。**

(1)　原子力事故の収束活動は、国（自衛隊）が一義的責任を有するものである。

(2)　消防活動の中核は、消防組織法に基づく消火・救助・救急である。

(3)　消防機関は、地域防災計画に基づき、当該地域の防災機関の１つとして住民への災害情報伝達や避難支援を担う。

(4)　消防機関は、地域防災計画に基づきオフサイトセンターに職員を派遣し、各機関の対応体制・活動状況等について情報収集・情報共有を行う。

(5)　原子力事業所で発生した傷病者の救急搬送については、原子力災害対策本部体制における調整を踏まえ、事業所外の引継場所において引継ぎを実施することもある。

答

解説　「原子力施設等における消防活動対策マニュアル（平成26年３月）」P.113～114　第４章第２「消防活動上の留意点」参照。

問３　**放射性同位元素等取扱施設において火災が発生した旨の通報を消防機関が受信した場合に、事業者側に依頼しておくべき事項ののうち、適切でないものはどれか。**

(1)　通報時に不明な情報については、追って連絡するよう通報者に依頼する。

(2)　消防隊到着時に、火災の概要や放射線量等の情報を消防隊に伝達できるように準備するよう依頼する。
(3)　要救助者がいる場合は、速やかに放射線の影響のない場所まで救出し、除染等必要な措置を講じておくよう依頼する。
(4)　放射線管理要員等の人員の確保及び放射線対応資機材の借用等について依頼する。
(5)　報道機関への連絡について依頼する。

答

解説　(5) は、あらかじめ事業所側で定めている関係機関への通報及び連絡（原子力施設等における消防活動対策マニュアル 第２章第１「通報受信時の措置」）。

問４　**原子力施設における現場指揮本部の運営について、誤っているものはどれか。**
(1)　情報収集に時間を要する場合は、入手可能な情報を優先し、事業者との情報収集の相互確認が必要である。
(2)　原子力発電所等では、消防無線等が通じない可能性が高いため、構内ＰＨＳや伝令等の通信手段の確保について事前に確認しておく必要がある。
(3)　活動方針決定の主な要素として、災害の拡大状況、要救助者の人数、建物の構造、放射線や放射性物質の放出、汚染状況等がある。
(4)　優先すべき活動方針として、安全管理、人命救助、放射線や放射性物質の影響範囲拡大防止等がある。
(5)　現場の情報を集約し、現場指揮本部から施設の運転状況等も含め、原子力安全・保安院、関係都道府県、市町村、報道機関等に情報を発信する。

答

解説　(5)は、原子力事業者が行う事項として示されている。

問５　**放射性物質漏洩のおそれのある原子力施設内事故で放射線の検出活動について、誤っているものはどれか。**
(1)　放射線の検出活動は、施設敷地内に到着したら直ちに開始し、消防活動が終了するまで継続するものとする。
(2)　原則として、検出計測員及び検出記録員の２名１組により行う。
(3)　消防活動上必要とされる部分の放射線の検出を優先する。
(4)　検出活動中、放射線測定器の数値が急激に上昇したり、個人警報線量計が警報を発したら、直ちに退避し、指揮者への報告等必要な措置を講じること。
(5)　施設側からモニタリング情報の提供、検出活動時の隊員の誘導や助言等を得るなど施設関係者と積極的に連携するものとする。

答

解説　放射線の検出活動は、出動時から開始し、消防活動が終了するまで継続するものとされている（原子力施設等における消防活動対策マニュアル）。

問6　**消防警戒区域の設定についての記述のうち、適切でないものはどれか。**

(1)　放射線のレベル、放射性物質による汚染の可能性に関する事業者側関係者又は専門家の意見を考慮のうえ設定すること。

(2)　進入統制ラインよりも外側（安全側）に設定する。

(3)　原則として、放射線検出活動の結果を待ってから設定することが望ましい。

(4)　安全を見込んで、十分広く設定し、標識等により範囲を明示すること。

(5)　消防警戒区域内において、放射線危険区域及び準危険区域以外の区域をコールドゾーンとする。

答

解説　汚染の可能性に関する事業者側関係者又は専門家の意見を考慮のうえ設定する（原子力施設等における消防活動対策マニュアル　第2章1節第7「消防警戒区域の設定」）。

問7　**原子力施設等における消防活動対策として、消防隊員の被ばく防止又は被ばく管理を行うため整備すべき防護資機材の記述として、誤っているものはどれか。**

(1)　簡易型防護服は、警防計画において出動することとされている隊員数を基礎に、消防戦術等を考慮して定める。

(2)　簡易型防護服は、主に使い捨てを前提に使用される布製等の安価で簡易な防護服であり、α線及びβ線の防護（遮へい）ができる。

(3)　個人警報線量計は、警防計画において出動することとされている隊の隊員数を基礎に、消防戦術等を考慮して定める。

(4)　空間線量計は、警防計画において出動することとされている隊数分とする。

(5)　空間線量計のうちGM式サーベイメータは、放射線が高いエネルギーを持つ場合、実際の線量より低い値で検出されることがある。

答

解説　簡易型防護服は、主に使い捨てを前提に使用する布製等の安価で簡易な防護服であり、α線以外の放射線（β、γ、X、中性子）の防護（遮へい）はできない。

問8　**放射性物質に係る災害の消火活動について、放射性物質の飛散防止等の留意点として、誤っているものはどれか。**

(1)　管理区域内等への注水は、放射性物質の飛散を招くおそれがあるため、極力、直接の注水を避ける。

(2)　火災状況から止むを得ず注水する場合は、棒状注水等で行い、噴霧注水を極力避け、必要最小限の水量で行う。

(3)　放射性物質等を含んでいる水は、極力、隊員に水が掛からないようにする。
(4)　開口部の破壊は、汚染拡大のおそれがあることに留意する。
(5)　水を使用しない消火方法についても考慮する。

答

解説　火災状況から止むを得ず注水する場合は、噴霧注水等で行い、棒状注水を極力避け、必要最小限の水量で行う（原子力施設等における消防活動対策マニュアル 第２章現場活動 第１節現場活動要領 第10 消火活動）。

問９　**放射線危険区域への進入時における被ばく管理について、誤っているものはどれか。**

(1)　進入隊の編成は、できるだけ多くの人員で進入できるよう編成すること。
(2)　消防活動の交替要員を確保し、努めて被ばく線量の低減を図ること。
(3)　持ち込む資機材は最小限にすること。
(4)　事業者側責任者又は同行した関係者と積極的に連携をとること。
(5)　活動隊員個人別の被ばく線量を記録するとともに、管理記録を保管すること。

答

解説　人数は２名以上でかつ必要最小限にすること（原子力施設等における消防活動対策マニュアル 第２章現場活動 第１節現場活動要領 第９被ばく管理）。

問10　**核燃料物質輸送車両の消火活動に関する記述で、誤っているものはどれか。**

(1)　消火活動にともなう消火残水は、核燃料物質に汚染されている可能性があるので排水経路等に配慮する。
(2)　消火残水が汚染されていると疑われるときは、土のう・防水シート等により汚染範囲の限定に努める。
(3)　核燃料物質の放出・飛散を想定し、極力風上側の水利に部署する。
(4)　汚染された消火残水による汚染防止上から高所の水利や位置に部署する。
(5)　積載物に対する注水は、核燃料物質の飛散を生じることもありうるので、直接注水は絶対に行ってはいけない。

答

解説　輸送責任者又は専門家等と連携をとりながら状況の把握に努め、注水による飛散の危険性を考慮し、輸送物に対する直接注水は慎重に行うとされ、やむを得ず注水の必要があるときは、核燃料の飛散を防止するため、棒状注水を避け、低速噴霧注水でかつ必要最小限の水量とするとされている（原子力施設等における消防活動対策マニュアル）。

問 11　原子力施設等における現場活動時の被ばく管理の留意点に関する説明のうち、誤っているものはどれか。

(1)　消防活動における被ばく線量については、できる限り低くなるように、積極的な被ばくの低減が必要である。

(2)　活動開始から終了時まで個人警報線量計を着装し、活動中は、適時指示値を確認すること。

(3)　被ばく線量を低減するため、人員交代等を行うこと。

(4)　より高い空間線量率の環境における活動に対しては、特に専門家等からの助言は必要ない。

(5)　活動隊員個人別の被ばく線量を記録するとともに、管理記録を保管すること。

答

解説　関係機関、事業者、専門家等からの助言を踏まえ、安全を確保できることを確認（原子力施設等における消防活動対策マニュアル 第２章 現場活動 第１節 第９「被ばく管理」）。

問 12　個人被ばく線量計について、誤っているものはどれか。

(1)　蛍光ガラス線量計、熱蛍光線量計は、ある期間の積算線量を測定するのに適している。

(2)　ポケット線量計、フィルムバッジは、すぐに被ばく線量を確認できるため、短期の測定に適している。

(3)　蛍光ガラス線量計は、ガラスの種類を選ぶことにより、広い範囲の線量を測定することができる。

(4)　ポケット線量計には小型のシンチレーションカウンタやGM管などが用いられ、精度の高い測定が行えるが、物理的衝撃には比較的弱い。

(5)　フィルムバッジは、γ線、X線、β線の他、中性子線も測定可能なものもある。

答

解説　蛍光ガラス線量計、熱蛍光線量計、フィルムバッジは、現像などのある一定の作業を経てはじめて被ばく線量が判明する。

問 13　放射性物質に係る災害時の傷病者の汚染検査・除染活動等についての留意点に関する説明のうち、誤っているものをはどれか。

(1)　傷病者の汚染検査、除染活動を実施した後に、救命を主眼とした医学的トリアージを実施する。

(2)　重傷の傷病者については、救命を優先させるため、必要最低限の汚染拡大防止措置等を行い、直ちに医療機関への搬送等を行う。

(3)　中等症、軽症の傷病者については、汚染検査、除染を実施した後に医療機関への搬送を行う。この場合、汚染検査、除染の手順は同じであるが、搬送の優先順位は中等症の傷病者が優先される。

(4)　除染については、原則自力で実施させ、脱衣、次に拭き取りを優先する。なお、脱衣（衣服の切断等)、シャワーで補助が必要な場合は除染隊員が実施する。
(5)　汚染を伴う傷病者の搬送については、搬送先の医療機関の受入れ体制が整っていることが必要となるため、各地域の医療機関体制の把握に努める。

答

解説　(1)は、救命を主眼に、汚染検査を実施する前に医学的トリアージを実施し、傷病者の容体に応じた汚染検査、除染活動を実施する（原子力施設等における消防活動対策マニュアル 第２章 現場活動 第１節第 12 傷病者の汚染検査・除染措置)。

問 14　**放射性物質による汚染のおそれがある傷病者を医療機関に搬送する際の留意事項について、次の記述のうち適切なものを選べ。**

(1)　救急隊員は、放射線防護装備（感染防護衣、サージカルマスク、ディスポ式ゴム手袋等）を着用する。
(2)　搬送する傷病者の汚染検査及び除染が完了しているときは、当該傷病者に内部汚染のおそれがある場合であっても、傷病者の汚染拡大防止措置は必要としない。
(3)　救急隊員の熱中症や脱水症状の予防のため、やむを得ず水分補給をするときは、必ず事前に専門家等に相談する。
(4)　医療機関へ搬送する際は、放射性物質取扱事業者側の放射線管理要員等を同乗させ、放射線に関する助言、救急車内の汚染状況の確認及び処置への協力を依頼する。
(5)　医療機関への搬送後、汚染のおそれのある物は、医療機関側に処理を依頼する。

答

解説　放射線管理要員に、救急車内の汚染状況を確認してもらい、処置を行う場合は、協力を受ける（原子力施設等における消防活動対策マニュアル 第２章第１節第 13 救急活動)。

問 15　**原子力施設等において活動する隊員の除染に関する説明のうち、誤っているものはどれか。**

(1)　放射線危険区域又は準危険区域内において活動した隊員にあっては脱衣を行う。
(2)　活動中に受傷した場合には、活動終了後すぐに除染を行う。
(3)　除染は、脱衣、ガーゼ等での拭き取り、洗い流しの順位で実施する。
(4)　汚染部位に創傷等があり、処置が必要な場合は、事業者側の救急医療施設等で応急処置を受け医療機関に搬送する。
(5)　その他汚染が認められる部位は、各部位ごとに汚染の拡大に留意して除染する。

答

解説　活動中に受傷した場合には、直ちに退避し除染を行う（原子力施設等における消防活動対策マニュアル 第２章現場活動 第１節現場活動要領 第 14 活動隊員の汚染検査・除染及び被ばく状況の記録等 ２隊員の除染)。

問16　汚染検査に関する記述について、誤っているものはどれか。

(1)　準危険区域から退出する際は、汚染検査を行う。
(2)　施設関係者等による汚染検査ができない場合は、消防隊員が汚染検査を実施する。
(3)　汚染検査所は、関係者の情報を得て協議の上で設置することを原則とするが、現場に関係者がいない場合は、空間線量率の測定値がバックグラウンドレベルと同程度であり、かつ、周辺状況等を踏まえて現場指揮者が安全であると判断した場所のうち、汚染拡大防止措置の観点から活動導線及び必要なスペースを確保できる場所に設置する。
(4)　準危険区域からの退出を迅速に行うため、汚染検査はできる限り短時間で行う。
(5)　汚染検査が終了し、準危険区域を退出するまでは、原則、飲食・喫煙は禁止である。ただし、熱中症、脱水症状の予防のためにやむを得ない場合は、現場指揮者の指示のもと、内部被ばくに留意して水分補給をすることができる。

答

解説　汚染検査所は、最後の「関所」である、仮に時間を要しても十分確認を持てるまで検査を行う（原子力施設等における消防活動対策マニュアル 第2章第1節第12 2　汚染検査）。

問17　傷病者の除染方法のうち、「水を使用した除染」を行う場合の留意事項として、誤っているものはどれか。

(1)　冷水を使用して除染する。
(2)　除染に使用した水は、流さずに溜めておく。
(3)　除染水が少量の場合は、保管を容易にするため、可能な限り紙等に染みこませる（誤ってこぼしても拡大させないため）。
(4)　飛散に注意する。
(5)　脱衣を行う際、プライバシーに配慮し更衣場所を確保する。

答

解説　傷病者等の除染の場合、低温水で長時間の除染は、体温管理に支障をきたすため、ぬるま湯を使用する等、留意する必要がある。なお、放射性物質等による除染は、シャワー等よりも拭き取りを優先させる。

問18　身体汚染の一般的な除染処置について、不適切な処置を選べ。

(1)　皮膚の汚染：濡らしたガーゼ等を用いて拭き取る。除染が不十分な場合には中性洗剤等で洗い流す。なお、除染の際、汚染面積の拡大防止に留意するとともに、傷又は発赤が生じないようにする。
(2)　頭髪の汚染：水で湿らせたタオル等で髪先に向かって拭き取る。除染が不十分な場合にはシャンプー又は中性洗剤で洗い流す。
(3)　口の汚染：唇や口の周辺を拭き取って後、水でうがいをする。洗い流した後、余分な水分はガーゼで拭き取る。
(4)　目の汚染：涙腺に放射性物質が侵入しないように、目頭から目尻に向かって洗い流す。
(5)　衣服の汚染：濡らしたタオル等で拭き取る。汚染面積が広範囲の場合にはシャワー等で洗い流す。

答

解説　衣類が汚染している場合には、汚染している箇所を内側に織り込むように脱衣する。脱衣が困難な場合には、了解のもと衣類を切り取る。脱衣した衣類等は、ビニール袋等に収納し、日時、氏名、測定結果等を記載し保管する。

問19　**放射性物質に係る災害の特性として、次の説明のうち、適切でないものを１つ選びなさい。**

(1)　放射性物質又は放射線の存在は、五感で感じることができないが、放射線測定器を用いることにより、健康への影響が考えられない微量な放射線でも検知することができる。
(2)　放射性物質の種類（α線、β線、γ線、中性子線）に応じて対応する測定機器、測定方法が異なる。
(3)　γ線や中性子線は、防護服で有効に防護できる。また、比較的遠方からでもその存在を検知することができる。
(4)　α線、β線は透過力が弱く、外部被ばくによる影響はほとんどない。γ線及び中性子線は透過力が高いため、外部被ばくに考慮する必要があるが、防護の３原則（時間、距離、遮へい）を徹底することで、被ばく線量を低減することができる。
(5)　内部被ばくは、α線、β線、γ線に考慮する必要があり、適切な呼吸保護具の着装により、防止することが可能である。

答

解説　「原子力施設等における消防活動対策マニュアル（平成26年３月）」P. ２～３　第１章 第１節「放射性物質に係る災害の特性」を参照。

問20　**原子力災害の特殊性の理解に関する次の(1)～(5)の記述のうち、適切でないものを選びなさい。**

(1)　原子力災害が発生した場合には被ばくや汚染により復旧・復興作業が極めて困難となることから、原子力災害そのものの発生又は拡大の防止が極めて重要であること。
(2)　放射線測定器を用いることにより放射性物質又は放射線の存在は検知できるが、その影響をすぐに五感で感じることができないこと。
(3)　平時から放射線についての基本的な知識と理解を必要とすること。
(4)　原子力に関する専門的知識を有する機関の役割、当該機関による指示、助言等が極めて重要であること。
(5)　放射線被ばくの影響は被ばくから長時間経過した後に現れる可能性はないが、住民等に対して、事故発生時から継続的に健康管理等を実施することが重要であること。

答

解説　原子力災害対策指針（令和３年７月21日原子力規制委員会）、第１原子力災害 (3)原子力災害の特殊性参照。

問 21　**放射線による被ばくについて、誤っているものを選べ。**

(1)　放射線の発生源（線源）が外部にあって、その放射線で被ばくするのを外部被ばくといい、身体内に取り込まれた放射性物質の放射線で身体内部から被ばくするのを内部被ばくと呼んでいる。

(2)　外部被ばくのとき問題になるのは、身体の深部にまで通過するＸ線、γ線、中性子線である。α線やβ線は透過力が弱く、皮膚の部分でほとんどエネルギーが吸収されてしまうので外部被ばくではあまり重要な問題にはならない。

(3)　内部被ばくでは、体内に取り込まれた放射性物質が特定の組織に沈着するため、局部的な傷害を受けることが多い。

(4)　一般に、被ばく線量が同じなら、全身被ばくのほうが局部被ばくよりも全身的な影響ははるかに大きい。

(5)　一般に、人体への影響は、被ばく線量が同じなら、被ばく時間には関係しない。

答

解説　生物は、放射線による障害を受けた場合、それを回復する機構を持っているので、同じ線量であれば、短時間被ばくによるものより、長時間に亙って連続的に被ばくしたもののほうが影響は少ない。つまり、被ばく線量の他に、どれだけの期間にそれを受けたかが大きな意味を持つ。

第５章

行政関係法規

第１　憲法関係
第２　地方自治法関係
第３　地方公務員法関係
第４　その他行政法関係

第１　憲法関係

問１　**左に掲げる日本国憲法の基本的な原理と関係のあるものを右欄から選べ。**

(1)　主権在民	ア　交戦権の否認
(2)　基本的人権の尊重	イ　刑罰法規の不遡及
(3)　永久平和主義	ウ　条例制定権
(4)　地方自治の尊重	エ　規則制定権
(5)　司法権の独立	オ　天皇の象徴化

答　(1)　　(2)　　(3)　　(4)　　(5)

解説　憲法第１条、第９条、第39条、第77条、第92条参照。

問２　**憲法上の国民に関する次の記述のうち、誤っているものはどれか。**

(1)　主権者の国民とは、個々の国民が主権をもっていることを意味する。

(2)　国民の要件は、国籍法の定めるところによる。

(3)　最も広い意味での国民は、国家構成員としての国民である。

(4)　国家機関としての国民は、個々の国民を指す。

(5)　主権が国民にあるということは、国民の総体（全体）が主権者であることを意味している。

答

解説　憲法上国民という言葉は、三つの意味に用いられている。主権者を意味する場合の国民は、政治のあり方を最終的に決定する自然人としての国民の総体を指し、個々の国民が主権者であることを意味しない。第１条の「国民」は、この意味での国民である。

問３　**天皇及び皇室に関する憲法上の規定のうち、誤っているのはどれか。**

(1)　天皇は、日本国の象徴であり日本国民統合の象徴であって、この地位は、主権の存する日本国民の総意に基く。

(2)　天皇は、憲法の定める国事に関する行為のみを行い、国政に関する権能を有しない。

(3)　天皇の国事に関するすべての行為には、内閣の助言と承認を必要とし、内閣が、その責任を負う。

(4)　すべての皇室財産は、国に属する。

(5)　皇室の財産を譲り渡し、又は皇室が、財産を譲り受けるには、内閣の承認を必要とし、内閣が、その責任を負う。

答

解説　皇室の財産授受は、国会の決議に基づかなければならない。ただし、相当の対価による売買等通常の私的経済行為に係る場合や、外国交際のための儀礼上の贈答に係る場合等には、国会の個別的決議は不要である（皇室経済法第２条）。

問４　**天皇の国事行為に関する次の記述のうち、誤っているものはどれか。**

(1)　天皇の国事行為は、国の政治に直接関係のない形式的・儀礼的な事実行為である。
(2)　天皇の国事行為に関する内閣の責任は、国会に対する政治責任である。
(3)　内閣は、天皇のすべての国事行為について責任を負うものではない。
(4)　天皇には、国事行為を行うか否かについての決定権がない。
(5)　天皇の国事行為に関する内閣の責任は、天皇の行為に対する代位責任ではなく、自己責任である。

答

解説　天皇の国事行為は、自らの意思で行うものでなく、内閣の助言（意思）に基づいて行われるものである以上、その責任は天皇にはなく、当然に内閣が負う。

問５　**次の記述は、戦争放棄に関するものである。誤っているものはどれか。**

(1)　戦争放棄の主体は日本国民である。
(2)　憲法第９条の規定は、憲法前文に示された平和主義を具体化したものである。
(3)　国際紛争を解決するための戦争には、侵略戦争のほか、自衛戦争も含まれる。
(4)　武力の行使とは、事実上の戦争のことである。
(5)　戦争放棄を定めた憲法は、日本国憲法だけではない。

答

解説　国際紛争を解決する手段としての戦争とは、国際法上の通常の用語例や国連憲章第51条の趣旨から不法な戦争、つまり侵略戦争を意味する。自衛戦争まではされていないと解されるのが主流となっている。

問６　**次の文中の（　　）を埋める言葉の組み合わせとして、正しいものはどれか。**

〔憲法第12条〕

この憲法が国民に保障する（　①　）及び（　②　）は、国民の不断の努力によってこれを保持しなければならない。又は、国民は、これを（　③　）してはならないのであって、常に（　④　）のためにこれを利用する責任を負う。

	①	②	③	④
(1)	権利	義務	濫用	国民
(2)	自由	権利	無視	社会
(3)	自由	権利	濫用	公共の福祉
(4)	制度	自由	無視	国民
(5)	権利	自由	差別	社会

答

解説　「公共の福祉」という文言がポイント。「権利」「自由」と共に「公共の福祉」がキーワードであることに注意。

問７　次は日本国憲法が定めている国民の義務を列挙したものであるが、誤りはどれか。

(1)　教育を受けさせる義務
(2)　納税の義務
(3)　憲法尊重擁護義務
(4)　自由及び権利の保持義務
(5)　勤労の義務

答

解説　憲法第 99 条に、「天皇又は摂政及び国務大臣、国会議員、裁判官その他の公務員は、この憲法を尊重し擁護する義務を負ふ。」と規定されているが、国民の義務とはかかれていない。憲法第 12 条、第 26 条、第 27 条、第 30 条参照。

問８　次のうち、受益権にあたらないものはどれか。

(1)　裁判請求権
(2)　賠償請求権
(3)　教育を受ける権利
(4)　刑事補償請求権
(5)　請願権

答

解説　受益権とは、国民が国家に対して国民の利益となる一定の利益を要求することができる憲法上の権利をいい、受益権に属する権利として、裁判を受ける権利（裁判請求権）、国又は公共団体に対する賠償請求権（国家賠償請求権）、刑事補償請求権及び請願権がある。

問９　基本的人権に関する次の記述のうち、誤っているものはどれか。

(1)　基本的人権は国家から与えられたものではなく、人間が生まれながらにしてもっている基本的な権利である。

(2)　基本的人権の考え方は、個人の尊厳を認める個人主義に立脚している。

(3)　基本的人権は、憲法第 11 条によってはじめて与えられたものである。

(4)　基本的人権は、絶対的無制限なものではなく、公共の福祉との関係から一定の制約がある。

(5)　基本的人権は、憲法の改正によって奪うことはできない。

答

解説　基本的人権は国家から恩恵として与えられるものではなく、すべての人間が生まれながらにして（当然に）もっている基本的な権利である。

問 10　検閲の禁止、通信の秘密の保障に関する次の記述のうち、誤っているものはどれか。

(1)　検閲の禁止・通信の秘密の保障は、表現の自由を補完するものである。

(2)　検閲とは、公権力が外部に発表されるべき思想等の内容を事前に審査、不適当と認めるときは、その全部又は一部の発表を禁止することをいう。

(3)　公権力によらないで、自主的な思想の内容を事前に統制することは許される。

(4)　通信の秘密は、合理的な理由があれば侵害することが可能である。

(5)　通信の秘密は、いかなる理由があっても、これを侵すことは許されない。

答

解説　通信の秘密は、合理的な理由がある場合には、一定の制約を受ける。例えば、犯罪捜査の場合には、司法官憲の発する正当な令状により信書などを押収することができる（憲法第 35 条第１項、刑事訴訟法第 100 条第１項等)。したがって、通信の秘密の保障は絶対ではない。

問 11　職業選択の自由に関する次の記述のうち、誤っているものはどれか。

(1)　職業選択の自由には、その職業を遂行しようとする営業の自由が含まれる。

(2)　職業選択の自由とは、職業の選択及び営業の活動が、公権力によって妨げられないことを意味する。

(3)　危険物施設の許可制は、営業の自由に対する積極目的規制である。

(4)　職業選択の自由は、公共の福祉による一般的制約のほか、政策的制約を受ける。

(5)　ガス事業に対する特許制は、営業の自由に対する積極目的規制である。

答

解説　職業の選択の自由に対する実定法上の規制手段としては、主として次のようなものがある。①届出制、②登録制・資格制、③許可制、④特許制、このうち①ないし③は公共の福祉による一般的制約であり、④は政策的制約である。

問 12　**学問の自由に関する次の記述のうち、誤っているものはどれか。**

(1)　学問の自由は、学問研究の自由、研究成果の発表の自由のほか、教授の自由も含まれる。
(2)　学問の自由は、その性質上、大学その他の高等教育機関のみに認められる権利である。
(3)　学問の自由には大学の自治も含まれる。
(4)　学問の自由は、日本国憲法において新設されたものである。
(5)　学問の自由であっても、公共の福祉による制約を受ける。

答

解説　最高裁判所は、「憲法の保障する学問の自由は、単に学問研究の自由ばかりでなく、その結果を教授する自由を含むと解される。普通教育の場においても、例えば、教師が公権力によって特定の意見のみを教授することを強制させられないという意味において、一定の範囲における教授の自由が保障されるべきことを肯定できないではない」とし、普通教育の場でも一定の範囲における教授の自由が保障されることを認めた判示をしている。

問 13　**憲法第 17 条に定める損害賠償責任に関する次の記述のうち、誤っているものはどれか。**

(1)　損害賠償請求権は、明治憲法上保障されていなかった。
(2)　憲法第 17 条に定める損害賠償請求権は、外国人にも限定的に保障されている。
(3)　損害賠償責任の主体は、国又は公共団体である。
(4)　憲法第 17 条の損害賠償請求権は、受益権に含まれている。
(5)　憲法第 17 条にいう公務員の不法行為による賠償責任の主体は、当該公務員である。

答

解説　公務員の故意又は過失による不法行為責任を国や地方公共団体が代わって責任を負うというい わゆる代位責任の形を取っている。したがって、公務員には賠償責任がない（通説、判例）。

問 14　**次は、義務教育を受けさせる義務、義務教育の無償についての記述である、（　　）内に適切な語句を記入せよ。**

「すべての国民は、（　①　）の定めるところにより、その（　②　）する子女に（　③　）を受けさせる義務を負ふ。（　④　）は、これを（　⑤　）とする。

答　①　法律　　②　保護　　③　普通教育
　　④　義務教育　　⑤　無償

解説　憲法第 26 条②参照。

問 15　財産権の保障に関する次の記述のうち、誤っているものはどれか。

⑴　憲法第 29 条第１項にいう財産権には、民法上の所有権その他の物権、債権、無体財産権のほか、水利権などの公法上の財産権も含まれる。

⑵　憲法第 29 条第３項にいう正当な補償とは、相当な補償、すなわち妥当、合理的と考えられる補償を意味する。

⑶　私有財産を公共のために用いることを定めた法律に補償規定がなくても、憲法第 29 条第３項を直接の根拠として補償を請求することができる。

⑷　消防法に基づく消防用設備等の規制は、火災危険の防止という公共目的のための規制であり、防火対象物の関係者が当然に受忍すべき範囲内の負担であって、特別の犠牲にはあたらない。

⑸　憲法第 29 条第２項により、財産権の内容は法律で定めることとされているので、条例で財産権に制限を加えることは違法であり、許されない。

答

解説　憲法第 29 条第１項で保障された財産権は、第２項で公共の福祉により一般的規制及び政策的必要性の見地から法律によって規制できるという趣旨を明らかにしている。行政府の制定した政・省令等の命令によって規制することはできないが、ここにいう法律には条例も含まれる（通説）、条例による規制は許されると解されている。

問 16　憲法に定められている刑事手続きについて述べたもののうち、誤っているのはどれか。

⑴　何人も、現行犯として逮捕される場合を除いて、令状によらなければ、逮捕されない。

⑵　何人も、自己に不利益な唯一の証拠が本人の自白である場合は、有罪とされない。

⑶　刑事被告人が自ら弁護人を依頼することができないときは、国でこれを付す。

⑷　同一の犯罪について、重ねて刑事上の責任を問われない。

⑸　何人も、現行犯の場合を除いて、捜索令状なしに司法官憲により住居を侵されない。

答

解説　憲法第 35 条第２項の「第 33 条の場合を除いて」とは、第 33 条による逮捕が行われた場合は、現行犯としてであって、そうでなくても、それに伴う必要な限度で、同条による令状を必要としないということである。

問 17　憲法第 41 条は、国会は国権の最高機関であると定めているが、この意味について最も妥当なものはどれか。

⑴　国会の意思が法的に常に他の国家機関の意思に優越すること。

⑵　国会が選挙を通じて直接国民と結びついているため、すべての機関で最も重要である。

⑶　国会の意思が国として最終的なものであること。

⑷　国会の活動が他のどの機関の意思からも独立して行われていること。

(5)　国会がすべての国家権力の統合者たる地位を持つこと。

答

解説　国会の立法、内閣の行政、裁判所の司法の三権分立主義がとられている。従って、すべての統治者たる地位を持たないのは明白である。また、国会の意思が常に他の国家機関の意思に優越したり、国として最終的なものでないことは、裁判所が違憲立法審査権を有し、さらに国会の活動は、内閣（天皇）の、招集権・解散権等によって制約を受け、絶対に独立したものではない。国会が国民を直接に代表するものであることから、国の諸機関のうちで最も重要な地位にあることを政治的に明言したものと考えられる。

問18　**法律の国会審議について正しいものはどれか。**

(1)　法律案は、衆参両院で、可決したときのみ法律となる。
(2)　法律案についての議決が衆参両院で異なるときには、常に両議員の協議会を開かなければならない。
(3)　参議院が、衆議院の可決した法律案を受け取った後、60日以内に議決しないときは、衆議院は参議院が可決したものとみなすことができる。
(4)　衆議院で可決した、参議院でこれと異なった議決をした法律案は、衆議院で出席議員の2／3以上の多数で可決したときは法律となる。
(5)　法律案は、衆議院に先に提出しなければならない。

答

解説　憲法は、法律の審議について衆議院の優越を認めている。しかし参議院の意思をすべて否定するものではなく、一定の手続きを経ることを衆議院に課している。法律案は、予算と違い衆議院の先議権はない。また、両院協議会は、常に必要なわけではなく任意的である。

問19　**衆議院の解散と参議院に関し、次の記述のうち正しいものはどれか。**

(1)　衆議院が解散されたときは、参議院も同時に解散される。
(2)　衆議院が解散されたときは、参議院は休会となる。
(3)　衆議院が解散されたときは、参議院は閉会となり、一切会議を開くことができない。
(4)　衆議院が解散されたときは、参議院は閉会されるが、緊急集会を開くことができる。
(5)　衆議院が解散されても、参議院は引き続き開会されたままである。

答

解説　衆議院が解散されると参議院は、同時に閉会となるが、内閣は、国に緊急の必要があるときは、参議院の緊急集会を求めることができる。ただし、この緊急集会において取られた措置は臨時のものであって、次の国会開会後10日以内に衆議院の同意がない場合には、その効力を失うこととされている（憲法54条第2項、第3項）。

問 20　衆議院の優越に関する説明のうち誤っているものはどれか。

(1)　法律案　　両院で、異なった決議をした場合、衆議院が出席議員の２／３以上の多数で再決議すれば法律となる。

(2)　予　算　　先に衆議院に提出しなければならない。

(3)　憲法改正の発議　　両院で異なった決議をした場合に、両議員協議会を開いても意見が一致しないときは、衆議院の決議が国会の決議となる。

(4)　条約の承認　　参議院が衆議院の可決した条約を受け取った後 30 日以内に決議しないときは衆議院の決議が国会の決議となる。

(5)　内閣総理大臣の指名　衆議院が指名の議決をした後、10 日以内に参議院が指名の議決をしないときは、衆議院の決議が国会の決議となる。

答

解説　憲法改正の発議については、衆議院の優越は認められていない（憲法第 59 条～第 61 条、第 67 条、第 96 条）。

問 21　衆議院において内閣不信任案が可決された場合、次に記述する措置のうち正しいものはどれか。

(1)　内閣が衆議院を解散させ、総選挙を行い、総選挙後の国会で内閣は信任されなければならない。

(2)　内閣は当然に総辞職しなければならない。

(3)　内閣は総辞職しなければならないが、内閣総理大臣だけは辞職しないこともできる。

(4)　衆議院は当然に内閣によって解散される。

(5)　内閣が総辞職するか、または衆議院が解散されるかのいずれかである。

答

解説　内閣は、衆議院で不信任の決議案を可決し、又は信任の決議案を否決したときは、10 日以内に衆議院が解散されない限り、総辞職をしなければならないと規定されている（憲法第 69 条）。

問 22　国会と内閣の関係に関する次の記述のうち誤りはどれか。

(1)　内閣総理大臣は国会の指名に基づいて天皇が任命する。

(2)　国務大臣は国会議員でなければならない。

(3)　内閣の行政権の行使について、国会に対して連帯して責任を負う。

(4)　国会の招集は、内閣の決定に基づいて天皇が行う。

(5)　衆議院で内閣不信任案が可決され、10 日以内に衆議院が解散されない場合は、内閣総辞職しなければならない。

答
解説　国務大臣は、過半数が国会議員であればよい（憲法第６条、第７条、第66条、第68条、第69条）。

問 23　**次の記述のうち、内閣の権能に属さないものはどれか。**
(1)　大使・公使の信認状を作成すること。
(2)　内閣が違憲と認めた法律を執行すること。
(3)　外国の大使・公使を接受すること。
(4)　予算を作成し、国会に提出すること。
(5)　下級裁判所の裁判官を任命すること。

答
解説　憲法第73条に、「内閣は、他の一般行政事務の外、左の事務を行う」と定め、内閣の固有の権限に属するうち、特に重要な事務として７つの事務を列挙している。(3)は、天皇の国事行為として憲法第７条第９号に「外国の大使及び公使の接受すること」と定めている。

問 24　**内閣の権能に属する事務として、次のうち誤りはどれか。**
(1)　最高裁判所長官の指名
(2)　最高裁判所の、長官以外の裁判官の任命
(3)　予算の作成及び決算の審査
(4)　国会及び国民への財政状況報告
(5)　予備費の支出

答
解説　内閣は、毎会計年度の予算を作成し、国会に提出して、その審議を受け、議決を経なければならない。また、国の収入支出の決算は、すべて毎年会計検査院が検査し、内閣は、次の年度に、その検査報告とともに、これを国会に提出しなければならないとされている（憲法第６条、第79条、第73条、第87条、第90条、第91条）。

問 25　**内閣の責任に関する次の記述のうち。正しいものはどれか。**
(1)　国会による内閣の責任追及は、内閣に対してなされるべきであり、各大臣の個別的責任の追及は許されない。
(2)　内閣の国会に対する責任は、政治的責任のほか、法律上の責任も含まれる。
(3)　内閣の責任の対象は、憲法に定められた権能に限定される。
(4)　天皇の国事行為に対する助言と承認については、内閣の責任は問われない。
(5)　内閣の責任の最も顕著な例として、衆議院による内閣不信任決議の可決又は信任決議の否決である。

答

解説　行政権限の行使は、内閣の権限に属するすべての事務が含まれる。連帯してとは、内閣を構成する国務大臣全体が国会に対して責任を負うという意味である。最も重要な手段は衆議院による内閣不信任決議の可決（否決）である。

問 26　**内閣と裁判所の関係に関する次の記述のうち正しいものはどれか。**

(1)　最高裁判所の長官は内閣の指名によって天皇が任命する。
(2)　最高裁判所の長官以外の裁判官は、内閣の指名によって長官が任命する。
(3)　下級裁判所の裁判官は最高裁判所が任命し、内閣はこれに関与できない。
(4)　裁判官の免職以外の懲戒処分は内閣が行う。
(5)　行政機関に関与する裁判については行政裁判所という特別裁判所が設置される。

答

解説　最高裁判所の長官以外の裁判官は内閣が任命し、下級裁判所の裁判官は最高裁の指名した者の名簿によって内閣で任命する。また、裁判官の懲戒処分を行政機関が行ってはならない旨及び特別裁判所を設置することはできない旨憲法に明示されている。

問 27　**わが国の司法制度に関する次の記述のうち、誤っているものはどれか。**

(1)　裁判の対審及び判決は、公開法廷でこれを行わなければならない。ただし、特定の事件を除き、裁判所が、裁判官の全員一致で、公の秩序又は善良の風俗を害する虞があると決した場合は、対審は、公開しないことができる。
(2)　最高裁判所は、一切の法律、命令、規則又は処分が憲法に適合するかしないかを決定する権原を有する終審裁判所である。
(3)　下級裁判所は、高等裁判所、地方裁判所、家庭裁判所及び簡易裁判所の４種に分類される。
(4)　弁護士は、当事者その他の関係人の依頼又は官公署の委嘱によって、訴訟事件、非訟事件及び審査請求、異議申立、再審査請求等行政庁に対する不服申立事件に関する行為その他一般の法律事務を行うことを職務とする。
(5)　最高裁判所の長たる裁判官は、内閣が任命する。

答

解説　天皇は、内閣の指名に基づいて、最高裁判所の長たる裁判官を任命する（憲法第６条）。

問 28　**司法に関する次の記述のうち、誤りはどれか。**

(1)　下級裁判所の設置は最高裁判所規則で定められている。
(2)　行政機関は終審として裁判を行うことができない。
(3)　特別裁判所は設置することができない。
(4)　検察官は最高裁判所規則に従わなければならない。

(5)　裁判の対審及び判決は公開法廷で行わなければならないが、対審については公序良俗に反する場合は非公開にできる。

答
解説　下級裁判所の設置は法律で定められている（憲法第 76 条、第 77 条、第 82 条）。

問 29　**最高裁判所に関する記述のうち正しいものはどれか。**

(1)　司法権は憲法上すべて最高裁判所に属し、下級裁判所は最高裁判所からその一部を内部的に委任された結果、司法権を有するにすぎない。
(2)　最高裁判所は訴訟に関する手続等について規則で定めることができるが、これはあくまで裁判所内部の規則であり、検察官、弁護士は拘束されない。
(3)　最高裁判所の裁判官は全員内閣が任命する。
(4)　最高裁判所の裁判官には定年がある。
(5)　最高裁判所は下級裁判所の裁判官を任命する。

答
解説　(1)下級裁判所にも憲法上直接司法権が認められている。(2)最高裁判所の制定する規則は弁護士や検察官も拘束する。(3)最高裁判所の裁判官のうち長たる裁判官は天皇が任命する。(5)下級裁判所の裁判官は内閣で任命する（憲法第６条、第 76 条、第 77 条、第 79 条、第 80 条）。

問 30　**地方自治に関する次の記述のうち、誤っているものはどれか。**

(1)　地方自治は、「住民自治」と「団体自治」の原理から成り立っている。
(2)　地方自治に関する規定は、明治憲法にも定められていた。
(3)　憲法第 93 条が、地方公共団体の長について、住民の直接選挙によって選任されることを定めているのは、住民自治の原理を具体化したものである。
(4)　憲法第 94 条が、地方公共団体に財産管理権、事務処理権、行政執行権及び条例制定権を与えているのは、団体自治の考え方を具体化したものである。
(5)　地方自治体の本旨とは、住民自治と団体自治の原理を尊重することを意味し、地方自治の基本原則となっている。

答
解説　明治憲法のもとでは、地方自治に関する規定は全く存在せず、地方自治は国の行政を遂行する一端として認められていたに過ぎない。
　このため、日本国憲法は、特に地方自治という名の１章を設け、地方自治を制度的に保障することになったのである。

問 31　地方公共団体の機関・権能等に関する次の記述のうち、誤っているものはどれか。

(1)　地方公共団体の長、議会の議員その他法律の定める吏員は、その地方公共団体の住民が直接これを選挙する。

(2)　法律の定めるところにより、その議事機関として議会を設置する。

(3)　地方公共団体は、その財産を管理し、事務を処理し、行政を執行する権能を有する。

(4)　地方公共団体の長は、議会の不信任の議決があった場合、辞職するか、又は議会を解散しなければならない。

(5)　地方公共団体は、法律の範囲内において条例を制定することができる。

答

解説　(1)及び(2)は、憲法第 93 条、(3)及び(5)は、憲法第 94 条に規定されている。(4)は地方自治法に規定され不信任の議決を受けた日から 10 日以内に解散するか、同期間を経過したにおいてその職を失う。

問 32　条例制定の限界に関する次の記述のうち、誤っているものはどれか。

(1)　憲法上、地方公共団体の条例は、法律の範囲内で制定することができる。

(2)「法律の範囲内」とは、「法律に違反しない限りにおいて」という意味である。

(3)「法令」には、法律のほか、政令・省令も含まれる。

(4)　消防法第９条が、火気規制について、火災予防条例で制定することを委任している場合、法律の範囲内であることは明らかである。

(5)　火災予防条例（例）第 23 条第１項の喫煙・裸火等の禁止規定違反に対し、罰則を設けることは許されない。

答

解説　憲法第 94 条で、地方公共団体は、法律の範囲内で条例を制定することができるとされ、地方自治法で、法令に違反しない限りとされ、法令とは、法律のほか政省令を指すとされている。

　条例は、地方公共団体の行政を執行するためのものであるから、その実効を刑罰によって担保することも認められていると解されている。

問 33　憲法に規定する違憲法令審査権について次のうち正しいものはどれか。

(1)　国権の最高機関である国会が制定した法律の違憲性を宣言できるのは、原則として最高裁判所のみである。

(2)　最高裁判所が違憲だと判断した法律は、判決以降効力を失う。

(3)　ある法律が憲法に反するかどうかの一般的判断を、国民は誰でも裁判所に求めることができる。

(4)　地方公共団体の条例が憲法に反しているかの判断は、国の機関である裁判所はしえない。

(5)　裁判所の違憲法令審査権は、具体的な事件に則して行使される。

答

解説　憲法の違憲法令審査権は最高裁判所のみならず下級審も具体的事件に則し行使することができる。一切の法律、命令、規則及び処分が憲法に反しているかどうかを判断でき、地方公共団体の条例についても当然判断できる。ただし、具体的な事件を前提とせず○○法第△条が憲法第×条にするかどうかというような抽象的違憲審査権を有していない。

問34　**憲法改正について述べた次のもののうち、正しいものを選べ。**

(1)　憲法改正の発議は、内閣が行う。

(2)　国民の承認にかける前に、国会の各議院の少なくとも一方で３分の２以上の賛成が得られなければならない。

(3)　国会の定める選挙の際行われる投票において過半数の賛成を得ない限り、国民の承認があってとされない。

(4)　憲法改正についての国民の承認を経るときは、内閣総理大臣は国民の名前で、日本国憲法と一体を成すものとして、直ちに公布しなければならない。

(5)　憲法第96条による改正手続で行われる憲法改正には限界があるというのが通説である。

答

解説　(1)　発議は国会が行う。

(2)　各議院の総議員の３分の２以上の賛成が必要。

(3)　特別の国民投票の場合も可である。

(4)　天皇が、国民の名で、公布する。

第２　地方自治法関係

問１　**地方自治法の目的に関する記述のうち、誤っているものはどれか。**

(1)　地方公共団体の組織及び運営に関する事項の大綱を定めること。
(2)　国と地方公共団体との間の基本的関係を確立すること。
(3)　地方公共団体における民主的・能率的な行政の確保を図ること。
(4)　地方公共団体の財政の健全性を確保すること。
(5)　地方公共団体は、住民の福祉の増進を図ることを基本とする。

答

解説　地方財政の健全性確保は地方財政法や財政健全化法の目的である（自治法１条）。

問２　**地方自治法第２条に規定する地方公共団体の事務に関する記述のうち、誤っているものはどれか。**

(1)　地方公共団体は、常にその組織及び運営の合理化に努めるとともに、他の地方公共団体に協力を求めてその規模の適正化を図らなければならない。
(2)　法律又はこれに基づく政令により地方公共団体が処理することとされる事務が法定受託事務である場合においては、国は、地方公共団体が地域の特性に応じて当該事務を処理することができるよう特に配慮しなければならない。
(3)　地方公共団体は、その事務を処理するに当つては、住民の福祉の増進に努めるとともに、最少の経費で最大の効果を挙げるようにしなければならない。
(4)　地方公共団体に関する法令の規定は、地方自治の本旨に基づき、かつ、国と地方公共団体との適切な役割分担を踏まえたものでなければならない。
(5)　地方公共団体は、法令に違反してその事務を処理してはならない。なお、市町村及び特別区は、当該都道府県の条例に違反してそのその事務を処理してはならない。

答

解説　(2)は、事務が自治事務である場合であるから、誤り（自治法２条13項）。

問３　地方自治法に規定している手続を示しているが、正しいのはどれか。

(1)　市町村の名称変更　　　　　　　　法　律
(2)　市町村の市役所、役場の位置の変更　　市町村長の決定
(3)　市町村境界の変更　　　　　　　　市町村間の覚書
(4)　領海外に発生した新島の市町村区域への編入　　内閣の決定
(5)　町から市へ変わること　　　　　　当該議会での決議

答

解説　(1)は、法律で特別の定めのあるものを除ほか、条例で定め都道府県知事と協議、(2)は条例、(3)と(5)は関係市町村からの申請を受けて都道府県知事が都道府県議会の決議を経て定める、こととされている。

問４　地方自治法に規定する住民に関する記述のうち、誤っているものはどれか。

(1)　住民は、その属する普通地方公共団体の選挙に参与する権利を有する。
(2)　住民は、その属する普通地方公共団体の条例（地方税の賦課徴収並びに分担金、使用料及び手数料の徴収に関するものを除く。）の制定又は改廃を請求する権利を有する。
(3)　住民は、その属する普通地方公共団体の議会の解散を請求する権利を有する。
(4)　住民は、その属する普通地方公共団体の議会の議員、長、副知事若しくは副市町村長又は職員の解職を請求する権利を有する。
(5) 住民は、その所属する普通地方公共団体の事務の監査を請求する権利を有する。

答

解説　(4)は、職員の解職を請求する権利は有しないので、誤り（自治法 13 条２項）。

問５　地方公共団体の条例及び規則に関する記述のうち、正しいものはどれか。

(1)　地方公共団体は、法令に特別の定めがあるものを除くほか、その条例中に罰則規定を設けることができるが、懲役刑を設けることはできない。
(2)　条例の規定による委任があれば、規則に刑罰規定を設けることができる。
(3)　地方公共団体の議会の議長は、条例を制定又は改廃の決議があったときは、その日から３日以内にその地方公共団体の長に送付しなければならない。
(4)　条例は、公布の日から起算して、10 日を経過した日から施行することとされているが、規則で定めれば施行期日の特例を設けることができる。
(5)　地方公共団体の住民は、外国人であっても、その属する地方公共団体の条例の制定又は改廃を請求する権利を有する。

答

解説　(1)は、２年以下の懲役を設けることができるため、誤り。

(2)は、５万円以下の過料を科す旨の規定を設けることができるため、誤り。
(4)は、施行期日の特例その他条例の交付に関し必要な事項は条例で定めるため、誤り。
(5)は、選挙権を有するものでなければならないため、誤り。

問６　**地方自治法に規定する条例及び規則に関する記述のうち、誤っているものはどれか。**

(1)　普通地方公共団体は、義務を課し、又は権利を制限するには、法令に特別の定めがある場合を除くほか、条例によらなければならない。
(2)　条例は、条例に特別の定めがあるものを除く外、公布の日から起算して10日を経過した日から、これを施行する。
(3)　普通地方公共団体の長は、法令に違反しない限りにおいて、その権限に属する事務に関し、規則を制定しなければならない。
(4)　普通地方公共団体の長は、法令に特別の定めがあるものを除くほか、普通地方公共団体の規則中に、規則に違反した者に対し、５万円以下の過料を科する旨の規定を設けることができる。
(5)　普通地方公共団体の議会の議長は、条例の制定又は改廃の議決があったときは、その日から３日以内にこれを当該普通地方公共団体の長に送付しなければならない。

答

解説　(3)は、規則を制定できるが、正しい（自治法15条１項）。

問７　**地方自治法に規定する条例に関する記述うち、誤っているものはどれか。**

(1)　普通地方公共団体が行うすべての行為は、法令に特別の定めがある場合を除くほか、条例によらなければならない。
(2)　条例は、条例に特別の定めがあるものを除くほか、交付の日から起算して10日を経過した日から、これを施行する。
(3)　普通地方公共団体の長の署名、施行期日の特例その他条例の公布に関し必要な事項は、条例でこれを定めなければならない。
(4)　普通地方公共団体の議会の議長は、条例の制定又は改廃の議決があったときは、その日から３日以内にこれを当該普通地方公共団体の長に送付しなければならない。
(5)　普通地方公共団体の長は、議長から条例の送付を受けた場合は、その日から20日以内にこれを公布しなければならない。ただし、再議その他の措置を講じた場合は、この限りでない。

答

解説　(1)は、普通地方公共団体は、義務を課し、又は権利を制限するには、法令に特別の定めがある場合を除くほか、条例によらなければならない（自治法14条２項）。

問8　地方自治法において住民の権利義務として、認めてられていないものはどれか。

(1)　選挙に参与する権利を有する。
(2)　条例の制定又は改廃を請求する権利を有する。
(3)　選挙管理委員会の解散を請求する権利を有する。
(4)　地方公共団体にその負担を分任する義務を負う。
(5)　地方公共団体から役務の提供を受ける権利を有する。

答

解説　議会の解散請求はあるが、選挙管理委員会の解散を請求する権利はない。ただし、委員に対して解職の請求をすることはできる（自治法86条）。

問9　普通地方公共団体の選挙に関する記述のうち、誤っているものはどれか。

(1)　18歳以上の者で、当該市町村の区域内に住所を有する者は全て選挙権を有している。
(2)　普通地方公共団体の議会の議員の被選挙権は25歳以上の者に与えられている。
(3)　市町村の長の被選挙権は25歳以上の者に与えられている。
(4)　都道府県の知事の被選挙権は30歳以上の者に与えられている。
(5)　普通地方公共団体の議会の議員及び長は、選挙人が投票によりこれを選挙する。

答

解説　選挙権の付与は、18歳以上であることに加えて、当該市町村に引き続いて3箇月以上住所を有していることが自治法上の条件になっている（自治法17条から20条）。

問10　地方自治法に規定する直接請求に関する記述のうち、誤っているものはどれか。

(1)　選挙権を有する者は、政令の定めるところにより、その総数の50分の1以上の者の連署をもつて、その代表者から、普通地方公共団体の長に対し、条例（地方税の賦課徴収並びに分担金、使用料及び手数料の徴収に関するものを除く。）の制定又は改廃の請求をすることができる。
(2)　選挙権を有する者は、政令の定めるところにより、所属の選挙区におけるその総数の3分の1以上の者の連署をもつて、その代表者から、普通地方公共団体の選挙管理委員会に対し、当該選挙区に属する普通地方公共団体の議会の議員の解職の請求をすることができる。
(3)　選挙権を有する者は、政令の定めるところにより、その総数の50分の1以上の者の連署をもつて、その代表者から、普通地方公共団体の選挙管理委員会に対し、事務の執行に関し、監査の請求をすることができる。
(4)　選挙権を有する者は、政令の定めるところにより、その総数の3分の1以上の者の連署をもつて、その代表者から、普通地方公共団体の選挙管理委員会に対し、当該普通地方公共団体の議会の解散の請求をすることができる。
(5)　選挙権を有するものは、政令の定めるところにより、その3分の1以上の連署をもって、その代表者から、選挙管理委員会に対し、地方公共団体の長の解職を請求することができる。

答

解説　(3)は、監査委員に対しであるので、誤り（自治法 75 条 1 項）。

問 11　**地方自治法に規定する議会に関する記述のうち、誤っているものはどれか。**

(1)　都道府県及び市町村の議会の議員の定数は、条例で定める。
(2)　普通地方公共団体の議会の議員は、衆議院議員又は参議院議員と兼ねることができない。
(3)　普通地方公共団体の議会の議員の任期は、四年とする。
(4)　市町村は、条例で、議会を置かず、選挙権を有する者の総会を設けることができる。
(5)　議員定数の変更は、一般選挙の場合でなければ、これを行うことができない。

答

解説　(4)は、町村は、条例で、議会を置かず、で市は入っていないので、誤り（自治法 94 条）。

問 12　**地方自治法に規定する議会の権限に属するものに関する記述のうち、誤っているものはどれか。**

(1)　予算を調製すること。
(2)　条例を設け又は改廃すること。
(3)　決算を認定すること。
(4)　地方税の賦課徴収又は分担金、使用料、加入金若しくは手数料の徴収に関すること。
(5)　法律上その義務に属する損害賠償の額を定めること。

答

解説　(1)　予算の調製権は普通地方公共団体の長に専属する（自治法 149 条 2 項）。
議会の権限は、自治法 96 条 1 項一号～ 100 条の 2 参照。

問 13　**地方自治法に規定する議会の招集及び会期に関する記述のうち、誤っているものはどれか。**

(1)　普通地方公共団体の議会の会期及びその延長並びにその開閉に関する事項は、議会がこれを定める。
(2)　普通地方公共団体の議会は、普通地方公共団体の長がこれを招集する。
(3)　議員の定数の４分の１以上の者は、当該普通地方公共団体の長に対し、会議に付議すべき事件を示して臨時会の招集を請求することができる。
(4)　臨時会に付議すべき事件は、議長があらかじめこれを告示しなければならない。
(5)　定例会は、毎年、条例で定める回数これを招集しなければならない。

答

解説　(4)は、普通地方公共団体の長があらかじめ、これを告示しなければならないなので、誤り（自治法 102 条４項)。

問 14　**地方自治法に規定する議会の招集及び会期に関する記述のうち、誤っているものはどれか。**

(1)　普通地方公共団体の長は、条例で定めるところにより、定例会及び臨時会とせず、毎年、条例で定める日から翌年の当該日の前日までを会期とすることができる。

(2)　普通公共団体の議会の会期及びその延長並びにその開閉に関する事項は、議会がこれを定める。

(3)　招集は、開会の日前、都道府県及び市にあつては７日、町村にあつては３日までにこれを告示しなければならない。ただし、緊急を要する場合は、この限りでない。

(4)　議員の定数の４分の１以上の者は、当該普通公共団体の長に対し、会議に付議すべき事件を示して臨時会の招集を請求することができる。

(5)　定例会は、毎年、条例で定める回数これを招集しなければならない。

答

解説　(1)は、普通地方公共団体の長ではなく、議会なので、誤り（自治法 102 条の２・１項)。

問 15　**地方公共団体の議会の委員会に関する記述として、誤っているものはどれか。**

(1)　常任委員会は、議会の閉会中は議案を審査することができない。

(2)　常任委員会は、その部門に属する地方公共団体の事務に関し、議会に議案を提出することができる。

(3)　地方公共団体の議員は、少なくとも一つの常任委員会の委員となることとされている。

(4)　地方公共団体は、条例により議会運営委員会や特別委員会を置くことができる。

(5)　常任委員会は、参考人の出頭を求め、その意見を聴くことができる。

答

解説　議会の委員会には、常任委員会、議会運営委員会、特別委員会があり、それぞれ所定の事件を審査することとされている（地方自治法第 109 条参照)。

問 16　**地方自治法に規定する会議に関する記述のうち、誤っているものはどれか。**

(1)　議会が議案に対する修正の動議を議題とするに当たつては、議員の定数の 12 分の１以上の者の発議によらなければならない。

(2)　議会は、会議において、予算その他重要な議案、請願等について公聴会を開き、真に利害関係を有する者又は学識経験を有する者等から意見を聴くことができる。

(3)　この法律に特別の定がある場合を除く外、普通地方公共団体の議会の議事は、出席議員の過半数でこれを決し、可否同数のときは、地方公共団体の長の決するところによる。
(4)　議会の会議は、これを公開する。但し、議長又は議員３人以上の発議により、出席議員の３分の２以上の多数で議決したときは、秘密会を開くことができる。
(5)　議会の議員は、議会の議決すべき事項につき、議会に議案を提出することができる。但し、予算についてはこの限りではない。

答

解説　(3)は、可否同数のときは、議長の決するところによるなので、誤り（自治法116条1項）。

問17　地方公共団体の条例で定める必要の、ないものはどれか。
(1)　執行機関の附属機関の設置
(2)　市町村の部課の設置
(3)　公の施設の設置及び管理に関する事項
(4)　市町村の職員の定数
(5)　議会の会議規則

答

解説　議会は、会議規則を設けなければならない（自治法120条）。

問18　地方公共団体の議会への請願に関する記述として、誤っているものはどれか。
(1)　地方公共団体の議会に対して請願を提出しようとするときは、議員の紹介により請願書を提出しなければならない。
(2)　請願は当該普通地方公共団体の住民に限らず、他の地方公共団体のすべての住民が提出することができ、自然人であるか法人であるかは問われない。
(3)　請願の権利は憲法で認められた権利であるが、地方公共団体の議会への請願のみが立法化されている。
(4)　議員は請願の内容に賛意を表する場合でなければ紹介すべきではないとされている。
(5)　当該地方公共団体の権限外の事項に関する請願でも、受理を拒むことはできない。

答

解説　請願は憲法第16条により認められた国民の権利の一つであり、請願法や国会法など地方自治法以外の法律でもその方法等が規定されている（自治法124条）。

問19　地方自治法に規定する普通地方公共団体の長に関する記述のうち、誤っているものはどれか。
(1)　普通地方公共団体の長の任期は、４年とする。
(2)　普通地方公共団体の長は、衆議院議員又は参議院議員と兼ねることができない。
(3)　普通地方公共団体の長は、退職しようとするときは、その退職しようとする日前、都道府県知事にあつては40日、市町村長にあつては30日までに、当該普通地方公共団体の議会の議長に申し出なければならない。
(4)　普通地方公共団体の長は、当該普通地方公共団体を統轄し、これを代表する。
(5)　普通地方公共団体の長は、当該普通地方公共団体の事務を管理し及びこれを執務する。

答

解説　(3)の都道府県知事は30日、市町村長は20日までになので、誤り（自治法145条）。

問20　**地方自治法に規定する市長に関する記述のうち、誤っているものはどれか。**
(1)　市長に事故があり、副市長が市長の職務を代理する場合において、副市長が２人以上あり、あらかじめ市長が定めた順序がなく、席次の上下が明らかでなく、年齢が同じであるときは、くじにより定めた順序で、その職務を代理する。
(2)　市長は、当該市の事務を管理し及びこれを執行する。
(3)　市長は、その権限に属する事務の一部をその管理に属する行政庁に委任することができる。
(4)　市長は、当該市の区域内の私企業の活動の総合調整を図るため、これを指揮監督することができる。
(5)　市長は、その補助機関である職員を指揮監督する。

答

解説　(4)は、公共的団体等の活動の総合調整を図るためが、正しい（自治法157条１項）。

問21　**副市町村長に関する記述のうち、正しいものはどれか。**
(1)　副市町村長は、市町村長が選任し、議会の同意は不要である。
(2)　副市町村長の任期は、各市町村の条例で定められる。
(3)　副市町村長の定数は、各市町村の条例で定められる。
(4)　副市町村長は、必ず置かなければならない。
(5)　副市町村長は、消防長を兼務することはできない。

答

解説　(1)は、議会の同意を得てこれを選任するなので、誤り。(2)は、任期は４年なので、誤り。(4)は、条例で置かないことができるなので、誤り。(5)は、禁止事項がないので、誤り（自治法161条～167条）。

問22　**市町村の会計管理者の職務権限で、ないものはどれか。**
(1)　現金の出納及び保管を行うこと。
(2)　小切手を振り出すこと。
(3)　有価証券の出納及び保管を行うこと。
(4)　支出負担行為を行うこと。

(5)　決算を調製すること。

答
解説　会計管理者は支出負担行為の確認をするだけであって、負担行為そのものを行うのではない（自治法170条）。

問23　**任命権者と任命される者の組み合わせのうち、誤っているものはどれか。**

(1)	都道府県知事	人事委員会の委員
(2)	市町村長	消防団長
(3)	農業委員会	農地主事
(4)	会計管理者	会計職員
(5)	教育委員会	教育長

答
解説　会計職員の任命権者は都道府県知事（市町村長）である（自治法171条2項）。

問24　**地方公共団体の長の専決処分に関する記述として、誤っているものはどれか。**

(1)　地方公共団体の議会が成立しないときは、長は議会が議決すべき案件を専決処分することができる。
(2)　長は、専決処分を行った場合は、次の会議において議会へ報告し、承認を求めなければならない。
(3)　長の専決処分に関して議会の承認が得られなかった場合は、その専決処分の法律上の効力は無効となる。
(4)　議会の権限に属する軽易な事項で、議決により特に指定した事項については、長が専決処分することができる。
(5)　長は、(4)の専決処分をした場合においては、議会へ報告しなければならない。

答
解説　地方自治法第179条第3項で、地方公共団体の長は、専決処分を議会に報告し、承認を求めなければならないとされているが、議会の承認が得られなかった場合でも、法律上処分の効力に影響はないとされている。

問25　**地方公共団体の長と議会との関係に関する記述として、正しいものはどれか。**

(1)　長は、議会における条例の制定等に関する議決について異議があるときは、議決の送付を受けた日から10日以内に再議に付することができ、これに特段の理由を示す必要はない。
(2)　長によって再議に付された議決を出席議員の3分の2以上の同意によって再び可決した場合は、その議決は原案どおり確定することとなる。

(3)　議会が義務的な経費を削除又は減額する議決をした場合は、長は、必要と認める場合に限り予算案を再議に付すことができる。
(4)　議会において長の不信任の議決がなされた場合は、長は10日以内に議会を解散しなければならない。
(5)　議会の議決事項に係る事案については、必ず議会の議決を経ることとされており、長がその事案を処分することは認められていない。

答

解説　(1)は、理由を示してこれを再協議に付すことができるだから、誤り。
(3)は、その経費及びこれに伴う収入については、長は理由を示してこれを再議に付さなければならないなので、誤り。
(4)は、その通知を受けた日から10日以内に議会を解散することができるので、誤り。
(5)は、議会が成立しないとき、開くことができないとき、特に緊急を要するため議会を招集する時間的余裕がないとき、議会が議決しないとき、その議決すべき事件を処分することができるので、誤り（自治法176条)。

問26　**地方公共団体の委員会に関する記述として、正しいものはどれか。**
(1)　教育委員会又は選挙管理委員会等、都道府県・市町村ともに置かなければならない委員会は法定されているが、公安委員会等、都道府県のみに置かなければならない委員会も法定されている。
(2)　地方公共団体の委員会は執行機関であるため、予算の調製・執行や、議会の議決を経るべき事件について議案を提出することもできる。
(3)　地方公共団体の委員会は独立した執行機関であるため、委員会の組織等に対する普通地方公共団体の長の総合調整権は及ばない。
(4)　地方公共団体の委員会は、常設の執行機関であるため、委員会の委員について任期を定める規定はない。
(5)　地方公共団体の委員会の事務の一部を、地方公共団体の長の補助機関である職員に委任することはできない。

答

解説　地方自治法第180条の５で、普通地方公共団体に置かなければならない委員会が規定されている。

問27　**地方公共団体の委員会に関する記述として、誤っているものはどれか。**
(1)　地方公共団体の委員会の委員は、法律に特別の定めがない限り、非常勤とするとされている。
(2)　地方公共団体の委員会は、予算の調製や執行をすることができない。
(3)　地方公共団体の委員会は、議会の議決を得るべき案件について、議案を提出することはできない。
(4)　教育委員会は、学校その他の教育機関を管理し、学校の組織編成、教育課程等に関する事務を行うが、教育職員の身分取扱に関する事務を行うことはできない。
(5)　選挙管理委員会の委員長が退職しようとするときは、当該選挙管理委員会の承認を得なければならない。

答

解説　教育委員会は、学校その他の教育機関を管理し、学校の組織編制、教育課程、教科書その他の教材の取扱いや教育職員の身分取扱に関する事務を行う（地方自治法第180条の8参照）。

問 28　**地方自治法に規定する給与その他の給付に関する記述として、誤っているものはどれか。**

(1)　普通地方公共団体の議会の議員は、職務を行うため要する費用の弁償を受けなければならない。
(2)　普通地方公共団体は、普通地方公共団体の常勤職員に対し、給料及び旅費を支給しなければならない。
(3)　普通地方公共団体は、条例で住居手当、災害派遣手当等を支給することができる。
(4)　普通地方公共団体の常勤職員は、退職年金又は退職一時金を受けることができる。
(5)　給与、手当及び旅費の額並びに支給方法は、条例で定めなければならない。

答

解説　(1)は、普通地方公共団体の議会の議員は、職務を行うため要する費用の弁償を受けることができるであるから、誤り（自治法203条2項）。

問 29　**普通地方公共団体の予算に関する記述のうち、正しいものはどれか。**

(1)　一会計年度における一切の収入及び支出は、すべて歳入歳出予算に編入しなければならない。
(2)　普通地方公共団体の長又は議員は、予算を調製して提出することができる。
(3)　予算は会計年度独立の原則により経理されているが、その唯一の例外として継続費として数年度にわたって支出することができる。
(4)　一般会計から特別会計又は基金に対し、数カ年度にわたり繰出すことを決定した場合にも、予算で債務負担行為として定めておく必要がある。
(5)　議会は、予算の増額修正をすることができない。

答

解説　(2)　予算を調製して議会に提出するのは、普通地方公共団体の長に専属するので、誤り。
(3)　会計年度独立の原則の例外は、継続費及び繰越明許費があるので、誤り。
(4)　単なる内部意思の決定であるため、債務負担行為として定める必要はないので、誤り。

(5)　議会は、予算の増額修正することができる。ただし、増額修正については、長の予算提出の権限を侵すことができないという限界があるので、誤り。

問 30　**普通地方公共団体の予算に関する記述のうち、誤っているものはどれか。**

(1)　地方公共団体の会計は、一般会計及び特別会計からなるが、特別会計は特定の歳入をもって特定の歳出にあてるため条例で設置することができる。

(2)　一会計年度における一切の収入及び支出は、すべて歳入歳出予算に計上しなければならず、例えば債権と債務を相殺し、その差額のみを予算に計上することはできない。

(3)　予算に基づく歳入歳出は一会計年度に限り行われることが原則であるが、継続費、繰越明許費等の設定を行えば例外的に複数年度にまたがって収入・支出することができる。

(4)　地方公共団体の長は、条例の制定が予算を伴うものである場合は、必要な予算上の措置を適確に講ずることができるという見込みが立つまでの間は、その条例を議会に提出することはできない。

(5)　地方公共団体の長は、会計年度ごとに予算を調製しなければならないが、毎年度開始前に予算の議決を経ればよく、議会に予算を提出する時期はいつでもよい。

答

解説　(5)は、遅くとも年度開始前、都道府県及び指定都市は 30 日、市町村は 20 日までに提出しなければならないなので、誤り（自治法 211 条１項）。

問 31　**地方公共団体の財務に関する記述として、誤っているものはどれか。**

(1)　地方公共団体の会計は、一般会計及び特別会計からなるが、特別会計は特定の歳入をもって特定の歳出にあて一般の歳入歳出と区分する必要がある場合において、条例で設置することができる。

(2)　暫定予算に基づく支出又は債務負担は、これを当該会計年度の予算とは別の支出又は債務の負担と見なす。

(3)　各会計年度における歳出は、その年度の歳入をもって充てるのが原則であるが、継続費、繰越明許費を設定すれば複数年度にわたって支出することができる。

(4)　地方公共団体の長は、毎会計年度予算を調整し、都道府県及び政令指定都市にあっては年度開始前 30 日、その他の市町村にあっては年度開始前 20 日までに議会に提出しなければならない。

(5)　歳出予算の経費の金額のうち、年度内に支出負担行為をし、避けがたい事故のため年度内に支出を終わらなかったものについては、翌年度に繰り越して使用することができる。

答

解説　(2)は、暫定予算に基づく行為は、当該会計年度の予算に基づく支出又は負担とみなすので、誤り（自治法 210 条）。

問32　**地方公共団体の歳入歳出予算に関する記述のうち、誤まっているものはどれか。**

(1)　歳入予算は性質別に区分する。

(2)　歳出予算は目的別に区分する。

(3)　一般会計及び特別会計がある。

(4)　一切の収入及び支出を予算に計上しなければならない。

(5)　必要やむを得ないときには、異なる款の間で流用できる。

答

解説　歳入予算は、税、地方譲与税、地方公共団体等の性質別に、歳出予算は議会費、総務費、企画費等の目的別に区分することになっており、一般会計と条例により設置された特別会計がある。

地方公共団体の一切の収入及び支出は総計予算主義の原則からすべて予算計上しなければならない。異なる款の間の流用は、議決権を侵害することになるので認められない。

問33　**予算の繰越しに関する記述として、誤っているものはどれか。**

(1)　事故繰越しは、あらかじめ繰越しを全然予想しなかったが、たまたま避けることができない事故のために年度内に経費の使用が終わらないという事実に対して行われるものである。

(2)　繰越明許費として予算で定めるのは、当該年度中に限られるものである。

(3)　繰越明許費をさらに翌年度に事故繰越しすることはできない。

(4)　普通公共団体の会計につき、会計年度独立の原則に対する例外は、継続費の逓次繰越使用の制度と繰越明許費及び事故繰越の制度の三つのみである。

(5)　繰越明諸費は、予算案として議決を求めるものであり、その設定は歳入歳出予算の成立と併せてなされるわけであるが、すでに成立した歳入歳出予算について、別の会期において、これを定めることを妨げない。

答

解説　繰越明許費の金額を除くほか、会計年度の歳出予算の経費の金額は、これを翌年度において使用することができないので、誤り（自治法213条及び220条）。

問34　**地方公共団体の手数料に関する記述のうち、誤っているものはどれか。**

(1)　公共団体は、当該地方公共団体の事務で特定の者のためにするものにつき、手数料を徴収することができる。

(2)　手数料に関する事項については、条例で定めなければならない。

(3)　手数料について全国的に統一して定めることが特に必要と認められるものとして政令で定める事務について手数料を徴収する場合においては、条例の定めを要しない。

(4)　手数料の徴収に関しては、詐欺その他不正の行為により手数料の徴収を免れた者についての場合を除き、条例で５万円以下の過料を科す規定を設けることができる。

(5)　詐欺その他不正の行為により、手数料の徴収を免れた者については、条例でその徴収を免れた金額の５倍に相当する金額（当該５倍に相当する金額が５万を超えないときは、５万円とする。）以下の過料を科する規定を設けることができる。

答

解説　手数料について全国的に統一して定めることが特に必要と認められるものとして政令で定める事務（標準事務）について手数料を徴収する場合においては、当該標準事務として条例を定めなければならない（自治法228条１項）。

問35　**地方公共団体の歳入の調製に対し、歳出においてこれに相当する行為と、いえるのはどれか。**

(1)　債務負担行為
(2)　支出負担行為
(3)　契約履行の確認
(4)　債務の確定の確認
(5)　予算配付額の決定

答

解説　地方公共団体において、支出負担行為は支出命令行為とは個別の行為として決定されているもので、予算に基づいてなされる支出の原因となる契約その他の行為を言う。

支出負担行為は、歳出予算、継続費、繰越明許費、債務負担行為の経費の金額の範囲内で行われるもので、歳入の調製に相当し、未払金の把握の便と、支出の経理の基礎を明確にするためのものであるので、地方公共団体の財務規則等の定めるところにより、あらかじめ、整理区分が設けられているのが普通である（自治法232条の３）。

問36　**地方自治法に規定する契約についての記述のうち、誤っているものはどれか。**

(1)　売買、貸借、請負その他の契約は、必ず競争入札によって行わなければならない。
(2)　競争入札につき入札保証金を納付させた場合において、落札者が契約を締結しないときは、その者の納付に係る入札保証金は、当該普通地方公共団体に帰属するものとされている。
(3)　競争入札に加わろうとする者に必要な資格に関する必要な事項は、政令で定めることとされている。
(4)　翌年度以降にわたり、電気、ガス若しくは水の供給若しくは電気通信役務の提供を受ける契約を締結することができる。
(5)　競争入札に付す場合、政令で定めるところにより契約の目的に応じ、予定価格の制限範囲内で最高又は最低価格をもって申し込みをした者を契約の相手とする。

答

解説　(1)　契約締結方法として、一般競争入札、指名競争入札、随意契約又はせり売りが認められている（自治法234条１項）。

問37　地方自治法に規定する財産についての記述のうち、誤っているものはどれか。

(1)　地方自治法における「財産」とは、公有財産、物品及び債権並びに基金をいう。
(2)　行政財産は、いかなる場合においても、貸し付け、交換し、売り払い、譲与し、出資の目的とし、若しくは信託し、又はこれに私権を設定することができない。
(3)　物品に関する事務に従事する職員は、政令で定める物品を除き、その取扱いに係る物品を普通地方公共団体から譲り受けることができない。
(4)　条例の定めるところにより、特定の目的のために財産を維持し、資金を積み立て、又は定額の資金を運用するための基金を設けることができる。
(5)　普通財産は、これを貸し付け、交換し、売り払い、譲渡し、若しくは出資の目的とし、又はこれに私権を設定することができる。

答

解説　(2)　行政財産は、その用途又は目的を妨げない限度において、貸し付け、又は私権を設定することができる（自治法238条の4・1項～4項）。

問38　地方公共団体の職員の賠償責任についての記述のうち、誤っているものはどれか。

(1)　会計管理者の事務を補佐する職員が、自己の保管する当該地方公共団体の現金をなくした場合は軽過失でも損害賠償責任を負う。
(2)　会計管理者が自己の保管する当該地方公共団体の約束手形をなくした場合は、軽過失でも損害賠償責任を負う。
(3)　地方公共団体の備品である机を保管している庶務係長が、腹だちまぎれに机を壊した場合は損害賠償責任を負う。
(4)　資金前渡しを受けた職員が現金を横領した場合は、損害賠償責任を負う。
(5)　会計管理者が公金を横領した場合の損害賠償責任を問う場合は、監査委員の監査を経ることが必要である。

答

解説　地方自治法第243条の2は、出納職員等の特別の損害賠償責任を規定している。(2)については、約束手形は現金でないので軽過失免責とされる。

問39　公の施設に関する記述として、誤っているものはどれか。

(1)　公の施設の設置及びその管理に関する事項は、条例で定めなければならない。
(2)　地方公共団体は、条例で定める特に重要な公の施設について、長期かつ独占的な利用をさせようとするときは、議会において出席議員の3分の2以上の者の同意を得なければならない。
(3)　地方公共団体は、公の施設の設置の目的を効果的に達成するため、指定管理者に公の施設の管理を行わせることができるとともに、公益法人に管理委託を行うこともできる。
(4)　地方公共団体は、指定管理者の指定をしようとするときは、あらかじめ議会の議決を経なけ

　れぱならない。
(5)　地方公共団体は、指定管理者に公の施設の利用料金を当該指定管理者の収入として収受させることができる。

答

解説　指定管理者制度の導入により、これまで認められてきた公益法人等の公的機関に公の施設の管理を委託する管理委託制度は廃止され、指定管理者か直営かのどちらかを選ばなければならなくなった（自治法244条の２照）。

問40　**次に掲げる地方公共団体の施設のうち地方自治法上の公の施設と、いえないものはどれか。**

(1)　スキー場
(2)　小学校
(3)　図書館
(4)　消防署
(5)　コミュニティー防災センター

答

解説　自治法上の公の施設は、①地方公共団体が設置し、②住民の福祉を増進する目的を有し、③住民の利用に供する施設である（自治法244条）。

　消防署は、行政目的のためのものであるが、住民の利用に供する施設ではない。

問41　**地方公共団体の施設及び指定管理者についての記述のうち、誤っているものはどれか。**

(1)　正当な理由がない限り、住民が公の施設を利用することを拒んではならない。
(2)　法律又はこれに基づく政令に特別の定めがあるものを除くほか、公の施設の設置及びその管理に関する事項は、条例でこれを定めなければならない。
(3)　その区域内においてのみ、公の施設を設けることができる。
(4)　指定管理者の指定をしようとするときは、あらかじめ、議会の議決を経なければならない。
(5)　住民が公の施設を利用することについて、不当な差別的取扱いをしてはならない。

答

解説　(3)は、その区域外においても、関係普通地方公共団体との協議により、公の施設を設けることができるので、誤り（自治法244条の３・１項。）

問42　**地方自治法に規定する組合に関する記述のうち、誤っているものはどれか。**

(1)　地方公共団体の組合は、一部事務組合及び広域連合とする。
(2)　普通地方公共団体及び特別区は、一部事務組合を設けるためには総務大臣の許可を得なければならない。
(3)　一部事務組合内の地方公共団体につき、その執行機関の権限に属する事項がなくなったときは、その執行機関は一部事務組合の成立と同時に消滅する。

(4)　公益上必要がある場合においては、都道府県知事は、関係のある市町村及び特別区に対し、一部事務組合又は広域連合を設けるべきことを勧告することができる。

(5)　構成団体は、その議会の議決を経て、脱退する火の2年前までに他の全ての構成団体に書面で予告することにより、一部事務組合から脱退することができる。

答

解説　(2)　都道府県の加入がないものについては、都道府県知事の許可でよいので、誤り（自治法284条2項前段）。

問43　**地方自治法上の事務の委託について述べたもののうち、誤っているものはどれか。**

(1)　委託できる事務は、自治事務に限られる。

(2)　必ず規約を定めなければならない。

(3)　委託事務に要する経費の弁済方法は必ず決めておかなければならない。

(4)　事務を委託した団体は、当該事務について何ら権限を行使することができなくなる。

(5)　委託事務については、当該事務の委託を受けた団体の条例、規則等の適用がある。

答

解説　法定受託事務も委託できる（自治法252条の14 ～ 252条の16）。

問44　**一部事務組合に関する記述として、誤っているものはどれか。**

(1)　地方公共団体は、その事務の一部を共同処理するため、協議により規約を定め、都道府県の加入するものについては総務大臣、それ以外のものについては都道府県知事の許可を得て、一部事務組合を設置することができる。

(2)　公益上必要がある場合においては、都道府県知事は、関係のある市町村に対し、一部事務組合を設けるべきことを勧告することができる。

(3)　財産処分を必要とするときは、関係地方公共団体の協議によるが、その協議の内容については、関係地方公共団体の議会の議決を経なければならない。

(4)　監査委員は義務設置であり、その定数、選任の方法については規約に規定しなければならない。

(5)　一部事務組合の経費の負担に関し、違法又は錯誤があると認めるときは、一部事務組合を構成する地方公共団体は一部事務組合の議会に異議を申し出ることができる。

答

解説　一部事務組合の経費の分賦に関し、違法又は錯誤があると認めるときは、一部事務組合を組織する地方公共団体は、その告知を受けた日から30日以内に、一部事務組合の管理者に異議を申し出ることができ、その場合において、管理者は一部事務組合の議会に諮って、決定しなければならない（自治法291条1項）。

問45　**地方自治法に規定する組合に関する記述のうち、誤っているものはどれか。**

⑴　地方公共団体の組合は、一部事務組合及び広域連合とする。

⑵　普通地方公共団体及び特別区は、一部事務組合を設けるためには総務大臣の許可を得なければならない。

⑶　一部事務組合内の地方公共団体につき、その執行機関の権限に属する事項がなくなったときは、その執行機関は一部事務組合の成立と同時に消滅する。

⑷　一部事務組合の規約には、当該一部事務組合の経費の支弁の方法を定めなければならない。

⑸　一定の場合において、一部事務組合の議会を構成団体の議会をもって組織することができる。

答

解説　⑵は、都道府県の加入がないものについては、都道府県知事の許可でよいので、誤り（自治法284条２項前段）。

問46　**地方公共団体の吏員及び職員に関する記述として、誤っているものはどれか。**

⑴　地方公共団体には、吏員とその他の職員を置くこととされていたが、地方自治法の改正により単に「職員」を置くこととされた。

⑵　地方公共団体の吏員は、事務吏員及び技術吏員とするとされていたが、地方自治法の改正によりこの区別は廃止された。

⑶　都道府県の支庁や市町村の支所の長は、当該地方公共団体の長の補助機関たる職員をもって充てることとされている。

⑷　地方自治法では、「吏員」という用語が廃止されたため、消防組織法の「消防吏員」も廃止され、「消防職員」に統一された。

⑸　地方公共団体の職員の定数は、条例で定めることとされているが、臨時職員、非常勤職員については、この限りではない。

答

解説　平成19年４月１日から、「吏員その他の職員」、「事務吏員及び技術吏員」という区別はなくなり、「職員」に統一された。一方、「消防吏員」は、「消防職員」と区別する必要がある（労働基準法の適用関係など）ため、用語はそのまま残されている。

第３　地方公務員法関係

問１　**地方公務員の種類に関する記述のうち、誤っているものはどれか。**

(1)　特別職に属しない地方公務員は、任用・職種を問わず全て一般職である。

(2)　非常勤の消防団員は、全て特別職の地方公務員である。

(3)　就任について公選によることを必要とする職は、全て特別職である。

(4)　法律に特別の定めがある場合を除き、地方公務員法は、特別職の地方公務員にも適用される。

(5)　一般職の職と特別職の職とを兼務する者が、特別職として職務を遂行するために一般職としての勤務時間を割く場合、職務専念義務の免除が必要である。

答

解説　(4)は、地方公務員法は、一般職に属する地方公務員がその適用対象であるから、誤り（地公法４条）。

(5)は、一般職としての地位を有する限り、地方公務員法の全面的適用を受けるため、職務専念義務（地公法 35 条）の免除が必要であるので、正しい。

問２　**地方公務員の身分取扱いに関する記述のうち、誤っているものはどれか。**

(1)　地方公務員法は、一般職に属するすべての地方公務員に適用される。

(2)　警察及び消防職員は、職務の特殊性から、団結権が制限されている。

(3)　地方公務員は、労働者であるため、労働安全衛生法が原則として適用される。

(4)　企業職員及び単純労務職員には、労働組合法及び労働関係調整法が適用される。

(5)　地方公務員は、労働者であるため、原則として最低賃金法が適用される。

答

解説　(5)は、地方公務員には、最低賃金法は適用されないので、誤り（地公法 58 条）。

問３　**人事委員会及び公平委員会に関する記述のうち、誤っているものはどれか。**

(1)　人事委員会及び公平委員会は、ともに３名の委員で構成され、その委員は、議会の同意を経て、地方公共団体の長が選任する。

(2)　人口 30 万人以上の市では、人事委員会を設置しなければならない。

(3)　地方公共団体の組合では、公平委員会を設置しなければならない。
(4)　公平委員会は、人事委員会と同様、職員団体の登録に関する権限を有する。
(5)　市町村は、条例で定めるところにより、人事委員会と同様、公平委員会に職員の競争試験に関する事務を行わせることができる。

答

解説　(1)は、正しい（地公法９条の２）

(2)は、人口15万人以上の市は、人事委員会又は公平委員会を置くものとするなので、誤り（地公法７条２項)。

(3)は、正しい（地公法７条３項)。

(4)は、条例で定める事項を記載した申請書に規約を添えて人事委員会又は公平委員会に登録を申請することができるので、正しい（地公法53条)。

(5)　公平委員会の権限の特例として、公平委員会を置く地方公共団体は、条例で定めるところにより、職員の競争試験及び選考並びにこれらに関する事務を行うこととすることができるので、正しい（地公法９条１項)。

問４　地方公務員法の平等取扱いの原則に関する記述のうち、誤っているものはどれか。

(1)　本条は、年齢による差別を、明文上、禁止していない。
(2)　本条は、政府を暴力で破壊することを主張する政党その他の団体を結成し、又はこれに加入した者を除き、政治的意見若しくは政治的所属関係による差別を、明文上、禁止している。
(3)　本条は、従うべき原則とされているが、宣言規定であるため、罰則はない。
(4)　意に反して不利益な処分を受けた者は、人事委員会又は公平委員会に対して、審査請求をすることができる。
(5)　同じ処分事由のある複数の者のうち、一部の者のみを懲戒処分に付することは、違法ではない。

答

解説　(3)は、単なる宣言規定ではなく、実体的規定であり、罰則が定められているので、誤り（地公法60条１項)。

(5)は、正しい（大阪高裁28．８．６判決参照)。

問５　職員の任用の根本基準である成績主義に関する記述のうち、誤っているものはどれか。

(1)　この原則は、臨時的任用の場合にも適用される。
(2)　情実採用をそそのかした者が地方公務員でない場合、本条違反として処罰されない。
(3)　成績には、任命権者が実施した試験の結果に限らず、過去の学業成績なども当然含まれる。
(4)　昇任に際しては、過去の勤務の実績についての評定だけでなく、将来発揮するであろう能力の評定も考慮の対象となる。
(5)　地方公務員法第15条に違反して任用を行った者に対しては、３年以下の懲役又は10万円以下の罰金が科せられる。

答

解説　地方公務員法第15条に違反して任用を行った者は、同法第61条第2号の罰則規定により、(5)のとおり処罰されるが、同法第15条に違反する情実採用をそそのかした者についても、同法第62条の罰則規定により、処罰の対象となり、その他の者が地方公務員であるか否かは問われない。

問6　**地方公務員への外国人の任用に関する記述のうち、誤っているものはどれか。**

(1)　外国人が地方公務員になることを明文で禁じている法はない。

(2)　一般職の地方公務員である消防吏員等と異なり、非常勤の消防団員は特別職の地方公務員であるため、外国人を任用してもよいとされている。

(3)　公権力の行使又は公の意思の形成への参画にたずさわる公務員となるためには日本国籍を必要とするという「公務員に関する当然の法理」は地方公務員についても適用があるとされている。

(4)　地方公務員のうち、公権力の行使に当たる行為を行い、若しくは地方公共団体の重要な施策に関する決定を行い、又はこれらに参画することを職務とするものに外国人が就任することは、本来我が国の法体系の想定するところではないとされている。

(5)　保健婦を法に規定されている専門的、技術的な業務を行うものとして採用する場合には、国籍にかかわらず採用することができるとされている。

答

解説　(2)一般職の地方公務員か特別職の地方公務員かということによらず、地方公務員に外国人を認容するかどうかについては、地方公共団体が(3)の公務員に関する当然の法理を踏まえながら、責任を持って適切に判断するものとされている。

問7　**地方公務員法の欠格条項に関する記述のうち、誤っているものはどれか。**

(1)　欠格条項に該当する者は、職員となり、又は競争試験若しくは選考を受けることはできない。

(2)　欠格条項に該当する者を誤って採用した場合、その欠格者の採用は遡及的に無効となる。

(3)　地方公共団体において懲戒免職の処分を受けた場合、2年間は当該地方公共団体の職員になることはできないが、他の地方公共団体の職員になることは可能である。

(4)　破産手続開始の決定を受けた者については、欠格条項としては規定されていない。

(5)　臨時職員については、その任用の期間が制限されていることから、欠格条項に関する規定は適用されない。

答

解説　(3)は、正しい。実際問題としては、その者の職員としての適格性を慎重に検討する必要がある。

(4)は、正しい。破産手続開始の決定を受けたこと自体がその者の事理弁識能力の不足を意味するものではないことから、欠格条項としては規定されていない。

(5)は、地方公務員法第 16 条において、欠格条項に該当する者は、職員になることができないとされており、職員とは、臨時職員を排除するものではないので、誤り（地公法 16 条）。

問８　地方公務員の任命に関する記述のうち、誤っているものはどれか。

(1)　職員の任命の方法には、採用、昇任、降任及び転任の４つがあるが、人事委員会を置く地方公共団体では、この４つのうちいずれによるべきかについて、人事委員会が一般的基準を定めることができる。

(2)　人事委員会及び競争試験を行う公平委員会を置かない地方公共団体における任用の手続は、任命権者が行う。

(3)　任命権者は、任命権の全部又は一部を補助機関である上級の地方公務員に委任することができる。

(4)　任命権者から任命権の委任を受けた者は、その権限をさらに他の職員に委任することはできない。

(5)　任命行為は、地方公務員法等の規定に基づき任命権者によってなされる行政処分であると解される。

答

解説　(3)は、権限の一部をその補助機関たる上級の地方公務員に委任することはできるなので、誤り（地公法６条２項）。

問９　職員の臨時的任用に関する記述のうち、誤っているものはどれか。

(1)　人事委員会を置く地方公共団体においては、任命権者は、人事委員会規則で定めるところにより、緊急の場合、臨時の職に関する場合又は採用候補者名簿がないときは、人事委員会の承認を得て、６月を越えない期間で臨時的任用を行うことができる。

(2)　人事委員会は、臨時的任用につき、任用される者の資格要件を定めることができる。

(3)　人事委員会を置かない地方公共団体においては、任命権者は、緊急の場合又は臨時の職に関する場合においては、６月をこえない期間で臨時的任用を行うことができる。

(4)　臨時的任用は、正式任用に際して、いかなる優先権を与えるものではない。

(5)　臨時的に任用された職員に対しては、地方公務員法は適用されない。

答

解説　臨時的に任用された職員に対しては、同法を適用するので、誤り（地公法 22 条の３・６項）。

問10　職員の人事評価制度について、誤っているものはどれか。

(1)　任命権者は、職制上の段階の標準的な職の職務を遂行する上で発揮することが求められる能力として、標準職務遂行能力を定めることとされている。

(2)　任用、給与、分限その他の人事管理の基礎として、人事評価を活用するものとされ、任命権者は、定期的に人事評価を行わなければならないこととされている。

(3)　人事評価は、職務遂行において発揮した能力と挙げた業績を把握し、両面から評価を行う。

(4)　人事委員会は、人事評価の実施に関し、任命権者に勧告することができる。

(5)　任命権者は、職員の等級及び職員の属する職制上の段階ごとに、職員の数を、毎年、地方公共団体の長に報告しなければならないこととされているが、地方公共団体の長は、報告の内容を公表する必要はない。

答

解説　(5)は、地方公共団体の長は、報告を取りまとめ、公表しなければならないこととされているので、誤り（地公法58条の３）。

問11　職員の給与に関する記述のうち、誤っているものはどれか。

(1)　職員の給与に関する条例には、給料表及び昇給の基準に関する事項を規定しなければならない。

(2)　職員は、他の職員の職を兼ねる場合においても、これに対して給与を受けてはならない。

(3)　職員の給与は、その職務と責任に応ずるものでなければならないとされているが、この原則は地方公営企業の職員には適用されない。

(4)　職員の給与は、いかなる場合においても、通貨で、直接職員に、その全額を支払わなければならない。

(5)　人事委員会は、毎年少なくとも一回、給料表が適当であるかどうかについて、地方公共団体の議会及び長に同時に報告しなければならない。

答

解説　一般の職員の給与については、地方公務員法第25条第２項において、通貨で、直接全員に、その全額を支払わなければならない。という給与支払いの三原則が定められているが、法律又は条例で定めたときは三原則のすべてについて特例が認められる。

問12　職員の勤務条件に関する記述のうち、誤っているものはどれか。

(1)　情勢適用の原則とは、職員の給与、勤務時間その他の勤務条件が社会一般の情勢、我が国の社会、経済、労働の全体状況や地方公共団体の地域的事情等に常に適合するように管理することをいい、地方公共団体に義務づけられている。

(2)　原則として１日８時間、週40時間を超えて職員を勤務させてはならない。

(3)　勤務条件条例主義とは、職員の勤務時間その他の勤務条件は、条例で定めなければならないということである。
(4)　重複給与支給の禁止とは、職員は、二重に給与を受けてはならないため、他の職員を兼ねることができないことである。
(5)　通貨払い、直接払い及び全額払いの原則とは、職員の給与は、法律又は条例により特に認められた場合を除き、通貨で、直接職員に、その全額を支払わなければならないということである。

答

解説　(2)は、地方公務員にも労働基準法第32条が適用されるので、正しい。
(4)は、職員は、他の職員の職を兼ねる場合においても、これに対して給与を受けてはならないなので、誤り（地公法24条３項）。

問13　**地方公共団体の職員の給与に関する記述のうち、誤っているものはどれか。**
(1)　職員の給与は、原則として、通貨で、直接職員に、その全額を支払わなければならない。
(2)　職員の給与に関する条例には、給料表及び昇給の基準に関する事項を規定しなければならない。
(3)　時間外勤務手当、夜間勤務手当及び休日勤務手当に関する事項は、条例において規定しなければならない。
(4)　危険作業その他特殊勤務に関する手当に関する事項は、規則において規定しなければならない。
(5)　職員は、他の職員の職を兼ねる場合においても、これに対して給与を受けてはならない。

答

解説　(4)は、危険作業その他特殊勤務に関する手当に関する事項についても、条例において定める事項として規定されているので、誤り（地公法25条３項）。

問14　**地方公務員の勤務時間に関する記述のうち、誤っているものはどれか。**
(1)　地方公務員は、国家公務員と異なり、労働基準法の適用を受けるため、勤務時間を定めるに当たっては労働基準法の基準に従わなければならない。
(2)　職員の勤務時間については、給与と同様、議会の意思決定により条例で定める。
(3)　災害その他避けることができない事由により臨時の必要が生じた場合は、正規の勤務時間を超えて職員を勤務させることができる。
(4)　交替制勤務に従事する消防職員の勤務時間については、１年の間の労働時間を平均して、１週間40時間を超えなければ、自由に勤務時間を割り振ることができる。
(5)　労働基準法においては、休憩時間を勤労者に自由に使用させなければならないという原則が定められているが、消防吏員にはこの原則が適用されない。

答

解説　(4)は、地方公務員は１か月単位での変形労働時間制を採用することができ、交替制勤務に従事する消防職員の勤務時間は、これに基づき、１か月の間で平均して１週間 40 時間を超えないように割り振られなければならななので、誤り（労働基準法第 32 条の２）。

問 15　**地方公務員の懲戒事由で、ないものはどれか。**

(1)　条例に違反すること。
(2)　職務を怠ること。
(3)　法律に違反すること。
(4)　職務上の義務に違反すること。
(5)　勤務成績が不良であること。

答

解説　(5)は、免職の事由である（地公法 28 条）。

問 16　**懲戒処分及び分限処分について記述のうち、誤っているものはどれか。**

(1)　職員は地方公務員法に定める事由によらなければ、懲戒処分を受けない。
(2)　懲戒処分とは、職員の一定の義務違反に対する道義的責任を問うことにより、規律と公務遂行の秩序を維持することを目的として任命権者が科す処分である。
(3)　懲戒処分の種類には、戒告、減給、停職、免職の４種類がある。
(4)　分限処分とは、職員がその職責を十分に果たすことができない場合に科す処分である。
(5)　分限処分を行うことができる事由は法定されているが、この中には、民事事件に関して提訴された場合も含まれる。

答

解説　分限処分を行うことができる事由として法定されているのは、勤務成績が良くない場合、刑事事件に関し起訴された場合等であり、民事事件に関し提訴された場合は含まれていない（地公法 28 条各号）。

問 17　**消防職員に対する懲戒処分の種類であるが、誤っているものはどか。**

(1)　戒　告　　　(2)　減　給
(3)　降　任　　　(4)　免　職
(5)　停　職

答

解説　消防職員の懲戒に対しては地公法第 29 条の適用があり、(3)の降任は、分限処分ではあるが、懲戒処分ではない。

問18　**消防職員に対する懲戒についての記述のうち、誤っているものどれか。**

(1)　職務上の義務に違反した場合は懲戒処分の対象となる。
(2)　職務を怠った場合は懲戒処分の対象となる。
(3)　全体の奉仕者としてふさわしくない非行があった場合は懲戒処分の対象となる。
(4)　懲戒処分を行う権限は市町村長が有す。
(5)　懲戒の手続は、法律に特別の定めがある場合を除き、条例で定めなければならない。

答

解説　職員に対する懲戒権者は任免権者であり、消防職員の任免権者は消防長であるから誤り（組織法15条、地公法29条照）。

問19　**分限処分に関するの記述のうち、誤っているものはどれか。**

(1)　職員がその職責を十分に果たすことができない場合に、当該職員の意に反して不利益をもたらす処分のことである。
(2)　職員が心身の故障のため、長期の休養を要する場合には、分限処分として、休職させることができる。
(3)　定数の改廃等により廃職又は過員を生じた場合には、分限処分として、免職させることができる。
(4)　給料表の改正により、職員の給料の級が現在よりも下位に格付けされた場合は、分限処分の一種である降級に当たると解される。
(5)　勧奨により職員が退職した場合は、分限処分には該当しない。

答

解説　(1)は、正しい。分限処分には、免職、降任、休職及び降給の4種類がある（地公法27条2項）。
(4)は、制度の改正によるものであるため、分限処分には当たらないで、誤り。
(5)は、正しい。勧奨退職は、職員の意に反した退職ではないため、分限処分ではない。

問20　**再任用制度に関する記述のうち、誤っているものはどれか。**

(1)　定年退職日以前に退職した者であっても、定年年齢を超えなければ再任用の対象とはならない。
(2)　再任用は、従前の勤務実績等に基づく選考により行われるものであるため、人事委員会を置く地方公共団体においても、任命権者が行うものである。
(3)　常時勤務を要する職として再任用された者は、当然条例で定める職員定数に含まれるものと解される。
(4)　再任用職員に退職手当を支給することは不適当であると解される。
(5)　再任用の対象となる短時間勤務の職というのは、特別の習熟、知識、又は経験を必要としない代替的業務を行う職のことを指す。

答

解説　(5)は、再任用の対象となるのは、常時勤務を要する職員が担当している事務事業と同等程度の責任を有する本格的な業務を行う職であるので、誤り。

問 21　**地方公務員の定年退職に関する記述のうち、誤っているものはどれか。**

(1)　職員の退職により公務の運営に著しい支障が生ずると認められる十分な理由があるときは、任命権者は当該職員の定年を延長することができる。

(2)　定年による退職は、辞令の交付を受けた時に離職の法律効果が生じるものである。

(3)　定年退職は、非常勤職員には適用されない。

(4)　定年は、国の職員の定年を基準として条例で定めることとなっている。

(5)　例えば、女性職員の定年を職務に対する責任等を理由として男性職員よりも低い年齢とすることは、平等取扱いの原則に反して違法である。

答

解説　(2)は、定年による退職は、定年に達し、かつ条例で定める日が到来したという事実に基づいて退職するものとされている。辞令交付は定年による退職の要件ではないが、当該職員にとっては重要な身分上の変更であるため、事実を確認する意味で辞令を交付することが適当と考えられるので、誤り。

問 22　**地方公務員の服務に関する記述のうち、誤っているものはどれか。**

(1)　すべての職員は、全体の奉仕者として公共の利益のために勤務しなければならない。

(2)　職務の遂行に当たっては、全力を挙げてこれに専念しなければならない。

(3)　職員は、規則の定めることにより、服務の宣誓をしなければならない。

(4)　職員は、その職務を遂行するに当たっては、法令、条例、地方公共団体の規則及び地方公共団体の機関の定める規程に従わなければならない。

(5)　職員は、その職の信用を傷つけ、又は職員の職全体の不名誉となるような行為をしてはならない。

答

解説　職員は、条例に定めるところにより、服務の宣誓をしなければならない（地公法 31 条）。

問 23　**地方公務員の義務のうち、刑事罰をもって担保されているものはどれか。**

(1)　服務宣言義務

(2)　上司の職務命令に従う義務

(3)　信用失墜行為をしない義務

(4)　守秘義務
(5)　職務専念義務

答

解説　(4)以外は懲戒罰等で担保される（地方法 31 条～ 35 条、60 条２号）。

問 24　**地方公務員法上、職員は上司の職務上の命令に従わなければならないが、正しいものはどれか。**

(1)　上司の命令にはいかなる場合も従う必要がある。
(2)　上司の命令が憲法に違反しない限り従う必要がある。
(3)　上司の命令がいったん遂行すると回復できないような法益侵害をもたらすようなものであるならば従う必要はない。
(4)　上司の命令に重要かつ明白な違法があれば従う必要はない。
(5)　上司の命令が違法であると職員が認めたときには従うべきでない。

答

解説　一般に公務員が上司の命令に従うことは階級性を維持する組織の論理からも当然であると言われているが、地公法もこの原理を明確に定めている。また学説上の争いはあるが。適法違法の判断は原則として上司が行い、特に重大で明白な違法があるときのみ職務命令に従わないと部下が判断することができるといわれている（地公法 32 条）。

問 25　**地方公務員法第 34 条に規定されている秘密を守る義務に関する記述のうち、誤っているものはどれか。**

(1)「秘密」とは、一般的に了知されていない事実であって、それを了知せしめることが一定の利益の侵害になると客観的に考えられるものである。
(2)「秘密を漏らす」とは、秘密事項を文書や口頭で伝達することであって、秘密事項の漏えいを黙認するという不作為は含まれない。
(3)　退職者が法令による証人、鑑定人等となり、職務上の秘密に属する事項を発表する場合においては、その退職した職又はこれに相当する職に係る任命権者の許可を受けなければならない。
(4)　(3)の場合に許可を受けなければならないこととされている「職務上の秘密」とは、職務上知り得た秘密すべてではなく、自ら担当する職務に係る秘密についてのみである。
(5)　本条の違反に対しては、行政処分としての懲戒処分の対象となるだけでなく、刑事罰が科される。

答

解説　第三者が不当に秘密文書を閲覧しているのをあえて見過ごすといったような不作為も、漏えいにあたるとされている。

問 26　地方公務員法上の公務員の義務を列挙したものであるが、このうち刑事罰をもって強制されるものはどれか。

(1)　職務に専念する義務
(2)　法令上及び上司の職務の命令に従う義務
(3)　秘密を守る義務
(4)　信用失墜行為の禁止
(5)　政治的行為の制限

答

解説　地方公務員法第34条の「秘密を守る義務」は、同法第60条で１年以下の懲役又は３万円以下の罰金に処すと規定されている。

問 27　公務員の職務専念義務に関する記述のうち、誤っているものはどれか。

(1)　法律又は条例に特別の定めがある場合は、職務専念義務は免除される。
(2)　適法な交渉への参加は、地方公務員法に基づいて職務専念義務が免除される。
(3)　職員が任命権者の許可を得て登録を受けた職員団体の役員として在籍専従するときは、その許可が効力を有する間、職務専念義務が免除される。
(4)　職務専念義務が職員に要求されるのは、専ら勤務時間のみである。
(5)　分限処分により休職とされた職員が、その給与の全部又は一部の支給を受けている場合、職務専念義務は免除されない。

答

解説　(2)は、正しい。ただし、この職務専念義務の免除は自動的に与えられるものではなく、任命権者の許可が必要であると解される（地公法55条）。

(5)の分限処分による休職は、強制的な職務専念義務の免除であるので、誤り。

問 28　地方公共団体の職員に係る政治的行為の制限に関する記述のうち、正しいのはどれか。

(1)　政党の構成員となるよう当該地方公共団体の外で勧誘することはさしつかえない。
(2)　政党の結成に当該地方公共団体の外で関与することはさしつかえない。
(3)　政党の役員となることは一切禁止されている。
(4)　特定の政党を支持する目的で署名運動を主宰することは一切禁止されている。
(5)　公の選挙において特定の人を支持する目的で投票の勧誘運動をすることは、当該地方公共団体の外であっても禁止されている。

答

解説　(1)、(2)、(3)は一切禁止されている。(4)、(5)は当該地方公共団体の外であればさしつかえない。

問29　**公務員の争議行為等の禁止に関する記述のうち、誤っているものはどれか。**

(1)　消防職員及び警察職員には、争議行為が禁止されているだけでなく、団結権も付与されていない。

(2)　地方公務員法において禁止されている争議行為の相手は、地方公共団体の機関が代表する使用者としての住民であって、任命権者ではない。

(3)　争議行為の方法としてビラ貼りを行うことは、貼付のしかたやその結果が、公務の能率を低下させる場合には、争議行為に該当する。

(4)　職員の労働団体が、一斉に休暇をとって労働力の供給停止を図ろうとする場合、使途が自由である年次休暇を使用していれば、形式的に合法となるため、処分等の対象とならない。

(5)　地方公務員法は、職員の争議行為等を禁止しているのみならず、職員が行う争議行為等の計画、助長等の行為を何人に対しても禁止している。

答

解説　(4)は、一斉休暇も同盟罷業に該当し、年次休暇の制度の趣旨に反しているため、休暇の成立は認められず、賃金カット等を行うことができるので、誤り。(最高裁昭 48. 3. 2、最高裁平 3.11.19)

問30　**公務員の営利企業への従事制限に関する記述のうち、誤っているものはどれか。**

(1)　職員は、任命権者の許可を受けなければ、報酬を得ていかなる事業又は事務にも従事してはならない。

(2)　講演料や原稿料などの謝金は、報酬には該当しないため、本条の規定に違反するものではない。

(3)　懲戒処分による停職中の職員が、停職期間中に営利企業に従事する場合にも、任命権者の許可が必要であるとされている。

(4)　職員が消防団員と兼職する場合は、原則、地方公務員法第 38 条の許可は要しない。

(5)　職員が営利企業に従事する許可を受けている場合においては、勤務時間中に当該企業の役員会に出席することができる。

答

解説　(2)は、講演料や原稿料などの謝金や、実費弁償としての車代は報酬には該当しないものとして解されているので、正しい（人事院行実昭 27.10. 2　給実甲第 57 号参照)。

(3)は、正しい。職務専念義務は免除されているが、営利企業等従事の許可は別途必要である。

(4)は、消防団を中核とした地域防災力の充実強化に関する法律（平成 25 年法律第 110 号）第 10 条の規定が、地方公務員法第 38 条の規定の特例として定められているので、正しい。

(5)は、営利企業等従事の許可と職務専念義務免除の許可はそれぞれ目的を異にするものであるため、一方の許可が当然に他方の許可を義務づけるものではないので、誤り。

問 31　**消防職員の身分に関する記述のうち地方公務員法に照らし、誤っているものはどれか。**

(1)　職員は、政党その他の政治的団体の結成に関し、若しくはこれらの団体の役員となってはならず、また、これらの団体の構成員となるように、若しくはならないように勧誘運動をしてはならない。

(2)　職員は、地方公共団体の機関が代表する使用者としての住民に対し同盟罷業、怠業その他の争議行為をし、また地方公共団体の機関の活動能力を低下させる怠業的行為をしてはならない。

(3)　職員は、任命権者の許可を受けなければ、営利を目的とする私企業を営むことを目的とするその他の団体の役員その他人事委員会規則（人事委員会を置かない地方公共団体においては、地方公共団体の規則）で定める地位を兼ね、若しくは自ら営利を目的とする私企業を営み、または、報酬を得ていかなる事業若しくは事務に従事してはならない。

(4)　懲戒その他の意に反すると認められる不利益処分を受けた職員は、任命権者に対して行政不服審査法による不服申立をすることができる。

(5)　消防職員は、職員の勤務条件の維持改善を図ることを目的とし、かつ、地方公共団体の当局と交渉する団体を結成し、またこれに加入してはならない。

答

解説　懲戒その他その意に反すると認められる不利益処分を受けた職員は、人事委員会又は公平委員会に対してのみ行政不服審査法による不服申立て（審査請求又は異議申し立て）をすることができる（地公法 49 条の２・１項。地公法 36 条、37 条、39 条、52 条）。

問 32　**地方公務員の研修に関する記述のうち、誤っているものはどれか。**

(1)　職員には、勤務能率の発揮及び増進のために、研修を受ける機会が与えられなければならない。

(2)　消防職員への研修を行う責務は、消防長にある。

(3)　消防長は、研修に関する基本的な方針を定めなければならない。

(4)　人事委員会は、研修に関する計画の立案や方法について、任命権者に勧告することができる。

(5)　研修は、職務の一環として受けるもの、職務専念義務が免除された上で受けるもの及び休職処分を受けた上で受けるものがある。

答

解説　(3)は、消防長（任命権者）ではなく、地方公共団体に義務が課されているので、誤り（地公法 39 条３項）。

(5)は、職務の一環として受ける研修は地方公務員法第 39 条における研修であると解釈されるので、正しい。

問33 **公務災害に関する記述のうち、誤っているものはどれか。**

(1)　地方公務員については地方公務員災害補償法が定められており、消防職員のほか、非常勤の消防団員についても地方公務員災害補償法の規定により公務災害補償がなされる。

(2)　公務災害補償に関する制度には、本人に対する補償のほか、本人が死亡の場合におけるその遺族等の損害に対する補償に関する事項も定めておかなければならないこととされている。

(3)　消防職員、警察職員その他の職務内容の特殊な職員については、高度の危険が予測される状況下において公務上の災害を受けた場合、補償額の加算措置が講じられる。

(4)　職員が公務中に事故に遭い、市町村が災害補償を行った場合、市町村は、当該災害の原因となった第三者に対して当該職員が有する損害賠償請求権を取得することができる。

(5)　地方公務員の公務災害補償制度において補償の対象となる公務上の災害には、通勤による災害も含まれる。

答

解説　(1)は、非常勤の職員に対する公務災害補償は、条例により地方公共団体がその実施に当たることとされている。特に、非常勤の消防団員の公務災害補償については、消防組織法第24条の規定により、政令で定める基準に従い条例で定めることとされているので、誤り。

問34 **地方公務員法の不利益処分に関する審査請求の記述のうち、正しいものはどれか。**

(1)　任命権者は、職員に対し、懲戒その他その意に反すると認める不利益な処分を行う場合においては、その際、その職員に対し処分の事由を記載した説明書を交付しなければならない。

(2)　職員は、その意に反して不利益な処分を受けたと思うときであっても、任命権者に対し処分の事由を記載した説明書の交付を請求することができない。

(3)　不利益処分を受けた職員は、行政不服審査法によらない審査請求をすることができる。

(4)　不利益処分を受けた職員は、任命権者に対してのみ不服申立てをすることができる。

(5)　不利益処分を除く処分を受けた職員は、行政不服審査法による不服申立てをすることができる。

答

解説　職員は、その意に反して不利益な処分を受けたと思うときは、任命権者に対し処分の事由を記載した説明書の交付を請求することができる（地方公務員法第49条第2号）。

不利益処分を受けた職員は、人事委員会又は公平委員会に対してのみ行政不服審査法による審査請求をすることができる（同法第49条の2第1項）。

不利益処分を除くほか、職員に対する処分については、行政不服審査法による審査請求をすることができない（同法49条の2第2項）。

問35　公益的法人等への地方公務員の派遣に関する次の記述のうち、誤っているものはどれか。

(1)　任命権者は、条例で定めるところにより、業務が地方公共団体の事務と密接に関連を有し、人的支援を行うことが必要である団体に対して、職員を派遣することができる。
(2)　(1)の規定に基づき、派遣できる職員に、法令上制限は設けられていない。
(3)　(1)の規定に基づき、職員を派遣することができる団体には、一般財団法人や一般地方独立行政法人が含まれる。
(4)　職員を派遣することができる期間は、原則として３年間である。
(5)　派遣職員には、原則として、派遣元から給与が支給される。

答

解説　公益的法人等への一般職の地方公務員の派遣等に関する法律第６条によると、派遣職員には、原則として、給与は支給されない。

問36　次の労働法規のうち消防職員に、適用される規定はどれか。

(1)　労働組合法第７条（不当労働行為の禁止）
(2)　労働基準法第 34 条（休憩時間）
(3)　労働基準法第 76 条（休業補償）
(4)　労働関係調整法第 18 条（労働委員会の調停開始）
(5)　最低賃金法第４条（最低賃金額の決定）

答

解説　消防職員には地公法が適用される。地方公務員は国家公務員と異なり、一般的には労働基準法が適用されるが、休業補償は労働基準法でなく地方公務員労働災害補償法による。

問37　地方公務員法第 61 条各号において規定される３年以下の懲役又は 10 万円以下の罰金に処せられる者として、誤っているものはどれか。

(1)　任用の根本基準に違反して任用した者
(2)　競争試験の受験を阻害し、又は受験に不当な影響を与える目的をもつて特別若しくは秘密の情報を提供した者
(3)　争議行為等を企てた者
(4)　争議行為等の遂行を共謀し、そそのかし、若しくはあおり、又はこれらの行為を企てた者
(5)　勤務条件に関する措置の要求の申出を故意に妨げた者

答

解説　争議行為等を企てた者は、地方公務員法第 29 条第１項第１号及び同法第 37 条により、懲戒処分の対象となる。
　他は、正しい（地方公務員法第 61 条第２号～第５号参照）。

第４　その他行政法関係

問１　**行政法の意義または特質に関する記述のうち、誤っているのはどれか。**

(1)　実定法により、行政主体に優越的な意思力が認められている場合が多い。
(2)　行政に関する国内法だけでなく、行政に関する国際法も含まれる。
(3)　行政法は、行政に関する法で、全体として共通の指導原理をもった統一的な法体系を構成している。
(4)　全体として公共の福祉優先の見地から定められた行政に特殊固有の法である。
(5)　行政法は、行政に関する公法のみを指し、私法は含まれない。

答

解説　行政法は、行政に関するすべての公法を指すものでなく、もっぱら国内行政に関する法をいう。

問２　**行政法の特質についての記述のうち、正しいのはどれか。**

(1)　行政法の一方的命令性とは、行政主体の行為は、瑕疵があっても、正当な権限ある行政機関又は裁判所により取り消されるまでは、相手方等はこれを無視できないことをいう。
(2)　行政法の自力強制性とは、行政主体が、国民に一方的に命令、強制することをいう。
(3)　行政法の画一・強行性とは、相手方が行政法上の義務を履行しない場合、裁判所等の力を借りることなく、行政機関が自力で義務の履行があったと同様の状態を実現することをいう。
(4)　行政行為の公定性とは、個々の当事者の意思いかんにかかわらず、画一平等に適用されることが建前であるため、原則として成文法が要請されることをいう。
(5)　行政法の技術性とは、行政法は一定の行政目的を実現するための手段であるため、技術的な合理性が要求されることをいう。

答

解説　(1)　行政行為の公定性の説明であるため、誤り。
(2)　行政法の一方的命令性の説明であるため、誤り。
(3)　行政法の自力強制性の説明であるため、誤り。
(4)　行政法の画一・強行性の説明であるため、誤り。

問3　行政法の効力についての記述のうち、正しいのはどれか。

(1)　法律は、公布によって効力と同時に拘束力が生じる。
(2)　条例・規則は、公布日から起算して満20日を経過した日に施行される。
(3)　後法優先の原則とは、施行前に終結した事実は、遡って法規を適用できないことをいう。
(4)　属地主義の例外には、外国の元首、外交使節が該当する。
(5)　場所的限界の例には、事務委託など本来の管轄区域を超える場所には適用されないことが該当する。

答

解説　(1)　公布で効力が、施行で拘束力がそれぞれ生じるため、誤り。
(2)　10日であるため、誤り。
(3)　不遡及原則の説明であるため、誤り。
(5)　適用されるため、誤り。

問4　行政行為である「認可」についての記述のうち、誤っているものはどれか。

(1)　第三者の行為を補充してその法律上の効力を完成せしめる行為をいう。
(2)　地方債に係る起債の許可（地方自治法第250条）は、講学上の「認可」にあたる。
(3)　認可を要する行為について認可を受けないときは、当該行為は無効となる。
(4)　土地改良区の設立行為に瑕疵があっても、設立の認可があれば追完される。
(5)　認可の対象となる行為は、公法行為に限られるものではない。

答

解説　認可は、法律的行為の要件とされるものであり、受けずにした行為はそもそも無効であるから、処罰等の問題は生じないのが通例である。また認可は、法律的行為の効力完成のための補完行為にすぎず、無効の基本たる行為が有効になるということはない。

問5　行政庁が行った行為である。適正でないものはどれか。

(1)　消防法第12条の2により市町村長が行った「使用停止命令」
(2)　消防法第5条により消防長が行った「防火対象物の火災予防措置命令」
(3)　消防法第5条により消防署長が行った「防火対象物の火災予防措置命令」（ただし、内部規定により行政庁は消防長に限定している。）
(4)　火災予防条例により消防署長が行った「火気使用禁止命令」（ただし、火災予防条例に明記されている行政庁は消防長とされている。）
(5)　市町村長の権限を専決し消防長が行った消防法第11条による「危険物施設の許可」

答

解説　消防法上は消防署長も一つの行政庁であるが、火災予防条例では消防長のみに限定されていれば、消防署長には行政庁としての権限はない。

問６　行政行為の定義についての記述のうち、正しいのはどれか。

(1)　行政行為とは、行政機関が一方的に公権力の行使として具体的な事実に関して、直接、法的効果を生じさせる効力である。

(2)　行政行為は、特定の国民に対して行う事実行為の一つである。

(3)　行政指導や内部行為は、行政行為に該当する。

(4)　行政行為は、法律による行政の原理に基づき行われるものである。

(5)　行政行為の成立要件を欠いた場合は、不作為となる。

答

解説　(1)　行政機関ではなく行政庁であるため、誤り。

(2)　事実行為ではないため、誤り。

(3)　該当しないため、誤り。

(5)　瑕疵ある行政行為であるため、誤り。

問７　行政行為はその内容及び性質によって種々に分類できる。左欄の講学上の用語を、正しく説明しているものを右欄から選べ。

(1)　認　可　　A　作為・不作為・給付・受忍を命ずる行為

(2)　下　命　　B　一般的な禁止を特定の場合に解除し、適法に一定の行為をなさしめる行為

(3)　免　除　　C　特定の場合は、作為、給付・受忍の義務を解除する行為

(4)　許　可　　D　直接の相手のため、権利能力・行為能力・特定の権利または包括的な法律関係を設定する行為

(5)　特　許　　E　第三者の行為を補充してその法律上の効力を完成せしめる行為

答　(1)－　　(2)－　　(3)－　　(4)－　　(5)－

解説　法律行為的行政行為は、その内容や性質により「命令的行為」と「形成的行為」に分けられる。

問８　行政行為の効力とその説明の組み合わせについて、正しいのはどれか。

(1)　拘束力　　成立に瑕疵があっても、重大かつ明白な瑕疵により、無効とされる場合を除き、正当な権限を有する行政庁又は裁判所により効力を否定されない限り尊重されるべきこと。

(2)　公定力　　行政行為に不服がある場合は、一定の不服申立期間内、出訴期間内に不服申立取消訴訟を提起しないと争えないこと。

(3)　不可変更力　　権限ある行政庁がいったん下した判断は、自ら変更できないこと。

(4)　不可争力　　行政行為によって命ぜられた義務を相手方が履行しない場合、行政庁が自力で

義務の内容を実現しうる力のこと。
(5)　自力執行力　　行政行為の内容に応じて一定の法的効果を発生させる力のこと。

答

解説　(1)　公定力の説明であるため、誤り。
(2)　不可争力の説明であるため、誤り。
(4)　自力執行力の説明であるため、誤り。
(5)　拘束力の説明であるため、誤り。

問９　**行政行為の効力に関する記述であるが、誤っているものはどれか。**

(1)　行政行為を発動するにあたっては、特に要式性は要求されていないため、口頭で行うことも許される。
(2)　行政行為の場合は、文書が発信された時点をもって効力が発生する。
(3)　文書で行政行為がなされる場合に、処分理由の付記は、法令上特に要求されている場合のほかは行政行為の要件とはみなされていない。
(4)　法令が特に文章によって行うことを要求している場合には、文書の交付が行政行為の発効要件とされる。
(5)　特定の名宛人に対する個別的行政行為を除く、一般処分は、公報等に掲げ公示することにより効力を発生する。

答

解説　文書による行政行為の場合は、文書が送達され、相手方がこれを了知したときが、発効の時点である。また、行政処分の中でも相手方が特定していない処分を一般処分という。これも一つの行政処分であって国民の権利を制限する行為であり、原則的には法令の個別の委任が必要である。

問10　**行政処分の特質について説明したものであるが、誤っているのはどれか。**

(1)　行政庁が行う行為である。
(2)　法律に基づく行為である。
(3)　法律的な効果をともなう行為である。
(4)　特定の国民の権利義務を具体的に決定する行為である。
(5)　行政庁の一方的判断で国民の権利義務を決定することはない。

答

解説　行政庁の一方的判断で国民の権利義務を決定する行為である。

問 11　**A建築物を消防機関は消防法施行令別表第１項⒃イと判定し、これに義務付けられる消防設備の設置命令を発した。これに対し相手方は同別表第１⒃ロ項であるとしてゆずらない場合において、誤っているのはどれか。**

(1)　消防機関の一方的な決定によっても法律的な効果が発生する。

(2)　建築物の関係者は同別表第１項⒃イの対象物に適用される消防設備の設置義務が生ずる。

(3)　建築物の関係者は命令に不服があるとして、行政不服審査法の規定により不服審査を申し立てたので消防機関の命令の効力が停止する。

(4)　上級行政庁または裁判所の決定によって、消防機関の行政処分が違法とされ、取り消されたので効力を失う。

(5)　建築物の関係者が命令に不服があるとして、行政事件訴訟法の手続により訴えを提起したが、命令の効力が停止することはない。

答

解説　行政行為が、上級行政庁または裁判所によって無効とされない限り、行った行政処分は有効なものとして拘束します。

問 12　**行政指導に関する記述のうち、最も妥当なものはどれか。**

(1)　行政指導を行うためには、個別の法律の規定において行政指導を行うことができる旨定められていなければならない。

(2)　行政指導に従わないことに対して、例えば既存の制度における許可を行わない等の制裁的措置を講ずることは、原則として違法である。

(3)　行政指導によって不利益を受けることとなるときは、これに対して取消訴訟を提起することができる。

(4)　行政指導によって不利益を受けた場合は、国家賠償法に基づいて損害賠償請求ができる。

(5)　法律上行政指導の手続が定められている場合であっても、これに従わず行政指導を行うことはさしつかえない。

答

解説　(2)行政指導は、一般的に相手を拘束するものでないから、その不服従を理由に制裁措置を講ずることは一般に認められていない。(3)、(4)行政指導に処分性がないと解され、また損害発生に先立ち被害者の自由意思が介在するため相当因果関係がないと解される場合がある。

問 13　**行政指導に関する事項のうち、誤っているものはどれか。**

(1)　行政指導とは、一般に、勧告、指導、助言、あっせんなどの行政上の行為形式をいう。

(2)　相手方の作為または不作為を要請する行政機関の意識内容の一表示方式といえる。

(3)　行政指導といえども行政機関が行う権力行為であり、その行為によって直接に何らかの法的効果が生ずる。

(4)　相手方に遵守の義務を課すものではなく、拘束力も一般には有していない。
(5)　行政指導の不服従に罰則などの制裁規定を適用したり行政強制をなすことは認められていない。

答
解説　行政指導の性質は、非権力的行為であり、法的な拘束力を持たないことと直接何らかの法的効果を生じない単純な事実行為である。

問 14　通達の法的な性質について述べたもののうち、誤っているものはどれか。
(1)　通達は、原則として法規の性質をもつものではなく、上級行政機関が関係の下級行政機関及び職員に対して、その職務権限の行使を指揮し、職務に関して命令するために発するものであり、このような通達は上記の機関及び職員に対する行政組織内部における命令にすぎないから、これらのものがその通達に拘束されることはあっても、一般の国民は直接これに拘束されるのではない。
(2)　行政機関が通達の趣旨に反する処分をした場合であっても、そのことを理由に直ちに、その処分の効力が左右されるものではない。
(3)　裁判所は、法令の解釈適用にあたっては、通達に示された法令の解釈に拘束されない。
(4)　法令の行政解釈を通達において行う場合、当該通達自体は法的拘束力を持たないが、これが行政処分が発動された段階で、行政処分に法的拘束力があるという意味で、一定の拘束力がある。
(5)　通達が行政課程の中ではたしている役割は高く、一般の国民に対して通達の持つ影響力は極めて大きいという事実から、通達の中には直接法的な効力を有する場合がある。

答
解説　通達それ自体で、対外的に法的効力を有することはない（最判昭 43.12.24　墓地の管理者に異教徒の埋葬拒否を認めないこととした通達は、国民の権利義務に直接影響を与えるものでないから行政処分にあたらない。）。

問 15　行政手続法に規定する行政指導に関する記述のうち、誤っているものはどれか。
(1)「行政指導」とは、行政機関がその任務又は所掌事務の範囲内において一定の行政目的を実現するため特定の者に一定の作為又は不作為を求める指導、勧告、助言その他の行為であって処分に該当しないものをいう。
(2)　行政指導にあっては、行政指導に携わる者は、いやしくも当該行政機関の任務又は所掌事務の範囲を逸脱してはならないこと及び行政指導の内容が相手方に義務を課し、又はその権利を制限するものであることに留意しなければならない。
(3)　行政指導に携わる者は、その相手方に対して、当該行政指導の趣旨及び内容並びに責任者を明確に示さなければならない。
(4)　行政指導が口頭でされた場合、その相手から事項を記載した書面の交付を求められたときは、行政上特別の支障がない限り、これを交付しなければならない。
(5)　行政指導に携わるものは、その相手方が、その相手方が行政指導に従わなかったことを理由に、不利益な取扱いをしては成らない。

答

解説　⑴は、正しい（行政手続法２条６号）。
⑵は、行政指導の内容があくまでも相手方の任意の協力によってのみ実現できるものであることに留意しなければならないので、誤り（行政手続法 32 条１項）。
⑶は、正しい（行政手続法 35 条１項）。
⑷は、正しい（行政手続法 34 条）。
⑸は、正しい（行政手続法 32 条２項）。

問 16　**次のうち、行政事件訴訟法第９条の原告適格が、ないとされるものはどれか。**
⑴　公衆浴場の許可に関する距離制限区域内の既事業者
⑵　一つの処分について競願者（処分が表裏一体のものであるとき。）
⑶　知事の市町村合併に関する処分についての住民
⑷　建築基準法の建築許可に関する隣地住民
⑸　製造所等の設置許可申請を受理した消防機関が相当の期間を経過しても許可、不許可の意思表示を怠っている場合申請者

答

解説　⑴、⑵については、判例上認められている。⑶は、住民にとって直接の処分ではなく法律上の利益とならない。⑷は、建築基準法が隣地住民に何らかの権利を設定したものではないことによる（いずれも判例上否定する）。行政事件訴訟法第９条参照。

問 17　**行政事件訴訟として抗告訴訟の説明について、妥当でないものはどれか。**
⑴　処分の取り消しの訴えとは、行政庁の処分その他公権力の行使に当たる行為の取り消しを求める訴訟をいう。
⑵　裁決の取り消しの訴えとは、審査請求、異議申立その他の不服申立に対する行政庁の裁決、決定その他の行為の取り消しを求める訴訟。
⑶　義務付けの訴えとは、法律上義務づけられた事項について義務づけられていることの確認を求める訴訟をいう。
⑷　無効等確認の訴えとは、処分若しくは裁決の存否又はその効力の有無の確認を求める訴訟をいう。
⑸　不作為の違法確認の訴えとは、行政庁が法律に基づく申請に対し、相当期間内に何らかの処分又は決裁すべきであるにもかかわらず、これをしないことについての違法の確認を求める訴訟をいう。

答

解説　義務付けの訴えとは、次に掲げる場合において、行政庁がその処分又は決裁すべき旨を命ずることを求める訴訟をいう。

①　行政庁が処分をすべきであるにもかかわらずこれがされないとき。

②　行政庁に対し一定の処分又は裁決を求める旨の法令に基づき申請又は審査請求がされた場合において、当該行政庁がその処分又は決裁をすべきであるにもかかわらずこれがされないとき。

行政事件訴訟法第３条第６項参照。

問 18　**行政手続法において、その適用が除外されているもののうち、誤っているものはどれか。**

(1)　国会の決議によってされる処分
(2)　国や地方公共団体若しくはその機関に対する処分
(3)　公益上、緊急になす必要がある処分であって意見陳述のための手続きを取ることができないもの。
(4)　試験または検定の結果についての処分
(5)　職務の遂行上必要な情報の収集を直接の目的としてされる処分

答

解説　(3)については、手続法の適用はあるが、聴取を必要とせず、弁明の機会の付与で足りることとされている（行政手続法第 13 条参照）。

問 19　**行政手続法に規定する申請に対する処分に関する記述のうち、誤っているものはどれか。**

(1)　行政庁は、審査基準を定めるに当たっては、許認可等の性質に照らしてできる限り具体的なものとしなければならない。
(2)　行政庁は、申請がその事務所に到達したときは遅滞なく当該申請の審査を開始しなければならない。
(3)　行政庁は、申請者の求めにかかわらず、当該申請に係る審査の進行状況及び当該申請に対する処分の時期の見通しを示さなければならない。
(4)　行政庁は、申請の処理をするに当たり、他の行政庁において同一の申請者からされた関連する申請が審査中であることをもって自らすべき許認可等をするかどうかについての審査又は判断を殊更に遅延させるようなことをしてはならない。
(5)　行政庁は、申請により求められた許認可等を拒否する処分を書面でする場合は、その理由は、書面により示さなければならない。

答

解説　(1)は、正しい（行政手続法５条２項）。
(2)は、正しい（行政手続法７条）。
(3)　正しくは、申請者の求めに応じ…（行政手続法９条１項）。

(4)は、正しい（行政手続法 11 条１項)。
(5)は、正しい（行政手続法８条２項)

問 20　**行政手続法に関する記述のうち、正しいものはどれか。**

(1)　行政庁は、申請がその事務所に到達してから当該申請に対する処分をするまでに通常要すべき標準的な期間を定めることとされているが、処分がこの標準処理期間を経過してもなされない場合は違法となる。
(2)　行政庁の不利益処分は、すべて行政手続法の適用があり、必ず当該不利益処分の名あて人となるべきものに対し弁明の機会を付与しなければならない。
(3)　行政指導の乱用を防止するため、行政指導を行う際は必ず当該行政指導の趣旨及び内容並びに責任者を記載した書面を交付することとされている。
(4)　行政庁は、申請により求められた許認可等を拒否する処分をする場合、または不利益処分する場合は、原則として、当該処分の相手方に対して処分の理由を示さなければならないこととされている。
(5)　行政手続法は、国民に不利益を及ぼす行政庁の処分について手続を定めたものであり、不利益処分とはいえない届出については規定されていない。

答

解説　行政手続法６条、８条、14 条、第 37 条を参照。

問 21　**行政手続法に規定する不利益処分に関する記述のうち、誤っているものはどれか。**

(1)　行政庁は、不利益処分をする場合には、その名あて人に対し、同時に、当該不利益処分の理由を示さなければならない。ただし、当該理由を示さないで処分をすべき差し迫った必要がある場合は、この限りでない。
(2)　行政庁は、処分基準を定めるに当たっては、不利益処分の性質に照らしてできる限り具体的なものとしなければならない。
(3)　不利益処分とは、行政庁が、法令に基づき、特定の者を名あて人として、直接又は間接に、これに義務を課し、又はその権利を制限する処分をいう。
(4)　行政庁は、許認可等を取り消す不利益処分をしようとする場合には、行政手続法第３章の定めるところにより、当該不利益処分の名あて人となるべき者について、聴聞の手続を執らなければならない。
(5)　不利益処分を書面でするときは、当該不利益処分の理由は、書面により示さなければならない。

答

解説　(1)は、正しい（行政手続法 14 条１項)。
(2)は、正しい（行政手続法 12 条２項)。
(3)は、正しくは、直接に、これに義務を課しである（行政手続法２条４号)。

(4)は、正しい（行政手続法13条1号イ）。
(5)は、正しい（行政手続法14条3項）。

問22　**行政行為の撤回に関する記述である、誤っているものはどれか。**

(1)　行政行為の撤回は、行政処分庁のみがこれをする権原を有する。
(2)　行政行為の撤回は、将来にわたり、その効力を失わしめるためにする独立の行政行為をいう。
(3)　行政行為の撤回は、その成立に瑕疵がある行政行為について、公益上、その効力をこれ以上存続せしめない事由が発生した場合に行う。
(4)　行政行為の撤回によって生ずる相手方の財産上の損失については、正当な補償をすることが憲法の趣旨に合うものである。
(5)　行政行為の撤回は、実際上は「廃止」とか「取消」と呼ぶことがある。

答

解説　行政行為の撤回は、「その成立に瑕疵がある行政行為」ではなく、「その成立に瑕疵のない行政行為」について行う行為である。

問23　**行政行為の撤回に関する記述のうち、誤っているものはどれか。**

(1)　法文上「取り消し」とあっても、講学上は行政行為の撤回である場合がある。
(2)　撤回は、その対象である行政行為に付随するものであって、独立の行政行為ではない。
(3)　撤回を行うことができるのは、別段の定めがない限り、処分行政庁に限られる。
(4)　前の行政行為と抵触する行政行為がなされることにより、前の行為が撤回されたものと認められる場合がある。
(5)　行政行為の撤回は、将来に向かってのみその効果を生ずる。

答

解説　行政行為の撤回とは、成立に瑕疵のない行政行為について、事後における公益上の必要により、将来にわたりその効力を失わせしめるためにする独立した行政行為をいう。(4)農地買収処分についてこの旨の最高裁判決がある（最判昭28.11.20）。

問24　**行政罰に関する記述のうち、正しいものはどれか。**

(1)　行政罰は将来にわたり、行政法上の義務の履行を強制することを目的としている。
(2)　それ自体は、反道議性、反社会性を有している。
(3)　行政上の義務違反に対して、制裁として科す罰をいう。
(4)　実質的に法益を侵す人に対する罰である。
(5)　特別権力関係において、その秩序を紊乱した者に科せられる制裁をいう。

答

解説　行政罰は、行政上の義務者の義務違反を処罰することによって、義務の履行を担保し、維持することを目的としている。

問 25　**刑事訴訟法上、証言を拒める場合を列挙したものであるが、誤っているものはどれか。**

(1)　自己に不利益な証言

(2)　業務上の秘密に関する証言

(3)　自己の母親に不利益な証言

(4)　共犯者に関する証言

(5)　自己の保佐人に不利益な証言

答

解説　刑事訴訟法第 147 条で、共犯者については証言を拒めないとされている。

問 26　**行政不服審査に関する記述のうち、正しいものはどれか。**

(1)　処分庁に上級行政庁がないときは、原則として当該処分庁に不服を申し立てるのであって、これを審査請求という。

(2)　処分庁に上級行政庁があるときは、原則として当該処分庁に不服を申し立てるのであって、これを異議申立という。

(3)　処分庁に上級行政庁があるときは、原則として当該上級行政庁に不服を申し立てるのであって、これを審査請求という。

(4)　異議申立、審査請求をすれば、行政不服審査はもはやすることはできない。

(5)　行政不服審査は処分についてだけできるのであって、不作為についてはできない。

答

解説　原則的には上級行政庁がない場合に当該処分庁に対して行うのが異議申立、上級行政庁がある場合に当該行政庁に対して行うのが審査請求であり、異議申立→審査請求、審査請求→再審査請求という道は認められている。また、不作為についても不服申立は認められる。

問 27　**行政不服審査制度に関して、最も適切な記述はどれか。**

(1)　不服申立の対象には、一定の事実行為も含まれる。

(2)　処分に対して取消訴訟を提起するためには、あらかじめ審査請求を経ていることが必要である。

(3)　処分庁に上級行政庁がある場合には、審査請求及び異議申立の両方が認められるのが原則である。

(4)　審査請求又は異議申立は、処分があったことを知った日から３ヵ月以内に行わなければならない。

(5)　審査請求又は異議申立があったときは、これらに係る処分の執行は停止される。

答

解説　(1)は、行政不服審査制度は、訴訟手続よりも簡易な手続によって広く国民の権利利益の保護を図るものであり、国民の権利義務に直接関係し、その法律上の利益に影響を与える行為に関し、その違法性のほか不当性についても統制を行おうとするものである。(5)は、原則として処分の効力、処分の執行又は手続の執行は妨げられるものではない。

問 28　**取消訴訟と無効確認の訴えの関係に関する記述のうち、誤っているものはどれか。**

(1)　いずれも当該行政庁在地の裁判所の管轄に属する。

(2)　いずれも、出訴期間は処分があったことを知った日から3ヵ月以内である。

(3)　いずれも利害関係者の訴訟参加が認められている。

(4)　いずれも訴えの提起は、原則として処分の執行を停止させない。

(5)　いずれも裁判所の職権証拠調べが認められている。

答

解説　無効確認の訴えには出訴期間3ヵ月の制限はない（行政事件訴訟法第12条、第14条、第22条、第24条、第25条、第38条参照）。

問 29　**国または地方公共団体の不法行為に基づく損害賠償に関する記述のうち、正しいものはどれか。**

(1)　公権力の行使に当たる公務員の違法行為による場合には、当該公務員の選任監督については相当の注意をしたときは、損害賠償の責めをまぬがれる。

(2)　不法行為をした公務員について、故意または重大な過失があった場合に国または地方公共団体は、その公務員に対し求償権を有する。

(3)　造営物の設置に関し、建築請負業者に瑕疵の原因があるときは、国または地方公共団体は損害賠償の責めをまぬがれる。

(4)　国または地方公共団体が営利目的のためにする私経済的作用によって、与えられた損害については民法上の損害責任を負う。

(5)　官営公費事業における賠償主体は管理者たる国家でなく、その費用を負担する地方公共団体である。

答

解説　国家賠償法第1条参照。

問 30　聴聞の機会が付与される消防法上の不利益処分として、正しいものはどれか。

(1)　防火対象物の位置、構造、設備又は管理の状況について、消火、避難その他の消防活動に支障になると認める場合になされた命令

(2)　防火対象物の点検及び報告に関し、特例を設けるべき防火対象物としてされた認定の取り消し

(3)　防火管理上必要な業務が消防計画に従って行われていないと認める場合になされた命令

(4)　防火対象物において火災の予防に危険であると認められる放置された物件の除去の命令

(5)　消防用設備等が技術基準に従って設置されていないと認める場合になされた命令

答

解説　許認可等を取り消す不利益処分をしようとするときは、聴聞の手続きが必要となる（行政手続法第 13 条参照）。

問 31　国家賠償法に関する記述のうち、誤っているものはどれか。

(1)　国又は公共団体の公権力の行使に当たる公務員が、その職務を行うについて、故意又は過失によつて違法に他人に損害を加えたときは、当該公務員が、これを賠償する責に任ずる。

(2)　この法律は、外国人が被害者である場合には、相互の保証があるときに限り、これを適用する。

(3)　道路、河川その他の公の営造物の設置又は管理に瑕疵があつたために他人に損害を生じたときは、国又は公共団体は、これを賠償する責に任ずる。

(4)　国又は公共団体の公権力の行使に当たる公務員が、その職務を行うについて、故意又は過失によつて違法に他人に損害を加えたときは、国又は公共団体が、これを賠償する責に任ずる。

答

解説　(1)　当該公務員がではなく、国又は地公共団体が、正しい（国家賠償法第 1 条第 1 項参照）。

(2)　国家賠償法第 6 条参照。

(3)　国家賠償法第 2 条第 1 項参照。

(4)　国家賠償法第 1 条第 1 項参照。

問 32　行政機関の保有する情報の公開に関する法律における個人情報取り扱いに関する記述のうち、誤っているものはどれか。

(1)　行政機関には、地方公共団体が含まれない。

(2)　行政機関の長は、開示請求に係る行政文書に不開示情報が記録されている場合であっても、公益上特に必要があると認めるときは、開示請求者に対し、当該行政文書を開示することができる。

(3)　開示請求に対し、当該開示請求に係る行政文書が存在しているか否かを答えるだけで、不開

示情報を開示することとなるときであっても、行政機関の長は、当該行政文書を開示しなければならない。
(4)　行政機関の長は、開示請求に係る行政文書の全部又は一部を開示するときは、その旨の決定をし、開示請求者に対し、その旨及び開示の実施に関し政令で定める事項を書面により通知しなければならない。

答

解説　(1)　行政機関の保有する情報の公開に関する法第２条第１項参照。
(2)　行政機関の保有する情報の公開に関する法第７条参照。
(3)　行政機関の保有する情報の公開に関する法第８条参照。
(4)　行政機関の保有する情報の公開に関する法第９条第１項参照。

問33　製造物責任法に関する記述のうち、正しいものはどれか。

(1)　製造物責任法により、製造業者等はその製造、加工した製造物の欠陥につき無過失責任を負うこととなった。
(2)　防炎加工された製品は、製造物責任で定められている製造物とはいえないため、製造物責任法の規定の適用はない。
(3)　製造物責任法に規定する損害賠償の請求権は時効により消滅することはない。
(4)　製造物の欠陥による損害が当該製造物のみに生じ、人の生命、身体又は財産に及ばないときは、損害を賠償する責めに任じない。
(5)　行政上の安全規則に適合している場合、その製造物に欠陥はないと判断できるため、製造物責任を負うことはない。

答

解説　製造物責任法第３条参照。

問34　製造物責任法に関する記述のうち、誤っているものはどれか。

(1)　製造業者は、製造物に関し故意又は過失により生じた損害についてのみ賠償責任を負う。
(2)　廃棄物であっても製造又は加工された動産であれば「製造物」に該当する。
(3)　実際には製造物を製造しなくても、当該製造物に「製造元○○○」と指名、商号、商標を付した者は「製造業者等」に該当する。
(4)　製造物の販売業者は「製造業者等」に該当しない。
(5)　製造物の輸入業者は「製造業者等」に該当する。

答

解説　製造物責任法第２条、第３条参照。

問 35　行政機関の保有する個人情報の保護に関する法律に規定する行政機関における個人情報の取扱いに関する記述のうち、誤っているものはどれか。

(1)　行政機関は、個人情報を保有するに当たっては、法令の定める所掌事務を遂行するため必要な場合に限り、かつ、その利用の目的をできる限り特定しなければならない。

(2)　行政機関の長は、保有個人情報の漏えい、滅失又はき損の防止その他の保有個人情報の適切な管理のために必要な措置を講じなければならない。

(3)　行政機関の長は、利用目的の達成に必要な範囲内で、保有個人情報が過去又は現在の事実と合致するよう努めなければならない。

(4)　行政機関の長は、いかなる場合も利用目的以外の目的のために保有個人情報を自ら利用し、又は提供してはならない。

答

解説　(1)　行政機関の保有する個人情報の保護に関する法律第３条第１項参照。

(2)　行政機関の保有する個人情報の保護に関する法律第６条第１項参照。

(3)　行政機関の保有する個人情報の保護に関する法律第５条参照。

(4)　行政機関の保有する個人情報の保護に関する法律第８条第１項参照。

解　答

第１章　消防組織

第１　消防組織法関係

問１　答　(2)
問２　答　(1)
問３　答　(1)
問４　答　(2)
問５　答　(3)
問６　答　(4)
問７　答　(2)
問８　答　(3)
問９　答　(2)
問10　答　(5)
問11　答　(5)
問12　答　(2)
問13　答　(5)
問14　答　(4)
問15　答　(1)
問16　答　(3)
問17　答　(5)
問18　答　(4)
問19　答　(3)
問20　答　(5)
問21　答　(3)
問22　答　(1)
問23　答　(3)
問24　答　(5)
問25　答　(5)
問26　答　(3)
問27　答　(4)
問28　答　(3)
問29　答　(4)
問30　答　(4)
問31　答　(1)
問32　答　(3)
問33　答　(3)
問34　答　(4)
問35　答　(1)

第２章　予防行政

第１　消防法関係

問１　答　(1)
問２　答　(3)
問３　答　(4)
問４　答　(4)
問５　答　(1)
問６　答　(4)
問７　答　(4)
問８　答　(3)
問９　答　(2)
問10　答　(4)
問11　答　(2)
問12　答　(3)
問13　答　(2)
問14　答　(3)
問15　答　(3)、(4)
問16　答　(2)
問17　答　(2)
問18　答　(4)
問19　答　(3)
問20　答　(1)、(2)、(5)
問21　答　(2)、(5)
問22　答　(4)
問23　答　(1)
問24　答　(4)
問25　答　(3)
問26　答　(3)
問27　答　(3)
問28　答　(3)
問29　答　(5)
問30　答　(3)
問31　答　(4)
問32　答　(3)
問33　答　(3)
問34　答　(1)
問35　答　(2)

問36　答　(3)
問37　答　(2)
問38　答　(3)
問39　答　(5)
問40　答　(2)
問41　答　(1)
問42　答　(3)
問43　答　(1)
問44　答　(2)
問45　答　(2)
問46　答　(2)
問47　答　(1)
問48　答　(4)
問49　答　(2)
問50　答　(2)
問51　答　(4)
問52　答　(1)
問53　答　(3)
問54　答　(3)、(4)
問55　答　(3)
問56　答　(2)
問57　答　(3)
問58　答　(3)
問59　答　(2)
問60　答　(3)
問61　答　(2)
問62　答　(2)
問63　答　(4)
問64　答　(2)
問65　答　(5)
問66　答　(5)
問67　答　(4)
問68　答　(2)
問69　答　(4)
問70　答　(3)
問71　答　(3)、(4)
問72　答　(4)
問73　答　(1)
問74　答　(2)

第2　消防用設備等関係

問1　答　(2)
問2　答　(3)
問3　答　(3)
問4　答　(2)
問5　答　(3)
問6　答　(1)
問7　答　(2)
問8　答　(2)
問9　答　(2)
問10　答　(3)
問11　答　(5)
問12　答　(4)
問13　答　(5)
問14　答　(3)
問15　答　(4)
問16　答　(3)
問17　答　(4)
問18　答　(4)
問19　答　(4)
問20　答　(3)
問21　答　(4)
問22　答　(3)
問23　答　(3)
問24　答　(4)
問25　答　(4)
問26　答　(3)
問27　答　(3)
問28　答　(1)
問29　答　(4)
問30　答　(2)
問31　答　(1)
問32　答　(5)
問33　答　(1)
問34　答　(1)
問35　答　(2)
問36　答　(2)
問37　答　(4)

問38　答　(2)
問39　答　(5)
問40　答　(1)
問41　答　(2)
問42　答　(1)
問43　答　(3)
問44　答　(2)
問45　答　(2)
問46　答　(5)
問47　答　(5)
問48　答　(1)
問49　答　(3)
問50　答　(4)
問51　答　(5)
問52　答　(5)
問53　答　(4)
問54　答　(3)
問55　答　(3)
問56　答　(1)
問57　答　(3)
問58　答　(3)
問59　答　(1)
問60　答　(1)
問61　答　(1)
問62　答　(2)
問63　答　(1)
問64　答　(1)
問65　答　(4)
問66　答　(4)
問67　答　(2)
問68　答　(4)、(5)
問69　答　(4)
問70　答　(3)
問71　答　(3)
問72　答　(4)
問73　答　(3)
問74　答　(1)
問75　答　(4)
問76　答　(4)
問77　答　(3)
問78　答　(2)
問79　答　(3)
問80　答　(2)
問81　答　(3)
問82　答　(1)
問83　答　(1)、(2)
問84　答　(2)
問85　答　(2)
問86　答　(3)
問87　答　(1)
問88　答　(2)
問89　答　(3)
問90　答　(2)
問91　答　(3)
問92　答　(4)
問93　答　(1)、(5)
問94　答　(4)
問95　答　(2)
問96　答　(3)
問97　答　(5)
問98　答　(1)
問99　答　(4)
問100　答　(3)
問101　答　(3)
問102　答　(4)
問103　答　(1)
問104　答　(1)
問105　答　(2)、(3)
問106　答　(4)
問107　答　(1)
問108　答　(4)
問109　答　(1)
問110　答　(4)
問111　答　(5)
問112　答　(4)
問113　答　(3)
問114　答　(3)
問115　答　(4)
問116　答　(3)
問117　答　(1)

問118　答　(2)
問119　答　(3)
問120　答　(4)
問121　答　(4)
問122　答　(5)
問123　答　(4)
問124　答　(2)
問125　答　(4)

第3　防災関係

問1　(1)、(3)、(4)、(5)
問2　(3)
問3　(5)
問4　(1)
問5　(1)
問6　(4)
問7　(1)
問8　(3)
問9　(2)
問10　(4)
問11　(3)
問12　(2)

第4　建築基準法関係

問1　(5)
問2　(3)
問3　(2)
問4　(3)
問5　(5)
問6　(3)
問7　(5)
問8　(4)
問9　(5)
問10　(4)
問11　(2)、(4)
問12　(3)
問13　(2)、(4)
問14　(1)
問15　(4)
問16　(2)
問17　(3)
問18　(2)
問19　(3)
問20　(2)
問21　(1)
問22　(2)
問23　(3)
問24　(2)
問25　(3)
問26　(4)

第5　危険物規制関係

問1　答　(3)
問2　答　(3)
問3　答　(5)
問4　答　(3)
問5　答　(3)
問6　答　(5)
問7　答　(5)
問8　答　(2)
問9　答　(2)
問10　答　(4)
問11　答　(4)
問12　答　(5)
問13　答　(3)
問14　答　(3)
問15　答　(4)
問16　答　(4)
問17　答　(2)
問18　答　(3)
問19　答　(2)

問20　答　(4)
問21　答　(1)
問22　答　(1)
問23　答　(5)
問24　答　(1)
問25　答　(5)
問26　答　(4)
問27　答　(1)
問28　答　(4)
問29　答　(1)
問30　答　(3)
問31　答　(4)
問32　答　(3)
問33　答　(1)、(3)
問34　答　(2)、(5)
問35　答　(4)
問36　答　(3)、(4)
問37　答　(4)、(5)
問38　答　(4)
問39　答　(4)
問40　答　(2)
問41　答　(2)
問42　答　(1)、(4)
問43　答　(2)
問44　答　(3)
問45　答　(5)
問46　答　(1)、(5)
問47　答　(5)
問48　答　(1)
問49　答　(3)
問50　答　(4)
問51　答　(5)
問52　答　(3)
問53　答　(5)
問54　答　(1)
問55　答　(5)
問56　答　(1)
問57　答　(2)
問58　答　(1)
問59　答　(3)
問60　答　(5)
問61　答　(4)
問62　答　(2)、(6)
問63　答　(4)
問64　答　(5)
問65　答　(4)
問66　答　(1)
問67　答　(4)
問68　答　(4)
問69　答　(4)、(5)
問70　答　(2)
問71　答　(4)
問72　答　(2)
問73　答　(3)
問74　答　(2)
問75　答　(3)
問76　答　(4)
問77　答　(4)
問78　答　(2)
問79　答　(3)
問80　答　(5)
問81　答　(2)
問82　答　(4)
問83　答　(4)
問84　答　(4)
問85　答　(4)
問86　答　(5)
問87　答　(5)
問88　答　(3)
問89　答　(5)

第6　火災予防条例（例）関係

問1　(3)
問2　(3)
問3　(2)
問4　(2)、(3)
問5　(5)

問6　(2)
問7　(5)
問8　(3)
問9　(2)
問10　(4)
問11　(1)
問12　(4)
問13　(3)
問14　(5)
問15　(4)
問16　(2)
問17　(1)
問18　(2)
問19　(5)
問20　(5)
問21　(2)
問22　(1)
問23　(4)
問24　(4)
問25　(2)
問26　(4)

第3章　消防活動

第1　消防活動関係

問1　答　(2)
問2　答　(5)
問3　答　(5)
問4　答　(4)
問5　答　(3)
問6　答　(3)
問7　答　(5)
問8　答　(2)
問9　答　(2)
問10　答　(5)
問11　答　(4)
問12　答　(3)
問13　答　(2)
問14　答　(2)
問15　答　(4)
問16　答　(5)
問17　答　(3)
問18　答　(2)
問19　答　(3)
問20　答　(4)
問21　答　(3)
問22　答　(3)
問23　答　(5)
問24　答　(2)
問25　答　(1)
問26　答　(2)
問27　答　(4)
問28　答　(3)
問29　答　(4)
問30　答　(2)
問31　答　(3)
問32　答　(5)
問33　答　(4)
問34　答　(2)
問35　答　(2)

問36　答　(5)
問37　答　(1)
問38　答　(4)
問39　答　(5)
問40　答　(4)
問41　答　(2)
問42　答　(5)
問43　答　(1)
問44　答　(4)
問45　答　(4)
問46　答　(2)
問47　答　(2)
問48　答　(2)
問49　答　(3)
問50　答　(1)
問51　答　(2)
問52　答　(4)
問53　答　(3)
問54　答　(3)
問55　答　(4)
問56　答　(2)
問57　答　(1)
問58　答　(1)
問59　答　(1)
問60　答　(4)
問61　答　(2)
問62　答　(5)
問63　答　(5)
問64　答　(3)
問65　答　(1)
問66　答　(2)
問67　答　(1)
問68　答　(2)
問69　答　(4)
問70　答　(5)
問71　答　(4)
問72　答　(2)
問73　答　(1)
問74　答　(4)
問75　答　(2)
問76　答　(5)
問77　答　(3)
問78　答　(3)
問79　答　(1)
問80　答　(4)
問81　答　(5)
問82　答　(5)
問83　答　(1)
問84　答　(3)
問85　答　(5)
問86　答　(5)
問87　答　(4)
問88　答　(2)
問89　答　(2)
問90　答　(3)
問91　答　(3)
問92　答　(1)
問93　答　(4)
問94　答　(2)
問95　答　(5)
問96　答　(2)
問97　答　(4)
問98　答　(5)
問99　答　(2)
問100　答　(2)
問101　答　(2)
問102　答　(5)
問103　答　(4)
問104　答　(3)
問105　答　(3)
問106　答　(2)
問107　答　(2)
問108　答　(2)
問109　答　(3)
問110　答　(2)
問111　答　(5)
問112　答　(5)
問113　答　(5)
問114　答　(2)
問115　答　(3)

問116　答　(2)
問117　答　(2)
問118　答　(1)
問119　答　(5)
問120　答　(1)
問121　答　(1)
問122　答　(5)
問123　答　(2)
問124　答　(3)
問125　答　(4)
問126　答　(3)
問127　答　(4)
問128　答　(3)
問129　答　(5)
問130　答　(2)
問131　答　(4)
問132　答　(3)
問133　答　(2)
問134　答　(3)
問135　答　(3)
問136　答　(4)
問137　答　(5)
問138　答　(3)
問139　答　(4)
問140　答　(2)
問141　答　(4)
問142　答　(5)
問143　答　(5)
問144　答　(3)
問145　答　(2)
問146　答　(3)
問147　答　(3)
問148　答　(4)
問149　答　(1)
問150　答　(3)
問151　答　(5)
問152　答　(5)
問153　答　(1)
問154　答　(4)
問155　答　(5)
問156　答　(5)
問157　答　(5)
問158　答　(4)

第2　救急活動関係

問1　答　(3)
問2　答　(5)
問3　答　(5)
問4　答　(3)
問5　答　(4)
問6　答　(5)
問7　答　(2)
問8　答　(5)
問9　答　(3)
問10　答　(3)
問11　答　(3)
問12　答　(3)
問13　答　(4)
問14　答　(1)
問15　答　(5)
問16　答　(4)、(5)
問17　答　(3)、(4)
問18　答　(2)、(3)
問19　答　(3)、(4)
問20　答　(1)
問21　答　(5)
問22　答　(4)
問23　答　(5)
問24　答　(5)
問25　答　(5)
問26　答　(2)
問27　答　(4)
問28　答　(2)
問29　答　(2)
問30　答　(1)
問31　答　(4)
問32　答　(3)、(5)

問33　答　(2)、(3)
問34　答　(5)
問35　答　(5)
問36　答　(4)
問37　答　(5)
問38　答　(1)
問39　答　(5)
問40　答　(2)
問41　答　(5)
問42　答　(5)
問43　答　(3)
問44　答　(2)
問45　答　(5)
問46　答　(1)
問47　答　(2)、(3)
問48　答　(3)
問49　答　(3)
問50　答　(1)
問51　答　(4)
問52　答　(3)、(5)
問53　答　(4)
問54　答　(5)
問55　答　(3)
問56　答　(2)
問57　答　(2)
問58　答　(1)
問59　答　(2)
問60　答　(3)
問61　答　(5)
問62　答　(3)
問63　答　(1)
問64　答　(4)
問65　答　(4)
問66　答　(2)
問67　答　(5)
問68　答　(1)
問69　答　(1)
問70　答　(5)
問71　答　(3)
問72　答　(1)
問73　答　(4)
問74　答　(2)、(3)
問75　答　(3)、(5)
問76　答　(2)
問77　答　(4)
問78　答　(3)

第3　救助活動関係

問1　答　(1)
問2　答　(1)
問3　答　(4)
問4　答　(4)
問5　答　(3)
問6　答　(1)
問7　答　(5)
問8　答　(3)
問9　答　(4)
問10　答　(4)
問11　答　(1)
問12　答　(2)
問13　答　(2)
問14　答　(4)
問15　答　(3)
問16　答　(4)
問17　答　(3)
問18　答　(3)
問19　答　(4)
問20　答　(2)
問21　答　(3)
問22　答　(1)
問23　答　(4)
問24　答　(5)
問25　答　(3)
問26　答　(3)
問27　答　(4)
問28　答　(4)
問29　答　(5)

問30　答　(4)
問31　答　(2)
問32　答　(5)
問33　答　(2)
問34　答　(3)
問35　答　(5)
問36　答　(4)
問37　答　(4)
問38　答　(5)
問39　答　(3)
問40　答　(5)
問41　答　(5)
問42　答　(1)
問43　答　(5)
問44　答　(1)
問45　答　(2)
問46　答　(2)
問47　答　(2)
問48　答　(5)
問49　答　(5)
問50　答　(4)
問51　答　(4)
問52　答　(3)
問53　答　(4)
問54　答　(4)
問55　答　(1)
問56　答　(2)
問57　答　(2)
問58　答　(5)
問59　答　(4)
問60　答　(2)
問61　答　(3)
問62　答　(4)
問63　答　(4)
問64　答　(5)
問65　答　(3)

第4　機械器具関係

問1　答　(4)
問2　答　(3)
問3　答　(2)
問4　答　(3)
問5　答　(2)
問6　答　(2)
問7　答　(4)
問8　答　(4)
問9　答　(4)
問10　答　(5)
問11　答　(4)
問12　答　(1)—イ　(2)—ウ　(3)—ア　(4)—エ
問13　答　(1)—ウ　(2)—ア　(3)—エ　(4)—オ　(5)—イ
問14　答　(2)
問15　答　(1)
問16　答　(2)
問17　答　(4)
問18　答　(1)
問19　答　(1)
問20　答　(1)　約9m　(2)　約8m　(3)　約7m
問21　答　(3)
問22　答　(1)
問23　答　(1)
問24　答　(2)
問25　答　(2)
問26　答　(2)
問27　答　(4)
問28　答　(2)
問29　答　(3)
問30　答　(1)
問31　答　(1)
問32　答　(4)
問33　答　(4)

問34　答　(4)
問35　答　(2)
問36　答　(1)
問37　答　(3)
問38　答　(4)
問39　答　(1)
問40　答　(4)
問41　答　(2)
問42　答　(3)
問43　答　(2)
問44　答　(5)
問45　答　(2)
問46　答　(4)
問47　答　(2)
問48　答　(2)
問49　答　ポンプ圧力　0.821 Mpa
放水量　0.476 m³/min
問50　答　先ポンプ　0.646 Mpa
元ポンプ　0.875 Mpa

第5　消防無線関係

問1　答　(3)
問2　答　(2)
問3　答　(2)
問4　答　(4)
問5　答　(3)
問6　答　(4)
問7　答　(2)
問8　答　(2)
問9　答　(1)　×　(2)　×
(3)　○　(4)　○
問10　答　(2)
問11　答　(4)
問12　答　(3)
問13　答　(1)
問14　答　(2)
問15　答　(1)
問16　答　(4)
問17　答　(3)
問18　答　(1)　メリット3　(2)　メリット2
(3)　メリット4　(4)　メリット1
(5)　メリット5
問19　答　(4)
問20　答　(2)

第4章　防災・災害対策

第1　防災・震災対策関係

問1　(4)
問2　(5)
問3　(3)
問4　(4)
問5　(4)
問6　(4)
問7　(2)
問8　(3)
問9　(3)
問10　(5)
問11　(3)
問12　(3)
問13　(1)
問14　(4)
問15　(2)
問16　(1)
問17　(4)
問18　(2)
問19　(3)
問20　(2)
問21　(2)、(3)、(4)
問22　(1)
問23　(5)
問24　(2)
問25　(1)
問26　(4)
問27　(2)
問28　(1)
問29　(1)
問30　(3)
問31　(1)
問32　(5)
問33　(7)
問34　(3)
問35　(5)
問36　(1)
問37　(3)
問38　(4)

第2　国民保護法関係

問1　(3)
問2　(4)
問3　(2)
問4　(5)
問5　(1)
問6　(2)
問7　(3)
問8　(3)
問9　(1)
問10　ウ
問11　(2)

第3　石油コンビナート防災関係

問1　(1)
問2　(5)
問3　(2)
問4　(5)
問5　(4)
問6　(5)
問7　(3)
問8　(5)
問9　(1)
問10　(4)
問11　(5)
問12　(3)
問13　(5)
問14　(2)
問15　(3)

問16　(3)
問17　(3)
問18　(5)
問19　(5)

第4　原子力災害関係

問1　(4)、(5)
問2　(1)
問3　(5)
問4　(5)
問5　(1)
問6　(3)
問7　(2)
問8　(2)
問9　(1)
問10　(5)
問11　(4)
問12　(2)
問13　(1)
問14　(4)
問15　(2)
問16　(4)
問17　(1)
問18　(5)
問19　(3)
問20　(5)
問21　(5)

第5章　行政関係法規

第1　憲法関係

問1　答　(1)　オ　(2)　イ　(3)　ア
(4)　ウ　(5)　エ
問2　答　(1)
問3　答　(5)
問4　答　(3)
問5　答　(3)
問6　答　(3)
問7　答　(3)
問8　答　(3)
問9　答　(3)
問10　答　(5)
問11　答　(3)
問12　答　(2)
問13　答　(5)
問14　答　①　法律　②　保護
③　普通教育　④　義務教育
⑤　無償
問15　答　(5)
問16　答　(5)
問17　答　(2)
問18　答　(4)
問19　答　(4)
問20　答　(3)
問21　答　(5)
問22　答　(2)
問23　答　(3)
問24　答　(3)
問25　答　(5)
問26　答　(1)
問27　答　(5)
問28　答　(1)
問29　答　(4)
問30　答　(2)

問31　答　(4)
問32　答　(5)
問33　答　(5)
問34　答　(5)

第2　地方自治法関係

問1　答　(4)
問2　答　(2)
問3　答　(4)
問4　答　(4)
問5　答　(3)
問6　答　(3)
問7　答　(1)
問8　答　(3)
問9　答　(1)
問10　答　(3)
問11　答　(4)
問12　答　(1)
問13　答　(4)
問14　答　(1)
問15　答　(1)
問16　答　(3)
問17　答　(5)
問18　答　(3)
問19　答　(3)
問20　答　(4)
問21　答　(3)
問22　答　(4)
問23　答　(4)
問24　答　(3)
問25　答　(2)
問26　答　(1)
問27　答　(4)
問28　答　(1)
問29　答　(1)
問30　答　(5)
問31　答　(2)
問32　答　(5)
問33　答　(3)
問34　答　(3)
問35　答　(2)
問36　答　(1)
問37　答　(2)
問38　答　(2)
問39　答　(3)
問40　答　(4)
問41　答　(3)
問42　答　(2)
問43　答　(1)
問44　答　(5)
問45　答　(2)
問46　答　(4)

第3　地方公務員法関係

問1　答　(4)
問2　答　(5)
問3　答　(2)
問4　答　(3)
問5　答　(2)
問6　答　(2)
問7　答　(5)
問8　答　(3)
問9　答　(5)
問10　答　(5)
問11　答　(4)
問12　答　(4)
問13　答　(4)
問14　答　(4)
問15　答　(5)
問16　答　(5)
問17　答　(3)
問18　答　(4)
問19　答　(4)
問20　答　(5)
問21　答　(2)

問22　答　(3)
問23　答　(4)
問24　答　(4)
問25　答　(2)
問26　答　(3)
問27　答　(5)
問28　答　(3)
問29　答　(4)
問30　答　(5)
問31　答　(4)
問32　答　(3)
問33　答　(1)
問34　答　(1)
問35　答　(5)
問36　答　(2)
問37　答　(3)

第4　その他行政法関係

問1　答　(2)
問2　答　(5)
問3　答　(4)
問4　答　(4)
問5　答　(4)
問6　答　(4)
問7　答　(1)—E　(2)—A　(3)—C
(4)—B　(5)—D
問8　答　(3)
問9　答　(2)
問10　答　(5)
問11　答　(3)
問12　答　(2)
問13　答　(3)
問14　答　(5)
問15　答　(2)
問16　答　(3)、(4)
問17　答　(3)
問18　答　(3)
問19　答　(3)
問20　答　(4)
問21　答　(3)
問22　答　(3)
問23　答　(2)
問24　答　(3)
問25　答　(4)
問26　答　(3)
問27　答　(1)
問28　答　(2)
問29　答　(2)
問30　答　(2)
問31　答　(1)
問32　答　(3)
問33　答　(4)
問34　答　(1)
問35　答　(4)

5訂 消防昇任試験 1000 題

定価 3,300 円
(本体3,000円＋税10%)
(送料実費)

編　集　消防昇任試験問題研究会

発　行　平成18年9月21日（初版）
令和5年9月7日（5訂1刷）
令和6年8月8日（5訂2刷）

発行者　株式会社　近 代 消 防 社
三井　栄志

発行所

株式会社 近 代 消 防 社

〒105-0021　東京都港区東新橋1丁目1番19号
(ヤクルト本社ビル内)
TEL (03) 5962－8831㈹
FAX (03) 5962－8835
URL　https://www.ff-inc.co.jp

〈振替　東京00180−6−461　　00180−5−1185〉

ISBN 978-4-421-00981-1〈落丁・乱丁の場合は取替えます。〉2023©